G-TELP KOREA 공식지정

지텔프 G-TELP
기출
VOCA

KB198201

시원스쿨어학연구소, 곽지영 지음

시원스쿨 LAB

지텔프
기출 VOCA

초판 1쇄 발행 2019년 8월 28일
개정2판 1쇄 발행 2024년 12월 19일

지은이 시원스쿨어학연구소
펴낸곳 (주)에스제이더블유인터내셔널
펴낸이 양홍걸 이시원

홈페이지 www.siwonschool.com
주소 서울시 영등포구 영신로 166 시원스쿨
교재 구입 문의 02)2014-8151
고객센터 02)6409-0878

ISBN 979-11-6150-924-2 13740
Number 1-110404-18021807-06

머리말

지텔프 Level 2 시험은 7급 공무원을 비롯하여 여러 자격증의 자격요건 중 하나인 영어 성적을 대체하는 공인 인증 시험입니다. 최근 토익과 텝스와 같은 공인 영어 시험 중에서 지텔프는 상대적으로 적은 문항과 낮은 난이도, 또한 짧은 기간 내에 목표 점수를 달성할 수 있다는 이점이 있어 많은 수험생들의 관심을 받고 있습니다. 그러나 대부분의 수험생들은 실제로 지텔프 시험을 대비하여 공부를 하고 시험을 치면 목표 점수에 도달하는 것이 그리 쉬운 일이 아니라는 것을 깨닫게 됩니다. 그 이유는 바로 기초가 부족하기 때문입니다. 2020년에는 해석을 통한 문맥 파악이 더욱 중요해지고, 해석 스킬로 풀어야 하는 문제가 늘어날 것으로 예상됩니다. 그래서 읽고, 듣는 능력에 대한 기초 실력이 필요합니다.

기초 실력을 키우기 위해서 가장 먼저 해야 할 일은 바로 영어 단어 암기입니다. 지텔프 시험에서 쓰이는 단어는 일상생활에 쓰이는 수준(문법, 청취 영역)과 인물, 사회, 과학, 교양 등 특정 전문 분야에 관한 단어(독해 및 어휘 영역)이 섞여서 나오기 때문에 많은 수험생들이 혼란을 느낄 수 있습니다. 하지만 반드시 그 모든 단어를 다 알아야 문제를 풀 수 있는 것은 아닙니다. 기본적인 단어만 숙지한다면 문제를 푸는 데 큰 영향을 미치지 않습니다. 중요한 것은 독해 문제에서 나오는 패러프레이징(paraphrasing: 같은 의미의 문장을 다른 단어로 표현한 것)을 잘 이해하는 것입니다. 그리고 동의어, 유의어는 독해 및 어휘 영역의 4개의 지문에서 각각 2문제씩 출제되므로 점수에 직결되는 부분이니 더욱 신경 써서 공부해야 합니다.

『지텔프 기출 보카』는 지난 10년간 지텔프 공식 교재에 등장한 어휘와 시험에 출제되었던 단어들을 모아 그 중에서 빈출도가 높은 순으로 정리하였습니다. 빈출도가 낮다고 해서 중요도가 낮은 것은 아닙니다. 동의어 문제는 빈출도가 낮은 단어로 출제되기 때문입니다. 또한 각 단어마다 주요 동의어를 함께 수록하였으며, 파생어도 학습할 수 있도록 제시하였습니다. 또한 『지텔프 기출 보카』는 30일 학습 플랜으로 실제 시험에 나오는 단어로만 암기하여 투자 시간대비 학습 효율을 높이고, 동시에 독해 및 어휘에서의 점수를 향상시킬 수 있도록 구성되어 있습니다. 동의어와 숙어, 그리고 연습문제까지 풀이해보면서 반드시 지텔프 빈출 단어를 섭렵하여 단기간에 목표하시는 점수를 달성하시기를 바랍니다.

시원스쿨어학연구소

Contents

- 머리말
- 지텔프 기출 VOCA의 구성과 특징
- 학습플랜
- Index

[별책] 부록

- 독해 PART별 빈출 어휘 및 표현
- Basic Vocabulary 300

온라인 제공 부록

- MP3 음원 (교재 내 QR코드 또는 lab.siwonschool.com에서 다운로드 가능)

지텔프 기출 VOCA 구성과 특징

기출 표제어
학습 40개

0084 ➊ ★★★★★
➋ **demand**
➐ 디맨드

➏ demanding ⓐ 힘든, 부담이 큰
(=difficult, strenuous)

➑

➌ ⓥ 요구하다, 필요로 하다, 요구되다(=require)

The restaurant's manager **demands** that customers not bring any other food purchase outside.
그 식당의 매니저는 외부에서 구매된 다른 음식을 가져오지 말을 고객들에게 요구한다.

➎ 👍 출제 확률 UP!

demand that 주어 + (should) + 동사원형: ~하는 것을 요구하[

* 당위성을 나타내는 동사로, '요구하다, 필요하다'라는 의미를 가진 동사 뒤의 th
에는 should가 생략된 동사원형이 위치한다.

➍ 📋 자주 쓰이는 숙어

in demand: 수요가 있는
on demand: 수요가 있자마자
demand for: ~에 대한 수요

➊ 출제 빈도
지텔프 교재 및 시험에서 출제된 빈도 표시
★★★★★ 30회 이상, ★★★★ 21-30회, ★★★ 16-20회, ★★ 10-15회, ★ 1-9회

➋ 기출 표제어
지텔프 교재 및 시험에서 출제된 단어들을 총망라한 1,200단어 선별

➌ 단어 의미 및 동의어
출제된 단어의 모든 의미를 정확히 구분하여 제시. 특히 의미별로 동의어를 제시하였으며, 실제 정답으로 출제된 동의어 포함

➍ 자주 쓰이는 숙어
해당 단어를 포함하여 전치사나 부사와 결합하여 자주 쓰이는 숙어, 또는 복합 명사, 빈출 표현을 모아 실제 지문 해석에 도움이 될 수 있도록 구성

➎ 출제 확률 UP!
문법 또는 독해 및 어휘 영역에서 출제된 적 있는 출제 포인트를 정리하여 제시

➏ 기출 파생어
출제된 적 있는 약 2,000여 개의 파생어를 통해 품사와 어휘 유형을 완벽 대비

➐ 발음표시
어려운 발음기호 대신 우리말로 가장 가까운 발음으로 표기: f, v, r 발음의 경우, p(프), b(비), l(리)과 구분하기 위해 f(쁘), v(뷔), r(뤼)로 표기

➑ 삽화
기출 단어의 포인트를 쉽게 이해하도록 돕는 동시에 딱딱한 어휘 학습에 재미를 주는 요소

지텔프 기출 VOCA 구성과 특징

① 단어와 그에 알맞은 뜻을 연결해 보세요.

1. measure •　　　　　　• (a) 신원을 확인하다
2. organic •　　　　　　• (b) 새다
3. leak •　　　　　　• (c) 측정하다
4. identify •　　　　　　• (d) 유기농의

② 빈칸에 알맞은 단어를 선택하세요.

related	attracted	appreciated

5. He is one of the most deeply _____ people because of his wonderful talent in singing and composing songs.

6. The success of his first movie _____ the attention of many major movie company.

7. Should you have some questions _____ to the previous meeting, call me at extension 5523.

③ 밑줄 친 단어의 동의어를 고르세요.

8. The degradation of <u>formerly</u> productive land, desertification, is a complex process.

   (a) previously　　　　　　(b) before

9. He saw a huge <u>commercial</u> opportunity in steel-making process.

   (a) industrial　　　　　　(b) profitable

❶ Daily Practice 의미 연결

학습한 단어와 그에 알맞은 의미를 연결하여 복습

❷ Daily Practice 숙어 완성

빈칸에 핵심 단어들을 골라 넣음으로써 단어 암기와 기출 포인트를 동시에 복습

❸ Daily Practice 실전 문제 풀이

독해 및 어휘 영역의 실제 동의어 문제와 유사한, 또는 변형한 문제를 풀면서 실전 감각 향상

[부록] Basic Vocabulary 300

001 □	**excite**	[동] 흥분시키다, 신나게 하다, 들뜨게 하다
002 □	**confirm**	[동] 확인하다, 확정하다
003 □	**connect**	[동] 연결하다, 관련시키다, 접속하다
004 □	**deep**	[형] 깊은 [부] 깊은 곳에서, 강렬하게
005 □	**similar**	[형] 유사한, 비슷한 ▹ similar to ~와 비슷한
006 □	**basic**	[형] 기본적인, 기초의
007 □	**improve**	[동] 개선하다, 향상시키다

[부록] Basic Vocabulary 300

기초가 부족한 수험생을 위해 난이도가 낮고 빈출도가 높은 기초 영단어 수록

[부록] 독해 PART별 빈출 어휘/표현

PART 1 Biography Article

Introduction

PART1에서는 인물을 소개하고 관련 내용을 서술하거나 인물의 일대기를 시간의 흐름에 따라 서술되는 것이 일반적입니다. 따라서 해당 인물에 대한 소개, 유년시절, 직업에서의 경력이나 업적 등의 세부내용이 이어집니다.
글의 초반부에서는 항상 해당 인물이 어떤 것으로 유명한지 언급되는 경우가 많으며 이 내용을 첫 번째 문제의 단서로 이어집니다. 두 번째 단락에서는 유년시절 및 학창 시절, 중반부에서 인생 초반의 경력, 주요 성과 및 업적에 대한 내용이 이어집니다. 또한 글의 후반부에서는 인물의 말년과 죽음, 또는 근황이나 평가 등이 제시됩니다. 이러한 내용에 자주 쓰이는 단어와 표현을 익히면 문제에서 요구하는 정답의 단서를 수월하게 찾을 수

[부록] 독해 PART별 빈출 어휘/표현

독해 PART별 지문 형식/내용에 따른 빈출 어휘와 출제 예상 어휘 총정리

단어 학습은 매일 일정한 시간을 할애하여 학습하는 것을 권장합니다. 또한 단어 학습은 필수적으로 반복을 통해 완성도가 높아지므로 최소 2회 이상 학습하는 것이 중요합니다.

15일(3주) 초단기 완성 학습 플랜

- **하루에 최소 4시간**을 투자하여 주 5일간 진행합니다.
- 부록 학습은 주말 또는 자투리 시간에 틈틈이 학습합니다.
- 전날 외운 단어를 복습한 후 오늘의 단어를 학습합니다.

	MON	TUE	WED	THU	FRI
Week 1	DAY 01 DAY 02	DAY 03 DAY 04	DAY 05 DAY 06	DAY 07 DAY 08	DAY 09 DAY 10
Week 2	DAY 11 DAY 12	DAY 13 DAY 14	DAY 15 DAY 16	DAY 17 DAY 18	DAY 19 DAY 20
Week 3	DAY 21 DAY 22	DAY 23 DAY 24	DAY 25 DAY 26	DAY 27 DAY 28	DAY 29 DAY 30

30일(6주) 완성 학습 플랜

- **하루에 최소 3시간**을 투자하여 주 5일간 진행합니다.
- 부록 학습은 주말 또는 자투리 시간에 틈틈이 학습합니다.
- 전날 외운 단어를 복습한 후 오늘의 단어를 학습합니다.

	MON	TUE	WED	THU	FRI
Week 1	DAY 01	DAY 02	DAY 03	DAY 04	DAY 05
Week 2	DAY 06	DAY 07	DAY 08	DAY 09	DAY 10
Week 3	DAY 11	DAY 12	DAY 13	DAY 14	DAY 15
Week 4	DAY 16	DAY 17	DAY 18	DAY 19	DAY 20
Week 5	DAY 21	DAY 22	DAY 23	DAY 24	DAY 25
Week 6	DAY 26	DAY 27	DAY 28	DAY 29	DAY 30

INDEX

출제 빈도별로 ★★★★★ 30회 이상, ★★★★ 21-30회, ★★★ 16-20회, ★★ 10-15회, ★ 1-9회으로 표제어를 분류하였습니다. 단어 학습을 시작하기 전, 출제 빈도별로 알고 단어를 먼저 체크한 후 자신의 실력을 먼저 확인해보세요.

☐ distortion 왜곡	307	☐ forecast 예보하다, 예측하다	135
☐ distress 고통, 빈곤, 괴롭히다	348	☐ fragile 취약한, 부서지기 쉬운	195
☐ domesticated 길들인, 가축화한	403	☐ fundamental 근본적인	194
☐ donor 기부자, 증여자	402	☐ genuine 진실된, 진짜의	388
☐ duplicate 복제(하다)	363	☐ grateful 감사하는	418
☐ duration 지속 기간	405	☐ grievance 불만, 불평	277
☐ ecology 생태계	418	☐ haunt 자주 들르다, 출몰하다	209
☐ effortlessly 손쉽게, 어려움 없이	137	☐ hilarious 유쾌한, 즐거운	209
☐ elaborate 상세히 말하다, 정교한	306	☐ hinder 방해하다, 저해하다	97
☐ elude 피하다	363	☐ house 장소를 마련해주다	405
☐ emit 방출하다, 내뿜다	41	☐ humble 겸손한, 초라한	375
☐ emphasis 강조	96	☐ hypothetical 가설의, 가정된	417
☐ enact 제정하다, 상연하다	449	☐ immense 굉장한, 막대한	320
☐ end up 결국 ~하다	377	☐ impulsive 충동적인	137
☐ endorse 지지하다, 배서하다	249	☐ inaccurate 정확하지 않은	348
☐ entrepreneur 기업인	125	☐ incredible 믿을 수 없는, 엄청난	136
☐ envision 상상하다	450	☐ induce 유도하다	265
☐ equate 동일시하다	237	☐ inevitable 불가피한, 필연적인	167
☐ eradicate 근절하다	450	☐ inflate 부풀리다	375
☐ erode 침식하다	319	☐ influx 유입	376
☐ ethnic 민족의	265	☐ ingenious 독창적인	432
☐ evade 회피하다	389	☐ initiative 새로운 계획, 개시	180
☐ exacerbate 악화시키다	405	☐ inscribe 쓰다, 새기다	223
☐ exaggerate 과장하다	376	☐ installment 할부금, 1회분	390
☐ exert 힘을 쓰다, 발휘하다	68	☐ intact 손상되지 않은	448
☐ extravagant 낭비하는	208	☐ intentionally 의도적으로, 일부러	388
☐ facilitate 편하게 하다	195	☐ interrogate 심문하다, 질문하다	235
☐ faith 신앙, 신념	403	☐ intervene 개입하다, 조정하다	388
☐ fertile 비옥한, 다산의	431	☐ intimate 친밀한	138
☐ fierce 거센, 사나운	402	☐ intricate 뒤얽힌	320
☐ flaw 흠, 결점	376	☐ invade 침략하다, 침입하다	235

DAY 01

DAY 04 DAY 05 DAY 06
DAY 10 DAY 11 DAY 12
DAY 16 DAY 17 DAY 18
DAY 19 DAY 20 DAY 21 DAY 23 DAY 24
DAY 25 DAY 26 DAY 27 DAY 28 DAY 29 DAY 30

PREVIEW

이미 알고 있는 단어는 미리 체크박스에 체크(☑)해보세요.

☑ promote	☐ patient	☐ private	☐ assign
☐ loud	☐ operate	☐ leak	☐ enroll
☐ related	☐ enhance	☐ express	☐ appreciate
☐ commercial	☐ attract	☐ organic	☐ regular
☐ complex	☐ identify	☐ measure	☐ adjust
☐ experiment	☐ summary	☐ active	☐ participate
☐ consume	☐ accident	☐ expand	☐ massive
☐ organize	☐ vital	☐ select	☐ concentrate
☐ formerly	☐ irrigate	☐ verbal	☐ entire
☐ recover	☐ impressive	☐ flexible	☐ emit

QR코드를 스캔하여 단어를 음원으로 들어보세요!

0001 ★★★★★

promote

프뤄모웃

promotion ⑨ 승진, 홍보
promotional ⑩ 홍보의

ⓢ 홍보하다

Saier Tech has hired actor Ben Kimberly to **promote** its new range of portable projectors.
Saier Tech 사는 자사의 신형 이동식 프로젝터를 홍보하기 위해 배우 Ben Kimberly 씨를 고용하였다.

ⓢ 장려하다, 고취시키다, 촉진시키다

The concept of "ocean zoning" was **promoted** by conservationists.
'해양 구역화'의 개념은 환경 보호주의자들에 의해 촉진되었다.

ⓢ 승진시키다

Jane was recently **promoted** to store manager.
Jane은 최근 매장 관리자로 승진하였다.

0002 ★★★★★

patient

페이션트

patiently ⑨ 참을성 있게, 끈기 있게
patience ⑨ 참을성, 인내

ⓝ 환자

A new design of hospital gown that provides **patients** with modesty and comfort has been introduced in a Michigan hospital.
환자들에게 단정함과 편안함을 주는 병원 가운의 새로운 디자인이 미시건 병원에서 도입되었다.

ⓐ 참을성 있는, 인내심 있는

She is **patient** with hunger.
그녀는 배고픔을 잘 참는다.

0003 ★★★★★

private

프라이빗

privately ⑨ 은밀히, 몰래

ⓐ 사유의, 개인의, 사적인

We assure a better experience for groups of six or more to whom we offer personalized **private** tastings.
저희가 개인이 원하는 대로 맞춰진 시음을 제공하는 6인 이상의 단체를 위해 더 나은 경험을 보장합니다.

0004 ★★★★★
assign
어싸인

assignment [명] 과제, 임무, 배정

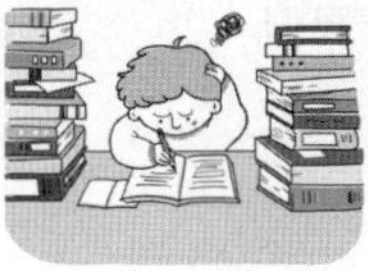

[동] (일을) 맡기다, 할당하다(=allot), 임명하다(=appoint)

Members will be **assigned** to hold brief talks in the surrounding communities on how to maintain Long Shore Beach's cleanliness.
멤버들은 주변 지역 사회에서 롱 쇼어 해변의 청결함을 유지하는 방법에 대해 간략하게 설명을 하는 일을 맡을 것이다.

She spends most of her nights playing videogames, leaving her **assignments** untouched.
그녀는 그녀의 과제를 건드리지도 않은 채 비디오 게임을 하면서 대부분의 밤 시간을 보낸다.

0005 ★★★★★
loud
라우드

loudly [부] 시끄럽게

[형] (소리가) 큰, 시끄러운

He likes to listen to **loud** music.
그는 시끄러운 음악을 듣는 것을 좋아한다.

0006 ★★★★★
operate
아퍼뤠잇

operation [명] 운영, 작동, 운행, 작전
operational [형] 가동하는

[동] 운영하다(=run), 영업하다, 작동하다, 운행하다

operate a new bus route
새 버스 노선을 운행하다

Joan of Arc broadened her anti-English military **operations** at Compiegne.
잔다르크는 꼼삐엔에서 영국에 대항하는 군사 작전을 확장하였다.

자주 쓰이는 숙어

in operation: 가동 중인, 운영 중인

0007 ★★★★★
leak
릭

leaky [형] 새는, 구멍이 난
leakage [명] 누출

[동] (액체/기체가) 새게 하다, 새다, (비밀을) 누설하다

Many companies are very cautious about their employees **leaking** out confidential documents to competitors.
많은 회사들은 직원들이 경쟁사에 기밀 문서를 유출하는 것에 대해 아주 조심스러워 한다.

자주 쓰이는 숙어

leak out: 누출하다, 유출되다

0008 ★★★★★

enroll

인**롤**

enrollment [명] 등록, 등록자 수

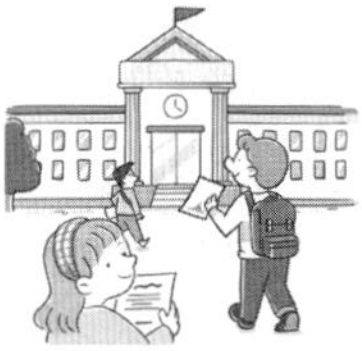

[동] 등록하다(=register), 입학하다

You are required to **enroll** in our Travel Rewards Promo which includes free hotel accommodations.

귀하는 무료 호텔 숙박을 포함하고 있는 저희의 트래블 리워즈 프로모에 등록하시는 것이 요구됩니다.

0009 ★★★★★

related

륄**레**이팃

relation [명] 관계, 관련성

[형] 관련된

Should you have some questions **related** to the previous meeting, call me at extension 5523.

이전 회의와 관련된 질문이 있다면, 내선번호 5523으로 저에게 전화하세요.

자주 쓰이는 숙어

related to: ~와 관련이 있는

0010 ★★★★★

enhance

인**핸**쓰

enhancement [명] 강화, 향상 (=improvement)

[동] 강화하다(=strengthen), 향상시키다(=improve)

A recent research showed that magnetic fields dramatically **enhances** our blood flow to the affected region of the body.

최근 한 연구에서 자기장이 우리 신체에 영향을 받은 부위의 혈류를 극적으로 향상시킨다는 것을 밝혔다.

enhance a company's security

회사의 보안을 강화하다

0011 ★★★★★

express

익스프**레**스

expression [명] 표현
expressive [형] 표현력이 있는
expressively [부] 명확하게

[동] 표현하다, 표출하다(=show, indicate)

After studying at the Howell School, you'll be able to **express** your passion for food by creating wonderful dishes and serving them with pride.
하웰 스쿨에서 학업을 마치고 나면, 당신은 굉장한 음식을 만들어 그 음식을 자긍심을 가지고 제공함으로써 음식에 대한 열정을 표현할 수 있을 것입니다.

[형] 명확한, 속달의

express shipping 빠른 배송, 특급 배송

0012 ★★★★★

appreciate

어프**뤼**씨에잇

appreciated [형] 인정 받는, 환영 받는
appreciation [명] 감사, 감상, 공감

[동] 감사하다, 존중하다(=esteem, value), 진가를 알아보다, 인정하다(=recognize)

I would **appreciate** your help.
당신이 도와주시면 고맙겠어요.

He is one of the most deeply **appreciated** people because of his wonderful talent in singing and composing songs.
그는 노래와 작곡에 굉장한 재능 때문에 가장 인정 받는 사람들 중 한 명이다.

0013 ★★★★★

commercial

커**머**셜

commercially [부] 상업적으로
commercialize [동] 상업화하다

[형] 상업적인, 영리적인(=profitable, lucrative)

He saw a huge **commercial** opportunity in steel-making process.
그는 강철 제조 공정에서 엄청난 상업적 기회를 보았다.

[명] (텔레비전, 라디오의) 광고 방송

Commercials at half-time of Super Bowl is the most watched **commercial** in the U.S.
슈퍼볼 경기의 중간 휴식 시간의 광고는 미국에서 가장 많은 사람들이 시청하는 광고이다.

0014 ★★★★★

attract

어추**랙**(트)

attractive [형] 매력적인
attraction [명] 매력, 관광 명소

[동] 마음을 끌다, 유인하다(=charm, entice)

attract new customers 신규 고객들을 유치하다

The success of his first movie **attracted** the attention of many major movie company.
그의 첫 영화의 성공은 많은 주요 영화 제작사의 관심을 끌었다.

0015 ★★★★

organic

오r개닉

organically ⓐ 유기 재배로, 유기적
으로
organ ⓝ 신체 장기, 기관
organism ⓝ 유기체, 생물

ⓐ 유기농의, 화학 비료를 쓰지 않는

We can protect the environment by making fertilizer using common **organic** substances.
우리는 흔한 유기농 물질을 사용하여 비료를 만듦으로써 환경을 보호할 수 있습니다.

I have read reports that **organically** raised crops contain more nutrients.
나는 유기 재배로 기른 작물이 더 많은 영양분을 가지고 있다는 보고서를 읽은 적이 있어.

0016 ★★★★

regular

뤠귤러

regularly ⓐ 규칙적으로, 정기적으로
(=routinely)
irregular ⓐ 불규칙적인

ⓐ 규칙적인, 정기적인

The varsity basketball players are required to attend a **regular** practice every day.
대학 농구 대표팀 선수들은 매일 정기 연습에 참석해야 한다.

I asked him to water the plant more **regularly**.
나는 그 식물에게 좀 더 규칙적으로 물을 줄 것을 그에게 부탁하였다.

📋 자주 쓰이는 숙어

a regular customer: 단골 손님, 고정 고객
on a regular basis: 정기적으로, 규칙적으로 (=regularly)

0017 ★★★★

complex

캄플뤡스

complexity ⓝ 복잡성, 난해도

ⓐ 복잡한(=complicated)

In the neolithic age, people moved from social systems based on hunting and gathering to more **complex** communities based on agriculture and the domestication of animals.
신석기 시대에, 사람들은 사냥과 채집에 기반한 사회 체계에서 농업과 동물의 가축화를 기반으로 한 좀 더 복잡한 지역 사회로 옮겨갔다.

0018 ★★★★

identify

아이**덴**터빠이

identity ⓝ 정체성, 신원
identification ⓝ 신분 증명(서), 신원 확인

ⓥ 신원을 확인하다, 찾아내다

In March 1781, William Herschel discovered what he first thought to be a comet, but was later **identified** as the planet Uranus.
1781년 3월, 윌리엄 허셜은 처음에 혜성이라고 생각했으나 나중에 천왕성으로 밝혀진 것을 발견하였다.

0019 ★★★★

measure

매줘ㄹ

measurement [명] 치수, 측정
measurable [형] 측정할 수 있는, (크기, 효과 등이) 주목할 만한

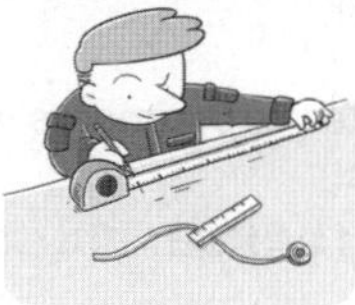

[명] 조치, 정책

Our company will initiate new **measures** to prevent any similar incidents that you experienced.
저희 회사는 당신이 겪었던 사고와 유사한 사고를 예방하기 위해서 새로운 정책을 시작할 것입니다.

[동] 측정하다(=gauge, calculate), 평가하다

Researchers **measured** the response of the mice's eyes to light.
연구자들은 빛에 대한 쥐의 안구 반응을 측정하였다.

The government decided to take **measures** against smuggling.
정부는 밀수에 대한 조치를 취하기로 결정하였다.

자주 쓰이는 숙어

take[adopt] measures: 대책을 강구하다, 조치를 취하다
take measurements: 치수를 재다

0020 ★★★★

adjust

어줘스(트)

adjustment [명] 조절, 적응
adjustable [형] 조절할 수 있는

[동] 조절하다, 적응하다(=adapt)

The gas range is more convenient to control the level of heat by **adjusting** the flame.
가스레인지는 불을 조절함으로써 가열 수준을 제어하는 데 더 편리하다.

Read your work repeatedly and make **adjustments** in areas that need to be clarified, reinforced, or revised.
당신이 쓴 작품을 반복적으로 읽고 명확하게 하거나 강조 또는 수정할 부분이 있다면 조정하시기 바랍니다.

자주 쓰이는 숙어

make adjustment (to): ~을 조절하다, 조정하다

0021 ★★★★

experiment
익스**페**뤼먼트

experimental ⓐ 실험의, 실험용의,
경험적인

명 (과학적인) 실험

In the Discovery Port exhibit, you can
experience hands-on flight-related
experiments like building a parachute.
디스커버리 포트 전시에서, 당신은 낙하산을 만드는 것과 같은 비
행에 관련된 실험들을 직접 경험할 수 있습니다.

동 (과학적인) 실험을 하다

As a chemist, she often **experiments** with
poisonous chemicals.
화학자로서 그녀는 종종 독성 화학물질을 가지고 실험을 한다.

0022 ★★★★

summary
써머뤼

summarily ⓐ 약식으로, 즉결로
summarize ⓥ 요약하다

명 요점, 요약

It will be helpful to prepare a clear introduction,
summary of related literature in order to write
a preliminary thesis.
예비 논문을 쓰기 위해 명확한 도입부, 관련된 문헌의 요약을 준비
하는 것은 도움이 될 것이다.

> **📋 자주 쓰이는 숙어**
>
> in summary: 요약하자면

0023 ★★★★

active
액티브

actively ⓐ 활발히, 적극적으로

형 활동적인, 활성화 된

The Egyptian Mau is one of the fastest cat
breeds in the world. It is **active** and intelligent.
이집트얼룩고양이는 세계에서 가장 빠른 고양이과 동물 중 하나이
다. 그것은 활동적이고 지능적이다.

0024 ★★★★

participate
파ㄹ**티**서페잇

participation ⓝ 참가, 참여
participant ⓝ 참가자

동 참여하다, 참가하다(=join, take part)

My sister likes to **participate** in many outdoor
activities like cycling and climbing.
나의 여동생은 자전거 타기와 등산하기와 같은 다양한 야외 활동
에 참가하는 것을 좋아한다.

> **📋 자주 쓰이는 숙어**
>
> participate in: ~에 참가하다 (= take part in)

0025 ★★★★

consume

컨**숨**

consumption [명] 소비, 섭취
consumer [명] 소비자

[동] 소비하다(=spend), 섭취하다(=take)

Researchers found out that women who **consumed** more than two drinks daily were 30% less likely to be overweight than non-drinkers.

연구자들은 매일 두 잔 이상의 술을 섭취했던 여성이 술을 마시지 않는 사람들보다 과체중이 될 확률이 30퍼센트 낮다는 것을 밝혔다.

0026 ★★★★

accident

액시던(트)

accidental [형] 우발적인
accidentally [부] 우연히, 우발적으로

[명] 사고, 우발적인 일

Recently, there were several **accidents** involving bicycles that run over or collide with pedestrians.

최근에 보행자를 치고 가거나 보행자와 충돌하는 자전거와 관련된 몇 건의 사고가 있었다.

자주 쓰이는 숙어

by accident: 우연히 (=by chance)

0027 ★★★★

expand

익스**팬**(드)

expansion [명] 확대, 확장
expansive [형] 포괄적인, 광대한
expanded [형] 넓어진, 확장된

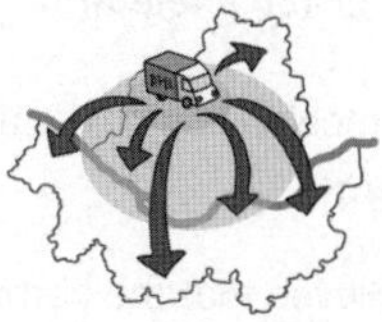

[동] 확대하다, 확장하다

The company announced that it will **expand** its services by merging with a small IT company.

그 회사는 작은 IT 회사와 합병함으로써 서비스를 확장할 것이라고 발표하였다.

0028 ★★★

massive

매씨브

massively [부] 대량으로, 대규모로, 크게

[형] 거대한(=huge, immense), 어마어마한(=enormous)

The marketing team planned a **massive** media publicity campaign for clients in the financial industry.

마케팅팀은 금융계 고객들을 대상으로 대대적인 미디어 홍보전을 기획하였다.

0029 ★★★★
organize
어ㄹ거나이즈

organization [명] 조직, 단체
organizational [형] 조직적인, 조직의

[동] 조직하다(=create, establish), 준비하다(=arrange)

Mr. Harvey asked his assistant to **organize** an agenda for the staff meeting.
하비 씨는 그의 비서에게 직원회의 일정을 준비할 것을 요청하였다.

He established an **organization** dedicated to revitalizing local business last year.
그는 작년에 지역 경제 활성화에 전념하는 단체를 설립하였다.

0030 ★★★
vital
봐이털

vitally [부] 필수적으로, 매우 중요하게, 치명적으로

[형] 생명의, 필수적인, 중요한(=absolute, necessary, significant)

Experts say it's **vital** that the safety precaution always be taken to avoid unexpected accidents.
전문가들은 예상치 못한 사고를 피하기 위해 안전 예방수칙이 항상 취해져야 한다고 말한다.

출제 확률 UP!

it is vital that 주어 + (should) + 동사원형 : ~하는 것이 필수적이다

자주 쓰이는 숙어

play a vital role in: ~에서 중요한 역할을 하다
it is vital to do : ~하는 것이 필수적이다

0031 ★★★
select
씰렉트

selection [명] 선택, 선택대상
selective [형] 까다로운, 선별적인

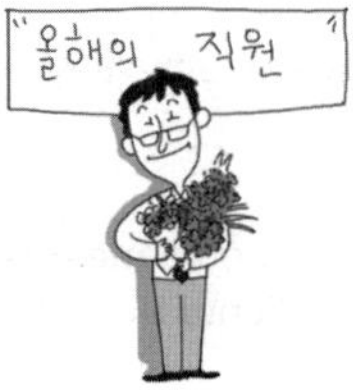

[동] 선택하다(=choose), 선출하다(=elect)

He was **selected** to receive this year's award.
그는 올해의 수상자로 선정되었다.

The management believes that the company can make a profit by **selecting** the right customers.
경영진은 알맞은 고객을 선택함으로써 회사가 수익을 얻을 수 있다고 생각한다.

자주 쓰이는 숙어

be selective about: ~에 대해 신중하다[까다롭다]

0032 ★★★

concentrate

칸선추뤠잇

concentration [명] 집중, 밀도

[동] 집중하다(=focus), 응축하다(=intensify)

He was not able to **concentrate** on his work due to noise.

그는 소음 때문에 일에 집중할 수가 없었다.

자주 쓰이는 숙어

concentrate on: ~에 집중하다 (=focus on)

0033 ★★

formerly

뿨ㄹ멀리

former [형] 이전의, 전직 ~인

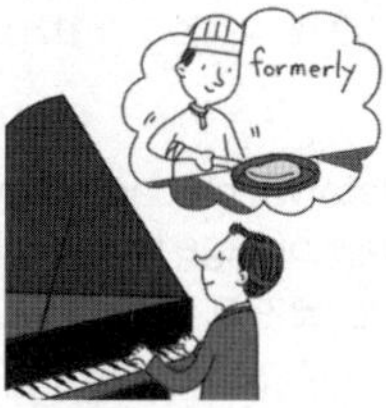

[부] 이전에, 예전에(=previously)

The degradation of **formerly** productive land, desertification, is a complex process.

전에는 생산성이 높던 토지의 질적 저하, 즉 사막화는 복잡한 과정이다.

0034 ★★

irrigate

이뤼**게**이트

irrigation [명] 관개, 물 대기

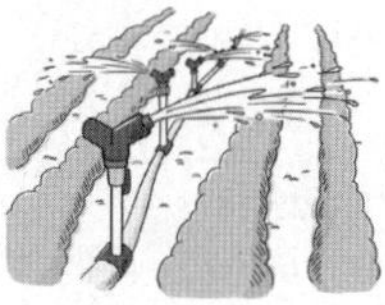

[동] 물을 대다, 관개하다

In the 7th century AD, simple windmills were used in Persia for **irrigating** farmlands and milling grain.

7세기에, 단순한 풍차가 페르시아에서 농지에 물을 대고 곡식을 갈기 위해 사용되었다.

0035 ★★

verbal

뷔ㄹ벌

verb [명] 동사
verbally [부] 말로, 구두로

[형] 말의, 언어의, 구두의(=oral)

When people visit a foreign country, they are inclined to use non-verbal communication more than **verbal** communication.

사람들은 외국을 방문할 때, 언어적 의사소통보다 비언어적 의사소통을 더 많이 사용하는 경향이 있다.

자주 쓰이는 숙어

verbal abuse: 언어 폭력, 폭언
verbal communication: 언어적 의사소통

0036 ★★

entire

인**타**이어ㄹ

entirely 🖲 전체적으로, 전적으로
entirety 🖲 전체, 전부

🖲 모든, 전체의

Exello Electronics' **entire** stock of X2 earphones sold out more rapidly than expected.
엑셀로 일렉트로닉스 사의 X2 이어폰의 전체 재고가 예상보다 훨씬 빨리 소진되었다.

📋 **자주 쓰이는 숙어**

in its entirety: 통째로, 온전하게 (=as a whole)

0037 ★★

recover

뤼**커**버ㄹ

recovery 🖲 복구, 회복

🖲 복구하다, 회복하다(=restore, rehabilitate), 되찾다(=retrieve)

He fell from a horse while horse riding, incurring an injury which he never fully **recovered**.
그는 승마 중에 말에서 떨어졌는데, 그것은 그가 완전히 회복하지 못한 부상을 초래하였다.

I **recovered** all the data which had been lost due to a sudden power outage last week.
나는 지난 주 갑작스러운 단전으로 인해 손실되었던 모든 데이터를 복구하였다.

0038 ★★

impressive

임프**뤠**씨입

impress 🖲 감명을 주다, 인상을 주다
impressed 🖲 감명을 받은
impression 🖲 감명, 인상

🖲 인상적인, 놀라운(=splendid, fine, exciting)

produce **impressive** gains in ~
~에서 인상적인[상당한] 수익을 창출하다

His presentation was very **impressive**.
그의 발표는 아주 인상적이었다.

📋 **자주 쓰이는 숙어**

impress A with B: A에게 B로 감명을 주다
be impressed with[by]: ~에 감명을 받다, ~로 깊은 인상을 받다

0039 ★★
flexible
쁠렉서블

flexibility [명] 유연성, 융통성

[형] **유연한(=pliable, elastic), 융통성 있는 (=adaptable)**

We at Plaza Hotel offer a **flexible** cancellation policy and charge no fee for changing schedules.

저희 플라자 호텔에서는 유연한 취소 정책을 제공해 드리며, 일정 변경에 대해 요금을 부과하지 않습니다.

0040 ★
emit
이밑

emission [명] 방출, 발산

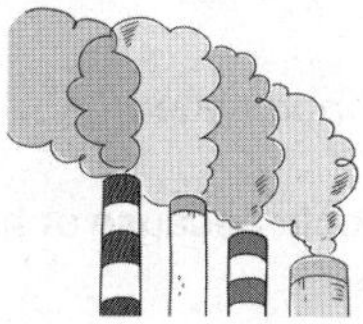

[동] **내뿜다, 방출하다**

When fossil fuels are burned, greenhouse gases are **emitted**.

화석 연료가 연소될 때, 온실 가스가 배출된다.

DAY 01 — Daily Practice

○ 단어와 그에 알맞은 뜻을 연결해 보세요.

1. measure •   • (a) 신원을 확인하다

2. organic •   • (b) 새다

3. leak •   • (c) 측정하다

4. identify •   • (d) 유기농의

○ 빈칸에 알맞은 단어를 선택하세요.

related	attracted	appreciated

5. He is one of the most deeply _____ people because of his wonderful talent in singing and composing songs.

6. The success of his first movie _____ the attention of many major movie company.

7. Should you have some questions _____ to the previous meeting, call me at extension 5523.

○ 밑줄 친 단어의 동의어를 고르세요.

8. The degradation of <u>formerly</u> productive land, desertification, is a complex process.

   (a) previously   (b) before

9. He saw a huge <u>commercial</u> opportunity in steel-making process.

   (a) industrial   (b) profitable

10. A recent research showed that magnetic fields dramatically <u>enhances</u> our blood flow to the affected region of the body.

    (a) enlarges   (b) improves

정답 1. (c) 2. (d) 3. (b) 4. (a) 5. appreciated 6. attracted 7. related 8. (a) 9. (b) 10. (b)

G-TELP VOCA

DAY
02

DAY 04　DAY 05　DAY 06
DAY 10　DAY 11　DAY 12
DAY 16　DAY 17　DAY 18
DAY 19　DAY 20　DAY 21　DAY 23　DAY 24
DAY 25　DAY 26　DAY 27　DAY 28　DAY 29　DAY 30

PREVIEW

이미 알고 있는 단어는 미리 체크박스에 체크(☑)해보세요.

☑ financial	☐ compare	☐ extend	☐ pursue
☐ observe	☐ political	☐ locate	☐ location
☐ extinct	☐ proper	☐ professional	☐ individual
☐ essential	☐ lecture	☐ immediately	☐ reject
☐ responsible	☐ confident	☐ unique	☐ invest
☐ reward	☐ discipline	☐ temporary	☐ mixture
☐ evaluate	☐ appropriate	☐ exhibit	☐ arrange
☐ willing	☐ digest	☐ controversial	☐ object
☐ absorb	☐ exclusively	☐ reasonable	☐ distribute
☐ initial	☐ mutual	☐ coincidence	☐ contaminate

QR코드를 스캔하여 단어를 음원으로 들어보세요!

0041 ★★★★★

financial

빠이낸셜

finance [명] 재정 [동] 재정을 조달하다
financially [부] 재정적으로

[형] 재정의, 금융의

Many start-up businesses get **financial** assistance from funding institutions.
많은 신생 기업들은 자금 기관으로부터 재정 지원을 받는다.

0042 ★★★★★

compare

컴페어ㄹ

comparative [형] 상대적인, 비교적인
comparable [형] 비교할만한, 필적할만한
comparison [명] 비교

[동] ~을 비교하다, 견주다

The marketing team has a monthly meeting to **compare** all team members' reports.
마케팅팀은 모든 팀원들의 보고서를 비교하기 위해 월간 회의를 가진다.

Compared to the costs of the previous quarter, the amount of the previous quarter's profit was much greater.
이전 분기의 비용과 비교하여, 지난 분기의 수익 금액은 훨씬 더 많았다.

자주 쓰이는 숙어

compare A with B: A를 B에 비교하다
compared to[with]: ~와 비교하여

0043 ★★★★★

extend

익스텐(드)

extended [형] 연장된, 장시간의, 긴
extension [명] (기한) 연장, 확대, 내선

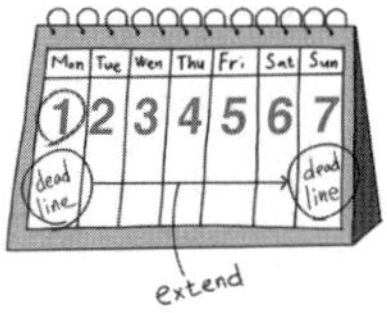

[동] (기한을) 연장하다, 확장하다, 전하다, 주다

extend the deadline to May 2
마감시한을 5월 2일로 연장하다

The marketing manager decided to **extend** the six-month promotion into next year.
마케팅 매니저는 6개월의 홍보를 내년으로 연장하기로 결정하였다.

자주 쓰이는 숙어

extend an invitation: 초대장을 보내다, 초대하다
extend an offer: 제안하다

0044 ★★★★★

pursue

펄슈-

pursuit [명] 추구, 찾음, 추격
pursuits [명] 취미 활동, 소일거리

[동] 추구하다, 뒤쫓다(=seek), (연구를) 수행하다

He quitted law and **pursued** advanced studies in astronomy at a university in Chicago.
그는 법학을 그만두고 시카고의 한 대학교에서 천문학 고등 학문 연구를 수행하였다.

0045 ★★★★★

observe

업저ㄹ(브)

observation [명] 관찰
observatory [명] 관측소, 천문대

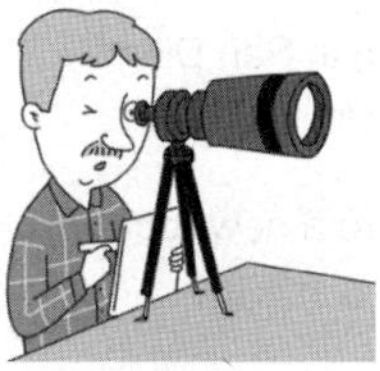

[동] ~을 관찰하다(=monitor, watch), ~을 준수하다 (=follow, obey, abide by, comply with)

Some scientists **observe** wild animals very carefully in their natural habitats to study their behavior.
일부 과학자들은 야생 동물들의 행동을 연구하기 위해 그들의 자연 서식지에서 그들을 아주 주의 깊게 관찰한다.

All drivers are required to **observe** the traffic lights.
모든 운전자에게는 교통 신호를 준수하는 것이 요구된다.

자주 쓰이는 숙어

in observance of: ~을 준수하여

0046 ★★★★

political

펄리티컬

politically [부] 정치적으로
politician [명] 정치인

[형] 정치의, 정치적인

a **political** party 정당

There were a few **political** conflicts between England and France in history.
역사상 영국과 프랑스 사이에 몇 번의 정치적 충돌이 있었다.

0047 ★★★★
locate
로우케잇

[동] 찾아내다(=find)

locate an apartment to live in
거주할 아파트를 찾다

Australia **is located in** the Southern Hemisphere between the Indian Ocean and the South Pacific.
호주는 인도양과 남태평양 사이의 남반구에 위치해 있다.

자주 쓰이는 숙어

be located in: ~에 위치해 있다

0048 ★★★★
location
로우**케**이션

relocation [명] 이전, 재배치

[명] 장소, 위치, 지점, 사무소

open a new **location** in San Diego
샌디에고에 새로운 지점을 열다

I will be transferred to a new **location**.
저는 새로운 사무소로 전근될 것입니다.

0049 ★★★★
extinct
익스**띵**ㅋ트

extinction [명] 멸종, 소멸

[형] 멸종된, 사라진

Coelacanth had been considered as an **extinct** fish, but the species was found in 1938.
실러캔스는 멸종된 물고기로 여겨졌었으나, 그 종은 1938년에 발견되었다.

자주 쓰이는 숙어

go extinct: 멸종되다

0050 ★★★★
proper
프**롸**퍼ㄹ

properly [부] 적절하게

[형] 적절한(=appropriate, suitable), 제대로 된 (=correct)

Let me know if you are interested, so that I can make a **proper** arrangement.
관심이 있으시다면 적절한 준비를 할 수 있도록 저에게 알려주세요.

출제 확률 UP!

It is proper that 주어 + (should) 동사원형: ~하는 것이 적절하다

* 합리적인 판단의 근거로 '~하는 것이 적절하다'라는 의미를 나타낼 경우 proper 뒤의 that절에는 should가 생략된 동사원형이 위치한다.

0051 ★★★★

professional

프러**풰**셔널

professionally ⓟ 전문적으로

🔵 직업의, 전문적인

We, at Elm Electronics Service, are trying our best to give you the **professional** repair service of all products that Elm Electronics produces.
저희 Elm Electronics Service에서는 Elm Electronics가 제작하는 모든 제품에 대해 전문적인 수리 서비스를 여러분에게 제공하기 위해 최선을 다하고 있습니다.

0052 ★★★★

individual

인더**뷔**쥬얼

individually ⓟ 개별적으로

🔵 개별적인, 개인의

In class, teachers have to handle the **individual** needs of students.
수업 중에, 교사들은 학생들의 개별적인 요구에 대처해야 한다.

🟢 개인, 사람(=person)

Individuals can see the demonstrations of newly launched games at World Game Conference.
월드 게임 컨퍼런스에서 신규 출시된 게임들의 시연을 볼 수 있습니다.

0053 ★★★★

essential

이**쎈**셜

essentially ⓟ 본질적으로

🔵 필수적인(=necessary), 본질적인, 중요한 (=important)

Many factories are finding the automation system to be **essential** to their operations.
많은 공장들이 자동화 시스템을 공장 운영에 필수적인 것으로 생각하고 있다.

> 🔥 출제 확률 UP!
>
> It is essential that 주어 + (should) 동사원형: ~하는 것은 중요하다

* 당위성을 나타내는 형용사로, '중요한, 필수적인, 필요한'이라는 의미를 가진 형용사 essential 뒤의 that절에는 should가 생략된 동사원형이 위치한다.

0054 ★★★★

lecture

렉춰ㄹ

lecturer [명] 강사

[명] 강연

Many people attended a **lecture** by a renowned novelist, Bernard Werber.

많은 사람들이 저명한 소설가 베르나르 베르베르의 강연에 참석하였다.

[동] 강연하다

He is scheduled to **lecture** in the community center tomorrow afternoon.

그는 내일 오후에 지역 주민 센터에서 강연을 하기로 예정되어 있다.

0055 ★★★★

immediately

이미디엇(틀)리

immediate [형] 즉각적인

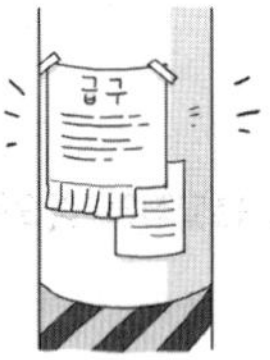

[부] 즉시, 당장

If you would like to get these products on discounted price, please call us at 555-8271 **immediately**.

할인된 가격으로 이 제품들을 사고 싶으시다면 즉시 555-8271번으로 저희에게 전화해주세요.

0056 ★★★★

reject

뤼젝ㅌ

rejection [명] 거절, 거부

[동] 거부하다, 거절하다 (=refuse, turn down)

After the interview, Ms. Margot decided to **reject** a job offer from Sebastian & Diana Lawfirm.

인터뷰 후에, 마고 씨는 세바스찬&다이애나 로펌으로부터 받은 취업 제의를 거절하기로 결심했다.

0057 ★★★★

responsible

리스**판**서블

responsibility [명] 직무, 책임 (=duty)
responsibly [부] 책임감 있게

[형] 책임 있는(=liable), 직무를 맡은(=in charge)

The official who is **responsible** for validating architecture design has been on sick leave for the last 3 weeks.
건축 설계를 승인하는 것을 담당하는 공무원이 지난 3주 동안 병가 중이다.

자주 쓰이는 숙어

responsible for: ~에 대한 책임이 있는, ~을 담당하는

0058 ★★★

confident

칸뻐던(트)

confidence [명] 자신, 신뢰
confidently [부] 자신 있게, 확신을 갖고

[형] 자신 있는, 확신하는

After reading the assigned materials thoroughly, he felt more **confident** of passing the exam.
과제로 주어진 자료를 꼼꼼히 읽고 난 후, 그는 그 시험을 통과할 것이라는 확신을 더 많이 느꼈다.

자주 쓰이는 숙어

confident of[that]: ~을 확신하는

0059 ★★★

unique

유**니**익

uniquely [부] 고유하게

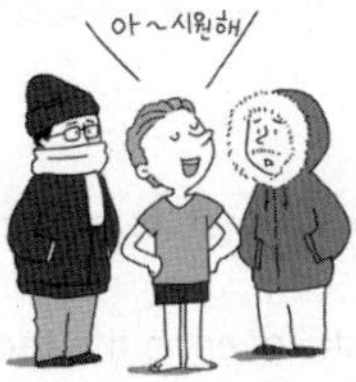

[형] 독특한, 특이한

Flix Electronics' newly released scanner has many **unique** features.
Flix Electronics의 새로 출시된 스캐너는 독특한 특징을 많이 가지고 있다.

0060 ★★★

invest

인**붸**스트

investment [명] 투자

[동] 투자하다

IT companies **invest** in research and development to promote new technologies.
IT 회사들은 새로운 기술을 장려하기 위해 연구 개발에 투자한다.

0061 ★★★

reward

뤼**워**드

rewarding ⓐ 보람 있는

ⓥ ~에게 보답하다

The CEO of Hitten Enterprises promised to **reward** exceptional staff with bonuses and extra vacation days.

히튼 엔터프라이즈의 CEO는 우수 직원들에게 보너스 및 추가 휴가로 보상하겠다고 약속했다.

> 📋 **자주 쓰이는 숙어**
>
> reward A with B: A에게 B로 보상하다

ⓝ 보상, 사례, 보답(=compensation)

Jimmy got a one-month vacation as a **reward** for serving in the company for 30 years.

지미는 회사에서 30년간 근무한 것에 대한 보상으로 한 달 휴가를 받았다.

0062 ★★★

discipline

디씨플린

disciplined ⓐ 훈련 받은, 잘 통솔된, 잘 다듬어진
self–discipline ⓝ 자기 훈련, 자제력

ⓝ 규율, 훈육, 절제

Discipline is needed in doing homework on your own schedule.

자기 자신만의 일정에 맞춰서 숙제를 하는 데에는 절제력이 필요하다.

He was awarded International Photography Award for elevating photography to a level of refined **disciplined** art.

그는 사진을 잘 다듬어진 정교한 예술의 수준으로 승격시킨 것으로 국제 사진상을 수상하였다.

0063 ★★★

temporary

템퍼뤄뤼

temporarily ⓐ 일시적으로, 임시로

ⓐ 임시의, 일시적인(=provisional, tentative)

Mr. Richardson will take over as the **temporary** research director while Mr. Raymond is overseeing operations in Chicago.

레이먼드 씨가 시카고 지사의 운영을 감독하는 동안 리차드슨 씨가 임시 연구부장 직을 맡을 것이다.

0064 ★★★

mixture

믹스춰ㄹ

mix [동] 혼합하다

[명] 혼합(물), 합성품, 혼합된 것

To make a cake, you should use **mixture** of flour and eggs.

케이크를 만들기 위해, 밀가루와 계란의 혼합물을 이용해야 한다.

자주 쓰이는 숙어

with a mixture of: ~을 첨가하여, ~을 섞어서

0065 ★★★

evaluate

이**벨**류에잇

evaluation [명] 평가, 평가서

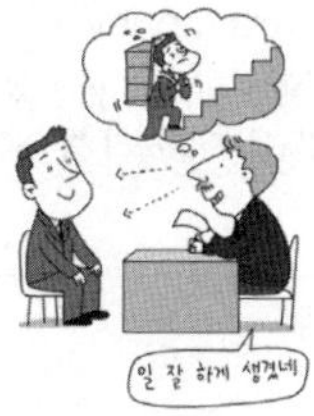

[동] 평가하다(=assess)

Researchers usually **evaluate** results of experiments compared to the hypothesis.

연구자들은 보통 실험의 결과를 가설에 비교하여 평가한다.

0066 ★★★

appropriate

어프**로**우프뤼엇

appropriately [부] 적절하게, 제대로

inappropriate [형] 부적절한

[형] 적합한, 적당한, 적절한(=suitable, proper)

Before making a pottery, you should mix clay with an **appropriate** amount of water.

도자기를 만들기 전에, 진흙을 적당한 양의 물과 섞어야 한다.

0067 ★★★

exhibit

이그**지**빗

exhibition [명] 전시회

[명] 전시회, 전시물

Tickets of the local artists' **exhibit** will be available only online beginning May 2.

지역 예술가들의 전시회 티켓은 5월 2일부터 온라인으로만 구매 가능할 것입니다.

[동] 전시하다, 내보이다

He will **exhibit** his new paintings in the local art gallery.

그는 지역 미술관에서 그의 새로운 그림들을 전시할 것이다.

0068 ★★★

arrange

어**레**인쥐

arrangement [명] 준비, 약속

[동] **준비하다, 계획하다, 배열하다**

You should **arrange** all the main points in your term paper according to importance.

당신은 학기말 리포트에 모든 주요 논점을 중요도에 따라 정리해야 한다.

자주 쓰이는 숙어

be arranged for 사람: ~를 위해 준비되다
make an arrangement: 준비해 두다

0069 ★★★

willing

윌링

willingly [부] 기꺼이, 자진해서
willingness [명] 기꺼이 하는 마음

[형] **기꺼이 ~하는, 마다하지 않는**

If the chef in the restaurant cooks with more expensive ingredients for better tastes, people will be **willing** to pay extra money.

그 식당의 주방장이 더 나은 맛을 위해 더 비싼 재료로 요리를 한다면, 사람들은 기꺼이 추가 비용을 지불하려 할 것이다.

자주 쓰이는 숙어

be willing to + 동사원형: 기꺼이 ~ 하려 하다

0070 ★★★

digest

다이**줴**스트

digestive [형] 소화의 [명] 소화제
undigested [형] 소화되지 않은

[동] **소화하다, 이해하다**

The flesh of the coelacanth is hard to **digest** due to a great deal of oil and other compounds.

실라캔스의 살은 상당한 양의 기름과 다른 합성물로 인해 소화하기 어렵다.

0071 ★★★

controversial

컨트러**붜**ㄹ셜

controversy [명] 논란, 논쟁

[형] **논란이 많은**

The city council objected to the **controversial** plan to cease financial aid for kindergartens in the city.

시 의회는 시에 있는 유치원에 대한 재정 지원을 중단한다는 논란이 많은 계획을 기각하였다.

0072 ★★

object

압젝트

objection [명] 반대, 이의

[명] 물건, 물체, 대상

When you make cookies, you will need a long and rounded **object** to make the dough thin and flat.

쿠키를 만들 때, 반죽을 얇고 납작하게 만들기 위해 길고 둥근 물체가 필요할 것이다.

[동] (~에) 반대하다(+ to)

He **objected** to his wife when she said she wanted to get another part-time job.

그는 그의 아내가 또 다른 시간제 일을 얻고 싶다고 말했을 때, 그녀에게 반대했다.

0073 ★★

absorb

앱조르브

absorption [명] 흡수

[동] 흡수하다, 받아들이다

Nowadays, the plants that **absorb** indoor fine dust and provide fresh oxygen are popular as a gift.

요즘 실내 미세먼지를 흡수하고 신선한 산소를 제공하는 식물이 선물로 인기를 끌고 있다.

0074 ★★

exclusively

익스클루시블리

exclusive [형] 배타적인, 독점적인

[부] 오직, 오로지, 배타적으로(=only, solely)

The circus show is performed **exclusively** at the particular time of a day.

그 서커스쇼는 오직 하루의 특정 시간에만 공연된다.

0075 ★★

reasonable

뤼-즈너블

reasonably [부] 합리적으로

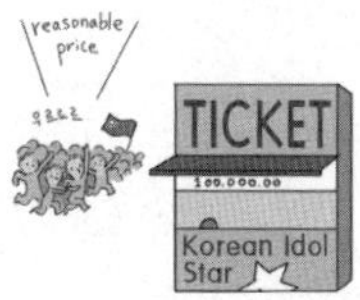

[형] 합리적인(=rational), 합당한, (가격이) 적당한(=adequate)

The newly launched mobile phone, IH-577, has more functional features compared to the previous model, and it is sold at a **reasonable** price.

새로 출시된 휴대전화 IH-577은 이전 모델에 비하여 더 많은 기능적인 특징을 가지고 있으며, 합리적인 가격에 판매된다.

0076 ★★
distribute

디스트**뤼**뷰

distribution [명] 공급, 배포, 유통
distributor [명] 판매자, 공급자

[동] 배포하다(=hand out, pass round), 유통하다(=circulate), 배분하다(=share, allot)

To ensure that our new products will attract customers, we should **distribute** promotional materials to as many people as possible.
우리의 신제품이 고객들을 확실히 끌어올 수 있도록 하기 위해서, 우리는 가능한 많은 사람들에게 홍보자료를 배포해야 한다.

0077 ★★
initial

이**니**셜

initially [부] 초기에, 처음에
initiate [동] 시작하다, 주도하다

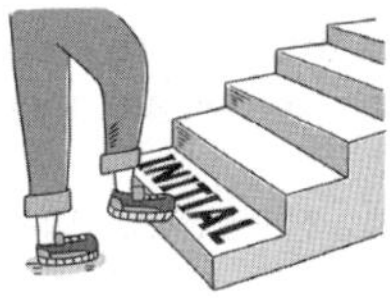

[형] 처음의, 최초의, 초기의

The research team admitted the **initial** findings of the experiment was wrong.
그 연구팀은 그 실험의 초기 결과가 잘못되었다는 것을 인정하였다.

0078 ★
mutual

뮤**추**얼

mutually [부] 상호적으로, 서로, 함께

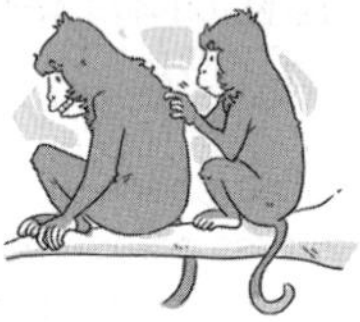

[형] 상호의, 상호적인(=reciprocal)

Implementing a new shift operation is for the **mutual** satisfaction of the employees and the employer.
새로운 교대 근무 운영을 시행하는 것은 근로자와 고용주의 상호 만족을 위한 것이다.

Day 02

0079 ★

coincidence

코**인**씨던스

coincide [동] 동시에 발생하다, 겹치다
coincidentally [부] 일치하게, 동시 다발적으로

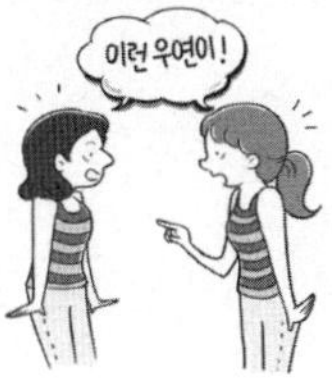

[명] (우연의) 일치

Research showed that the reduction of various species of small whales and the period of the construction in the area was not a **coincidence**.

연구에 따르면, 작은 고래 여러 종의 감소와 그 지역의 공사 기간은 우연의 일치가 아니었다는 것을 보여주었다.

자주 쓰이는 숙어

coincide with: ~와 동시에 발생하다, ~와 겹치다 (=concur)

0080 ★

contaminate

컨**태**미네잇ㅌ

contamination [명] 오염

[동] 오염시키다

Scientific research has shown that when plastics **contaminate** the ocean, they can be consumed by many fish and remain undigested.

과학 연구에 따르면, 플라스틱이 바다를 오염시킬 때 많은 물고기에 의해 플라스틱이 섭취될 수 있으며, 그리고 그것들은 소화되지 않은 상태로 남아 있을 수 있다고 나타났다.

DAY 02 Daily Practice

○ 단어와 그에 알맞은 뜻을 연결해 보세요.

1. extend •   • (a) 멸종된
2. financial •   • (b) 보답하다
3. reward •   • (c) 재정의
4. extinct •   • (d) 연장하다

○ 빈칸에 알맞은 단어를 선택하세요.

appropriate	responsible	controversial

5. The official who is _____ for validating architecture design has been on sick leave for the last 3 weeks.

6. The city council objected to the _____ plan to cease financial aid for kindergartens in the city.

7. Before making a pottery, you should mix clay with an _____ amount of water.

○ 밑줄 친 단어의 동의어를 고르세요.

8. The construction site <u>observes</u> the local building requirements.

   (a) complies with   (b) watches

9. All the managers of each department were directed to <u>evaluate</u> its staff's performance by the end of the month.

   (a) assess   (b) value

10. The information pamphlets were <u>distributed</u> to all orientation participants.

   (a) printed out   (b) handed out

정답 1. (d) 2. (c) 3. (b) 4. (a) 5. responsible 6. controversial 7. appropriate 8. (a) 9. (a) 10. (b)

G-TELP VOCA

DAY 03

DAY 01
DAY 05
DAY 06
DAY 07
DAY 11
DAY 12
DAY 13
DAY 17
DAY 18
DAY 19
DAY 20
DAY 21
DAY 22
DAY 23
DAY 24
DAY 25
DAY 26
DAY 27
DAY 28
DAY 30

PREVIEW

이미 알고 있는 단어는 미리 체크박스에 체크(☑)해보세요.

☑ accept	☐ own	☐ access	☐ demand
☐ tend	☐ property	☐ estimate	☐ approve
☐ procedure	☐ remind	☐ associate	☐ application
☐ alternative	☐ scholarship	☐ handle	☐ decline
☐ adopt	☐ pressure	☐ efficient	☐ disturb
☐ exceed	☐ merge	☐ frequent	☐ investigate
☐ reaction	☐ formidable	☐ principal	☐ aspect
☐ setback	☐ privilege	☐ remarkable	☐ admission
☐ valuable	☐ accommodate	☐ strategy	☐ practical
☐ exert	☐ authentic	☐ apprehend	☐ isolate

QR코드를 스캔하여 단어를 음원으로 들어보세요!

0081 ★★★★★
accept
어**셉**(트)

acceptance [명] 수락, 승인
acceptable [형] 받아들일 수 있는

[동] 받아들이다, 수락하다

Ms. Young decided to **accept** the manager's offer for her to train new employees next month.
영 씨는 그녀에게 다음 달에 신입 직원들을 교육시키라는 매니저의 제안을 받아들이기로 결정했다.

0082 ★★★★★
own
오운

owner [명] 소유주, 주인

[동] 소유하다

When I arrived at the resort, I felt like I **owned** the whole place.
휴양지에 도착했을 때 나는 내가 그 곳 전체를 소유한 것 같은 기분이 들었다.

[형] 자신의, 직접 ~한

The soldiers wanted to come back to their **own** homeland.
그 병사들은 그들의 고향으로 돌아가고 싶어 했다.

자주 쓰이는 숙어

on one's own: 혼자, 다른 아무도 없이
come into one's own: 진가를 발휘하다

0083 ★★★★★
access
액세스

accessible [형] 접근 가능한, 이용 가능한
inaccessible [형] 접근할 수 없는, 이용할 수 없는
accessibility [명] 접근성, 이해하기 쉬움

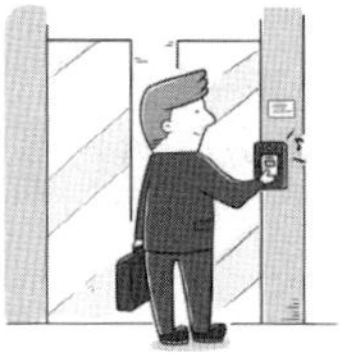

[동] 접근하다, 이용하다

There is a tree stuck by lightning last night at the entrance of the parking lot, making cars hard to **access** it.
지난 밤 번개에 맞은 나무가 주차장 입구에 있는데, 그것은 차들이 주차장에 접근하는 것을 어렵게 만들고 있다.

[명] 접근(권한), 접속, 이용

Access to the office is restricted to employees only.
사무실 출입은 오직 직원들로만 제한된다.

자주 쓰이는 숙어

access to: ~에의 접근(이용)

0084 ★★★★★

demand

디맨드

demanding ⓐ 힘든, 부담이 큰
(=difficult, strenuous)

ⓥ 요구하다, 필요로 하다, 요구되다

The restaurant's manager **demands** that customers not bring any other food purchased outside.

그 식당의 매니저는 외부에서 구매된 다른 음식을 가져오지 말 것을 고객들에게 요구한다.

👍 출제 확률 UP!

demand that 주어 + (should) + 동사원형: ~하는 것을 요구하다

* 당위성을 나타내는 동사로, '요구하다, 필요하다'라는 의미를 가진 동사 뒤의 that절에는 should가 생략된 동사원형이 위치한다.

ⓝ 수요, 요구

Because of the convergence of media and mobile communications, the **demand** for 5G wireless communication technology is growing.

미디어와 이동통신의 융합으로 인해, 5G 무선 통신 기술에 대한 수요가 증가하고 있다.

📋 자주 쓰이는 숙어

in demand: 수요가 있는
on demand: 수요가 있자마자
demand for: ~에 대한 수요

0085 ★★★★★

tend

텐드

tendency ⓝ 경향

ⓥ ~하는 경향이 있다

The research shows that people who work out regularly **tend** to overeat sometimes.

그 연구는 규칙적으로 운동을 하는 사람들이 가끔씩 과식을 하는 경향이 있다는 것을 보여준다.

📋 자주 쓰이는 숙어

tend to + 동사원형: ~하는 경향이 있다 (= be inclined to + 동사원형)

0086 ★★★★★

property

프라퍼르티

properties ⓝ 속성, 특성(복수형)

ⓝ 재산, 소유물, 부동산, 건물 (구내)

The tree near the fence damaged my neighbor's **property** when it collapsed after the hurricane last night.

울타리 근처에 있던 나무가 어젯밤 허리케인이 지나간 후에 쓰러졌을 때 내 이웃의 건물을 손상시켰다.

0087 ★★★★★

estimate

에스터메잇

estimation ⑩ 견해, 평가
estimated ⑩ 추정되는, 어림잡은,
존중되는

ⓥ **추산하다, 추정하다**

After filling up the order form, you can **estimate** the time of delivery by pressing the button at the bottom.
주문서를 작성한 후에, 맨 아래에 있는 버튼을 눌러 배송 시간을 추정할 수 있습니다.

ⓝ **견적(서), 추산**

To cut down the expense of transportation, GA Foods requested **estimates** from several contractors.
운송 비용을 줄이기 위해서 GA Foods는 몇몇 계약사에 견적서를 요청하였다.

0088 ★★★★★

approve

어프루웁

approval ⑩ 승인, 인정, 찬성

ⓥ **승인하다**

The CEO **approved** the budget of the next year.
CEO는 내년의 예산안을 승인하였다.

> **자주 쓰이는 숙어**
>
> approve of: ~을 찬성하다

0089 ★★★★★

procedure

프로씨줘ㄹ

proceed ⓥ 진행하다

ⓝ **절차, 과정**

In a laboratory, experimenters must follow the proper **procedures** when handling toxin chemicals.
실험실에서 실험자들은 독성 화학물질을 다룰 때 적절한 절차를 따라야 한다.

0090 ★★★★★

remind

뤼마인드

reminder ⑩ 상기시키는 것, 암시, 주의(=memo, notice)

ⓥ **상기시키다, 알려주다, 다시 떠올리게 하다**

The manager **reminded** us of Mr. Song's farewell party on Friday night.
부장님은 우리에게 금요일 밤의 송 씨의 송별 파티를 상기시켜주었다.

> **자주 쓰이는 숙어**
>
> remind A of B: A에게 B를 생각나게 하다[상기시키다]
> be reminded to 동사원형: ~하도록 주의를 받다.

0091 ★★★★★

associate

어**쏘**시에잇

associated [형] 관련된

[동] 연상하다, 관련시키다

She tried to **associate** her own painting with Beethoven's ninth symphony.

그녀는 그녀의 그림을 베토벤의 9번 교향곡에 관련시키려고 노력하였다.

자주 쓰이는 숙어

be associated with: ~와 관련되어 있다

[명] 연관, 부, 동료

Richard assisted his **associates** for their meeting with clients tomorrow.

리차드는 내일 그의 동료들이 가질 고객과의 회의를 위해 그들을 도와주었다.

0092 ★★★★★

application

어플리**케**이션

apply [동] 지원하다, 적용하다, 응용하다, 바르다

applicant [명] 신청자, 지원자

[명] 신청(서), 지원(서), 적용, 응용

Your **application** for ING internship program has been accepted.

ING 인턴십 프로그램에 대한 귀하의 지원서가 수락되었습니다.

자주 쓰이는 숙어

apply for: ~에 신청[지원]하다

application for: ~에 대한 신청, 지원

0093 ★★★★★

alternative

얼**터**ㄹ너티입

alternatively [부] 아니면, 그 대신

* 접속부사

[형] 대체하는, 대안의(=secondary)

Due to traffic congestion, police officers are directing drivers to take an **alternative** route to the baseball stadium.

교통 혼잡으로 인해 경찰관들은 야구장으로 가는 대안 경로를 이용하도록 지시하고 있다.

[명] 대안, 대체품, 선택 대상(=choice, option)

There is a vegetarian **alternative** on the menu in Cha Cha's Kitchen every day.

〈차차의 부엌〉의 메뉴에는 매일 채식주의자들이 선택할 수 있는 요리가 있다.

자주 쓰이는 숙어

as an alternative to: ~에 대한 대안으로

Day 03

0094 ★★★★★

scholarship

스**칼**라쉽

scholar [명] 학자

[명] **장학금, 학문**

If he had not been granted the **scholarship**, he would not have finished the doctoral course.

만약 그가 장학금을 받지 않았다면, 그는 박사 과정을 마칠 수 없었을 것이다.

0095 ★★★★★

handle

핸들

handling [명] 취급, 처리

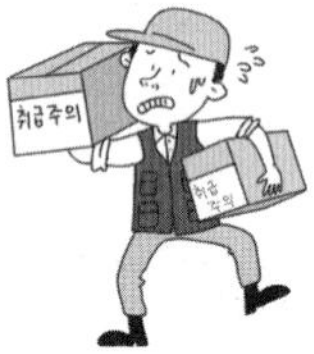

[동] **~을 담당하다, 처리하다(=deal with, treat, cope with)**

The management had a meeting with employees of customer service center to seek the best way to **handle** customer complaints efficiently.

경영진은 고객의 불만을 효율적으로 처리하는 최선의 방법을 찾기 위해 고객 서비스 센터의 직원들과 회의를 가졌다.

0096 ★★★★★

decline

디클**라**인

declining [형] 기우는, 쇠퇴하는

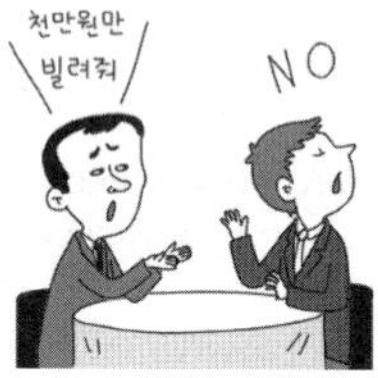

[동] **하락하다, 줄어들다(=decrease, reduce), 거절하다(=reject)**

Research show that populations of various insects **declined** due to climate changes.

연구에 따르면, 기후 변화로 인해 다양한 곤충들의 개체수가 줄어들었다고 한다.

[명] **하락**

The restaurant's manager decided to put an advertisement in a local newspaper in spite of the **decline** in revenue.

그 식당의 매니저는 수익 감소에도 불구하고 지역 신문에 광고를 싣기로 결정했다.

0097 ★★★★★

adopt

어**답**트

adoption [명] 입양, 채택
adoptive [형] 채용의, 차용의, 양자 관계의

[동] 채용하다, 채택하다, (입장, 태도를) 취하다

Some doctors warn patients to be careful when **adopting** aromatherapy for their sleep disorder.
일부 의사들은 환자들에게 수면 장애에 대해 아로마테라피를 채택할 때 조심하라고 경고한다.

[동] 입양하다

My uncle, Ben **adopted** a homeless dog from the nearby animal shelter.
벤 삼촌은 근처에 있는 동물보호소에서 유기견을 입양하였다.

Day 03

0098 ★★★★★

pressure

프**뤠**셔ㄹ

press [동] 누르다, 압박하다

[명] 압력, 중압감, 부담(=weight)

Air **pressure** refers to the force per unit of area exerted on the Earth's surface by the weight of the air above the surface.
기압은 지표면 위의 공기 무게에 의해 지표면에 가해진 단위 지역에 대한 힘을 일컫는다.

0099 ★★★★★

efficient

이**쀠**션(트)

efficiency [명] 효율(성)
efficiently [부] 효율적으로

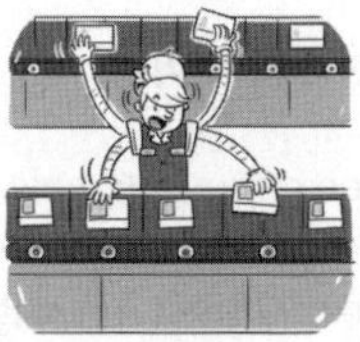

[형] 효율적인, 효과적인(=effective)

The managers said employees started to get more **efficient** after changing the lighting in a work environment.
매니저들은 업무 환경에 조명을 바꾼 후에 직원들이 더 효율적이기 시작하였다고 말했다.

0100 ★★★★

disturb

디스**터**ㄹ브

disturbance [명] 방해, 소란
disturbing [형] 충격적인, 불안감을 주는

[동] 방해하다(=disrupt, hinder)

The noise from the nearby construction site disturbs my daughter's nap.
근처의 공사 현장에서 발생하는 소음이 나의 딸의 낮잠을 방해한다.

0101 ★★★★
exceed
익**씨**-드

exceeding [형] 대단한, 과도한

[동] **초과하다, 넘다, 초월하다**

The sales representative **exceeded** his quota for this quarter.
그 영업 사원은 이번 분기에 대한 그의 할당량을 초과하였다.

0102 ★★★★
merge
머-ㄹ쥐

merger [명] 합병

[동] **통합하다(=consolidate), 합병하다**

The chairman of Nebula Engineering announced at a press conference that the company would **merge** with GEIS Electronics next month.
네뷸라 엔지니어링의 회장은 기자회견에서 그 회사가 다음 달에 일렉트로닉스와 합병할 것이라고 발표하였다.

0103 ★★★★
frequent
쁘**뤼**퀀(트)

frequently [부] 자주, 빈번히
frequency [명] 빈도

[형] **빈번한, 자주 있는(=common, repeated)**

The manager warned Mr. Sanborn would be disciplined as a result of his **frequent** lateness.
매니저는 Sanborn 씨의 빈번한 지각의 결과로 징계를 받을 것이라고 경고하였다.

[동] **(특정 장소에) 자주 다니다**

It is believed that the Asian Palm Civet **frequents** coffee plantations.
말레이사향고양이는 커피 재배지역에 자주 다닌다고 여겨진다.

0104 ★★★★
investigate
인**붸**스티게잇

investigation [명] 조사, 수사
investigative [형] 조사의, 수사의

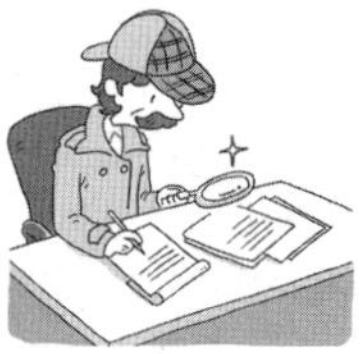

[동] **~조사하다, 연구하다(=examine)**

FBI apprehended three crime suspects a week after they had started to **investigate** the case.
FBI는 그 사건을 수사하기 시작한지 일주일 후에 세 명의 용의자들을 체포하였다.

자주 쓰이는 숙어

hold an investigation: 조사하다

0105 ★★★★

reaction

뤼**액**션

react [동] 반응하다, 대응하다 (=respond)

[명] **반응, 대응(=response), 의견(=feedback)**

Several fruits can cause allergic **reactions** in certain people.

몇몇 과일은 특정 사람들에게 알레르기 반응을 일으킬 수 있다.

Day 03

0106 ★★★

formidable

뿨ㄹ미더블

[형] **엄청난, 막강한(=tremendous)**

During the interview, Mr. Hansen said that he had 10 years of experience in the same industry as Mega Motors, so he is considered a **formidable** candidate.

인터뷰 동안, 한센 씨는 그가 메가 모터스와 동일한 업계에서 10년의 경력을 지녔다고 말했다. 그래서 그는 강력한 후보자로 여겨진다.

0107 ★★★

principal

프**륀**서펄

principally [부] 주로(=chiefly)

[형] **주요한(=capital), 주된(=chief), 중요한**

The painting found in the cave is considered as a **principal** source of ancient religious beliefs.

동굴에서 발견된 그림은 고대 종교적 신념의 주요한 근원으로 여겨진다.

[명] **교장**

The **principal** reminded the students about participating in volunteer work tomorrow.

교장 선생님은 학생들에게 내일 있을 자원봉사 활동에 참가하는 것에 대해 알려주었다.

0108 ★★★

aspect

애스펙트

[명] **관점(=viewpoint), 측면, 양상(=phase), 외관**

He has a lot of experience in the marketing and publishing **aspects** of the newspaper company.

그는 신문사의 마케팅과 출판 측면에 많은 경험을 가지고 있다.

0109 ★★★

setback

쎗-백

set back [동] (시간을) 되돌리다(=reverse), 연기하다(=postpone)

[명] 장애(=obstacle), 패배(=defeat), 정체, 곤경

The manager wanted all the staff to get prepared to handle any **setbacks** when organizing an event.

그 부장은 전 직원이 행사를 준비할 때, 그 어떤 문제에도 대처하도록 대비하기를 원했다.

0110 ★★

privilege

프**뤼**블리쥐

privileged [형] 특권을 가진, 영광스러운

[명] 특전, 특혜

With your long subscription, we will give you special **privileges** which will allow you to get up to 50% discounts on purchases made at our online store.

귀하의 오랜 구독으로, 저희는 저희 온라인 매장에서 이루어지는 구매에 대해 최대 50퍼센트 할인을 받을 수 있도록 해주는 특혜를 귀하에게 드릴 것입니다.

[동] 특권을 주다

He **privileged** his assistant to handle confidential information.

그는 그의 비서에게 기밀 정보를 다룰 수 있는 특권을 주었다.

0111 ★★

remarkable

뤼**마**ㄹ커블

remarkably [부] 현저하게

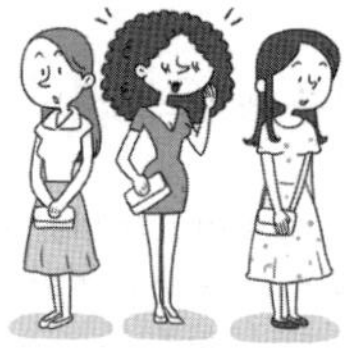

[형] 눈에 띄는, 주목할 만한(=extraordinary, impressive, notable)

Mr. Lim was appointed as CEO of Pioneer Industry after his **remarkable** 20-year career.

Lim씨는 눈에 띄는 20년간의 경력 후에 파이오니어 인더스트리의 CEO로 임명되었다.

0112 ★★

admission

앨**미**션

admit [동] 인정하다, 시인하다 (=acknowledge, concede)
admissible [형] 인정되는, 허용되는
admittance [명] 입장

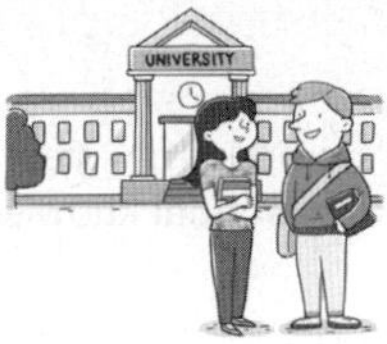

[명] **입장, 입회, 허가, 시인**

Before entering the exhibition, you are required to pay **admission** fee at the entrance.
전시관에 들어가기 전에, 당신은 입구에서 입장료를 지불해야 합니다.

If you submit an application form, you will be considered for **admission** to Mentoring Program in the company.
신청서를 제출하시면, 당신은 사내 멘토링 프로그램의 가입 자격에 대해 심사를 받을 것입니다.

0113 ★★

valuable

밸류어블

value [동] 소중히 여기다, 가치를 매기다
valued [형] 귀중한, 소중한
invaluable [형] 소중한

[형] **소중한(=invaluable, precious), 값비싼(=costly), 매우 유익한(=helpful)**

Hotel Weekly newsletter contains **valuable** information about the city's hotels and tourist attractions.
「호텔 위클리」 소식지는 시에 있는 호텔과 관광 명소에 관한 유익한 정보를 담고 있다.

0114 ★★

accommodate

어**카**머데잇

accommodation [명] 숙박시설, 순응(to)

[동] **~을 충족하다(=meet, suit), ~을 수용하다(=hold, contain)**

accommodate the increasing demand
증가하는 수요를 감당하다

The auditorium is large enough to **accommodate** all the students who gathered for a briefing session on Siwon University's admission requirements.
그 강당은 시원대학교의 입학 설명회를 위해 모인 학생들을 모두 수용할 만큼 크다.

0115 ★★

strategy

스트**뤠**르쥐

strategic ⓐ 전략적인
strategically ⓟ 전략적으로

ⓝ 전략, 방법, 계획(=plan, scheme)

With a newly released laptop, Siwon Electronics needs a powerful marketing **strategy** for sales and promotion.
새로 출시된 노트북 컴퓨터로, 시원 일렉트로닉스는 판매와 홍보를 위한 강력한 마케팅 전략이 필요하다.

0116 ★★

practical

프**랙**티컬

practice ⓝ (의료, 법률) 사업, 실행, 관행, 연습
ⓥ 개업하다, 실행하다, 수련하다
practically ⓟ 실용적으로

ⓐ 실용적인(=useful, pragmatic), 현실적인 (=realistic)

Recently the factory's productivity grew dramatically thanks to **practical** knowledge of newly hired experts.
최근 새로 고용된 전문가들의 실용적인 지식 덕분에 공장의 생산성이 급격하게 증가하였다.

0117 ★

exert

이그**저**르트

ⓥ (힘, 능력 등을) 쓰다, 발휘하다, 행사하다

Charlie doesn't **exert** any effort to pass the exam, which he established as a goal to be a government official.
찰리는 그 시험을 통과하기 위해 그 어떤 노력도 하지 않는데, 그것은 공무원이 되기 위해 그가 목표로 세웠던 일이었다.

> **자주 쓰이는 숙어**
>
> exert an effort: 노력을 기울이다, 노력하다

0118 ★

authentic

오**쎈**틱

ⓐ 진품의(=genuine), 믿을 만한(=reliable, trustworthy)

The museum exhibits a wide selection of **authentic** ancient artifacts.
그 박물관은 아주 다양한 고대 공예품 진본들을 전시한다.

authentic

0119 ★

apprehend

애프뤼**헨**(드)

apprehension [명] 체포, 이해

[동] 체포하다(=arrest)

It was announced that a criminal of the bank robbery at San Diego Bank was **apprehended**.

샌 디에고에서의 은행 강도 사건의 범인이 체포되었다고 발표되었다.

[동] 이해하다(=understand, grasp)

I couldn't **apprehend** the meaning of his words.

나는 그의 말의 의미를 이해할 수 없었다.

0120 ★

isolate

아이쏠레이(트)

isolation [명] 고립, 분리
isolated [형] 고립된, 분리된

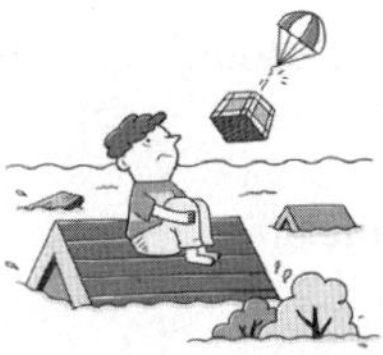

[동] 격리하다, 고립시키다

Zookeepers sometimes **isolate** a baby animal to raise it on their own due to its poor health or aggressive peers.

동물원 사육사들은 때때로 아기 동물의 좋지 않는 건강 또는 공격적인 또래 아기동물 때문에 사육사들이 직접 키우기 위해 아기 동물을 격리시킨다.

○ 단어와 그에 알맞은 뜻을 연결해 보세요.

1. accept •   • (a) 받아들이다

2. estimate •   • (b) 수용하다

3. accommodate •   • (c) 처리하다

4. handle •   • (d) 추정하다

○ 빈칸에 알맞은 단어를 선택하세요.

tend	associate	demands

5. The restaurant's manager _____ that customers not bring any other food purchased outside.

6. She tried to _____ her own painting with Beethoven's ninth symphony.

7. The research shows that people who work out regularly _____ to overeat sometimes.

○ 밑줄 친 단어의 동의어를 고르세요.

8. Experts confirmed that the painting recently in the middle of a controversy is <u>authentic</u>.

   (a) traditional   (b) genuine

9. Designing a battery-powered vehicle that could travel at high speeds was a <u>formidable</u> challenge for the engineers at Haute Motors.

   (a) tremendous   (b) valuable

10. Despite a recent financial <u>setback</u>, management is still optimistic about completing the merger deal.

    (a) aid   (b) problem

정답 1. (a) 2. (d) 3. (b) 4. (c) 5. demands 6. associate 7. tend 8. (b) 9. (a) 10. (b)

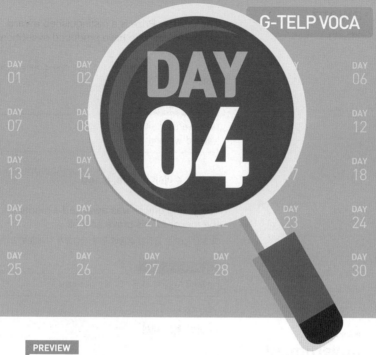

DAY 04

DAY 01
DAY 02
DAY 06
DAY 07
DAY 08
DAY 12
DAY 13
DAY 14
DAY 18
DAY 19
DAY 20
DAY 23
DAY 24
DAY 25
DAY 26
DAY 27
DAY 28
DAY 30

PREVIEW

이미 알고 있는 단어는 미리 체크박스에 체크(☑)해보세요.

☑ award	☐ government	☐ recognize	☐ conduct
☐ including	☐ deal	☐ address	☐ graduate
☐ guarantee	☐ repair	☐ inspire	☐ executive
☐ fund	☐ balance	☐ prove	☐ corporate
☐ attention	☐ formal	☐ qualify	☐ demonstrate
☐ implement	☐ victim	☐ release	☐ issue
☐ estate	☐ apparently	☐ proceed	☐ regret
☐ span	☐ devoted	☐ deficiency	☐ hesitate
☐ malfunction	☐ renowned	☐ row	☐ proportion
☐ promising	☐ contrary	☐ addiction	☐ itinerary

QR코드를 스캔하여 단어를 음원으로 들어보세요!

0121 ★★★★★
award
어워ㄹ(드)

[명] 상, 포상(=prize)

The Pullitzer Prize is a distinguished **award** for journalists who have produced exceptional work.
퓰리처 상은 탁월한 성과를 낸 저널리스트에게 수여하는 명예로운 상이다.

자주 쓰이는 숙어
an award for: ~에 대한 상
award-winning: 상을 받은

[동] 주다, 수여하다(=give, grant)

The young officer was **awarded** a medal from the mayor for his brave actions.
그 젊은 장교는 용감한 행동에 대해 시장에게 상패를 받았다.

자주 쓰이는 숙어
award A B: A에게 B를 수여하다 (= award B to A)

0122 ★★★★★
government
거번먼트

govern [동] 통치하다, 지배하다

[명] 정부, 통치 체제

The Dutch **government** is attempting to encourage tourists to visit other cities than Amsterdam.
네덜란드 정부는 관광객들에게 암스테르담보다 다른 도시들을 방문하도록 장려하는 것을 시도하고 있다.

0123 ★★★★★
recognize
뤠컥나이즈

recognizable [형] 알아볼 수 있는
recognition [명] 인식, 인정, 표창

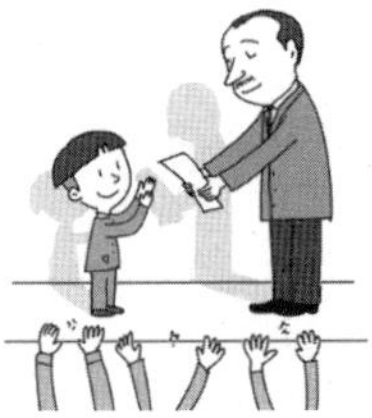

[동] (공로를) 인정하다, (사실임을) 인정하다, 알아보다

At his retirement dinner, Ben was **recognized** for his years of service to the company.
그의 은퇴 기념 만찬에서, 벤은 그 회사에서 수년간 근속한 것에 대한 인정을 받았다.

자주 쓰이는 숙어
recognize A for B: B에 대해 A를 인정하다
be recognized for: ~으로 인정받다

0124 ★★★★★

conduct

[동] **컨**덕(트)
[명] **칸**덕(트)

[동] 수행하다, 실시하다(=carry out), (악단을) 지휘하다

The experiments were **conducted** by a team of professors and graduate students from Duke University.

그 실험들은 듀크대 교수들과 대학원생들로 구성된 팀에 의해 수행되었다.

[명] 행동, 처신

Fans who display unsportsmanlike **conduct** will be ejected from the stadium.

스포츠 정신에 맞지 않는 행동을 보이는 팬들은 경기장에서 쫓겨날 것이다.

0125 ★★★★★

including

인클**루**-딩

include [동] ~을 포함하다

[전] ~을 포함하여

Before becoming famous, the actor had worked a variety of low-paying jobs, **including** washing dishes and delivering newspapers.

유명해지기 전에, 그 배우는 설거지와 신문 배달을 포함한 보수가 낮은 일들을 많이 했다.

0126 ★★★★★

deal

디일

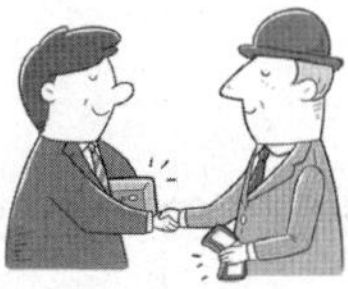

[명] 거래, 계약, 협상, 계획, 정책

Several African countries entered a new free trade **deal**.

여러 아프리카 국가들은 새로운 자유무역협정에 뛰어들었다.

자주 쓰이는 숙어

a great deal of: 상당히 많은, 대량의
negotiate a deal: 거래를 성사하다
big deal: 큰 문제, 중요한 것, 대수

[동] 다루다, 취급하다, 거래하다

When angered at work, it's best to calm yourself down, think clearly, and then **deal** with the problem.

일할 때 화가 난다면, 스스로를 진정시키고 명료하게 생각한 후, 문제를 처리하는 것이 최선이다.

자주 쓰이는 숙어

deal with: ~을 다루다, 처리하다 (=handle, cope with)

0127 ★★★★★

address

[동] 어드**뤠**스
[명] **애**드뤠스

[동] 다루다, 해결하려고 애쓰다, 연설하다

Theodore Roosevelt **addressed** the crowd even after the assassination attempt.
시어도어 루즈벨트는 암살 시도 후에도 군중들 앞에서 연설을 했다.

[명] 주소, 연설

Voter registration requires a permanent home **address**.
유권자 등록은 영구 주소지를 필요로 한다.

0128 ★★★★★

graduate

그**뢔**쥬에잇

graduation [명] 졸업, 학위 획득

[명] 졸업생, 대학원생(=graduate student)

From 2007 onward, the employment rates of college **graduates** continued to drop.
2007년 이후 대학 졸업생들의 취업률은 계속해서 하락하고 있다.

[동] 졸업하다

Elizabeth Blackwell was the first woman to **graduate** from medical school in the United States.
Elizabeth Blackwell은 미국의 의과 대학을 졸업한 첫 번째 여성이었다.

자주 쓰이는 숙어

graduate from: ~을 졸업하다

0129 ★★★★★

guarantee

개뤈**티**

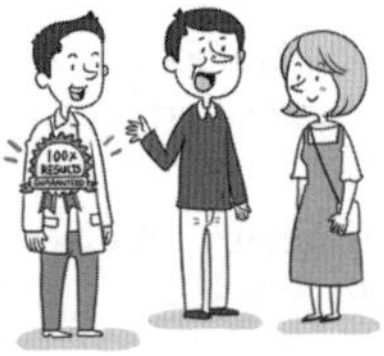

[동] 보장하다, 보증하다(=assure, ensure)

Senator Williams **guaranteed** his support for the controversial bill.
윌리엄스 상원위원은 논란이 많은 법안에 대한 그의 지지를 확실히 했다.

[명] 품질보증서, 보장, 보증(=warranty)

All electronics purchases come with a one-year **guarantee**.
모든 전자제품 구매 시 1년간 품질 보증이 됩니다.

0130 ★★★★★

repair

뤼페어ㄹ

repaired [형] 수리된

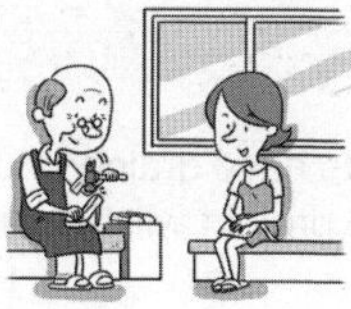

[동] 수리하다, 수선하다(=fix)

After months of searching, Natalie found someone who could **repair** her grandfather's watch.

수 개월간의 탐색 후에 나탈리은 그녀의 할아버지의 시계를 수리할 수 있는 누군가를 찾았다.

[명] 수리, 수선(=renovation, restoration)

I'll have an estimate for the **repairs** prepared for you by the end of the day.

당신을 위해 수리에 대한 견적이 오늘까지 준비되도록 할 예정입니다.

0131 ★★★★★

inspire

인스파이어ㄹ

inspiration [명] 자극, 영향, 영감

[동] 영감을 주다, 자극하다

Marcel Duchamp **inspired** a new generation of artists.

Marcel Duchamp은 신진 예술가 세대에게 영감을 주었다.

자주 쓰이는 숙어

be inspired by: ~에 의해 영감을 얻다

0132 ★★★★★

executive

이그젝큐팁

[명] 경영간부진, 이사, 집행부

Eric Costner was the chief **executive** of Wendell Pharmaceuticals before founding his own company.

에릭 코스트너는 자신의 회사를 설립하기 전, 웬델 제약회사의 최고 경영진이었다.

[형] (임무, 계획을) 실행하는, 경영직의, 중역의

The top floor will be used for the **executive** offices.

맨 위 층은 집행부 사무실로 이용될 것이다.

자주 쓰이는 숙어

the executive: (정부의) 행정부

Chief executive officer(=CEO): 최고경영자, (기업의) 회장

0133 ★★★★★

fund

뻔드

funding [명] 자금, 자금조달, 융자

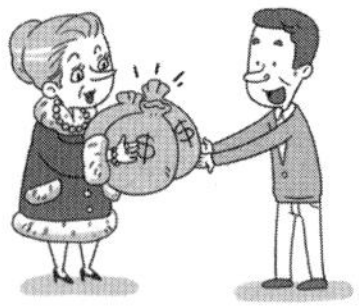

[동] ~에 자금을 대다

The university has agreed to **fund** your production.

그 대학은 당신의 제작에 자금을 지원하는 것에 동의했다.

[명] 자금, 기금, 비축, 축적

The emergency repairs have drained our research **fund**, so the project will be put on hold.

비상 복구가 우리의 연구 자금을 모두 써버려서 그 프로젝트는 보류될 것이다.

자주 쓰이는 숙어

a great fund of: 상당히 많이 축적된

0134 ★★★★★

balance

밸런스

balanced [형] 균형이 잡힌, 안정된

[명] 균형, 잔고, 잔액, 결정권

Always be aware of the **balance** in your bank account.

늘 당신 계좌의 잔액을 알고 있도록 하십시오.

자주 쓰이는 숙어

balance due: 부족액
account balance: 계정 잔액, 잔고

[동] 균형을 잡다, 맞춰보다, 결산하다, 청산하다

The responsibility to preserve the environment must **balance** the demands of a growing economy.

환경 보존에 대한 책임은 성장하고 있는 경제의 수요와 균형을 맞춰야 한다.

0135 ★★★★★

prove

프루-브

disprove [동] ~의 오류를 입증하다, ~을 반증하다

[동] 증명하다, 입증하다

She also **proved** that the Milky Way was absorbing stars from smaller galaxies.

그녀는 또한 은하수가 더 작은 은하수로부터 별들을 빨아들이고 있었다는 것을 증명했다.

출제 확률 UP!

prove to do: ~임을 증명하다

* prove는 to부정사를 목적어로 취한다.

0136 ★★★★★

corporate

코퍼뤠이트

📋 형 기업의, 회사의

Charitable donations and investments in research reduce the amount of **corporate** taxes a company owes.

연구에 있어 자선 기부금과 투자금은 회사가 빚지고 있는 법인세 금액을 줄이고 있다.

Day 04

0137 ★★★★★

attention

어텐션

attentive 형 주의 기울이는, 배려하는

attentively 부 주의 깊게

📋 명 주의, 집중(=concentration), 염려, 배려(=care, concern)

The novel drew the public's **attention** to the dangers of unregulated factory work.

그 소설은 규제되지 않은 공장 업무의 위험성에 대한 대중의 염려를 그리고 있다.

> 📋 자주 쓰이는 숙어
>
> focus attention on: ~에 주의를 집중하다
> pay attention to: ~에 주목하다
> draw attention to: 관심을 ~로 돌리다

0138 ★★★★★

formal

뿨ㄹ멀

formally 부 정식으로, 공식으로 (=officially)

informal 형 격식에 얽매이지 않는, 일상적인

📋 형 정식의, 공식적인(=official), 형식의

Charity foundations often host **formal** dinners for their wealthiest donors.

자선 재단들은 흔히 그들의 가장 부유한 기부자들을 위해 공식적인 만찬 행사를 주최한다.

0139 ★★★★★

qualify

콸러빠이

qualification 명 자질, 자격
qualified 형 적격인, 유능한

📋 동 자격을 주다, 자격이 되다, 자격이 있다

Runners can **qualify** for the race by completing a marathon in under three hours.

주자들은 세 시간 이내에 마라톤을 완주함으로써, 그 경기에 대한 자격을 얻을 수 있다.

> 📋 자주 쓰이는 숙어
>
> highly qualified: 아주 뛰어난
> formal qualifications: 정규 자격증
> academic qualifications: 학력

0140 ★★★★★

demonstrate

데몬스트뤠잇

demonstration [명] 시연, 입증

[동] 시연하다(=show), 입증하다(=attest, prove), 보여주다

This new weather simulation software can **demonstrate** the effects of the changing climate.

이 새로운 날씨 시뮬레이션 소프트웨어는 변화하는 기후의 영향을 보여줄 수 있다.

0141 ★★★★★

implement

임플러먼(트)

implementation [명] 시행, 실행
implemental [형] 도구가 되는, 유용한

[동] 시행하다, 실행하다(=conduct, carry out)

In response to the record-breaking temperatures, the company will **implement** a new dress code policy.

기록적인 기온에 따라, 그 회사는 새로운 복장 규정 정책을 시행할 예정이다.

0142 ★★★★★

victim

빅팀

[명] 희생(자), 피해자

Victims of financial scams should report the incident to the proper government organization.

금융 사기의 피해자들은 알맞은 정부 기관에 그 사건을 신고해야 한다.

자주 쓰이는 숙어

become a victim of: ~의 희생이 되다

0143 ★★★★★

release

륄리-즈

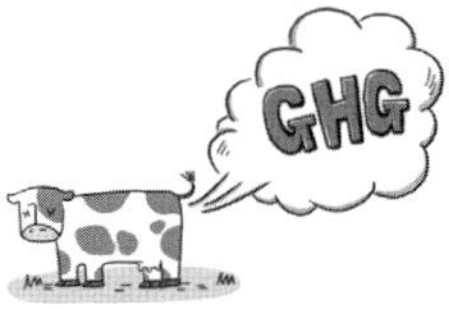

[동] 출시하다(=launch), 공개하다(=publish)

The band **released** their second album the following summer.

그 밴드는 여름에 두 번째 앨범을 발매했다.

[명] 출시, 공개, 발표

Complications with development will push the product **release** back at least two months.

개발의 복잡성으로 인해, 그 제품의 출시는 최소 2개월 미뤄질 것이다.

자주 쓰이는 숙어

a press release: 보도 자료, 기자 회견

0144 ★★★★★

issue

이슈

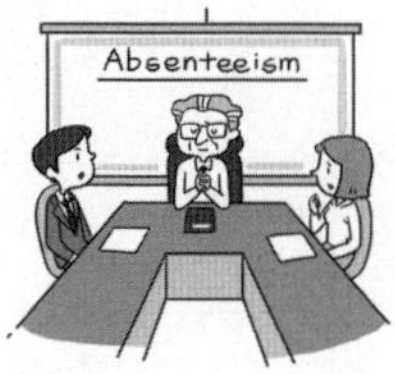

[명] (공적인) 문제, 사안, (잡지 등의) 권, 호

The cancellation of the annual parade was the top **issue** at last night's city council meeting.

연례 퍼레이드의 취소는 지난 밤의 시 의회 회의에서 최고 사안이었다.

[동] 발행하다, 발부하다, 발표하다(=publish)

New parking passes will be **issued** on the first of every month.

새로운 무료주차권은 매월 1일에 발부될 것이다.

0145 ★★★★★

estate

이스**테**잇

[명] 토지, 부동산, 사유지, 재산(=property)

Thanks to wise investments in real **estate**, Mr. Wilkes was able to retire early.

현명한 부동산 투자 덕분에, 윌크스 씨는 일찍 은퇴할 수 있었다.

자주 쓰이는 숙어

real estate: 부동산, (매물로서의) 집, 토지

0146 ★★★★★

apparently

어**패**런(틀)리

apparent [형] 명백한 (=clear, evident, obvious)

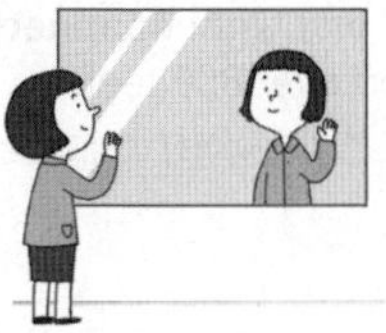

[부] 명백하게(=clearly, evidently, obviously), 겉보기에(=seemingly)

Playing computer games **apparently** distracted Daniel from his studies, so his grades began to plummet.

컴퓨터 게임을 하는 것은 명백히 다니엘의 학업에 대한 주의를 분산시켜서, 그의 점수는 곤두박질치기 시작했다.

0147 ★★★★

proceed

프뤄**씨**잇

proceeds [명] 수익금

[동] 나아가다, 진행하다

Before we **proceed** with our tour, let me tell you a little about the museum's history.

관광을 진행하기 전에, 그 박물관의 역사에 대해 조금 말씀드리겠습니다.

자주 쓰이는 숙어

proceed with : ~을 진행하다, 계속 진행되다

* proceed는 자동사이므로 목적어를 취하기 위해서 전치사 with가 필요하다.

0148 ★★★★

regret

리그뤧

regretful ⓐ 유감인, 후회하고 있는
regrettable ⓐ 유감스러운, 애석한, 슬픈
regrettably ⓐ 유감스럽게도

ⓥ 후회하다, 유감스럽게 생각하다

We **regret** to inform you that your order has been cancelled.

당신의 주문이 취소되었음을 알려드리게 되어 유감스럽게 생각합니다.

> 👍 **출제 확률 UP!**
>
> regret to do(to부정사): ~하게 되어 유감이다
> regret -ing(동명사): ~했던 것을 후회하다

ⓝ 후회, 유감

Our main **regret** about the house is how far it is from the elementary school.

우리가 그 주택에 대해 가장 유감스럽게 생각하는 점은 초등학교와 멀리 떨어져 있다는 것이다.

0149 ★★★

span

스팬

ⓝ 기간, 범위

Over the **span** of a decade, the health of the coral reef deteriorated dramatically.

10년의 기간 동안, 산호초의 건강 상태는 급격하게 악화되었다.

> 📋 **자주 쓰이는 숙어**
>
> life span: 수명

ⓥ (거리 등을) 재다, 걸치다, 미치다

The Orville brothers' first flight **spanned** 59 seconds and traveled over 850 feet.

오빌 형제의 첫 비행은 59초에 걸쳐 이어졌고 850피트 이상 이동했다.

0150 ★★★

devoted

디붜우티(드)

devote ⓥ 헌신하다, 바치다
devotion ⓝ 헌신(=commitment)

ⓐ 헌신하는(=committed), 바쳐진, 전념하는

Between novels, she **devoted** her time to teaching creative writing classes at NYU.

그녀는 소설들을 쓰는 사이에, 뉴욕대에서 창의적 글쓰기 수업을 가르치는 데 그녀의 시간을 바쳤다.

> 📋 **자주 쓰이는 숙어**
>
> be devoted to 명사: ~에 헌신하다
> (=be committed to, be dedicated to)

0151 ★★★
deficiency
디퓌**션**시

deficient [형] 부족한
sufficiency [명] 충분함, 충족

[명] 부족(=shortage), 결핍(=lack), 결함

Smoking can lead to Vitamin C **deficiency**.
흡연은 비타민 C 결핍으로 이어질 수 있다.

0152 ★★★
hesitate
헤저테잇

hesitant [형] 망설이는, 주저하는
hesitation [명] 망설임, 주저함

[동] 망설이다, 주저하다

When the company offered him the job, Warren **hesitated** due to their terrible vacation policy.
그 회사가 워렌에게 그 일을 주었을 때, 그는 그들의 형편없는 휴가 규정으로 인해 망설였다.

자주 쓰이는 숙어

without hesitation: 망설이지 않고, 지체 없이

출제 확률 UP!

hesitate + to do: ~하기를 주저하다[망설이다]

* hesitate는 to부정사를 목적어로 취한다.

0153 ★★
malfunction
맬**펑**션

function [명] 기능, 작동 [동] 기능하다, 작동하다

[명] 고장, 오동작, 기능 부전

A **malfunction** with the projector interrupted the premiere of Bryan's new film.
프로젝터의 오작동으로 인해 브라이언의 새 영화 시사회가 중단되었다.

[동] 제대로 작동하지 않다, 고장 나다

After the elevator **malfunctioned**, everyone in the office was forced to take the stairs.
엘리베이터가 고장 난 후에, 그 사무실의 모든 인원은 계단을 이용해야만 했다.

0154 ★★
renowned
뤼**나**운(드)

[형] 저명한(=famous, well-known, eminent, famed)

For more than a decade, the **renowned** philanthropist disappeared from the public eye.
10년이 넘는 기간 동안, 저명한 자선가는 대중들의 시야에서 사라졌다.

자주 쓰이는 숙어

be renowned for: ~로 유명하다

0155 ★★

row

뤄우

명 줄, 열

Samples are arranged in **rows** on the front counter.

견본들은 앞쪽 계산대에 진열되어 있습니다.

> **자주 쓰이는 숙어**
>
> in a row: 한 줄로, 연속으로

통 (배의) 노를 젓다

They quickly discovered that it was impossible to **row** against the strong current.

그들은 거센 물살에 맞서 노를 젓는 것이 불가능하다는 것을 재빨리 알아차렸다.

0156 ★★

proportion

프뤄**포**ㄹ션

명 부분, 몫(=part, fraction, share), 비율

A large **proportion** of the student body reported having experienced cyber bullying.

많은 비율의 재학생들은 사이버 폭력을 겪었다고 보고했다.

> **자주 쓰이는 숙어**
>
> a large proportion of: ~의 대부분

0157 ★★

promising

프**롸**미씽

형 장래성이 있는, 전도유망한(=prospective)

An internship at our law firm would be a **promising** start to your legal career.

저희 법률 회사에서의 인턴 과정은 당신의 법조계 경력에 전도유망한 시작이 될 수 있을 것입니다.

0158 ★

contrary

칸추뤄뤼

ⓐ 상반되는, 다른, 반대되는

However, psychologists at Harvard reached a **contrary** conclusion with their own experiment.

하지만, 하버드의 심리학자들은 그들의 실험에 대해 상반된 결론에 도달했다.

ⓝ 반대되는 것

Emerging solar technologies are not expensive; on the **contrary**, they are specifically made to be affordable.

신흥으로 떠오르는 태양 에너지 기술은 비싸지 않다. 반대로 특히 알맞은 가격으로 되어 있다.

> **자주 쓰이는 숙어**
>
> on the contrary: 반대로, 대조적으로(=to the contrary)

0159 ★

addiction

어딕션

addict ⓝ 중독자
addictive ⓐ 중독성의

ⓝ 중독, 탐닉

Detoxing is the process of removing **addiction**.

디톡싱은 중독을 제거하는 과정이다.

> **자주 쓰이는 숙어**
>
> be addicted to: ~에 중독되다

0160 ★

itinerary

아이**티**너뤠리

ⓝ 여행 일정표, 여행 안내서

By missing his flight to Paris, Carlos completely ruined his carefully planned travel **itinerary**.

파리행 비행기를 놓침으로써, 카를로스는 신중하게 계획된 그의 여행 일정을 완전히 망쳤다.

> **자주 쓰이는 숙어**
>
> a copy of the travel itinerary: 여행 일정표 사본
> a detailed itinerary: 여행 상세 일정

DAY 04 **Daily Practice**

○ 단어와 그에 알맞은 뜻을 연결해 보세요.

1. implement •   • (a) 유도하다

2. formal •   • (b) 시행하다

3. induce •   • (c) 공식적인

4. address •   • (d) 연설하다

○ 빈칸에 알맞은 단어를 선택하세요.

government	released	deal

5. The Dutch _____ is attempting to encourage tourists to visit other cities than Amsterdam.

6. When angered at work, it's best to calm yourself down, think clearly, and then _____ with the problem.

7. The band _____ their second album the following summer.

○ 밑줄 친 단어의 동의어를 고르세요.

8. For more than a decade, the <u>renowned</u> philanthropist disappeared from the public eye.

   (a) ambivalent   (b) eminent

9. The novel drew the public's <u>attention</u> to the dangers of unregulated factory work.

   (a) concern   (b) immorality

10. Senator Williams <u>guaranteed</u> his support for the controversial bill.

    (a) ensured   (b) withdrew

정답 1. (b) 2. (c) 3. (a) 4. (d) 5. government 6. deal 7. released 8. (b) 9. (a) 10. (a)

G-TELP VOCA

DAY
01

DAY
02

DAY
03

DAY 05

DAY
07

DAY
08

DAY
09

18

DAY
13

DAY
14

DAY
15

DAY
19

DAY
20

DAY
22

DAY
23

DAY
24

DAY
25

DAY
26

DAY
28

DAY
29

DAY
30

PREVIEW

이미 알고 있는 단어는 미리 체크박스에 체크(☑)해보세요.

☑ discover	☐ species	☐ purpose	☐ modern
☐ process	☐ convert	☐ assure	☐ statement
☐ propose	☐ architecture	☐ submit	☐ influence
☐ sincerely	☐ undergo	☐ specific	☐ despite
☐ produce	☐ potential	☐ risk	☐ height
☐ deposit	☐ principle	☐ preserve	☐ adapt
☐ convince	☐ transaction	☐ enthusiastic	☐ sustain
☐ sufficient	☐ enormous	☐ relocate	☐ compensate
☐ asset	☐ customize	☐ familiarize	☐ illegal
☐ abundant	☐ consent	☐ emphasis	☐ hinder

 QR코드를 스캔하여 단어를 음원으로 들어보세요!

0161 ★★★★★

discover

디스커버ㄹ

discovery [명] 발견, 발견된 것

[동] 발견하다, 알다, 밝히다

Sir Alexander Fleming accidentally **discovered** the world's first antibiotic on September 28, 1928.

Alexander Fleming은 1928년 9월 28일에 세계 최초로 항생제를 우연히 발견했다.

0162 ★★★★★

species

스피-쉬즈

*단수/복수형 동일

[명] 종(種), 종류, 종족

Genetic analysis has revealed that African elephants comprise two different **species**.

유전적 분석은 아프리카 코끼리가 두 가지 다른 종들로 이뤄져 있다는 것을 밝혀냈다.

자주 쓰이는 숙어

a new species of : ~의 신종

0163 ★★★★★

purpose

퍼ㄹ퍼스

purposely [부] 고의로

[명] 목적

New research shows how the plant can be used for various medical **purposes**.

새로운 연구 결과는 식물이 어떻게 식물이 다양한 의학적 목적으로 이용될 수 있는지 보여준다.

자주 쓰이는 숙어

on purpose: 고의로, 일부러(=purposely, deliberately, intentionally)

0164 ★★★★★

modern

마던

modernize [동] 현대화하다
modernization [명] 현대화, 근대화

[형] 현대의, 근대의, 현대적인

A museum in Washington, D.C., was named Dr. Harris for his contributions to **modern** science.

워싱턴 DC에 있는 한 박물관은 현대 과학에 기여를 한 해리스 박사의 이름을 따서 지어졌다.

0165 ★★★★★

process

프로쎄스

processing [명] 처리, 가공
processed [형] 가공 처리된
procession [명] 행진, 행렬

[명] 처리, 공정, 과정

The adoption **process** can be a long and challenging experience for young couples.

입양 과정은 젊은 커플들에게 길고 어려운 경험일 수 있다.

[동] 처리하다, 가공하다

Contrary to digital photos, which can simply be printed, film must be **processed** in a dark room.

간단히 인화될 수 있는 디지털 사진과 반대로, 필름 사진은 어두운 방에서 처리되어야 한다.

Day 05

0166 ★★★★★

convert

컨붜ㄹ트

conversion [명] 전환, 개조

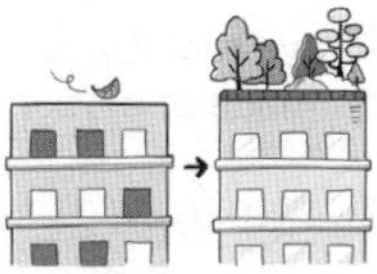

[동] 변환시키다, 전환하다, 개조하다

A tidal stream generator **converts** the energy from moving water, via tides, into electricity.

조류 발전기는 조수를 통해 흐르는 물에서 전기로 에너지를 변환시킨다.

자주 쓰이는 숙어

convert A into B: A를 B로 전환하다

0167 ★★★★★

assure

어슈어ㄹ

assured [형] 확신하는, 자신하는
assuredly [부] 틀림없이, 기필코
assurance [명] 확신, 자신

[동] 확신시키다, 확신하다

You can be **assured** that your medical records will be kept private.

당신은 당신의 의료 기록이 공개되지 않을 것이라는 점을 확신할 수 있습니다.

0168 ★★★★★

statement

스테잇먼(트)

state ⑤ 말하다, 진술하다, 명시하다
ⓝ 상태

ⓝ 진술, 성명, 내역서

The teachers' union released a **statement** blasting the new state testing requirements.
교원 노조는 새로운 주 정부의 시험 요구사항을 맹비난하는 성명을 발표했다.

> 📋 **자주 쓰이는 숙어**
>
> bank statement: 은행 입출금 내역서
> as stated in: ~에 명시된 대로

0169 ★★★★★

propose

프뤄**포**-즈

proposal ⓝ 제안

⑤ 제안하다

I **propose** that we meet with representatives from Dillon Manufacturing to discuss a possible merger deal.
나는 우리가 합병 거래 가능성을 논의하기 위해 딜런 제조공업사의 대표자들과 만나는 것을 제안한다.

0170 ★★★★★

architecture

아ㄹ키텍쳐

architect ⓝ 건축가

ⓝ 건축, 설계

Fallingwater, designed by Frank Lloyd Wright, is regarded as a masterpiece of modern **architecture**.
프랭크 로이드 라이드에 의해 고안된 Fallingwater는 현대 건축의 걸작으로 여겨진다.

0171 ★★★★★

submit

써브**밋**

submission ⓝ 제출, 제출물

⑤ 제출하다

We only ask that you **submit** a copy of your report to our HR manager upon the completion of the project.
우리는 그 프로젝트 완료 시 우리의 인사부장에게 당신의 보고서 복사본을 제출할 것을 요청할 뿐이다.

> 📋 **자주 쓰이는 숙어**
>
> submit A to B: A를 B에게 제출하다

0172 ★★★★★

influence

인플루언스

ⓥ 영향을 미치다(=impact)

Southern dialects and slang **influenced** the author's unique writing style.
남부의 방언과 속어는 그 작가의 독특한 문체에 영향을 주었다.

ⓝ 영향, 작용, 효과(=effect, impact)

The director stated that some of his biggest **influences** were European films of the early 20th century.
그 감독은 20세기 초반의 유럽 영화들에서 가장 많은 부분 영향을 받았다고 언급했다.

📋 자주 쓰이는 숙어

have an influence on: ~에 영향을 미치다(=have an impact on)

0173 ★★★★★

sincerely

씬씨얼리

sincere ⓐ 진실한, 마음에서 우러난

ⓐ (편지의 맺음말로) 진심으로, 충심으로(=cordially)

We are **sincerely** thankful for all your hard work and dedication over the past 25 years.
지난 25년간에 걸친 당신의 모든 노고와 헌신에 대해 진심으로 감사드립니다.

0174 ★★★★★

undergo

언더ㄹ고우

ⓥ 겪다, 경험하다(=experience, go through), 당하다(=suffer, sustain)

After the accident, Hendrickson **underwent** a twenty-hour surgery on his spine and neck.
그 사고 이후, 헨드릭슨은 그의 척추와 목에 20시간 동안 수술을 받았다.

0175 ★★★★★

specific

스피씨픽

specifically ⓐ 특히
specification ⓝ 세부 정보
(=specifics), 상술, 특수화

ⓐ 특정한, 구체적인, 상세한

The animals living on the volcanic island have evolved to adapt to their **specific** environment.
화산섬에 살고 있는 동물들은 그들의 특정한 환경에 적응하도록 진화했다.

0176 ★★★★★

despite

디스**파**잇

전 ~에도 불구하고(=notwithstanding, in spite of)

Despite its exceedingly expensive price, consumers rushed to purchase the trendy company's new phone.
그것의 매우 높은 비용에도 불구하고, 소비자들은 유행하는 회사의 새로운 휴대폰을 구입하려고 모여들었다.

> 👍 **출제 확률 UP!**
>
> despite, in spite of는 전치사이므로 뒤에 반드시 명사가 위치하는데, 이와 의미가 유사한 even though, though, even if와 같은 접속사가 매력적인 오답으로 출제되기도 한다. 참고로 접속사 뒤에는 주어와 동사가 포함된 문장이 이어진다.

0177 ★★★★★

produce

프로**듀**스

productivity **명** 생산성
production **명** 생산(량)
productive **형** 생산적인

동 생산하다, 제작하다, 제조하다

Malone has **produced** numerous critically-acclaimed albums in a wide variety of genres.
말론은 매우 다양한 장르에서 비평가들에게 극찬을 받은 앨범들을 무수히 제작했다.

명 농산물, 수확물

Refrigerated railroad cars allowed for the transportation of **produce** across the country.
냉장 열차는 국가 전체에 걸쳐 수확물을 운송하기 위해 허가되었다.

0178 ★★★★★

potential

퍼**텐**셜

potentially **부** 잠재적으로

명 가능성, 잠재력

Having recognized his son's **potential**, Truman hired a personal golfing coach for him.
자신의 아들이 가진 가능성을 알고 있었기 때문에, 트루먼은 그를 위해 개인 골프 코치를 고용했다.

형 잠재적인, 가능성 있는

Next, meet with **potential** advertisers to tell them about your magazine and its intended audience.
그 다음, 잠재적 광고주를 만나, 당신의 잡지와 의도된 독자층에 대해 언급하십시오.

0179 ★★★★★

risk

뤼스크

risky ⓐ 위험한

ⓝ 위험(=danger, hazard)

Coastal cities and island countries are especially at **risk** from rising sea levels.
해안 도시와 섬나라들은 특히 해수면 상승의 위험에 처해 있다.

ⓥ ~을 무릅쓰고 하다(=venture), ~을 위험에 빠트리다(=endanger)

Understandably, a lot of people prefer not to **risk** their life savings in the stock market.
당연하게도 많은 사람들은 주식 시장에 목숨을 거는 위험을 감수하지 않는 편이다.

> **자주 쓰이는 숙어**
>
> take a risk: 위험을 감수하다, 모험을 하다
> risk -ing: ~하는 위험을 무릅쓰다

0180 ★★★★★

height

하이트

heighten ⓥ 강화하다, 높이다, 증가시키다

ⓝ 높이, 키, 정점, 고도

The band's popularity reached its **height** after they completed their first American tour.
그들의 첫 미국 투어를 마친 후에 그 밴드의 인기는 정점에 이르렀다.

> **자주 쓰이는 숙어**
>
> adjust height: 높이를 조절하다
> gain height: 고도를 높이다

0181 ★★★★★

deposit

디**파**짓

명 예금(액), 보증금

A **deposit** of $550.00 was made to your account on July 10.
550달러의 예금액이 7월 10일에 귀하의 계좌로 입금되었습니다.

> **≡ 자주 쓰이는 숙어**
>
> make a deposit: 예금하다
> a security deposit: (임대) 보증금

동 ~을 예금하다, 입금하다

The company will **deposit** your monthly salary directly into your bank account.
그 회사는 매월 당신의 은행 계좌로 직접 월급을 입금할 것이다.

0182 ★★★★★

principle

프**린**씨플

principled 형 원칙에 기초를 둔, 신조를 가진

명 원칙, 원리, 행동지침

The Greek mathematician Euclid established the **principles** of geometry in his *Elements*.
그리스의 수학자 유클리드는 자신의 책, 『원리』에서 기하학의 원리를 주창했다.

0183 ★★★★★

preserve

프뤼**저**ㄹ브

preservation 명 보존

동 ~을 보존하다, 보호하다(=conserve)

The Olympic Games also help **preserve** goodwill among the nations of the world.
또한 올림픽 게임은 전세계 국가들 사이의 선의를 보존하는 데 도움이 된다.

0184 ★★★★★

adapt

어**댑**트

adaptation [명] 각색(=version), 적응(=adjustment)

[동] 조정하다(=alter), 적응하다(=adjust), 각색하다

The first novel in the series was **adapted** to film in 2001 and became a box office success.

그 시리즈의 첫 번째 소설은 2001년에 영화로 각색되었고, 흥행에 성공했다.

자주 쓰이는 숙어

a sensible adaptation: 합리적인 적응

Day 05

0185 ★★★★

convince

컨**빈**스

convincing [형] 설득력 있는 (=persuasive, assuring)

[동] 설득하다, 확신하다, 납득시키다

He is **convinced** that if he had not left his hometown, he would not have achieved his goals.

그는 그가 고향을 떠나지 않았더라면, 그의 목표를 달성할 수 없었을 것이라고 확신한다.

자주 쓰이는 숙어

be convinced of: ~을 확신하다

0186 ★★★★

transaction

추랜**잭**션

transact [동] 처리하다, 행하다, 거래하다

[명] 거래, 매매(=deal)

Still, some people worry about the security of **transactions** made through mobile banking apps.

여전히 일부 사람들은 모바일 뱅킹 어플을 통해 이뤄지는 거래의 보안에 대해 우려하고 있다.

0187 ★★★★

enthusiastic

인쑤지**애**스틱

enthusiasm [명] 열정, 애정
enthusiast [명] 애호가
enthusiastically [부] 열정적으로

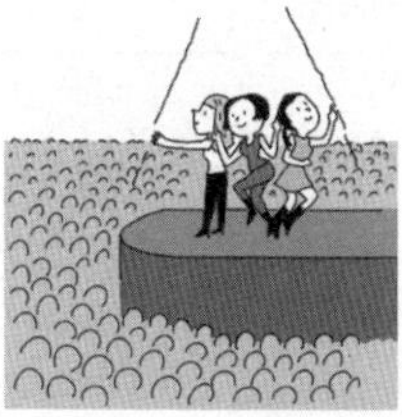

[형] 열정적인(=devoted, eager, keen)

By the time the fifth film came out, it was clear that viewers were no longer **enthusiastic** about the series.

다섯 번째 영화가 나왔을 당시에, 관중들은 더 이상 그 시리즈에 열광하지 않는다는 것이 명백했다.

0188 ★★★★

sustain

써스테인

sustainable ⓐ 지속 가능한, 유지 가능한 (=environmentally, friendly)

ⓥ 지속하다(=maintain), (피해 등을) 입다[당하다]

The cathedral **sustained** extensive damage from the fire.
그 대성당은 화재로 인해 막대한 피해를 입었다.

📋 자주 쓰이는 숙어

self-sustaining: 자급자족

0189 ★★★

sufficient

써쀠션(트)

sufficiently ⓐ 충분히
insufficient ⓐ 불충분한

ⓐ 충분한(=enough, adequate, ample)

Critics of the show complained that most scenes lacked **sufficient** lighting.
공연의 비평가들은 대부분의 장면에서 충분한 조명이 부족했다고 불평했다.

0190 ★★★

enormous

이노ㄹ머스

enormously ⓐ 막대하게

ⓐ 막대한, 엄청난(=huge, immense), 거대한

Enormous shopping malls, once a staple of American towns, are now popular in Southeast Asian cities.
한때 미국 도시의 필수 요소였던 거대 쇼핑몰들은 이제 동남아시아 도시들에서 인기가 많다.

📋 자주 쓰이는 숙어

enormous benefits: 막대한 혜택
enormous changes: 거대한 변화

0191 ★★★

relocate

뤼로우케잇

relocation ⓐ 이전, 이사

ⓥ 이전하다, 이사하다(=move)

In 1962, her family **relocated** to Chicago, where she began taking dance lessons.
1962년 그녀의 가족은 시카고로 이사를 했고, 그곳에서 그녀는 댄스 수업을 듣기 시작했다.

📋 자주 쓰이는 숙어

relocate to + 장소: ~로 이전하다

0192 ★★

compensate

캄펜세잇

compensation [명] 보상, 대가, 보답 (=reward)

[동] 보상하다(=redeem), 보완하다

Unused vacation days will not be **compensated** or transferred to the following year.

사용되지 않은 휴가일은 보상되거나 내년으로 이월되지 않을 예정입니다.

자주 쓰이는 숙어

compensate A for B: A에게 B에 대해 보상하다
be compensated for: ~에 대해 보상받다

Day 05

0193 ★★

asset

애쎗

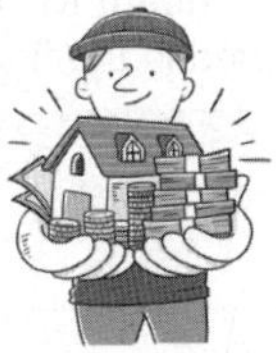

[명] 자산, 재산

For these reasons, I believe that Ms. Lee will be an **asset** to our sales team.

이러한 이유들로 인해, 나는 리 씨가 우리 영업팀에 있어 자산이 될 것이라고 생각합니다.

자주 쓰이는 숙어

a great asset to: ~에게 대단한 자산
a strong asset to: ~에게 든든한 자산

0194 ★★

customize

커스터마이즈

customized [형] 맞춤형의

[동] 고객의 필요에 맞추다(=personalize)

Personal training sessions are **customized** to fit your specific fitness goals.

개인 트레이닝 수업은 여러분 각자의 특정한 운동 목표를 충족하도록 맞춤화 되어 있다.

0195 ★★

familiarize

뿨밀려롸이즈

familiar [형] 익숙한, 잘 아는
familiarity [명] 익숙함, 친함

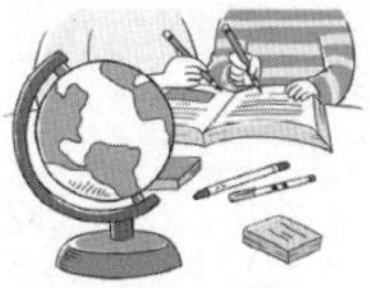

[동] 익숙하게 하다, 잘 알다, 숙지하다

New employees should **familiarize** themselves with the company policy manual before their first day.

신입직원들은 입사 이전에 각자 회사의 정책 매뉴얼을 숙지해야 한다.

자주 쓰이는 숙어

familiarize oneself with A: A를 숙지하다

0196 ★★

illegal

일리-걸

illegally ⓦ 불법적인
legal ⓐ 합법적인, 법률상의

ⓐ 불법의

Indonesia's natural environment remains under threat from **illegal** logging and landfill dumping.
인도네시아의 자연 환경은 불법적인 벌목과 쓰레기 매립의 위협을 받고 있다.

0197 ★★

abundant

어**번**던트

abundance ⓝ 풍부, 대량

ⓐ 풍부한, 충분한, 많은

The puffin are seabirds and are particularly **abundant** along the cliffs of coastal Iceland.
바다오리는 바다새이며, 아이슬란드의 해안 지역의 절벽을 따라 특히 많이 분포하고 있다.

0198 ★

consent

컨**센**(트)

ⓝ 동의, 승낙(=permission)

Those who do not give **consent** to be filmed will have their faces blurred in the final video.
촬영에 동의하지 않는 사람들은 최종 영상에서 그들의 얼굴을 흐릿하게 처리할 것이다.

> 📋 **자주 쓰이는 숙어**
>
> written consent: 서면 동의(동의서)

ⓥ 동의하다, 승낙하다(=permit)

Manufacturers must **consent** with the new environmental regulations or face steep fines.
제조업체들은 새로운 환경 규정에 동의하거나 많은 벌금을 물어야 한다.

0199 ★

emphasis

엠**뿨**시스

emphasize ⓥ 강조하다(=stress)

ⓝ 강조(=stress, focus)

His work put an **emphasis** on dreams and how they revealed the nature of the subconscious.
그의 작품은 꿈을 강조하고 그것들이 어떻게 무의식의 속성을 드러내는지를 강조했다.

> 📋 **자주 쓰이는 숙어**
>
> with an emphasis on: ~에 역점을 두고
> put emphasis on: ~을 강조하다

hinder

힌더ㄹ

hindrance ⑩ 장애, 방해

동 방해하다, 막다, 지연시키다

Aside from leading to weight gain, alcohol also **hinders** muscle growth.

몸무게 증가를 초래하는 것과 별개로, 알코올은 또한 근육 성장을 막는다.

○ 단어와 그에 알맞은 뜻을 연결해 보세요.

1. convince ●   ● (a) 확신하다

2. adapt ●   ● (b) 풍부한

3. transaction ●   ● (c) 거래

4. abundant ●   ● (d) 적응하다

○ 빈칸에 알맞은 단어를 선택하세요.

| potential | discovered | specific |

5. The animals living on the volcanic island have evolved to adapt to their _____ environment.

6. Sir Alexander Fleming accidentally _____ the world's first antibiotic on September 28, 1928.

7. Having recognized his son's _____, Truman hired a personal golfing coach for him.

○ 밑줄 친 단어의 동의어를 고르세요.

8. By the time the fifth film came out, it was clear that viewers were no longer <u>enthusiastic</u> about the series.

   (a) rude   (b) eager

9. Southern dialects and slang <u>influenced</u> the author's unique writing style.

   (a) intact   (b) impacted

10. Critics of the show complained that most scenes lacked <u>sufficient</u> lighting.

   (a) ample   (b) specific

정답 1. (a) 2. (d) 3. (c) 4. (b) 5. specific 6. discovered 7. potential 8. (b) 9. (b) 10. (a)

G-TELP VOCA

DAY 01 DAY 02 DAY 03

DAY 07 DAY 08 DAY 09

DAY 13 DAY 14 DAY 15

DAY 06

DAY 19 DAY 20 DAY 21 DAY 22 DAY 23 DAY 24

DAY 25 DAY 26 DAY 28 DAY 29 DAY 30

PREVIEW

이미 알고 있는 단어는 미리 체크박스에 체크(☑)해보세요.

☑ training	☐ region	☐ charge	☐ population
☐ cover	☐ equipment	☐ moreover	☐ sign
☐ narrative	☐ income	☐ hire	☐ position
☐ method	☐ further	☐ earn	☐ numerous
☐ engage	☐ expense	☐ solution	☐ spread
☐ term	☐ gain	☐ value	☐ launch
☐ decision	☐ foster	☐ reputation	☐ ordinary
☐ senior	☐ equal	☐ existing	☐ talent
☐ aware	☐ ideal	☐ strict	☐ stem
☐ critical	☐ soak	☐ honor	☐ vertical

 QR코드를 스캔하여 단어를 음원으로 들어보세요!

0201 ★★★★★
training
트**뤠**이닝

train [동] 훈련시키다, 교육시키다
trained [형] 훈련된, 교육 받은

[명] 훈련, 교육

A black belt in any martial art requires years of dedicated **training**.
어떤 무술이든 검은 띠는 수년간의 헌신적인 훈련을 필요로 한다.

자주 쓰이는 숙어

training session: 교육 시간
training guide 교육 훈련 안내서

0202 ★★★★★
region
뤼-전

regional [형] 지역의, 지방의

[명] 지역, 지방

Examples of this approach to agriculture can be seen throughout the Midwestern **region** of the United States.
농업에 대한 이러한 접근법의 예시는 미국의 중서부 지역 전체를 통해 찾아볼 수 있다.

0203 ★★★★★
charge
촤ㄹ지

[동] (요금을) 청구하다, 고발하다, 맡기다

In 1997, Nolan was **charged** with multiple counts of tax evasion and fraud.
놀란은 1997년 다수의 탈세와 사기 건으로 고발되었다.

[명] (청구된) 요금, 책임

Until Roger returns from his vacation, Wendy will be in **charge** of all press releases.
로저가 휴가에서 돌아올 때까지는 웬디가 모든 보도 자료를 맡을 것이다.

자주 쓰이는 숙어

in charge of: ~을 담당하여, ~을 책임지는
charge A for B: B에 대해 A를 청구하다
be charged for: ~에 대해 청구되다
free of charge: 무료의(=at no extra charge)

0204 ★★★★★
population
파퓰**레**이션

populate [동] 살다, 거주시키다

[명] 인구, 주민(=habitant), 개체수

The fungal infection decimated the island's toad **population**.
곰팡이 감염으로 그 섬의 두꺼비 개체수가 급감했다.

출제 확률 UP!

indigenous population: 토착민

0205 ★★★★★

cover

커붜ㄹ

coverage [명] (방송)취재, 보도, 범위

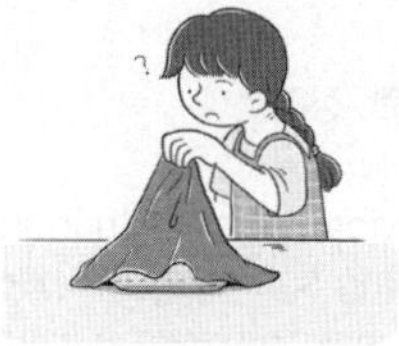

[동] (보상 범위에) 포함하다, (비용을) 부담하다(=pay for), ~을 다루다(=deal with, handle, address)

The union's demands **covered** all the strikers' issues, from insufficient pay to unsafe working conditions.

노조의 요구사항은 불충분한 급여부터 안전하지 않은 근무 환경까지 파업자들의 문제들을 모두 다루고 있다.

[명] 덮개, (방송) 보도

The patio has a retractable **cover** that can be used on rainy days or to provide additional shade.

테라스는 비오는 날에 쓰이거나 그늘을 더 제공하기 위해 쓰일 수 있는 접이식 덮개를 가지고 있다.

0206 ★★★★★

equipment

이**큅**먼(트)

equip [동] 장비를 갖추어 주다

equipped [형] (장비를) 갖춘, 장착된 (with)

[명] 장비

The fitness center has various sports **equipment** available for hourly rental.

그 피트니스 센터는 시간당 빌려서 이용할 수 있는 여러 스포츠 장비들을 구비하고 있다.

자주 쓰이는 숙어

safety equipment: 안전 장비

be equipped with: ~가 장착되다, ~을 갖추다

0207 ★★★★★

moreover

모ㄹ**로**버ㄹ

[부] (접속부사) 게다가, 또한, 더욱이(=also, in addition, as well, furthermore, additionally)

Your lecture inspired me to pursue my goals; **moreover**, your books taught me how to stop procrastinating.

당신의 강의가 나의 목표를 추구하도록 나에게 영감을 주었다. 게다가 당신의 책은 꾸물거리는 것을 멈출 수 있는 방법을 나에게 가르쳐 주었다.

0208 ★★★★★

sign

싸인

signature [명] 서명
signal [명] 신호, 통신

[동] 서명하다, 승인하다, 신호하다

Artists and politicians around the world **signed** letters of support for her release from prison.
전 세계의 예술가들과 정치인들은 투옥 중인 그녀의 석방을 지지하는 서신에 서명했다.

[명] 조짐, 신호, 표지, 간판, 징조

Historians point to widening wealth inequality as a **sign** of impending societal collapse.
역사학자들은 광범위해지고 있는 부의 불평등을 임박한 사회 붕괴의 징조로 지적하고 있다.

자주 쓰이는 숙어

sign up for: ~을 신청하다, 계약하다

0209 ★★★★★

narrative

내러티브

[명] 이야기(=story), 담화, 서술하기

While a commercial failure, the novel was praised by critics for its unique **narrative** structure.
상업적으로 실패했지만, 그 소설은 그것의 독특한 서사 구조로 인해 비평가들에게 찬사를 받았다.

[형] 이야기체의, 이야기로 이루어진, 서술의, 화술의

Virtual reality is being incorporated into films and computers games to enhance the **narrative** experience.
가상 현실은 내러티브 경험을 향상시키기 위해 영화와 컴퓨터 게임으로 편입되고 있다.

0210 ★★★★★

income

인캄

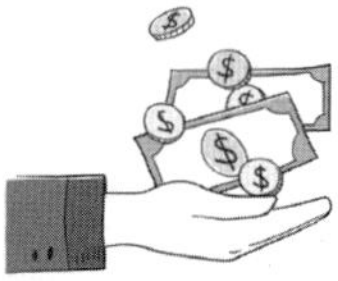

[형] 수입, 소득(=salary, earnings)

People work 'gigs,' such as driving for a ridesharing service, to help supplement their **income**.
소득을 보충하는 것에 도움이 되기 위해, 차를 함께 타는 서비스에서 운전을 하는 것처럼, 사람들은 임시적인 일을 한다.

자주 쓰이는 숙어

a source of income: 수입원
net income: 순수입, 순익

0211 ★★★★★

hire

하이어ㄹ

동 **고용하다, 채용하다**

To prepare for the expansion, we will **hire** around fifty new employees.
확장을 대비하기 위해 우리는 약 50명의 신입 직원을 고용할 것이다.

▤ 자주 쓰이는 숙어

hire out: ~을 빌려주다, ~을 대여하다

명 **채용자, 직원, 급료, 사용료**

New **hires** are required to attend monthly performance reviews with their managers.
신입 직원들은 매월 그들의 부장들과 함께 업무수행 평가에 참여하는 것이 요구된다.

▤ 자주 쓰이는 숙어

a new hire: 신입 직원(=a newly hired employee)

0212 ★★★★★

position

퍼지션

명 **위치, 일자리(=job), 직책, 입장, 의견(=view)**

His first job was an entry-level **position** at an advertising agency in New York City.
그의 첫 번째 일은 뉴욕에 있는 한 광고 대행사의 신입직이었다.

▤ 자주 쓰이는 숙어

one's position on: ~에 대한 입장

동 **배치하다(=place, arrange)**

The Earth is **positioned** in the 'Goldilocks Zone,' the range of distance from the Sun that allows for life.
지구는 생명체에게 허가된, 태양으로부터의 거리 범위인, '골디락스 존'에 위치하고 있다.

0213 ★★★★★

method

메써드

methodically 분 체계적으로

명 **방법**

Fracking, a **method** for extracting natural gas from the earth, has had adverse effects on water supplies.
지구로부터 천연 가스를 추출하기 위한 방법인 수압 균열법은 물 공급에 악영향을 끼친다.

0214 ★★★★★

further

퍼ㄹ더ㄹ

[부] 더, 더 나아가, 그 밖에

Excessive packaging contributes **further** to the build-up of plastics in the ocean.

과도한 포장 패키지는 더 나아가 해양에서 플라스틱이 쌓이는 결과를 초래한다.

[형] 더 많은, 그 이상의, 추가된, 여분의(=extra)

The FDA ruled that **further** testing was required before the drug could be released.

FDA는 그 약이 출시되기 전에 추가적인 실험이 필요하다고 판단했다.

자주 쓰이는 숙어

until further notice: 추가 공지가 있을 때까지

[동] 촉진하다(=promote, boost), 발전시키다(=advance)

The victory of the U.S. women's soccer team **furthered** the cause of gender equality.

미국 여자 축구팀의 승리는 성평등에 대한 동기를 더욱 촉진시켰다.

0215 ★★★★★

earn

어ㄹ언

earnings [명] 소득, 수입, 이익

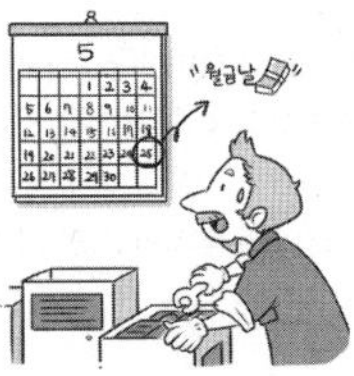

[동] ~을 벌다, 획득하다, 얻다

Conservative pundits insisted that President Obama had done nothing to **earn** the Nobel Peace Prize.

보수당 권위자들은 오바마 대통령이 노벨 평화상을 받으려는 어떤 일도 한 적이 없었다고 주장했다.

자주 쓰이는 숙어

earn recognition for: ~으로 인정받다
earn reputation for: ~라는 평판을 얻다

0216 ★★★★★

numerous

누머뤄스

numerously [부] 수없이, 무수히

[형] 많은, 다수의(=multiple, many, a number of)

Tabitha won the purple teddy bear from the crane game after **numerous** attempts.

태비사는 인형 뽑기 게임에서 여러 번의 시도 후에 보라색 테디 베어를 받았다.

0217 ★★★★★

engage

인**게**이쥐

engagement 몡 참여, 연대, 개입

통 약속하다, 종사하다, 관여하다(=join, participate)

It's important to **engage** children in social activities from a young age.
아이들이 어렸을 때부터 사회적 활동에 관계되는 것은 중요하다.

📋 자주 쓰이는 숙어

engage A in B: A를 B에 관여시키다
be engaged in -ing : ~하느라 바쁘다
be engaged to do: ~하기로 약속하다

0218 ★★★★★

expense

익스**펜**스

expend 통 ~을 소비하다

몡 비용, 지출, 희생, 경비

Eating out frequently can greatly increase your monthly **expenses**.
자주 외식하는 것은 당신의 월별 지출을 크게 증가시킬 수 있다.

📋 자주 쓰이는 숙어

at one's expense: ~의 비용으로

0219 ★★★★★

solution

솔**루**션

solve 통 해결하다, 풀다

몡 해결책(=answer, key), 방안, 용액(=liquid)

Researchers at Oregon State University may have found a **solution** to the problem.
오레곤 주립 대학의 연구자들은 그 문제에 대한 해결책을 찾았을 지도 모른다.

📋 자주 쓰이는 숙어

a solution to : ~에 대한 해결책

0220 ★★★★★

spread

스쁘**뤠**드

통 펴다, 펴지다, 뻗다, ~을 엷게 바르다, 퍼지다

The highly contagious disease **spread** quickly throughout the region.
높은 전염성을 가진 질병은 그 지역 전체에 빠르게 퍼졌다.

📋 자주 쓰이는 숙어

spread out: 넓히다, 전개하다, 활짝 퍼지다

몡 퍼짐, 보급, 확산

The U.S. participated in several proxy wars to prevent the **spread** of communism.
미국은 공산주의의 확산을 막기 위해 여러 대리전에 참전했다.

0221 ★★★★★

term

터-엄

🄝 기간(=duration), 조건(=condition), 조항, 용어

Students who started school at 10 A.M. rather than 8 A.M. had higher scores at the end of the **term**.

오전 10시에 수업을 시작하는 학생들은 8시에 시작하는 학생들보다 학기 말에 더 높은 성적을 받았다.

📋 자주 쓰이는 숙어

short[long]-term: 단기의[장기의]
in terms of: ~의 측면에서

0222 ★★★★★

gain

게인

🄝 증가(=increase), 진전(=progress), 이득(=profit)

Last quarter, our profits saw a **gain** of 17%.

지난 분기에, 우리의 소득은 17퍼센트 증가를 보였다.

📋 자주 쓰이는 숙어

a gain in: ~의 증가[향상]

🄿 ~을 얻다(=obtain, acquire)

In addition to the health benefits, John also **gained** several new friends by joining the soccer team.

축구 팀에 합류하면서, 또한 존은 건강상의 이점과 함께, 여러 새로운 친구들을 얻었다.

0223 ★★★★★

value

밸류

valued 🄰 소중한

🄝 (비용 대비) 가치, 유용성 (=merit, worth)

A used vehicle's age, mileage, and repair history all affect its market **value**.

중고 자동차의 연식, 마일리지, 수리 내역은 모두 그것의 시장 가치에 영향을 끼친다.

📋 자주 쓰이는 숙어

put a high value on: ~에 높은 가치를 두다, ~을 소중히 여기다

🄿 소중하게 여기다, ~을 (금전적으로) 평가하다

Consumers now doubt whether the company **values** its customers' privacy.

오늘날 소비자들은 그 회사가 고객들의 사생활을 소중하게 여기는지를 의심한다.

0224 ★★★★★
launch
러언취

launching [명] 발사, 시작, 출범, 출시

[동] 출시하다(=release), 개시하다(=commence, start)

After leaving Disney, he decided to **launch** his own animation studio.
디즈니를 떠난 후에, 그는 자신의 애니메이션 스튜디오를 시작하려고 결심했다.

[명] 출시, 개시, 발사

The first **launch** of the Falcon 9 rockets was a success.
팔콘 9 로켓의 첫 발사는 성공적이었다.

Day 06

0225 ★★★★★
decision
디씨젼

decide [동] 결정하다
decided [형] 확실한, 결정적인
decidedly [부] 확실히

[명] 결정, 결단력

Changing careers mid-life turned out to be a wise **decision** for Rachel.
Rachel이 중년의 나이에 경력을 바꾼 일은 현명한 결정으로 판명되었다.

자주 쓰이는 숙어

make a decision: 결정을 내리다

0226 ★★★★★
foster
풔스떠ㄹ

fosterer [명] 수양 부모, 조성자, 양육자

[동] ~을 촉진하다, 육성하다, 양육하다

This unique approach to children's education **fosters** independence and critical thinking in the students.
아이들의 교육에 대한 이러한 독특한 접근은 학생들의 독립심과 비판적 사고를 향상시킨다.

0227 ★★★★★
reputation
뤠퓨테이션

reputable [형] 평판이 좋은

[명] 평판, 명성

Her **reputation** as a hard-working attorney made her a strong candidate for political office.
성실한 변호사라는 그녀에 대한 평판은 그녀를 유력한 공직 후보로 만들었다.

자주 쓰이는 숙어

have a reputation for: ~에 대한 명성이 있다

0228 ★★★★★

ordinary

오ㄹ디너뤼

ordinarily [부] 일반적으로, 평소에
extraordinary [형] 기이한, 놀라운

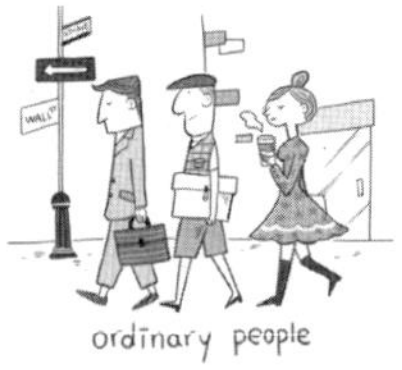

[형] 보통의(=normal, usual, standard), 일상적인

The documentary focuses on **ordinary** people reacting to and coping with the tragic event.
그 다큐멘터리는 그 비극적인 사건에 대해 반응하고 대처하는 평범한 사람들에게 초점을 맞추고 있다.

0229 ★★★★★

senior

씨니어ㄹ

junior [형] 손아래의, 나이가 어린, 하급의 [명] 연하의 사람, 신참

[형] 고위의, 상급의

If he had stayed at his previous job, Adam would have been a **senior** sales manager by now.
그가 그의 예전 직업에 머물렀다면, 애덤은 지금쯤 고위급 영업 부장이 되었을 것이다.

0230 ★★★★★

equal

이**퀄**

equality [명] 동일, 평등
equally [부] 동등하게, 똑같이, 평등하게(=evenly, justly)

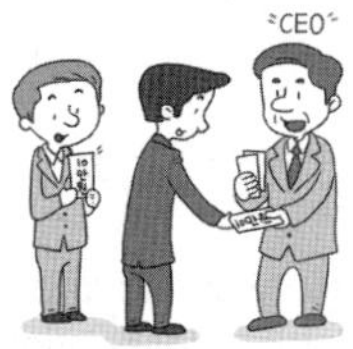

[형] 대등한, 동등한(=equivalent), 평등한(=even)

Several feminist groups began fighting for **equal** rights for women in the 1960s.
1960년대 여러 페미니스트 단체들은 여성에 대한 평등권을 위해 투쟁하기 시작했다.

자주 쓰이는 숙어

be equal to: ~와 동등하다, 같다(=be the same as)

0231 ★★★★★

existing

이그**지**스팅

exist [동] 존재하다

[형] 기존의, 존재하는, 현존하는(=present)

A new business should offer a good or service that an already **existing** one does not.
신사업은 이미 기존의 사업이 제공하지 않는 재화와 서비스를 제공해야 한다.

0232 ★★★★★

talent

탤런트

명 재능(=ability, faculty, flair, gift), 인재, 소질

A gallery owner recognized Christine's **talent** and helped organize her first exhibition.
한 갤러리 소유주가 크리스틴의 재능을 알아보았고, 그녀의 첫 번째 전시회를 여는 것을 도왔다.

0233 ★★★★★

aware

어**웨**어ㄹ

unaware 형 모르고 있는
awareness 명 의식, 주목, 인지하고 있음

형 알고 있는(=informed), 유의하는(=conscious)

Patients should be **aware** of possible side effects before starting a new medication.
환자들은 새로운 약물치료를 시작하기 전에 일어날 수 있는 부작용을 알고 있어야 한다.

> 📋 **자주 쓰이는 숙어**
> be aware of[that]: ~을 알고 있다

> Day
> 06

0234 ★★★★★

ideal

아이**디**얼

ideallly 부 이상적으로 말하면, ~이면 더할 나위 없다

형 이상적인

Many English pensioners consider Spain the **ideal** setting for their retirement.
영국의 많은 연금 수령자들은 스페인을 그들의 은퇴를 위한 이상적인 환경으로 간주한다.

> 📋 **자주 쓰이는 숙어**
> be ideal for -ing: ~하는 데 있어 이상적이다

0235 ★★★★

strict

스트**뤽**(트)

strictly 부 엄격하게, 철저히

형 엄격한(=stringent, rigorous, stern), 강력한, 철저한(=thorough)

Even after Prohibition, many towns maintained **strict** laws for the purchase and consumption of alcohol.
금지령 이후에도, 많은 도시들은 주류의 구입과 소비에 대한 엄격한 법을 유지했다.

실격, 선 1mm 밟았어!

0236 ★★★★

stem

스뗌

[명] (나무, 풀 등의) 줄기, 대, 자루

Bamboo is easily recognized by its jointed **stem** called a culm.

대나무는 '대'라고 불리는 연결된 줄기에 의해 쉽게 인식된다.

[동] 일어나다, 생기다, 유래하다(=originate), 비롯되다

Generational poverty **stems** from multiple socioeconomic factors.

세대 간 가난은 다양한 사회경제적인 요인에서 비롯된다.

자주 쓰이는 숙어

stem from: ~로부터 유래하다, ~에서 기인하다

0237 ★★★

critical

크뤼티컬

critic [명] 비평가
criticism [명] 비판, 비난
critically [부] 비판적으로

[형] 비판적인, 중대한(=crucial, decisive, essential, significant), 위기의(=dangerous, perilous)

He went on to play a **critical** role on the national team in the 2002 World Cup.

그는 국가대표 팀에 중요한 역할을 하기 위해 2002년 월드컵에 참가했다.

자주 쓰이는 숙어

be critical of: ~을 비판하다

출제 확률 UP!

It is critical that 주어 + (should) + 동사원형: ~하는 것은 중요하다

* 당위성을 나타내는 형용사로, '중대한, 중요한'이라는 의미를 가진 형용사 뒤의 that 절에는 should가 생략된 동사원형이 위치한다.

0238 ★★★

soak

소욱(크)

soaked [형] 흠뻑 젖은, 젖은, ~이 스며든

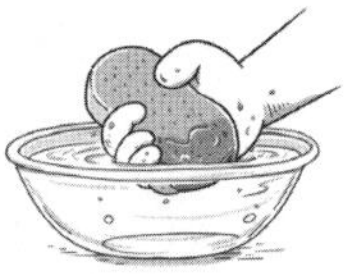

[동] 젖다, 흡수하다, 담그다(=dip)

Soak a light cloth in a mixture of cold water and aloe vera and place it over the sunburn.

가벼운 천을 차가운 물과 알로에베라 혼합물에 적신 다음, 그것을 화상 부위에 올려 놓아라.

0239 ★★

honor

아너ㄹ

honored [형] 명예로운, 영광으로 생각하여
honorable [형] 훌륭한, 존경할만한, 명예로운

[동] (공로를) 인정하다, 표창하다, (상을) 수여하다

We will be forced to pursue legal action if you do not **honor** the terms of the contract.
당신이 그 계약의 조항을 인정하지 않는다면, 우리는 법적 조치를 따라야 한다.

자주 쓰이는 숙어

honor A for B: B에 대해 A에게 영예를 주다

[명] 경의, 존경, 영예

Wilson graduated with **honors** at the top of his class, which guaranteed his acceptance to medical school.
Wilson은 수석 졸업이라는 우수한 성적으로 졸업을 했고, 그것으로 의과 대학에 합격하는 것이 보장되었다.

자주 쓰이는 숙어

in honor of: ~을 기념하여, ~을 기려서

0240 ★

vertical

뷔ㄹ디컬

vertically [부] 수직으로

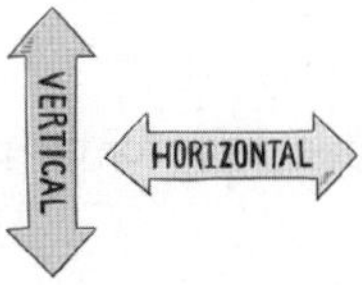

[형] 수직의(=upright)

After fortifying the **vertical** shaft, miners begin excavating horizontal tunnels.
수직 통로를 보강한 후에, 광부들은 수평 터널을 파기 시작했다.

● 단어와 그에 알맞은 뜻을 연결해 보세요.

1. ideal •   • (a) 고위의

2. charge •   • (b) 인구

3. population •   • (c) 이상적인

4. senior •   • (d) 청구하다

● 빈칸에 알맞은 단어를 선택하세요.

honor	ordinary	critical

5. We will be forced to pursue legal action if you do not _____ the terms of the contract.

6. He went on to play a _____ role on the national team in the 2002 World Cup.

7. The documentary focuses on _____ people reacting to and coping with the tragic event.

● 밑줄 친 단어의 동의어를 고르세요.

8. Even after Prohibition, many towns maintained <u>strict</u> laws for the purchase and consumption of alcohol.

(a) stringent   (b) prejudiced

9. His first job was an entry-level <u>position</u> at an advertising agency in New York City.

(a) job   (b) wage

10. After leaving Disney, he decided to <u>launch</u> his own animation studio.

(a) command   (b) commence

정답 1. (c) 2. (d) 3. (b) 4. (a) 5. honor 6. critical 7. ordinary 8. (a) 9. (a) 10. (b)

DAY 07

PREVIEW

이미 알고 있는 단어는 미리 체크박스에 체크(☑)해보세요.

☑ based	☐ even	☐ probably	☐ rate
☐ extra	☐ feature	☐ surface	☐ recommend
☐ facility	☐ rather	☐ share	☐ compete
☐ competition	☐ notice	☐ synthetic	☐ acquire
☐ literature	☐ representative	☐ vendor	☐ element
☐ eventually	☐ face	☐ concept	☐ faculty
☐ eligible	☐ instruct	☐ reserve	☐ prehistoric
☐ withdraw	☐ journey	☐ demanding	☐ revenue
☐ complicated	☐ injury	☐ typically	☐ integrate
☐ verify	☐ intrigue	☐ confidential	☐ entrepreneur

 QR코드를 스캔하여 단어를 음원으로 들어보세요!

0241 ★★★★★
based
베이슷(드)

base [명] 기지, 기반
[동] 기초를 쌓다
basis [명] 기초, 기반, 토대

[형] 근거가 있는, 기초로, ~기반의

People often accept the truth of a statement **based** on who told it to them rather than the facts behind it.
사람들은 흔히 이면에 숨어 있는 사실보다 누가 말했는지를 기반으로 말의 진실성을 받아들인다.

자주 쓰이는 숙어

based on: ~을 기반으로 하여, ~에 기초를 두어

0242 ★★★★★
even
이븐

evenly [부] 고르게, 평등하게
(=equally)

[형] 평평한, 같은 높이의, 동등한, 짝수의

Being addicted to caffeine, Kathy always drinks her Americanos with **even** amounts of water and espresso.
카페인에 중독된 캐시는 항상 아메리카노를 동일한 양의 물과 에스프레소와 함께 마신다.

[부] 심지어, ~조차도, 비록 ~라도

Thanks to record-breaking sales, the company can **even** afford to give its employees bonuses this year.
기록적인 판매 덕분에, 그 회사는 심지어 올해 직원들에게 보너스를 제공할 수 있는 여유까지 있다.

출제 확률 UP!

even은 비교급 형용사/부사 앞에 쓰이면 '훨씬'이라는 의미를 나타낸다.

0243 ★★★★★
probably
프**롸**버블리

probable [형] 있음직한, 개연성 있는
probability [명] 가능성

[부] 아마도(=maybe, perhaps), 대개는(=most likely)

When choosing where to live, this will **probably** be the deciding factor for young professionals.
거주할 곳을 선택할 때, 이것이 아마도 젊은 전문직 종사자들에게 결정적인 요소가 될 것이다.

0244 ★★★★★

rate

뤠잇

rated ® 등급을 받은
rating ® 등급

® 요금, 등급, 비율, 속도

We can offer you our two-bedroom suite at a **rate** of $350 per night.

저희는 1박당 350달러의 요금으로 침대 2개짜리 스위트 룸을 제공해 드릴 수 있습니다.

® 평가하다, 등급을 매기다

TS Electronics was **rated** as the most reliable company by consumers in 2015.

TS 전자회사는 2015년에 소비자들에 의해 가장 신뢰할 수 있는 회사로 평가받았다.

0245 ★★★★★

extra

엑스트러

® 추가의, 여분의, 별도의

Douglas always keeps an **extra** pair of sunglasses in his car.

더글라스는 항상 자신의 차에 여분의 선글라스를 보관해 둔다.

0246 ★★★★★

feature

퓌-춰ㄹ

® 특집으로 다루다, 특별히 포함하다

The mural **features** several important figures and events from the history of El Paso.

그 벽화는 엘 파소 역사에 있어 여러 중요한 인물들과 사건들을 특징으로 하고 있다.

® 특색, 특징, 특집

The most defining **feature** of the western black widow is the red hourglass shape on its abdomen.

서양 흑색 과부 거미를 가장 잘 규정하는 특징은 그것의 배에 붉은색 모래 시계 모양 무늬가 있다는 것이다.

0247 ★★★★★

surface

써ㄹ퓌스

ⓝ 표면, 표층, 외관

A major volcanic event could also prevent sunlight from reaching the earth's **surface**.

대규모 화산 활동은 또한 햇빛이 지구의 표면에 도달하는 것을 막을 수도 있다.

0248 ★★★★★

recommend

뤠커멘드

recommendation ⓝ 추천, 권고

ⓥ (사람을) 추천하다, (~하도록) 권고하다

The consultant **recommends** that we delay our plans to open a new branch in Stillwater.

그 컨설턴트는 스틸워터 지역에 새 지점을 개장하려는 우리의 계획을 연기해야 한다고 권고한다.

> 👍 출제 확률 UP!
>
> recommend that 주어 + (should) + 동사원형: ~하는 것을 권고하다
>
> *당위성을 나타내는 동사로, '권고하다'라는 의미를 가진 동사 recommend 뒤의 that절에는 should가 생략된 동사원형이 위치한다.

0249 ★★★★★

facility

쀠실러티

facilitate ⓥ 촉진하다, 수월하게 하다

ⓝ 시설, 시설물

After the financial crash, over 40% of the manufacturing **facilities** in the state closed.

재정난 이후에, 그 주에서 40퍼센트가 넘는 제조 시설이 문을 닫았다.

0250 ★★★★★

rather

뢔-더ㄹ

ⓐ 다소, 꽤(=somewhat, quite), 차라리, 오히려

It's **rather** ridiculous that some politicians still reject the existence of man-made climate change.

일부 정치인들이 여전히 사람에 의해 만들어진 기후 변화의 존재를 거부하고 있다는 사실은 다소 터무니없는 일이다.

> 📋 자주 쓰이는 숙어
>
> would rather + 동사원형 (than~): (~하느니) 차라리 ~하다

0251 ★★★★★

share

쉐어ㄹ

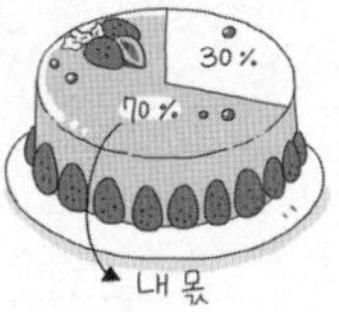

[동] (물건, 의견을) 공유하다

The design team has weekly meetings so that the members can share any new ideas.

디자인 팀은 팀원들이 그 어떤 새로운 아이디어라도 공유할 수 있도록 주간 회의를 가진다.

자주 쓰이는 숙어

share A with B: A를 B와 공유하다

[명] 몫, 부분

Part of Harrison's benefit package includes **shares** of the company's stock.

해리슨의 일부 복지 혜택에는 회사 주식에 대한 몫이 포함된다.

자주 쓰이는 숙어

market share: 시장 점유율

0252 ★★★★★

compete

컴피잇

competitor [명] 경쟁자
competitive [형] 경쟁적인, 경쟁력이 강한
competitively [부] 경쟁적으로

[동] 경쟁하다

Bobby Fischer **competed** in his first rated chess tournament when he was 12 years old.

바비 피셔는 12살이었을 때 1급 체스 대회에 출전했다.

자주 쓰이는 숙어

compete against: ~와 경쟁하다

0253 ★★★★★

competition

컴퍼티션

[명] 경쟁, 대회, 경기, 시합

After winning junior tennis **competitions** across the country, Hal Incandenza abruptly quit the sport.

전국적으로 개최된 주니어 테니스 대회에서 우승한 후, 할 잉칸덴자는 돌연 그 운동을 그만두었다.

자주 쓰이는 숙어

in competition with: ~와 경쟁하여

0254 ★★★★★

notice

노-티스

noticeable [형] 뚜렷한
noticeably [부] 뚜렷하게

[명] 고지, 알림, 공지

Jim received a **notice** from his bank regarding suspicious online transactions.
짐은 의심스러운 온라인 거래 내역과 관련해 자신의 은행으로부터 알림 메시지를 받았다.

자주 쓰이는 숙어

until further notice: 추후 고지할 때까지
advance notice: 사전 통보

[동] 인지하다, 알리다

True wine enthusiasts will **notice** the subtle hints of pear in the chardonnay.
진정한 와인 애호가들은 샤도네이의 미묘한 배 맛을 알아차릴 것이다.

0255 ★★★★★

synthetic

신**쎄**릭

synthetically [부] 합성하여

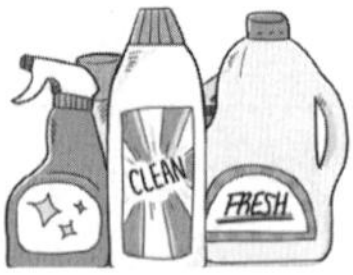

[형] 합성한, 인조의

Organic foods are produced without the use of chemical fertilizers or **synthetic** pesticides.
유기농 식품은 화학 비료 또는 합성 살충제를 사용하지 않고 생산된다.

자주 쓰이는 숙어

synthetic materials: 합성 물질

0256 ★★★★★

acquire

억**콰**이어ㄹ

acquired [형] 취득한, 습득한, 후천적인
acquisition [명] 인수

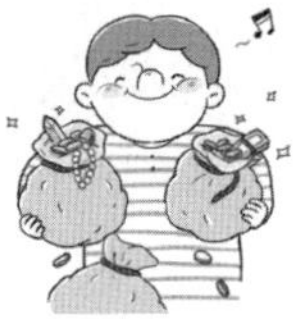

[동] (기업을) 인수하다, ~을 획득하다(=obtain)

Disney **acquired** the rights to the Star Wars franchise in 2012 and began preparing a new trilogy of films.
디즈니는 2012년에 스타워즈 시리즈에 대한 독점권을 인수했으며, 새로운 3부작 영화를 준비하기 시작했다.

0257 ★★★★★

literature

리러러쳐ㄹ

literary [형] 문학의, 문어의

[명] 문학, 문헌

After the war, Robinson returned to Oxford to teach **literature**.

전쟁 후에, 로빈슨은 옥스포드로 돌아가 문학을 가르쳤다.

0258 ★★★★★

representative

뤠프뤼**젠**터딥

represent [동] 대표하다, 대리하다, 나타내다

[명] 대표자(=delegate), 직원(=employee)

Representatives of 53 nations gathered at the environmental summit.

53개 국가의 대표자들이 환경 정상 회담장에 모였다.

자주 쓰이는 숙어

a sales representative: 영업사원, 외판원

[형] 대표하는, 전형적인(=typical, symbolic)

The exhibition was **representative** of indigenous artwork from several different American Indian tribes.

그 전시회는 여러 다양한 아메리카 인디언 부족들의 토착 예술을 대표했다.

자주 쓰이는 숙어

be representative of: ~을 상징하다, ~을 대표하다

0259 ★★★★★

vendor

벤더ㄹ

vend [동] ~을 팔러 다니다, ~을 판매하다

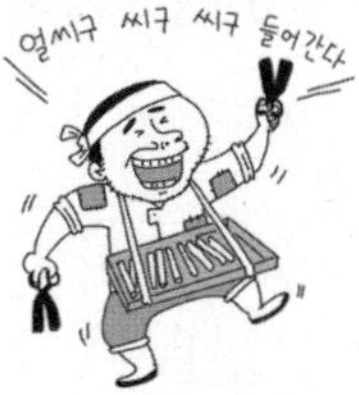

[명] 판매업체, 상인, 판매자, 행상인

Mobile **vendors** selling hot dogs would roam the beaches of Coney Island.

핫도그를 판매하는 이동 상인들이 코니 아일랜드 해변을 돌아 다닐 것이다.

자주 쓰이는 숙어

a vending machine: 자동 판매기

0260 ★★★★★

element

엘러멘(트)

elementary ⓐ 기본의, 초등의, 초급의

ⓝ 성분, 요소(=factor, component)

Character, plot, and setting are the basic **elements** of any story, no matter the medium.
인물, 줄거리, 그리고 배경은 매체에 상관없이 모든 이야기의 기본 요소들이다.

0261 ★★★★★

eventually

이**벤**추얼리

eventual ⓐ 궁극적인

ⓐ 마침내, 결국(=ultimately, at last)

Mason hopes to **eventually** play baseball in the major leagues.
메이슨은 결국 메이저리그에서 야구할 수 있기를 바라고 있다.

0262 ★★★★★

face

풰이스

faced ⓐ 표면이 ~한

ⓥ (문제, 곤경 등에) 직면하다, 마주치다(=encounter, confront)

Robin was afraid to **face** his boss after his disastrous presentation.
로빈은 참담했던 자신의 발표 후에 상사와 마주치기가 두려웠다.

0263 ★★★★

concept

칸셉(트)

conceptual ⓐ 개념의
conceptualize ⓥ 개념화하다

ⓝ 개념(=conception), 생각, 구상, 착안, 발상

Jung's **concept** of the 'collective unconscious' suggests that a segment of the unconscious is inherited.
'집단 무의식'이라는 융의 개념은 무의식의 일부분이 이어져 내려온다는 것을 나타낸다.

0264 ★★★★

faculty

빼컬티

ⓝ 능력(=ability), 재능(=talent), 대학의 학부, 교수진

The attorney argued that his client lacked the mental **faculty** to stand trial.
그 변호사는 자신의 의뢰인이 재판을 받을 지능이 부족하다고 주장했다.

0265 ★★★★

eligible

엘러줘블

eligibility [명] 적임

[형] 자격이 있는

Customers over the age of 65 are **eligible** for additional discounts.

65세가 넘는 고객들은 추가 할인을 받을 자격이 있다.

자주 쓰이는 숙어

be eligible for: ~에 대한 자격이 있다(=be entitled to)

0266 ★★★★

instruct

인스트**뤅**트

instructional [형] 교육용의
instruction [명] 지시, 지도

[동] ~에게 지시하다(=direct)

The charity director **instructed** the volunteers to wear comfortable sneakers and casual clothing.

그 자선 단체 책임자는 자원 봉사자들에게 편한 운동화와 평상복을 착용하도록 지시했다.

자주 쓰이는 숙어

be instructed to do: ~하도록 지시 받다
instruction manual: 취급 설명서, 사용 안내서

0267 ★★★★

reserve

뤼**저**ㄹ브

reservation [명] 예약
reserved [형] 보류된, 예약된, 내성적인

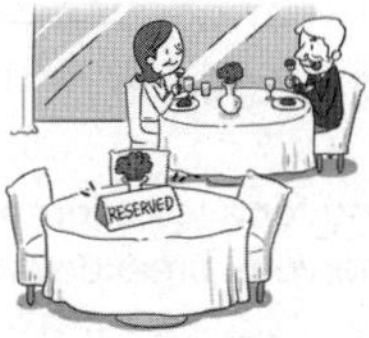

[동] ~을 예약하다(=arrange, book, hold), 남겨두다(=set aside), (권리를)보유하다

Museum passes may be **reserved** online and picked up on the day of your visit.

박물관 입장권은 온라인으로 예약하고, 방문 당일에 받아 가실 수 있습니다.

자주 쓰이는 숙어

make a reservation: 예약하다(=reserve)
be reserved for: ~용으로 지정되다

[명] 비축(물), 매장량

Oil **reserves** in the northern provinces are expected to run out within twenty years.

북부 여러 지방의 석유 매장량이 20년 내에 고갈될 것으로 예상된다.

Day 07

0268 ★★★★

prehistoric

프리히스**토**릭

[형] 선사 시대의, 유사 이전의(=primitive, ancient)

One theory regarding the cave paintings is that they served as hunting instructions for **prehistoric** people.

동굴 벽화와 관련된 한 가지 이론은 그 벽화들이 선사 시대 사람들에게 사냥 설명서의 역할을 했다는 것이다.

0269 ★★★★

withdraw

윗드러

withdrawal [명] 인출, 철회, 취소

[동] (돈을) 인출하다, (약속을) 철회하다, 물러나다

Credit cards may be used to **withdraw** cash from ATMs, but doing so requires an additional fee.

신용카드는 ATM에서 현금을 인출하는 데 사용될 수 있지만, 그렇게 하는 데 추가 요금이 필요하다.

자주 쓰이는 숙어

withdraw A from B: A를 B로부터 인출하다

0270 ★★★★

journey

져ㄹ니

[명] 여행(=trip), 여정, 이동(=travel)

Mythology from ancient civilizations frequently features a hero embarking on a **journey** to the underworld.

고대 문명의 신화는 흔히 지하 세계로 여정을 떠나는 영웅이 특징적으로 나온다.

자주 쓰이는 숙어

make a journey: 여행을 하다

0271 ★★★★

demanding

디**맨**딩

demand [명] 요구 [동] 요구하다

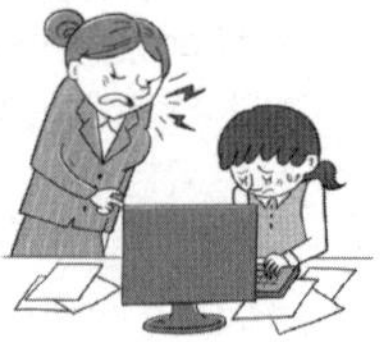

[형] 힘든, 많은 노력을 요하는(=difficult)

Michelle began looking for a less **demanding** job after suffering a nervous breakdown.

미쉘은 신경 쇠약을 겪은 뒤로 덜 힘든 일자리를 찾기 시작했다.

0272 ★★★★

revenue

뤠붜뉴

🄝 매출, 수입, 수익(=income, profit)

Soft drink sales are an easy, low-cost way for a restaurant to increase its **revenue**.
탄산 음료 판매는 음식점으로 하여금 수익을 증대시킬 수 있는 쉽고 비용이 적게 드는 방법이다.

0273 ★★★★

complicated

캄플리케이티드

🄐 복잡한(=complex), 난해한

To most Americans, cricket's scoring system seems overly **complicated**.
대부분의 미국인들에게 크리켓의 득점 시스템은 지나치게 복잡한 것처럼 보인다.

0274 ★★★★

injury

인저뤼

injure 🅥 부상을 입히다
injured 🄐 부상 입은, 다친

🄝 부상

Stretching before running or lifting weights helps reduce the risk of **injury**.
달리기 또는 웨이트 운동을 하기 전에 스트레칭을 하는 것은 부상 위험을 줄이는 데 도움이 된다.

0275 ★★★★

typically

티피컬리

typical 🄐 전형적인(=classic), 일반적인(=normal)

🄐 일반적으로, 보통, 전형적으로(=generally)

Badgers **typically** feed on earthworms, grubs, and bird eggs, though they may also eat smaller mammals.
오소리는 일반적으로 지렁이와 유충, 그리고 새의 알을 먹이로 삼지만, 작은 포유류 또한 먹을 수 있다.

0276 ★★★

integrate

🅥 인티그뤠잇
🄐 인티그럿

integrated 🄐 통합된
integration 🄝 통합, 융합

🅥 ~을 통합하다, 결합하다(=combine, merge, incorporate)

The most successful board games **integrate** real-life skills with unique strategies.
가장 성공적인 보드 게임들은 실생활의 능력을 독특한 전략과 통합한다.

📑 자주 쓰이는 숙어

be integrated with: ~와 통합되다

0277 ★★★
verify
붸러빠이

verification [명] 확인, 증명, 증거

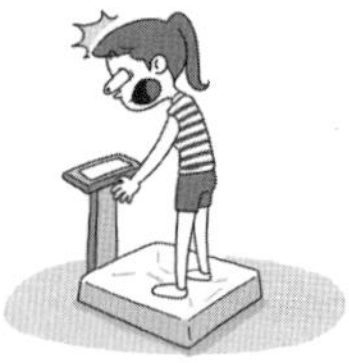

[동] ~을 증명하다(=prove), 확인하다(=confirm)

The experiment will be replicated at an independent lab to **verify** the research team's findings.
그 실험은 연구팀의 결과물을 증명하기 위해 한 독립된 연구소에서 반복될 것이다.

0278 ★★
intrigue
인트**뤼**그

[동] 흥미를 끌다(=fascinate, attract), 계략을 꾸미다

Since it could **intrigue** potential buyers, a book's cover art is extremely important.
잠재 구매자들의 흥미를 끌 수 있기 때문에, 책의 표지 그림은 대단히 중요하다.

[명] 음모(=conspiracy, wile), 간계

The scandal at the university became the focus of national **intrigue**.
그 대학교의 스캔들은 전국적인 음모의 중심이 되었다.

0279 ★
confidential
칸삐**덴**셜

confidentiality [명] 기밀성

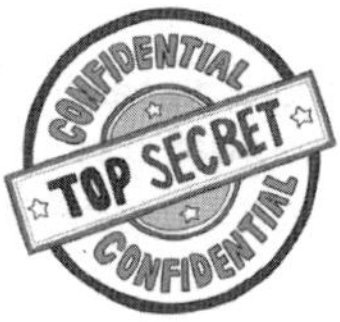

[형] 기밀의(=secret)

Details regarding the next model of the smartphone have been kept strictly **confidential**.
그 스마트폰의 다음 모델과 관련된 세부 사항이 엄격히 기밀로 유지되어 왔다.

0280 ★

entrepreneur

안츄러퍼누어ㄹ

enterprise [명] 기업, 사업 계획

[명] 기업가, 사업가

Also, look into government grants that are available to help young **entrepreneurs** start small businesses.

또한, 젊은 사업가들이 소기업을 시작하도록 도움을 주는 데 이용할 수 있는 정부 보조금을 살펴 보시기 바랍니다.

Day 07

○ 단어와 그에 알맞은 뜻을 연결해 보세요.

1. extra   •

2. feature   •

3. notice   •

4. rate   •

    • (a) 알리다

    • (b) 추가의

    • (c) 특징

    • (d) 요금

○ 빈칸에 알맞은 단어를 선택하세요.

recommends	competed	even

5. Being addicted to caffeine, Kathy always drinks her Americanos with
_____ amounts of water and espresso.

6. The consultant _____ that we delay our plans to open a new
branch in Stillwater.

7. Bobby Fischer _____ in his first rated chess tournament when
he was 12 years old.

○ 밑줄 친 단어의 동의어를 고르세요.

8. The most successful board games <u>integrate</u> real-life skills with unique
strategies.

  (a) incorporate   (b) intrigue

9. Robin was afraid to <u>face</u> his boss after his disastrous presentation.

  (a) hide   (b) encounter

10. Mason hopes to <u>eventually</u> play baseball in the major leagues.

  (a) ultimately   (b) regularly

정답 1. (b) 2. (c) 3. (a) 4. (d) 5. even 6. recommends 7. competed 8. (a) 9. (b) 10. (a)

G-TELP VOCA

DAY
08

DAY 04	DAY 05	DAY 06
DAY 10	DAY 11	DAY 12
DAY 16	DAY 17	DAY 18
DAY 19	DAY 21	DAY 23	DAY 24
DAY 25	DAY 26	DAY 27	DAY 29	DAY 30

PREVIEW

이미 알고 있는 단어는 미리 체크박스에 체크(☑)해보세요.

☑ point	☐ physical	☐ inform	☐ once
☐ ruin	☐ scientific	☐ capacity	☐ defeat
☐ candidate	☐ ban	☐ effort	☐ urge
☐ appeal	☐ distinguish	☐ accurate	☐ attain
☐ barely	☐ dramatically	☐ conclusion	☐ alter
☐ acclaim	☐ solid	☐ predict	☐ objective
☐ vivid	☐ forecast	☐ incredible	☐ steady
☐ notable	☐ negligent	☐ effortlessly	☐ discriminate
☐ impulsive	☐ spontaneous	☐ remark	☐ statistical
☐ intimate	☐ conceive	☐ conversely	☐ appraisal

QR코드를 스캔하여 단어를 음원으로 들어보세요!

0281 ★★★★★

point

퍼인(트)

pointless [형] 무딘, 끝이 없는, 무의미한

[동] **가리키다, 강조하다**

The latest jobs report **points** to signs of a recovering economy.

최신 취업 보고서는 경기 회복의 징후를 가리키고 있다.

자주 쓰이는 숙어

point out: 지적하다, 언급하다

[명] **점, 지점, 정도, 단계, 요점, 핵심, 점수, 득점**

The audience, entertained by the film's action, clearly missed the deeper **point** the plot was trying to convey.

그 영화의 액션에 즐거움을 느낀 관객들은 줄거리가 전달하고자 하는 더 깊이 있는 핵심을 분명 놓쳤다.

자주 쓰이는 숙어

to the point: 간단 명료한, 간결한

0282 ★★★★★

physical

퓌지컬

physically [부] 신체적으로, 물리적으로

physics [명] 물리학

[형] **신체의, 물질의**

Scientists ran numerous tests on Whitson to study the **physical** effects of long-term durations in the space.

과학자들은 우주에서 장기간 지내는 것의 신체적 영향을 연구하기 위해 윗슨 씨를 대상으로 수많은 테스트를 실시했다.

0283 ★★★★★

inform

인**풔**ㄹ엄

information [명] 정보

informative [형] 유익한

[동] **~알리다, 통지하다(=tell, notify)**

The CEO will be **informed** of the changes at tomorrow's meeting.

그 대표이사는 내일 있을 회의의 변동 사항들을 통보 받을 것이다.

자주 쓰이는 숙어

inform(=notify) A of B: A에게 B를 알리다

0284 ★★★★★

once

원스

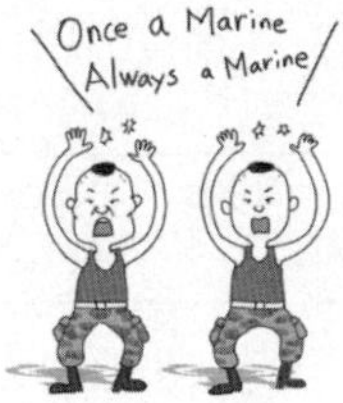
Once a Marine
Always a Marine

[부] **한 번(횟수), 전에, 한때(=formerly, previously, in the past)**

Once plentiful in the lakes of Michigan, the trout now faces extinction due to invasive species.

한때 미시건 호수에서 많이 있었던, 송어가 현재 외래 종으로 인해 멸종에 직면해 있다.

자주 쓰이는 숙어

at once: 즉시, 한번에, 당장

[접] **일단 ~하면, ~하자마자(=as soon as)**

Once the TV series are released with online streaming services, they got so popular among teenagers.

그 TV 시리즈들이 온라인 재생 서비스를 통해 출시되자마자, 10대들 사이에서 많은 인기를 끌었다.

0285 ★★★★★

ruin

루-인

ruins [명] 유적(=remains), 폐허

[명] **유적(pl.), 파괴, 붕괴, 무너짐**

In 2018, over 1.5 million tourists visited the **ruins** of Machu Picchu.

2018년에, 1백 5십만 명이 넘는 관광객들이 마추픽추 유적을 방문했다.

[동] **파괴하다, 망가뜨리다, 엉망으로 만들다**

The delayed flight completely **ruined** our trip itinerary.

지연된 항공편이 우리 여행 일정을 완전히 엉망으로 만들었다.

0286 ★★★★★

scientific

싸이언티픽

scientifically [부] 과학적으로

[형] **과학적인, 정밀한**

Many trendy clubs in the area began applying **scientific** techniques to bartending.

지역 내에 유행을 선도하는 많은 클럽들이 바텐딩에 과학 기술을 적용하기 시작했다.

Day 08

0287 ★★★★★

capacity

커**패**써티

capable ⓐ 할 수 있는

ⓝ (생산) 능력, 최대 수용 능력

A new stadium was constructed to meet the required **capacity** for the World Cup games.
월드컵 경기에 대한 필수 수용량을 충족하기 위해 새로운 경기장이 건설되었다.

> 📋 **자주 쓰이는 숙어**
>
> operate at full capacity: 완전 가동되다
> reach capacity: 정원을 채우다

0288 ★★★★★

defeat

디핏

defeated ⓐ 패배한

ⓥ 패배시키다, 이기다(=win), 좌절시키다

The U.S. men's hockey team **defeated** the Soviet Union's team in the 1980 Winter Olympics.
미국 남자 하키팀이 1980년 동계 올림픽에서 소련팀을 이겼다.

ⓝ 패배(=setback), 타파

The Tesla has faced many **defeats** on its road to mass production.
테슬라는 대량 생산으로 향해 가는 도중에 많은 좌절에 직면했다.

0289 ★★★★★

candidate

캔디데잇

ⓝ 후보자, 지원자(=applicant)

All **candidates** will be considered regardless of gender, race, or religion.
모든 후보자들이 성별이나 인종, 또는 종교에 상관없이 고려될 것이다.

0290 ★★★★★

ban

밴

🔹 (법률에 의해) 금지하다(=prohibit, inhibit, forbid)

Over 10,000 players were **banned** from the popular online shooter for cheating.

1만 명이 넘는 플레이어들이 부정 행위로 인해 인기 있는 그 슈팅 게임 이용을 금지 당했다.

> 📋 **자주 쓰이는 숙어**
>
> ban A from -ing: A가 ~하는 것을 금지하다

🔹 (법에 의한) 금지, 금제

The Australian government responded to the tragedy with a **ban** on all automatic firearms.

호주 정부는 자동 화기에 대한 금지 조치로 그 비극에 대응했다.

Day 08

0291 ★★★★★

effort

에뿨ㄹ웃(트)

effortlessly ⓐ 쉽게, 힘들이지 않고

🔹 노력, 수고, 시도

Despite her best **efforts**, Sandy still failed her driving exam.

최선의 노력에도 불구하고, 샌디는 여전히 운전 면허 시험에서 탈락했다.

> 📋 **자주 쓰이는 숙어**
>
> make an effort: 노력하다
> put efforts into ~: ~에 노력[공]을 들이다,
> in an effort to do: ~하려는 노력으로

0292 ★★★★★

urge

어ㄹ쥐

🔹 촉구하다, 요구하다, 주장하다

Laura's manager **urged** her to return to school and finish her studies.

로라의 상사는 그녀에게 학교로 돌아가 학업을 끝마치도록 촉구했다.

> 👍 **출제 확률 UP!**
>
> urge that 주어 + (should) 동사원형: ~하는 것이 요구되다

* 당위성을 나타내는 동사로, '촉구하다, 요구하다'라는 의미를 가진 동사 urge 뒤의 that절에는 should가 생략된 동사원형이 위치한다.

0293 ★★★★

appeal

어**필**

appealing [형] 마음을 끄는, 매력적인(=attractive, charming)

[명] 매력, 호소, 간청, 애원

While Harrison's book sales struggled in the States, he enjoyed a large **appeal** in France.

해리슨의 도서 판매가 미국에서 큰 어려움을 겪은 반면, 프랑스에서는 많은 인기를 누렸다.

[동] 매력적이다(=attract), 호소하다(=plead)

Pop music is specifically designed to **appeal** to the widest audience of listeners.

팝 음악은 특히 음악을 듣는 가장 광범위한 청중들의 마음을 끌기 위해 만들어진다.

자주 쓰이는 숙어

appeal to : ~의 마음을 얻다, 호감을 얻다

0294 ★★★★

distinguish

디스**팅**귀쉬

distinguished [형] 저명한(=renowned), 뛰어난, 뚜렷한
distinguishable [형] 구별할 수 있는

[동] 구별하다, 특징 짓다

Even today, some consumers cannot **distinguish** the taste of Pepsi from that of Coke.

심지어 오늘날에도, 일부 소비자들은 펩시콜라의 맛과 코카콜라의 맛을 구별하지 못한다.

자주 쓰이는 숙어

distinguish A from B: A를 B로부터 구별하다

0295 ★★★★

accurate

애큐릿

accuracy [명] 정확도
accurately [부] 정확하게
inaccurate [형] 부정확한

[형] 정확한, 틀림없는(=correct, exact, precise)

The show grew in popularity for providing a comical yet **accurate** depiction of everyday office life.

그 프로그램은 일상적인 사무실 생활에 대한 익살스러우면서도 정확한 묘사를 제공해 인기를 얻었다.

0296 ★★★★

attain

어**테**인

attainment [명] 달성, 획득, 도달

[동] 달성하다, 이루다(=achieve), 얻다(=gain, win)

In 1999, Billy Mitchell **attained** the perfect score of 3,333,360 on 'Pac-Man'.

1999년에, 빌리 미첼은 '팩맨'에서 3,333,360점이라는 만점을 얻었다.

0297 ★★★★

barely

베얼리

[부] 간신히, 거의 ~않다(=rarely, scarcely, seldom)

The day after finishing the triathlon, Omar could **barely** walk.

철인 3종 경기를 끝낸 다음 날, 오마르는 거의 걸을 수 없었다.

0298 ★★★★

dramatically

주뤄매티컬리

dramatic [형] 극적인, 인상적인 (=impressive)

[부] 극적으로, 급격하게, 인상적으로

I've included a marketing strategy that can increase our sales **dramatically**.

나는 우리의 매출을 급격히 증가시킬 수 있는 마케팅 전략을 포함시켰다.

자주 쓰이는 숙어

improve/rise dramatically: 크게 개선되다/상승하다

0299 ★★★★

conclusion

컨클루젼

conclude [동] 종료하다, 결론 내리다

[명] 종료, 결론

The study reached its **conclusion** by reviewing the health records of middle-aged men.

그 연구는 중년 남성들의 건강 기록을 검토하면서 결론에 도달했다.

자주 쓰이는 숙어

in conclusion: 마지막으로, 끝으로(=finally)
come to the conclusion that~: ~라는 결론이 나다
at the conclusion of: ~가 끝날 때에(=at the end of)

0300 ★★★★

alter

얼터ㄹ

alteration [명] 변경, 수정 (=modification)

[동] 바꾸다, 변경하다(=change, modify, turn)

We have until the end of the month to **alter** the packaging design.

우리는 이달 말까지 포장재 디자인을 변경해야 한다.

자주 쓰이는 숙어

alter A into B: A를 B로 바꾸다

0301 ★★★★

acclaim

어클레임

acclaimed ⓐ 찬사를 받은, 칭찬을 받은
acclamation ⓝ 환호성, 박수 갈채
(=ovation, applause)

ⓥ 열렬히 환호하여 맞이하다, 갈채하다(=applaud)

Jonathan's teachers **acclaimed** his improvements over the past semester.
조나단의 선생님들은 지난 학기에 걸친 그의 실력 향상을 칭찬했다.

ⓝ 격찬, 호평

Nevermind, the album which the band released on September 24, 1991 won international **acclaim** for brand-new rock style.
그 밴드가 1991년 9월 24일에 출시한 앨범 *Nevermind*는 전혀 새로운 록 스타일로 전세계적인 호평을 받았다.

📋 자주 쓰이는 숙어

critical acclaim: 비평가의 호평

0302 ★★★

solid

쌀릿(드)

solidly ⓐ 굳건하게, 단단하게
solidify ⓥ 굳건히 하다

ⓐ 단단한, 굳건한, 확고한, 고체의

Solid evidence of gravitational waves was not observed until 2015, almost 100 years after Einstein's prediction.
중력파에 대한 확고한 증거는 아인슈타인의 예측보다 거의 100년이 지난 2015년이 되어서야 관찰되었다.

📋 자주 쓰이는 숙어

produce solid returns: 탄탄한 수익을 거두다

0303 ★★★

predict

프뤼딕(트)

predictable ⓐ 예측할 수 있는
(=foreseeable), 확실한(=certain, sure)
prediction ⓝ 예측

ⓥ 예측하다, 예상하다(=anticipate, foresee)

Even with advances in technology, experts still cannot **predict** when an earthquake will occur.
심지어 기술력의 발전에도 불구하고, 전문가들은 여전히 언제 지진이 발생될지 예측할 수 없다.

0304 ★★★

objective

어브**젝**티브

objectively ⓟ 객관적으로
subjective ⓐ 주관적인

ⓝ (궁극적인) 목표(=goal)

The researchers' main **objective** was to find
a cheaper production method for 'meatless
meats.'

그 연구가들의 주요 목표는 '고기 없는 고기'에 대한 더 저렴한 생
산 방법을 찾는 것이었다.

▤ 자주 쓰이는 숙어

one's objective is to do: ~하는 것이 …의 목표다

ⓐ 객관적인(=unbiased), 목적어의

Regular therapy sessions can help the patient
adopt a more **objective** view of his or her life.

주기적인 치료 시간은 환자가 자신의 삶에 대한 더욱 객관적인 시
각을 갖도록 도움을 줄 수 있다.

0305 ★★

vivid

비빗(드)

vividly ⓟ 생생하게, 선명하게

ⓐ 생생한, 선명한, 발랄한(=animated)

Later in life, the artist shifted styles and began
painting with **vivid** colors.

말년에 그 미술가는 방식을 변경해 생생한 색상으로 그림을 그리
기 시작했다.

▤ 자주 쓰이는 숙어

vivid description: 생생한 묘사
vivid color pattern: 생생한 색상 패턴

0306 ★

forecast

뽀어ㄹ캐스트

ⓝ 예보, 예측

According to the **forecast**, it will rain during our
entire vacation to the beach.

일기 예보에 따르면, 해변으로 가는 우리 휴가의 전체 기간 중에
비가 내릴 것이다.

ⓥ 예보하다, 예측하다(=predict, foresee)

Analysts **forecast** that the company's stock
values will rebound by the summer.

분석가들은 그 회사의 주식 가치가 여름쯤에 반등할 것으로 예측
하고 있다.

0307 ★

incredible

인크뤠더블

credible ⓐ 신용할 수 있는, 확실한

ⓐ 엄청난, 믿어지지 않는, 놀랄 만한

The commercial space flight company boasted that the **incredible** journey to Mars would take 260 days.

그 상업 우주 항공 회사는 화성으로 떠나는 믿을 수 없는 여정에 260일이 걸릴 것이라고 자랑했다.

0308 ★

steady

스떼디

steadily ⓟ 꾸준하게, 일정하게

ⓐ 꾸준한, 한결 같은(=constant, continuous, even)

The soccer team has had a **steady** rise in attendance at its home games over the past five years.

그 축구팀은 지난 5년 동안에 걸쳐 홈 경기 관중 수가 꾸준히 증가했다.

> 📋 **자주 쓰이는 숙어**
>
> a steady rise: 꾸준한 증가[상승]

0309 ★

notable

노우터블

note ⓥ 주목하다 ⓝ 주의, 주목
notably ⓟ 명백히, 현저히

ⓐ 주목할 만한(=remarkable, noteworthy, outstanding), 유명한(=prominent, famous)

The lecture was **notable** for its focus on small companies and how they could remain competitive.

그 강연은 소기업 및 그 기업들의 경쟁력 유지 방법에 초점을 맞추는 것으로 유명했다.

> 📋 **자주 쓰이는 숙어**
>
> be notable for: ~로 유명하다
> a notable success: 놀라운 성공

0310 ★

negligent

네글리줜(트)

negligently ⓟ 태만하게, 나태하게, 부주의하게

ⓐ 태만한, 부주의한(=careless), 느긋한

Mobile phone addiction, paired with already **negligent** drivers, has led to an increase in traffic accidents.

휴대전화 중독은 이미 부주의한 운전자들과 결합되어 교통 사고의 증가로 이어졌다.

0311 ★

effortlessly

에뻣리슬리

effortless ⓐ 쉬운, 노력이 필요 없
는, 노력하지 않는

🔹 손쉽게, 노력을 들이지 않고(=easily)

The star football player weaved through the opposing team's defenders **effortlessly** to score the winning goal.
그 축구 스타는 손쉽게 상대 팀 수비수들 사이로 빠져나가 결승골을 기록했다.

0312 ★

discriminate

디스크리머네잇

discrimination ⓝ 차별

🔹 차별하다, 구별하다

A spokesman for Kepler Tech said that the company has never **discriminated** against women in its hiring policies.
Kepler Tech의 대변인은 회사가 고용 정책에 있어 절대로 여성을 차별한 적이 없다고 말했다.

> 📘 자주 쓰이는 숙어
>
> discriminate between A and B: A와 B를 구별하다
> discriminate against A in~: ~하는 데 있어서 A를 차별하다

0313 ★

impulsive

임펄시브

impulse ⓝ 충동, 자극, 원동력
impulsively ⓐ 충동적으로, 즉흥적으로

🔹 충동적인, 추진적인, 즉흥적인

Erratic or **impulsive** behavior may be triggered by prolonged stress or anxiety.
변덕스럽거나 충동적인 행동은 장기화된 스트레스 또는 불안감에 의해 촉발될 수 있다.

> 📘 자주 쓰이는 숙어
>
> Impulsive act: 충동 행위
> on impulse: 충동적으로

0314 ★

spontaneous

스빤테이니어스

spontaneously ⓐ 자발적으로, 자연스럽게

🔹 자연 발생적인, 자발적인(=voluntary)

Discontent and bored with his daily life, Matt embarked on a **spontaneous** road trip across the country.
자신의 일상 생활에 만족하지 못하고 지루해 해서, 매트는 전국을 다니는 자발적인 장거리 자동차 여행을 떠났다.

0315 ★

remark

뤼마ㄹ크

remarkable [형] 놀라운, 주목할 만한, 훌륭한

[명] 말, 논평, 의견(=comment), 주목, 인지

The senator came under intense fire for his inflammatory **remark** on social media.

그 상원 의원은 소셜 미디어에 대한 선동적인 발언으로 인해 맹렬한 비난을 받았다.

[동] 말하다, 평하다

The famous film producer has yet to **remark** on the accusations.

그 유명 영화 제작자는 아직 그 비난에 대해 아무 말도 하지 않았다.

0316 ★

statistical

스터**티**스티컬

statistically [부] 통계상으로

[형] 통계의, 통계상의, 수치의

A simple **statistical** error has cost taxpayers millions of dollars.

단순한 통계상의 실수가 납세자들에게 수백만 달러를 지불하게 했다.

0317 ★

intimate

인터멧

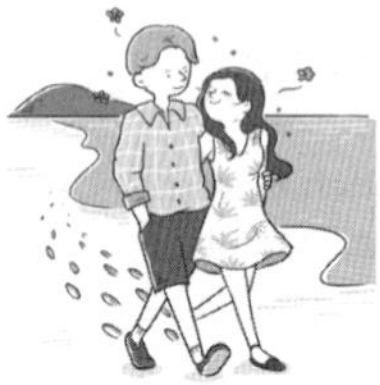

[형] 친밀한, 사적인, 밀접한

The composer's autobiography shared **intimate** details about his relationship with his deceased wife.

그 작곡가의 자서전은 고인이 된 아내와의 관계에 관한 사적인 세부 내용을 공유해 주었다.

0318 ★

conceive

컨**씨**-브

conception [명] 개념, 구상, 임신
conceivable [형] 상상할 수 있는, 있음직한
conceivably [부] 생각건대, 생각할 수 있는 바로는

[동] 상상하다, 생각해 내다, 임신하다

The surgeon **conceived** of a way to treat the condition without the need for an invasive operation.

그 외과 의사는 외과 수술에 대한 필요성 없이 그 증상을 치료하는 방법을 생각했다.

자주 쓰이는 숙어

conceive of: ~를 상상하다, 마음에 그리다

0319 ★

conversely

컨**붜**ㄹ슬리

[부] 거꾸로, 반대로(=oppositely)

Conversely, people who exercise regularly reported fewer depressive episodes and higher energy levels.

반대로, 주기적으로 운동하는 사람들은 더 적은 횟수의 우울한 일과 더 높은 수준의 에너지를 겪는다고 알렸다.

출제 확률 UP!

conversely는 문법 영역에서 접속부사로 자주 출제되어, 앞 문장의 내용과 정반대가 되는 의미를 나타낼 때 사용된다.

0320 ★

appraisal

어프**뤠**이절

appraise [동] ~을 평가하다

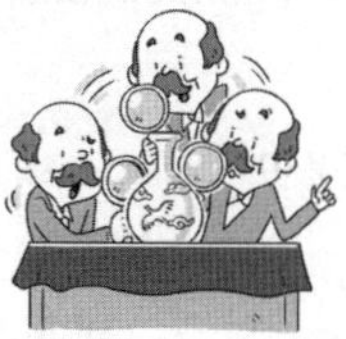

[명] (가치 등에 대한) 평가, 견적(=evaluation, estimate)

The property sold for triple the price of its **appraisal**.

그 건물은 감정가보다 세 배 더 높게 판매되었다.

자주 쓰이는 숙어

conduct an appraisal: 평가[감정]를 실시하다
performance appraisals 업무 성과 평가

Day 08

○ 단어와 그에 알맞은 뜻을 연결해 보세요.

1. capacity •   • (a) 신체의
2. physical •   • (b) 차별하다
3. distinguish •   • (c) 구별하다
4. discriminate •   • (d) 능력

○ 빈칸에 알맞은 단어를 선택하세요.

physical	ruins	candidates

5. All _____ will be considered regardless of gender, race, or religion.

6. Scientists ran numerous tests on Whitson to study the _____ effects of long-term durations in the space.

7. In 2018, over 1.5 million tourists visited the _____ of Machu Picchu.

○ 밑줄 친 단어의 동의어를 고르세요.

8. Pop music is specifically designed to <u>appeal</u> to the widest audience of listeners.

   (a) attract   (b) contact

9. Analysts <u>forecast</u> that the company's stock values will rebound by the summer.

   (a) denounce   (b) predict

10. The show grew in popularity for providing a comical yet <u>accurate</u> depiction of everyday office life.

    (a) precise   (b) concrete

정답 1. (d) 2. (a) 3. (c) 4. (b) 5. candidates 6. physical 7. ruins 8. (a) 9. (b) 10. (a)

G-TELP VOCA

DAY 01
DAY 05
DAY 06
DAY 07
DAY 11
DAY 12
DAY 13
DAY 17
DAY 18
DAY 19
DAY 20
DAY 22
DAY 23
DAY 24
DAY 25
DAY 26
DAY 27
DAY 28
DAY 30

DAY 09

PREVIEW

이미 알고 있는 단어는 미리 체크박스에 체크(☑)해보세요.

☑ department	☐ prestigious	☐ excellent	☐ available
☐ disaster	☐ urgent	☐ ultimate	☐ regulate
☐ remote	☐ prompt	☐ subsequently	☐ carefully
☐ suppose	☐ dedicated	☐ depart	☐ eruption
☐ consistent	☐ calculate	☐ majority	☐ compile
☐ arrival	☐ occasion	☐ doubt	☐ chore
☐ symbol	☐ nominate	☐ exotic	☐ delicate
☐ literacy	☐ district	☐ abolish	☐ designated
☐ mandatory	☐ embark	☐ promptly	☐ messy
☐ logical	☐ provoke	☐ technical	☐ converse

QR코드를 스캔하여 단어를 음원으로 들어보세요!

0321 ★★★★★

department

디**파**ㄹ(트)먼(트)

명 부서, 학과, 부문

The mistaken charge on your last statement was due to an error in our Billing **Department**.

귀하의 지난번 내역서에 기재된 잘못된 청구 요금은 저희 비용 청구 담당 부서의 실수로 인한 것이었습니다.

> **자주 쓰이는 숙어**
>
> lead a department: 부서를 이끌다
> sales department / account department: 영업부 / 회계부

0322 ★★★★★

prestigious

프뤠스**띠**져스

prestige 명 명성, 위신, 저명

형 유명한, 훌륭한, 고급의, 일류의

Tuition at the nation's most **prestigious** universities can cost more than $200,000 over four years.

전국에서 가장 명문인 대학교의 등록금은 4년에 걸쳐 20만 달러가 넘게 들 수 있다.

> **자주 쓰이는 숙어**
>
> a prestigious award: 유명한 상

0323 ★★★★

excellent

엑설런(트)

excellence 명 뛰어남, 탁월함
excellently 부 뛰어나게, 탁월하게

형 훌륭한(=superb, outstanding)

Our staff members can give you **excellent** advice regarding your electronics purchases.

저희 직원들이 귀하의 전자제품 구매와 관련해 훌륭한 조언을 제공해 드릴 수 있습니다.

0324 ★★★★★

available

어**붸**일러블

availability 명 유용성, 유효성

형 (물건) 구할 수 있는, (사람) 시간이 나는

Mr. Clark will not be **available** for meetings until after the 24th.

클라크 씨는 24일 이후나 되어야 회의할 시간이 있을 것이다.

> **자주 쓰이는 숙어**
>
> be available for[to] + 사람: ~가 이용 가능하다
> be available for + 용도: ~에 사용할 수 있다

0325 ★★★★★

disaster

디재스터ㄹ

disastrous [형] 피해가 막심한, 비참한

[명] 재난, 재앙, 피해, 실패

FEMA, the Federal Emergency Management Agency, was established to respond to natural **disasters**.

FEMA, 즉 연방 재난 관리청은 자연 재해에 대응하기 위해 설립되었다.

자주 쓰이는 숙어

a natural disaster: 자연 재해, 천재

0326 ★★★★

urgent

어ㄹ줜(트)

urgently [부] 긴급하게, 급박하게

[형] 긴급한, 시급한(=imperative, exigent, pressing)

Frank missed another family dinner because of an **urgent**, last-minute business meeting.

프랭크는 긴급한 마지막 순간의 업무 회의로 인해 또 한 번 가족과의 저녁 식사를 놓쳤다.

자주 쓰이는 숙어

an urgent matter: 시급한 문제
on urgent business: 긴급한 용무로

0327 ★★★★

ultimate

얼터밋

ultimately [부] 궁극적으로, 최종적으로

[형] 궁극적인, 최종의, 최고의

The **ultimate** goal of the organization was to eliminate malaria in India.

그 단체의 궁극적인 목표는 인도에서 말라리아를 없애는 것이었다.

0328 ★★★★

regulate

뤠귤레잇

regulation [명] 규제, 규칙

[동] 규제하다, 조절하다, 규정하다(=control, standardize)

Some governments have legalized narcotic substances in an attempt to better **regulate** them.

일부 정부들은 마약류 물질을 더 잘 규제하기 위한 시도로 그것을 합법화했다.

자주 쓰이는 숙어

regulate the use of ~: ~의 사용을 규제하다
safety regulations: 안전 규정

0329 ★★★★

remote

뤼**모**웃(트)

remotely ⓟ 멀리 떨어져서, 원격으로

ⓐ 멀리 떨어진, 원격의, 외딴

The interview was filmed in a **remote** location for the activist's protection.
그 활동가의 보호를 위해 멀리 떨어진 곳에서 인터뷰가 촬영되었다.

> **📋 자주 쓰이는 숙어**
>
> a remote rural location: 외딴 시골 지역
> remote control: 리모컨, 원격 조종기

0330 ★★★★

prompt

프**뢈**풋(트)

ⓐ 신속한(=swift), 즉각적인(=immediate, instant), 시간을 엄수하는(=punctual)

The riots downtown after the basketball team's surprise victory required **prompt** action from the police force.
그 농구팀이 이룬 깜짝 승리 이후에 시내에서 벌어진 폭동은 경찰의 즉각적인 조치를 필요로 했다.

> **📋 자주 쓰이는 숙어**
>
> be prompt in -ing: 즉시 ~하다

ⓥ 유발하다, 촉발하다(=inspire, trigger)

Dustin's summer at the science camp **prompted** him to pursue a career in chemistry.
과학 캠프에서 보낸 더스틴의 여름은 그에게 화학 분야에서의 경력을 추구하도록 만들었다.

> **📋 자주 쓰이는 숙어**
>
> prompt A to do: A가 ~하도록 촉구하다

0331 ★★★★

subsequently

썹시퀀틀리

subsequent ⓐ 뒤의, 그 이후의

ⓟ 뒤이어, 이후에, 이어서, 후속으로

The play's director **subsequently** required that the actors come to rehearsals with their lines already memorized.
그 연극의 연출자는 이후에 배우들에게 이미 대사를 외운 상태로 리허설에 오도록 요구했다.

> **📋 자주 쓰이는 숙어**
>
> subsequent to ~: ~이후에
> in all subsequent years: 그 이후에

0332 ★★★★

carefully

케어뽈리

careful [형] 조심하는, 신중한
care [명] 관심, 돌봄, 주의, 조심
[동] 관심을 가지다

[부] 주의 깊게, 신중하게(=cautiously)

Next, **carefully** transplant your cactus into the larger pot.

다음으로, 더 큰 화분에 선인장을 조심스럽게 옮겨 심으십시오.

자주 쓰이는 숙어

with care: 조심스럽게(=carefully)
care for: 돌보다, ~을 좋아하다

0333 ★★★★

suppose

서**포**우즈

supposedly [부] 아마, 필경, 비록, 만일

[동] 가정하다(=presume), ~해야만 하다, ~할 예정이다

The self-driving car was **supposed** to be available last year but was delayed due to legal complications.

자율 주행 차량이 작년에 이용 가능할 예정이었지만, 법적인 문제들로 인해 지연되었다.

자주 쓰이는 숙어

be supposed to do: ~해야 하다, ~하기로 예정되어 있다

출제 확률 UP!

suppose가 문장 맨 앞에 위치하고 그 뒤에 that절이 이어지면 명령문으로서, '~라고 가정해보자'라는 의미로 사용된다.

Day 09

0334 ★★★

dedicated

데디케이티드

dedicate [동] 바치다, 전념하다
dedication [명] 헌신, 전념

[형] 헌신하는, 전념하는

JG Industries remains **dedicated** to promoting equality in both education and the workplace.

JG 인더스트리는 교육과 직장 모두에서 평등을 장려하는 데 계속 헌신하고 있다.

자주 쓰이는 숙어

be dedicated to + 명사: ~에 헌신하다(= be committed to, be devoted to)

0335 ★★★

depart

디**파**ㄹ앗

departure [명] 출발, 변화, 차이
departing [형] 출발하는

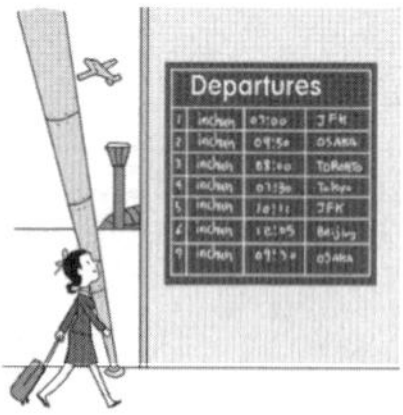

[동] **출발하다, 떠나다(=leave, start), 벗어나다**

Our tour will **depart** at 7:45 A.M. sharp, so please don't be late.

저희 투어는 정확히 오전 7시 45분에 출발할 것이므로 늦지 않도록 하시기 바랍니다.

자주 쓰이는 숙어

the scheduled departure date: 출발 예정일
prior to departure: 출발 전에

0336 ★★★

eruption

이**럽**션

erupt [동] 폭발하다, 분출하다

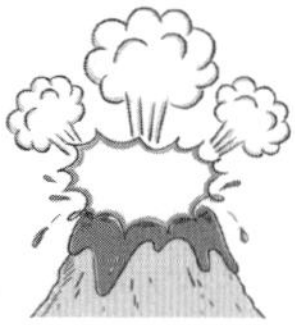

[명] **(화산의) 폭발, 분출**

Mount St. Helens has remained active since its last major **eruption** in 1980.

세인트 헬렌스 산은 1980년에 있었던 마지막 대규모 분출 이후로 계속 활동적인 상태를 유지해 왔다.

자주 쓰이는 숙어

volcanic eruption: 화산 폭발
violent eruption: 맹렬한 분화

0337 ★★★

consistent

컨**씨**스턴(트)

consistently [부] 시종일관하여, 한결같이, 끊임없이

[형] **일관된, 한결 같은, 지속적인**

Counterstrike remains popular among PC gamers thanks to **consistent** updates and competitive play.

〈카운터스트라이크〉는 지속적인 업데이트와 경쟁력 있는 플레이로 인해 PC 게이머들 사이에서 여전히 인기가 있다.

자주 쓰이는 숙어

be consistent with: ~와 일관성이 있다, 일관되다

0338 ★★
calculate
캘큘레잇(트)

calculation [명] 계산

[동] 계산하다, 산출하다, 평가하다

Taxes are **calculated** based on the individual's income and any deductions he or she may receive.
세금은 개인의 소득 및 받을 수 있는 모든 공제 사항을 바탕으로 계산됩니다.

자주 쓰이는 숙어
calculate on[upon]: ~을 기대하다, 의지하다

0339 ★★★
majority
매**줘**리티

major [형] 주요한, 중대한 [명] 전공

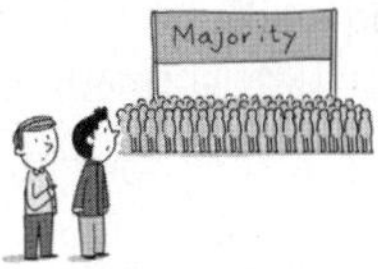

[명] 대다수, 과반수

The **majority** of participants complained that our delivery times were often unreliable.
대부분의 참가자들은 우리의 배송 시간을 종종 신뢰할 수 없다고 불평했다.

자주 쓰이는 숙어
the majority of: 대다수의 ~
a great majority: 절대 다수

0340 ★★
compile
컴**파**일

[동] (문서, 자료 등을) 한 권의 책으로 엮다, 편집하다

Liz **compiled** a large body of research on stem cells for her master's thesis.
리즈는 석사 논문을 위해 줄기 세포 연구의 많은 부분에 필요한 자료를 모아 정리했다.

0341 ★★
arrival
어**롸**이뷜

arrive [동] 도착하다

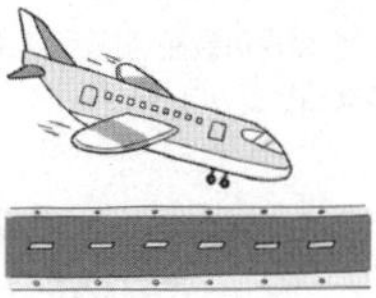

[명] 도착, 등장

Scientists suggest that the **arrival** of the Anthropocene has triggered the sixth mass extinction in Earth's history.
과학자들은 인류세의 도래가 지구 역사에서 6번째 대규모 멸종을 촉발했다고 시사하고 있다.

자주 쓰이는 숙어
the arrival of: ~의 도착, ~의 탄생
on arrival: 도착하는 즉시, 도착하자마자

Day 09

0342 ★★

occasion

어케이전

occasional ⓐ 가끔의
occasionally ⓐ 가끔, 때때로

ⓝ 행사(=event), 경우, 때

A girl's fifteenth birthday, or *quincenera*, is an important **occasion** in Hispanic cultures.
소녀의 15번째 생일, 즉 '퀸시네라'는 히스패닉 문화에서 중요한 행사이다.

> 📋 **자주 쓰이는 숙어**
>
> on a special occasion: 특별한 경우에, 특별한 행사에
> for any occasion: 어떠한 경우에도

0343 ★★

doubt

다웃트

doubtful ⓐ 의심스러운, 미심쩍은

ⓥ 의심하다, 믿지 않다, 의심쩍게 여기다(=suspect)

Critics have long **doubted** the seriousness of comics as storytelling media.
평론가들은 스토리텔링 매체로서 만화의 심각성을 오랫동안 의심해왔다.

ⓝ 의심, 의혹, 불신, 불확실함(=uncertainty)

Her campaign focused on spreading **doubt** regarding the qualifications of her opponent.
그녀의 유세 활동은 상대편의 자격과 관련된 의혹을 퍼뜨리는 것에 초점을 맞췄다.

> 📋 **자주 쓰이는 숙어**
>
> with no doubt: 의심할 바 없이

0344 ★★

chore

쵸어ㄹ

ⓝ 허드렛일, 잡일

Youths who completed daily **chores** had longer attention spans and a great sense of self-worth.
일상적인 허드렛일을 완료해 본 젊은이들은 집중력 지속 시간이 더 길었고 뛰어난 자존감을 지니고 있었다.

0345 ★★

symbol

심벌

symbolic ⓐ 상징적인, 전형적인, 기호의
symbolize ⓥ 상징하다

ⓝ 상징, 표상

Indigenous tribes revered the hawk as a **symbol** of wit and bravery.
토착 부족들은 매를 기지와 용기의 상징으로 숭배했다.

0346 ★★

nominate

나미네잇(트)

nominated ⓐ 후보로 지명된
nomination ⓝ 지명, 추천, 임명
nominee ⓝ 후보로 지명된 사람

ⓥ 지명하다, 후보에 오르다, 임명하다

If your branch would like to **nominate** an employee, contact Sue Kozzens at the corporate headquarters.
여러분의 지사에서 직원 한 명을 후보로 지명하고자 하실 경우, 본사에 근무하는 수 코젠스 씨에게 연락하십시오.

> **자주 쓰이는 숙어**
> be nominated for: ~로 지명 추천되다, ~의 후보에 오르다
> place in nomination: ~를 지명하다

> **출제 확률 UP!**
> nominate, nominated는 인물의 일대기 및 전기를 다루는 독해 영역의 PART 1에서 자주 등장하는 단어이다.

0347 ★★

exotic

이그자릭

ⓐ 이국적인, 외국의(=foreign)

The trade of silks and **exotic** spices introduced new levels of wealth into the merchant class.
비단과 이국적인 향료의 거래는 상인 계급에 새로운 수준의 부를 가져다 주었다.

0348 ★★

delicate

델리컷

ⓐ 민감한, 예민한(=sensitive, subtle), 정교한

Dresses made of **delicate** materials should be handwashed and hung on a clothing line to dry.
섬세한 재료로 만들어진 드레스는 손빨래를 한 다음에 빨래 줄에 넣어 건조시켜야 한다.

> **자주 쓰이는 숙어**
> delicate materials: 정교한 재료
> delicate process: 민감한 처리 과정

0349 ★★

literacy

리러뤄시

literary [형] 문학의, 문예의

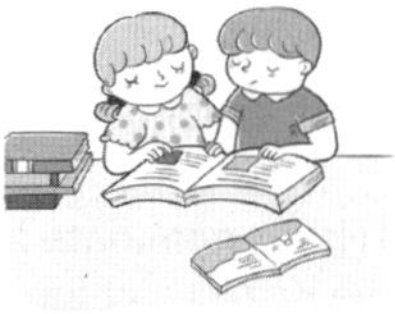

[명] 글을 읽고 쓸 줄 아는 능력

Literacy programs were established throughout the rural area to promote education and school enrollment.

언어 능력 프로그램이 교육 및 학교 등록을 촉진하기 위해 그 시골 지역 전체에 걸쳐 시작되었다.

자주 쓰이는 숙어

cultural literacy: 교양

0350 ★★

district

디스트뤽트

[명] 지역, 구역, 지구

Buses that run through the business **district** can be taken free of charge on the weekends.

상업 지구를 지나는 버스들은 주말마다 무료로 이용할 수 있다.

자주 쓰이는 숙어

business district: 상업 지구[지역]
district manager: 지부장
district court: 지방 법원

0351 ★★

abolish

어발리쉬

abolition [명] 폐지, 철폐

[동] (법률, 제도 등을) 폐지하다, 없애다, 철폐하다

In 1689, the trade agreement was **abolished**, and maritime hostilities resumed.

1689년에, 그 무역 협정이 폐지되었으며, 해양 교전이 재개되었다.

자주 쓰이는 숙어

abolish the duty on~ :~에 대한 세금을 폐지하다

0352 ★★

designated

데지그네이티드

designate [동] 지정하다
designation [명] 지정

[형] 지정된, 배정된(=allocated, reserved)

Over 40% of the budget was **designated** for research and development.

그 예산의 40퍼센트가 넘는 금액이 연구 개발에 배정되었다.

자주 쓰이는 숙어

be designated for : ~에게 배정되다, ~의 용도로 지정되다

0353 ★★

mandatory

맨더터뤼

mandate [동] ~을 의무화하다 (=require)

[형] 강제의, 의무의(=required, compulsory)

Over 100 hours of community service were **mandatory** for club membership.

100시간을 초과하는 지역 사회 봉사가 동아리 회원에게 의무적이었다.

자주 쓰이는 숙어

mandatory training session: 필수 교육 훈련

출제 확률 UP!

it is mandatory that 주어 + (should) 동사원형: ~하는 것은 의무적이다

* 당위성을 나타내는 동사로, '강제적인, 의무의'라는 의미를 가진 형용사 mandatory 뒤의 that절에는 should가 생략된 동사원형이 위치한다.

0354 ★★

embark

임**바**ㄹ크

embarkment [명] 승선, 착수, 개시

[동] 시작하다, 배를 타다, 배에 태우다

The cruise ship *Blue Paragon* will **embark** on its final journey this summer before being retired.

유람선 '블루 파라곤'이 퇴역에 앞서 올 여름 마지막 항해를 떠날 것이다.

자주 쓰이는 숙어

embark on[upon]: ~을 시작하다, ~을 착수하다

0355 ★

promptly

프**람**픗(틀)리

[부] 즉시, 지체 없이(=immediately, instantly, swiftly), 정시에(=exactly, punctually, on time)

A bite from a brown recluse spider can lead to serious illness or even death if not treated **promptly**.

갈색은둔거미에게 한 번 물린 상처를 즉시 치료받지 않을 경우, 심각한 질병이나 심지어 죽음에까지 이를 수 있다.

자주 쓰이는 숙어

promptly at ~: ~시 정각에

Day 09

0356 ★

logical

라쥐컬

logically ⑨ 논리적으로
illogical ⓐ 비논리적인, 모순되는

ⓐ 논리적인, 타당한

That the crime had been committed by a student at the university was the only **logical** conclusion.

그 범죄가 한 대학생에 의해 저질러졌다는 것은 단지 논리적인 결론일 뿐이었다.

0357 ★

messy

메씨

mess ⓝ 엉망, 혼란 ⓥ 망치다

ⓐ 지저분한, 엉망인

Providing art supplies for toddlers may lead to **messy** situations, but encouraging their creativity is vital.

유아에게 미술 용품을 가져다 주는 것이 지저분한 주변 환경으로 이어질 수는 있지만, 그 아이들의 창의력을 북돋아 주는 것은 필수적이다.

0358 ★

provoke

프러붜웍(크)

provocation ⓝ 도발, 자극, 분개

ⓥ 화나게 하다(=irritate), 자극하다, 촉발시키다

Political pundits **provoke** their viewers' outrage in order to cause controversies and increase their ratings.

정치 전문가들은 논란을 유발하고 시청률을 높이기 위해 시청자들의 분노를 촉발시킨다.

📋 자주 쓰이는 숙어

provoke one's anger: ~를 화나게 하다
provoke A to do: A를 자극하여 ~하게 하다

0359 ★

technical

테크니컬

technician ⓝ 기술자
technique ⓝ 기법, 기교
technology ⓝ 과학 기술, 공학

ⓐ 기술의, 기술적인

However, the crew lacked the **technical** knowledge to repair the ship's navigation system.

하지만, 그 승무원은 배의 항해 시스템을 수리하기 위한 기술적 지식이 부족했다.

📋 자주 쓰이는 숙어

technical assistance: 기술 지원

0360 ★

converse

컨뷔ㄹ스

conversation [명] 대화

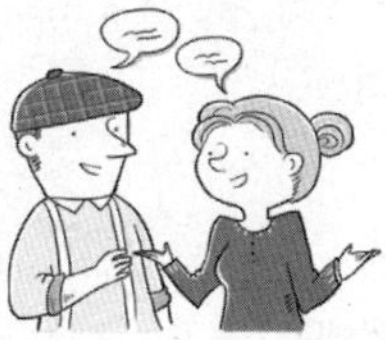

[동] 대화하다(=speak, have a talk, dialogue)

Dr. Hopper suggested that toddlers **converse** with each other through hand gestures and mimicry.

하퍼 박사는 유아들이 손동작과 흉내를 통해 서로 이야기한다고 제안했다.

자주 쓰이는 숙어

converse with: ~와 대화하다
have a conversation: 대화를 나누다

[형] 반대의, 거꾸로의

Repeating the experiment with cold water will produce the **converse** effect.

차가운 물로 그 실험을 반복하는 것이 반대의 효과를 만들어 낼 것이다.

○ 단어와 그에 알맞은 뜻을 연결해 보세요.

1. consistent •   • (a) 부서

2. nominate •   • (b) 재난

3. department •   • (c) 지속적인

4. disaster •   • (d) 후보에 오르다

○ 빈칸에 알맞은 단어를 선택하세요.

ultimate	eruption	arrival

5. Mount St. Helens has remained active since its last major _____ in 1980.

6. Scientists suggest that the _____ of the Anthropocene has triggered the sixth mass extinction in Earth's history.

7. The _____ goal of the organization was to eliminate malaria in India.

○ 밑줄 친 단어의 동의어를 고르세요.

8. Over 100 hours of community service were <u>mandatory</u> for club membership.

(a) compulsory   (b) compulsive

9. Some governments have legalized narcotic substances in an attempt to better <u>regulate</u> them.

(a) control   (b) support

10. Our staff members can give you <u>excellent</u> advice regarding your electronics purchases.

(a) urgent   (b) outstanding

정답 1. (c) 2. (d) 3. (a) 4. (b) 5. eruption 6. arrival 7. ultimate 8. (a) 9. (a) 10. (b)

G-TELP VOCA

DAY 01
DAY 05
DAY 06
DAY 07
DAY 12
DAY 13
DAY 14
DAY 17
DAY 18
DAY 19
DAY 20
DAY 22
DAY 24
DAY 25
DAY 26
DAY 27
DAY 28
DAY 29

PREVIEW

이미 알고 있는 단어는 미리 체크박스에 체크(☑)해보세요.

☑ function	☐ foundation	☐ place	☐ examine
☐ settle	☐ advance	☐ factor	☐ damage
☐ addition	☐ reliable	☐ overlook	☐ infection
☐ patron	☐ progress	☐ eliminate	☐ secure
☐ encounter	☐ plead	☐ costly	☐ compose
☐ virtual	☐ seldom	☐ blind	☐ expertise
☐ commitment	☐ fictional	☐ prolong	☐ manipulate
☐ priority	☐ excuse	☐ destruction	☐ intake
☐ prospective	☐ chronic	☐ acute	☐ spacious
☐ violate	☐ moral	☐ inevitable	☐ perplexed

QR코드를 스캔하여 단어를 음원으로 들어보세요!

0361 ★★★★★

function

뻥션

functional ⓐ 기능하는, 작동하는
functionality ⓝ 기능성

ⓝ 기능, 역할, 의식, 행사

Processing alcohol is one of the main
functions of the liver.
알코올 처리는 간의 주요 기능들 중 하나이다.

ⓥ 기능하다(=work, operate)

In order for a car engine to **function** properly,
it requires regular oil changes.
자동차 엔진이 제대로 기능하기 위해서는, 주기적인 오일 교환이
필요하다.

📋 자주 쓰이는 숙어

function properly: 제대로 작동하다

0362 ★★★★★

foundation

파운데이션

found ⓥ 창설하다, 창립하다

ⓝ 기초, 기반, 창설, 재단

Customer service is the **foundation** of any
successful business.
고객 서비스는 모든 성공적인 사업의 기반이다.

📋 자주 쓰이는 숙어

a solid foundation: 탄탄한 기반
non-profit foundation: 비영리재단

0363 ★★★★★

place

플레이쓰

placement ⓝ 배치

ⓥ 놓다, 배치하다(=put), 실행하다

Deodorant ads are strategically **placed** in the
'Sports' sections of newspapers.
데오도란트 광고들은 신문의 '스포츠' 섹션에 전략적으로 배치된다.

📋 자주 쓰이는 숙어

place an order: 주문을 제출하다, 발주하다

ⓝ 장소, 위치

In the 19th century, the café was a **place** where
scientists, philosophers, and writers could
freely exchange ideas.
19세기에, 그 카페는 과학자들과 철학가들, 그리고 작가들이 자유
롭게 아이디어를 교환할 수 있었던 장소였다.

📋 자주 쓰이는 숙어

take place: 발생하다 / in place of: ~대신에

0364 ★★★★★

examine

이그재민

examination [명] 조사, 시험 (=exam)

[동] 조사하다, 검토하다, 시험하다

She **examined** the ways gorillas communicated with each other in their natural habitat.

그녀는 고릴라들이 자연 서식지에서 서로 의사 소통했던 방법들을 조사했다.

자주 쓰이는 숙어

examine into: ~을 조사하다

0365 ★★★★★

settle

쎄틀

settlement [명] (분쟁) 해결, 청산, 정착

[동] (문제 등을) 해결하다(=address), ~을 정착하다 (=stay, locate)

Archeological evidence suggests that people first **settled** in Mesopotamia around 10,000 B.C.

고고학적 증거에 따르면 사람들이 기원전 1만년 경에 메소포타미아에 처음 정착한 것으로 나타난다.

0366 ★★★★★

advance

앳밴스

advancement [명] 승진, 향상

advanced [형] 고급의, 발전된, 진보된

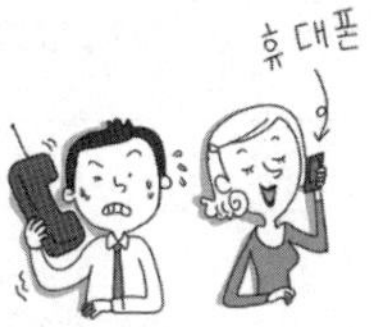

[명] 전진, 발전, 향상(=improvement, progress), 우선(=precedence, priority)

Advances in medicine in the 20th century wiped out some of the world's most devastating diseases.

20세기의 의약품 발전은 몇몇 전 세계에서 가장 파괴적인 질병들을 없애 버렸다.

자주 쓰이는 숙어

advances in technology: 기술 분야의 발전

in advance: 미리, 사전에

advance notice: 사전 통보

[동] 나아가다(=progress), 발전하다(=improve)

The camaraderie between the two nations during the Olympic Games **advanced** efforts for peace.

올림픽 경기 기간 중에 두 국가 사이에서 나타난 동지애는 평화에 대한 노력을 발전시켰다.

[형] 미리의, 사전의(=prior, early)

Movie studios use **advance** viewings to gauge a film's potential commercial success.

영화 제작사들은 영화의 잠재적인 상업적 성공을 가늠해 보기 위해 사전 시사회를 활용한다.

0367 ★★★★
factor
뻭터ㄹ

📍 요인, 원인, 요소

The possibility of long layovers is another **factor** to consider when choosing whether to fly or drive.

장시간의 중간 기착지에 대한 가능성은 비행기로 갈 것인지 아니면 차로 운전해 갈 것인지를 선택할 때 고려해야 하는 또 다른 요소이다.

> 📋 **자주 쓰이는 숙어**
> a major[important/key] factor: 주요 원인

0368 ★★★★
damage
대미쥐

damaged ⓐ 손상된, 망가진

📍 손상, 파손

The **damages** from the storm amounted to more than one billion dollars.

그 폭풍우로 인한 손해가 10억 달러를 초과하는 액수에 이르렀다.

> 📋 **자주 쓰이는 숙어**
> damage to: ~에의 손상[손해]

📍 손상시키다

Long exposure to heat sources may **damage** the functionality of the touchscreen.

열기에 대한 장기 노출은 터치스크린의 기능을 손상시킬 수 있습니다.

> 📋 **자주 쓰이는 숙어**
> severely damaged: 심하게 손상된

0369 ★★★★
addition
어**디**션

additional ⓐ 추가적인
additionally ⓐ 게다가

📍 추가 (인원), 추가물

A new, trendy capsule hotel is the latest **addition** to Narita Airport.

새롭게 유행하는 캡슐 호텔은 나리타 공항에 최근 추가된 것이다.

> 📋 **자주 쓰이는 숙어**
> in addition: 덧붙이면, 게다가(=additionally)

> 👍 **출제 확률 UP!**
> additionally와 in addition은 주로 문법 영역의 접속 부사 유형에서 앞문장의 내용에 부연설명을 추가하는 문장 앞에 쓰이는 접속 부사로 출제된다.

0370 ★★★★

reliable

릴라이어블

rely [동] 의존하다, 신뢰하다
reliably [부] 확실히
reliability [명] 믿음직함, 신뢰도

[형] 믿을 수 있는(=trustworthy, credible)

Social media users must also decide whether a news story comes from a **reliable** web site.

소셜 미디어 사용자들은 또한 뉴스 소식이 신뢰할 만한 웹 사이트에서 나오는 것인지도 반드시 결정해야 한다.

0371 ★★★

overlook

오우버ㄹ룩

[동] 간과하다, (장소, 건물이) ~을 내려다보다

The Tenenbaum Hotel **overlooks** the gorgeous Crystal Bay.

테넨바움 호텔은 아주 아름다운 크리스탈 베이를 내려다 보고 있다.

0372 ★★★

infection

인펙션

infect [동] 감염시키다
infectious [형] 전염성의
(=contagious)

[명] 전염(병), 감염

The modified cells were then reintroduced to the system, where they were able to fight off the **infection**.

변형된 세포들이 그 후에 시스템에 재도입되었는데, 그곳에서 전염병과 싸워 물리칠 수 있었다.

0373 ★★★

patron

페이트뤈

patronage [명] 후원, 애용, 단골 거래
patronize [동] 단골로 다니다, 후원하다

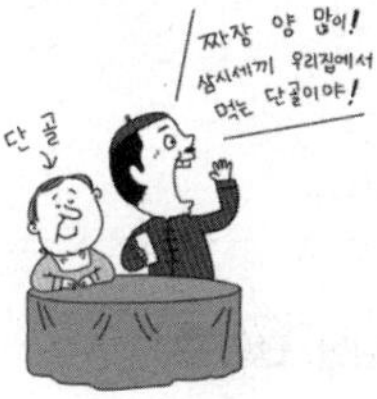

[명] 단골, 고객(=regular customer), 후원자(=sponsor)

Small, local businesses often develop personal relationships with their **patrons**.

지방에 위치한 소규모 기업들은 흔히 고객들과 개인적인 관계를 발전시킨다.

Day 10

0374 ★★★

progress

프롸그뤠스

progressive ⓐ 진보적인, 발전하는, 진행의
progression ⓝ 전진, 발달, 연속

ⓝ 진전(=gain), 진척, 발전(=advance), 진행

Construction of the building made steady **progress** until the project met financial difficulties.
그 건물의 공사는 그 프로젝트가 재정적인 어려움과 맞닥뜨릴 때까지 꾸준한 진전을 이뤘다.

> **자주 쓰이는 숙어**
>
> in progress: 진행 중인

ⓥ 진행하다, 나아가다(=advance, step forward)

Journalists around the world participated in marches to **progress** the cause of free speech.
전 세계의 기자들이 언론의 자유라는 대의를 진척시키기 위한 행진에 참여했다.

0375 ★★★

eliminate

일리머네잇

elimination ⓝ 제거

ⓥ ~을 없애다, 제거하다(=remove, get rid of)

Artificial intelligence may **eliminate** the need for more than 30% of today's jobs.
인공 지능은 30퍼센트가 넘는 오늘날의 일자리에 대한 필요성을 없앨 수 있다.

0376 ★★★

secure

시큐어ㄹ

security ⓝ 보안
insecure ⓐ 불안정한

ⓥ 확보하다, 안전하게 하다

The app's development was abandoned since the young entrepreneurs failed to **secure** enough funding.
젊은 사업가들이 충분한 자금을 확보하지 못했기 때문에 그 앱의 개발 작업은 무산되었다.

> **자주 쓰이는 숙어**
>
> secure funding: 자금을 확보하다

ⓐ 안심하는, 안전한, 안정된, 단단한

Fewer people are visiting banks since it's possible to make **secure** transactions straight from smartphones.
스마트폰으로 곧바로 안전한 거래를 하는 것이 가능하기 때문에, 은행을 방문하는 사람들이 더 적어지고 있다.

0377 ★★★

encounter

인카운터ㄹ

동 **(우연히) 마주치다**(=run into), **부딪치다**
(=confront, face)

Jason was shocked to **encounter** his boss at his favorite bar.
제이슨은 자신이 가장 좋아하는 바에서 상사를 우연히 마주쳐 깜짝 놀랐다.

> **자주 쓰이는 숙어**
>
> encounter a problem: 문제를 맞닥뜨리다, 문제가 발생하다

명 **우연히 마주침, 충돌**

It proved to be a fortuitous **encounter** for Kitsch, as the agent soon booked him for his first modeling gig.
키치에게는 우연한 만남이었던 것으로 드러났는데, 그 대리인이 곧 그의 첫 번째 모델 공연에 예약시켜주었기 때문이었다.

0378 ★★★

plead

플리-드

동 **간청하다, 호소하다, 주장하다, 변호하다**

The parents **plead** for support from the local community in helping to locate their missing daughter.
그 부모들은 잃어버린 딸을 찾도록 도움을 받는 데 있어 지역 사회의 지원을 호소했다.

> **자주 쓰이는 숙어**
>
> plead for: ~을 변호하다

0379 ★★★

costly

커쓰-리

cost 명 비용 동 (비용을) 소요하다

형 **비용이 많이 드는**(=expensive, dear)

Releasing the singer from her contract turned out to be a **costly** mistake for the record label.
그 가수를 계약에서 풀어준 것이 그 음반 회사에게는 비용이 많이 드는 실수였던 것으로 판명되었다.

> **자주 쓰이는 숙어**
>
> costly / expensive: 물건의 가치가 비싼, 시간/노력 등이 많이 드는
> dear: 적정 가격 보다 비싼, 부당한 가격의

0380 ★★★

compose

컴포우즈

composition [명] 구성, 작문, 작곡, 구조

[동] 구성하다, 창작하다, 작곡하다

John Williams **composed** the iconic soundtrack for the original *Star Wars* trilogy.

존 윌리엄스는 원작인 〈스타워즈〉 3부작의 상징적인 사운드트랙을 작곡했다.

자주 쓰이는 숙어

be composed of: ~로 구성되어 있다(=consist of)

0381 ★★

virtual

뷔르츄얼

virtually [부] 사실상, 실질적으로

[형] 사실상의, 실제의, (컴퓨터를 이용한) 가상의

The rise of the '**virtual** classroom' has provided an innovative alternative to traditional schooling.

'가상 교실'의 등장이 전통적인 학교 교육에 대한 혁신적인 대안을 제공해 주었다.

자주 쓰이는 숙어

virtual reality: 가상 현실(=VR)

0382 ★★

seldom

셀덤

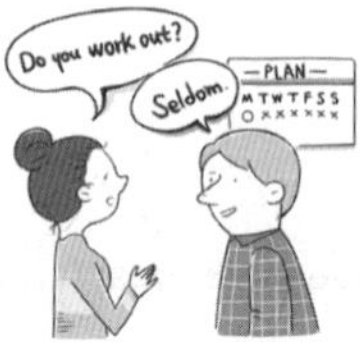

[부] 거의 ~않게, 드물게, 좀처럼(=hardly, rarely, barely)

My brother is addicted to online gaming, so these days, he **seldom** leaves the house.

내 남동생은 온라인 게임에 중독되어 있어서, 요즘엔 좀처럼 집 밖으로 나가지 않는다.

출제 확률 UP!

seldom을 비롯한 hardly, rarely, barely는 '거의 ~않게'라는 의미로 부정의 의미를 나타내는 부사임에 유의한다.

0383 ★★

blind

블라인드

blindness [명] 앞이 보이지 않음, 실명, 무지

[형] 앞이 보이지 않는(=visually impaired), 맹목적인(=reckless), 익명의(=anonymous)

With the new feature of voice recognition, **blind** people will find it easier to use a computer without using a keyboard or a mouse.

음성 인식이라는 새로운 기능으로, 앞이 보이지 않는 사람들은 키보드나 마우스를 사용하지 않고 컴퓨터를 이용하는 것이 더 쉽다고 느낄 것이다.

자주 쓰이는 숙어

go blind: 눈이 멀다, 앞뒤 생각없이 하다
color blind: 색맹의

0384 ★★

expertise

엑스퍼티-즈

expert 명 전문가 형 전문적인
expertly 부 능숙하게

명 전문 지식, 전문 기술

Marshall is known around the world for its **expertise** in producing high-quality speakers and amplifiers.
마샬은 고품질 스피커와 앰프를 생산하는 전문 지식으로 전 세계에 알려져 있다.

📋 자주 쓰이는 숙어

have expertise in: ~에 대한 전문 지식을 지니다(= be specialized in)

0385 ★★

commitment

커밋먼(트)

committed 형 헌신적인, 전념하는

Commitment
잘 해 봅시다

명 헌신(=devotion), 전념(=dedication), 의지

Boxtree Coffee prides itself on its **commitment** to producing eco-friendly, fair trade coffee beans.
Boxtree Coffee 사는 친환경, 공정 거래 커피 콩 생산에 전념하고 있다는 것을 자랑스러워 한다.

📋 자주 쓰이는 숙어

show/express one's commitment to + 명사/동명사: ~에 대한 헌신을 다짐하다/보이다
be committed to + 명사/동명사(-ing): ~에 전념하다

Day 10

0386 ★★

fictional

픽셔늘

fiction 명 소설, 허구, 꾸며낸 이야기

형 허구의, 소설적인, 지어낸, 가공의

The submarine was named after a **fictional** character from Jules Verne's *20,000 Leagues Under the Sea.*
그 잠수함은 쥘 베른의 〈해저 2만리〉에 등장하는 허구 인물의 이름에서 따온 것이었다.

📋 자주 쓰이는 숙어

a fictional character: (이야기의) 등장 인물, 가공 인물

0387 ★★

prolong

프롤롱

prolonged 형 장기적인, 오랜

동 (기한을) 연장하다(=extend), 장기화하다

Using the Smart Power option can **prolong** your phone's battery life by more than a day.
스마트 파워 옵션을 이용하시면 하루 넘게 전화기 배터리 수명을 연장하실 수 있습니다.

0388 ★★

manipulate

머니퓰레잇(트)

manipulation [명] 조작, 속임수, 교묘한 조작

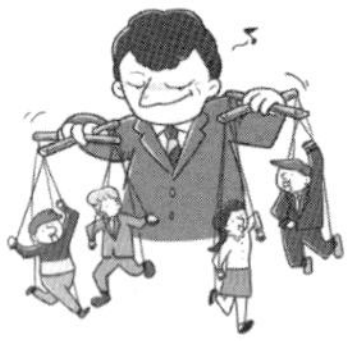

[동] 조작하다, (교묘하게) 조종하다, 다루다

Relationships can be psychologically abusive if one partner knowingly **manipulates** the other's emotions.

한쪽 파트너가 상대방의 감정을 고의로 조종한다면 관계는 심리적으로 학대하는 것이 될 수 있다.

자주 쓰이는 숙어

manipulate A into -ing: A를 조종해서 ~하게 하다

0389 ★★

priority

프롸이어뤼티

prior [형] 이전의

[명] 우선순위, 우선과제

Discovering the location of the missing aircraft was the top **priority** of the airline.

실종된 항공기의 위치를 찾는 일이 그 항공사의 최우선 과제였다.

자주 쓰이는 숙어

a top priority: 최우선과제
take priority over~: ~보다 우선하다

0390 ★★

excuse

익스큐즈

[동] 용서하다, 변명하다, 핑계를 대다, 면제하다

Trisha's manager could not **excuse** her constant tardiness.

Trisha의 상사는 그녀의 지속적인 지각 문제를 용서할 수 없었다.

자주 쓰이는 숙어

excuse A for ~: ~에 대해 A를 용서하다
excuse A from B: A로부터 B를 면제해주다

[명] 변명, 해명

Wanting to leave the party, Todd used the **excuse** that he had to return home to walk his dog.

파티를 떠나고 싶었을 때 Todd는 개를 산책시키기 위해 집으로 돌아가야 한다는 변명을 했다.

0391 ★★

destruction

디스트럭션

destruct [동] ~을 파괴하다
construction [명] 건설, 건축 공사

[명] 파괴, 멸망

Overfishing and pollution have contributed to the **destruction** of the Great Barrier Reef.
남획과 오염이 그레이트 배리어 리프 파괴의 원인이 되었다.

0392 ★★

intake

인테잌

take in [동] 섭취하다

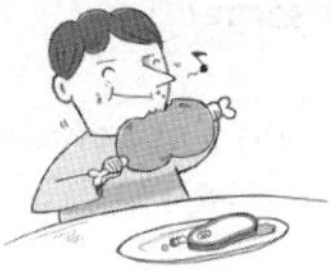

[명] 섭취(량), 흡입, 수용

The first step to losing weight is monitoring your daily calorie **intake**.
체중 감량의 첫 단계는 일일 칼로리 섭취량을 관찰하는 것이다.

자주 쓰이는 숙어

food intake: 식품 섭취
calorie intake: 칼로리 섭취

0393 ★★

prospective

프뤄스펙팁

prospect [명] 전망, 가망 [동] 가망을 검토하다, 전망이 있다

[형] 장래의, 유망한(=promising), 잠재적인 (=potential)

Mr. Turner is meeting with **prospective** buyers for the 3-bedroom house on Main Street.
터너 씨는 메인 가에 위치한 침실 3개짜리 주택에 대한 잠재 구매자들과 만날 예정이다.

자주 쓰이는 숙어

prospective clients(=customers): 잠재 고객들

0394 ★

chronic

크롸닉

chronically [부] 만성적으로

[형] 만성적인, 고질의, 장기적인(=long-term)

Chronic pain severely detracts from a person's quality of life.
만성 통증은 삶의 질을 심각하게 손상시킨다.

자주 쓰이는 숙어

a chronic illness: 만성 질병 / chronic fatigue: 만성 피로

0395 ★
acute
어큐웃

acutely [부] 심각하게, 절실하게

[형] 급성의, 심각한, 예리한, (끝이) 날카로운

Bloodhounds have long been utilized by law enforcement agencies for their **acute** sense of smell.

블러드하운드는 예리한 후각으로 인해 법률 집행 기관에 의해 오래 활용되어 왔다.

자주 쓰이는 숙어

an acute shortage: 극심한 부족
an acute critic: 예리한 비평가
an acute disease: 급성 질병

0396 ★
spacious
스빼이셔스

space [명] 공간

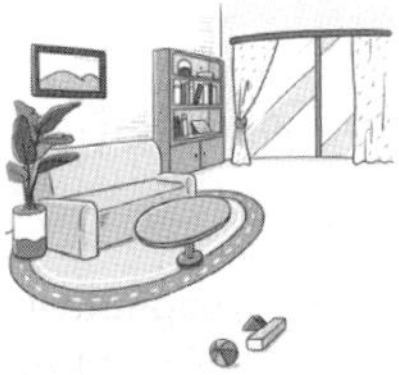

[형] (공간이) 넓은(=roomy, large)

Robert had no luck finding a **spacious** apartment in the city for less than $1,500 a month.

로버트는 도심 지역에서 한 달에 1,500달러 미만인 널찍한 아파트를 찾는 데 있어 운이 없었다.

0397 ★
violate
봐이얼레잇(트)

violation [명] 위반, 침해

[동] (법률, 규칙 등을) 위반하다, 침해하다, 어기다

Using copywritten music in an uploaded video **violates** the web site's terms of use agreement.

업로드된 동영상에서 복사된 악보를 사용하면 그 웹 사이트의 사용 약관 조항을 위반하는 것이다.

자주 쓰이는 숙어

violate the law: 법을 위반하다

0398 ★
moral
머럴

morality [명] 도덕성

[형] 도덕의, 윤리의(=ethical)

As an adult, Katrina came to appreciate the **moral** upbringing provided by her parents.

성인으로서, 카트리나는 부모님께서 하셨던 도덕 교육에 대해 감사하게 되었다.

자주 쓰이는 숙어

moral obligation[responsibility]: 도덕적 책무

0399 ★

inevitable

인에뷔러블

inevitably [부] 불가피하게, 필연적으로

[형] 불가피한, 필연적인

Experts on the USSR suggest that its dire economic conditions in the 80s made its collapse **inevitable**.

소련 전문가들은 1980년대에 그곳의 대단히 심각한 경제 상황이 붕괴를 불가피하게 만들었다고 주장한다.

0400 ★

perplexed

퍼ㄹ플**렉**스트

perplex [동] 당혹하게 하다, 복잡하게 하다

perplexing [형] 당황하게 하는, 난해한

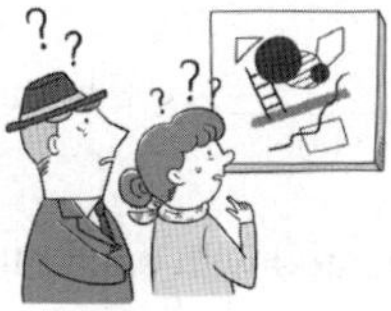

[형] 당혹한, 복잡한, 어찌할 바를 모르는

Audiences were **perplexed** by the film's bizarre plot and disturbing visuals.

관객들은 그 영화의 이상한 줄거리와 거슬리는 이미지에 당황했다.

출제 확률 UP!

perplex와 같이 감정을 나타내는 동사의 현재분사 형태는 '~하게 하는'이라는 의미이며, 과거분사 형태는 '~한, ~감정을 느끼는'이라는 의미를 나타낸다.

ex) surprising: 놀라게 하는 / surprised: 놀란, 놀람을 느낀

satisfying: 만족하게 하는 / satisfied: 만족한, 만족을 느낀

DAY 10　Daily Practice

○ 단어와 그에 알맞은 뜻을 연결해 보세요.

1. factor　　•　　　　　• (a) 조작하다

2. function　•　　　　　• (b) 요인

3. eliminate　•　　　　　• (c) 제거하다

4. manipulate　•　　　　　• (d) 기능

○ 빈칸에 알맞은 단어를 선택하세요.

placed	infection	examined

5. For instance, deodorant ads are strategically _____ in the 'Sports' sections of newspapers.

6. She _____ the ways gorillas communicated with each other in their natural habitat.

7. The modified cells were then reintroduced to the system, where they were able to fight off the _____.

○ 밑줄 친 단어의 동의어를 고르세요.

8. Archeological evidence suggests that people first <u>settled</u> in Mesopotamia around 10,000 B.C.

   (a) leaved　　　　　(b) stayed

9. Jason was shocked to <u>encounter</u> his boss at his favorite bar.

   (a) pull over　　　　(b) run into

10. Social media users must also decide whether a news story comes from a <u>reliable</u> web site.

    (a) credible　　　　(b) available

정답 1. (b) 2. (d) 3. (c) 4. (a) 5. placed 6. examined 7. infection 8. (b) 9. (b) 10. (a)

G-TELP VOCA

DAY
01

DAY
02

DAY
03

DAY
06

DAY
07

DAY
08

DAY
09

DAY
13

DAY
14

DAY
15

DAY
19

DAY
20

DAY
21

DAY
24

DAY
25

DAY
26

DAY
28

DAY
29

DAY
30

DAY
11

PREVIEW

이미 알고 있는 단어는 미리 체크박스에 체크(☑)해보세요.

☑ independent	☐ subject	☐ recently	☐ personal
☐ satisfied	☐ consult	☐ struggle	☐ gather
☐ upcoming	☐ search	☐ supervisor	☐ regarding
☐ acknowledge	☐ declare	☐ interact	☐ gradually
☐ constantly	☐ stick	☐ optimistic	☐ divine
☐ routine	☐ confine	☐ endure	☐ notify
☐ criticize	☐ transition	☐ primary	☐ diagnose
☐ speculate	☐ exclude	☐ argue	☐ favor
☐ defect	☐ proof	☐ impose	☐ initiative
☐ sequence	☐ jeopardy	☐ varsity	☐ revise

QR코드를 스캔하여 단어를 음원으로 들어보세요!

0401 ★★★★★

independent

인디**펜**던(트)

independently ⓟ 독립적으로,
따로(=separately)

ⓗ 독립적인

India became **independent** from British rule on August 15, 1947.
인도는 1947년 8월 15일에 영국의 통치로부터 독립했다.

0402 ★★★★★

subject

ⓝ ⓐ **썹**젝(트)
ⓥ 섭**젝**트

subjective ⓐ 주관적인, 개인적인

ⓝ 주제, 학과, (행위, 감정의) 대상

The **subject** of the photograph should be in focus and in the center of the frame.
사진의 피사체는 초점이 맞은 상태로 프레임의 중앙에 위치해야 한다.

📋 **자주 쓰이는 숙어**

an experimental subject: 실험 대상, 피실험자

ⓐ 지배하에 있는, 종속하는, ~ 받기 쉬운

The politician's posts on social media are often **subject** to ridicule.
그 정치인의 소셜 미디어 게시물은 종종 조롱의 대상이 된다.

📋 **자주 쓰이는 숙어**

be subject to + 명사: ~의 대상이다, ~하기 십상이다

ⓥ 지배하다, 정복하다, 종속시키다

It is important that we never forget Japan **subjected** Korea to its rule for 36 years.
일본이 한국을 36년 동안 지배했다는 것을 절대 잊어서는 안된다는 것은 중요한 일이다.

0403 ★★★★★

recently

뤼슨(틀)-리

recent ⓐ 최근의

ⓟ 최근에(=lately, nowadays, these days)

The board of Pfalzgraf Cosmetics **recently** selected Lisa Brust as the new CEO.
팔츠그라프 코즈메틱스의 이사진은 최근 리사 브러스트를 신임 대표이사로 선임했다.

0404 ★★★★★

personal

퍼ㄹ스널

personally 彤 개인적으로, 직접
personality 뙤 성격, 인격

휑 개인적인, 사적인(=private)

We at Metro Magazine believe everyone should feel comfortable expressing their unique, **personal** style.
저희 메트로 매거진은 모든 사람이 각자의 독특하고 개인적인 스타일을 표현하는 데 편안함을 느껴야 한다고 생각합니다.

📋 자주 쓰이는 숙어

in person: 직접(=personally), 개인적으로

0405 ★★★★

satisfied

쌔리스빠잇

satisfy 彤 만족시키다
satisfying 휑 만족시키는, 만족스럽게 하는
satisfaction 뙤 만족

휑 만족한, 만족을 느끼는

Customers seem to be **satisfied** with this month's selection of craft beers.
고객들이 이달의 수제 맥주 종류에 대해 만족하는 것처럼 보인다.

📋 자주 쓰이는 숙어

be satisfied with: ~로 만족하다

0406 ★★★★

consult

컨썰(트)

consultation 뙤 상담, 상의, 참조
consultant 뙤 컨설턴트, 자문 위원

彤 상담하다, (자료를) 참조하다

Helen **consulted** her thesis director and program director before selecting a school for her Ph. D.
헬렌은 박사 학위를 위한 학교를 선택하기에 앞서 논문 지도 교수 및 프로그램 책임자와 상담했다.

📋 자주 쓰이는 숙어

consult with: ~와 상담하다
work in consultation with: ~와 협의하며 일하다

0407 ★★★★

struggle

스뜨**뤄**글

[동] **애쓰다, 고군분투하다**

A new drug being tested by the FDA may be able to help those who **struggle** with opioid addiction.

FDA에 의해 테스트되고 있는 신약이 오피오이드 중독과 싸우는 사람들을 도울 수도 있다.

자주 쓰이는 숙어

struggle to do: ~하려고 고군분투하다
struggle with: ~와 씨름하다, 싸우다

[명] **힘든 일, 노력, 다툼, 투쟁**

Samantha's endless **struggle** with calculus spurred her to change her major to psychology.

미적분학에 대한 끝없는 어려움에 자극받아 Samantha는 전공을 심리학으로 바꾸게 되었다.

자주 쓰이는 숙어

struggle for: ~을 얻기 위한 투쟁

0408 ★★★★

gather

개더ㄹ

gathering [명] 모임, 회의

[동] **모으다, 모이다, 수집하다, 채취하다**

Every New Year's Eve, one million people **gather** in Times Square to watch the ball drop.

매년 새해 전야에, 1백만 명의 사람들이 타임스 스퀘어에 모여 볼 드랍을 지켜 본다.

자주 쓰이는 숙어

gather evidence: 증거를 수집하다
hunter-gatherers: 수렵 채집인

0409 ★★★★

upcoming

업커밍

come up [동] 다가오다, 나타나다

[형] **다가오는, 곧 있을[발표될, 열릴]**

In preparation for the **upcoming** festival, several cosmetic improvements will be made to Civitan Park.

다가오는 축제에 대비해, 치비탄 파크에 여러 외관 개선 작업이 이뤄질 것이다.

0410 ★★★★

search

써ㄹ취

명 조사, 탐사

A **search** was conducted over three states to find the escaped convict.

탈옥한 재소자를 찾기 위한 수색 작업이 3개의 주에 걸쳐 실시되었다.

동 찾다(=look for), 검색하다

Before trying dating apps, Alex thought he would spend his entire life **searching** for his soulmate.

데이트 앱을 시도해 보기에 앞서, 알렉스는 영혼의 동반자를 찾는 데 일생을 보낼 것이라고 생각했다.

📋 자주 쓰이는 숙어

search for[after]: ~을 찾아보다
search into: ~을 조사하다

0411 ★★★★

supervisor

수퍼봐이저ㄹ

supervise 동 감독하다, 관리하다
supervision 명 감독, 관리
supervisory 형 감독의, 관리하는

명 관리자, 감독자, 상사

Before filing a grievance, try to resolve the issue directly with your **supervisor**.

불만을 제기하기 전에, 당신의 상사와 직접적으로 그 문제를 해결하도록 해 보십시오.

📋 자주 쓰이는 숙어

immediate supervisor: 직속 상관
under the supervision of: ~의 감독 하에

0412 ★★★★

regarding

뤼가ㄹ딩

전 ~에 관하여(=concerning, about)

When the comedian eventually returned to doing stand-up, he said nothing **regarding** the allegations.

그 코미디언이 결국 스탠드업 공연을 하는 것으로 되돌아 갔을 때, 그 혐의들과 관련해 아무 말도 없었다.

0413 ★★★

acknowledge

억(크)날리쥐

acknowledgement ⑨ 시인, 인정, 접수

ⓥ 인정하다(=accept), 시인하다(=admit, concede), 수령을 확인하다(=confirm), 감사하다 (=appreciate, recognize)

The United States has yet to officially **acknowledge** the Armenian Genocide.

미국은 아직도 공식적으로 아르메니아 집단 학살을 인정하지 않았다.

0414 ★★★

declare

디클레어ㄹ

declaration ⑨ 선언, 발표, 포고, 주장
declarative ⑩ 단정적인, 선언하는

ⓥ 선언하다, 공표하다, ~을 단언하다, (세관에서) 신고하다

Also, keep in mind that student loan debts may remain even after the borrower **declares** bankruptcy.

또한, 심지어 대출인이 파산을 선고한 이후에도 학생 대출 상환금이 그대로 유지될 수 있다는 점을 명심하십시오.

> 📋 **자주 쓰이는 숙어**
> declare war on: ~에 선전 포고하다

0415 ★★★

interact

인터랙트

interaction ⑨ 상호 작용, 상호 반응
interactive ⑩ 상호 작용하는, 쌍방향의

ⓥ 상호 작용하다, 교류하다

Visitors to the aquarium can **interact** with the animals in a variety of safe and entertaining ways.

그 수족관 방문객들은 여러 가지 안전하고 즐거운 방식으로 동물들과 교감할 수 있다.

> 📋 **자주 쓰이는 숙어**
> interact with: ~와 상호 작용하다, ~와 교류하다

0416 ★★★

gradually

그뢔쥬얼리

gradual ⑩ 점진적인, 완만한

⑨ 점점, 서서히, 점차

Conditions **gradually** worsened at the school until it was forced to shut down in 1953.

그 학교가 1953년에 어쩔 수 없이 폐교했을 때까지 그곳에서의 상황이 점차적으로 악화되었다.

0417 ★★★

constantly

칸스턴틀리

constant ⓐ 지속적인, 거듭되는

ⓟ 지속적으로, 끊임없이, 계속(=continually, perpetually)

Viewers of the championship game were infuriated as it was **constantly** interrupted by commercials.

그 챔피언 결정전 시청자들은 경기가 여러 광고로 인해 지속적으로 방해 받는 것으로 인해 격분했다.

0418 ★★★

stick

스틱

sticky ⓐ 끈적거리는, 달라붙는

ⓝ 막대기, 지팡이

Find a sturdy **stick** that the injured hiker can lean on for support.

부상 당한 등산객이 지지를 위해 기댈 수 있는 튼튼한 막대기를 찾으십시오.

0419 ★★★

optimistic

압터미스틱

optimism ⓝ 낙천주의
optimist ⓝ 낙천주의자

ⓐ 낙관적인, 긍정적인

Researchers are **optimistic** that they will have a cure for the cancer within ten years.

연구가들은 10년 내로 그 암에 대한 치료법을 얻게 될 것이라고 낙관하고 있다.

> 📋 자주 쓰이는 숙어
>
> optimistic about: ~에 대해 낙관적인

0420 ★★★

divine

디봐인

divinely ⓟ 신처럼, 훌륭히

ⓐ 신의, 신성한, 신에 관한, 종교적인(=religious)

Cows are considered **divine** creatures in Hinduism, so the culture has restrictions on eating beef.

소는 힌두교에서 신성한 동물로 여겨지고 있어서 그 문화는 소고기를 먹는 것에 대한 제약을 가지고 있다.

0421 ★★★

routine

루-**티**인

routinely ⓟ 일상적으로, 정기적으로

ⓐ 정기적인, 틀에 박힌, 일상적인(=common, usual, regular)

Men and women over 30 should have **routine** check-ups once a year with their general practitioners.

30세가 넘은 남성과 여성은 각자의 일반의를 통해 일년에 한 번 정기 검진을 받아야 한다.

> **自 자주 쓰이는 숙어**
>
> routine tasks: 일상적인 업무

ⓝ 일상적인 일, 일과, 정해진 순서

To get in better shape, Simon began doing twenty push-ups as part of his morning **routine**.

더 나은 몸매를 얻기 위해, 사이먼은 오전 일과의 일환으로 20개의 푸쉬업을 하기 시작했다.

> **自 자주 쓰이는 숙어**
>
> everyday routine: 매일 하는 반복적인 일상

0422 ★★★

confine

컨**빠**인

confinement ⓝ 감금
confined ⓐ 국한된, 제한된, 갇힌

ⓥ 가두다, 국한하다, 제한하다(=limit)

The patient was **confined** to the intensive care unit in case he was contagious.

그 환자는 전염될 경우에 대비해 중환자실에 갇혀 있었다.

> **自 자주 쓰이는 숙어**
>
> confine to: ~에 제한하다
> confine oneself to: ~에 틀어박히다

0423 ★★★

endure

인**듀**어ㄹ

endurance ⓝ 인내, 지구력

ⓥ 견디다, 버티다(=withstand, bear, resist), 지속하다

The audience had to **endure** four hours of off-key singing and terrible acting.

관객들은 4시간 동안 음정이 맞지 않는 노래와 끔찍한 연기를 견뎌야 했다.

0424 ★★★

notify

노-터빠이

notification [명] 알림, 통지

[동] 알리다, 통지하다(=inform)

Harold forgot to **notify** *National Geographic* that he was moving, so the magazine was sent to his old address every month.

해롤드가 이사한다는 사실을 「내셔널 지오그래픽」에 알리는 것을 잊어버려서, 그 잡지가 매달 그의 예전 주소로 보내졌다.

자주 쓰이는 숙어

notify A of B: A에게 B를 알리다

0425 ★★★

criticize

크뤼터**사**이즈

critical [형] 비판적인, 중대한
criticism [명] 비판, 비난, 비평

[동] 비판하다, 비난하다

The editor of the paper **criticized** the readers for being too passive about the issue.

그 신문 편집자는 독자들이 그 문제와 관련해 너무 소극적인 것에 대해 비판했다.

자주 쓰이는 숙어

criticize A for B: B에 대해 A를 비판하다
be criticized for: ~에 대해 비판 받다

Day 11

0426 ★★★

transition

추**랜**지션

transitional [형] 과도기의, 임시의 (=temporary)

[명] 전환, 이전

Telecom companies in South Korea began to make a **transition** to super-fast 5G networks in 2019.

대한민국의 통신 회사들은 2019년에 굉장히 빠른 5G 네트워크로 옮겨가기 시작했다.

자주 쓰이는 숙어

make a transition to : ~로 전환하다, 이전하다

0427 ★★★

primary

프**라**이머뤼

primarily [부] 주로(=mostly, chiefly, mainly)

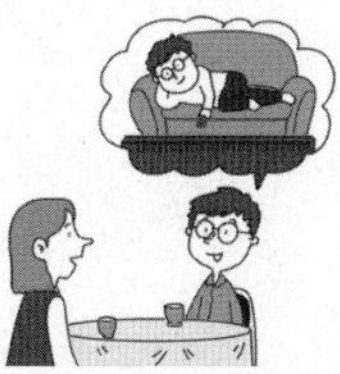

[형] 주된, 제 1위인, 중요한(=main, chief), 근본적인

The **primary** goal of the expedition was to discover a new trade route between Europe and India.

그 탐험의 주요 목표는 유럽과 인도 사이에 새로운 무역 경로를 발견하는 것이었다.

0428 ★★

diagnose

다이어그노우스

diagnosis ⑨ 진단
diagnostic ⑩ 진단의, 진단상의

ⓔ 진단하다, 규명하다

A blood test will be necessary for the doctor to accurately **diagnose** the patient.
혈액 검사는 의사가 환자를 정확히 진단하는 데 필수적일 것이다.

0429 ★★

speculate

스페큘레잇

speculation ⑨ 심사숙고

ⓔ 심사숙고하다, 짐작하다, 내다보다

Fans **speculated** about the final season of *Game of Thrones* for years, only to be disappointed by the finale.
팬들은 〈왕좌의 게임〉 마지막 시즌에 대해 수년 동안 짐작했지만, 그 결말에 실망만 하게 되었다.

> **자주 쓰이는 숙어**
> speculate on[about] : ~에 대해 심사숙고하다

0430 ★★

exclude

익스클루드

exclusion ⑨ 제외, 배제
excluded ⑩ 제외된

ⓔ 제외하다(=except), 배제하다, 못 들어오게 하다

The actor's name was **excluded** from the ending credits as a result of the controversy.
그 배우의 이름은 논란에 따른 결과로 엔딩 크레딧에서 제외되었다.

> **자주 쓰이는 숙어**
> exclude A from B: A를 B로부터 제외시키다

0431 ★★

argue

아ㄹ규

argument ⑨ 논리, 주장
arguably ⑨ 아마도, 거의 틀림없이

ⓔ 주장하다, 언쟁하다

One tip for city life is to not **argue** with your taxi driver.
도시 생활에 대한 한 가지 팁은 택시 기사와 언쟁하지 않는 것이다.

0432 ★★

favor

붸이붜ㄹ

favorable ⓐ 유리한, 호의적인
favorably ⓐ 유리하게, 호의적으로

ⓝ 호의, 친절, 찬성

Granting an employee's request for an extended vacation might cause them to work harder to repay the **favor**.
직원의 휴가 연장 요청을 승인해 주는 것은 그 호의에 보답하기 위해 더 열심히 일하도록 만들 수도 있다.

📋 자주 쓰이는 숙어

in favor of: ~에 찬성하여
do A a favor: A의 부탁을 들어주다

ⓥ 선호하다, 찬성하다, 호의를 보이다

The professor **favors** students who participate in class discussions.
그 교수는 수업 중의 토론에 참여하는 학생들을 선호한다.

📋 자주 쓰이는 숙어

favor A over B: B보다 A를 선호하다(=prefer A to B)
favor A with B: A에게 B로 호의를 보이다

Day
11

0433 ★★

defect

디뻭(트)

defective ⓐ 결함이 있는

ⓝ 결함, 하자, 흠(=flaw, fault)

The tablet was released with a major **defect**, so the company had to do an expensive recall.
그 태블릿은 주요 결함이 있는 채로 출시되었기 때문에, 그 회사가 비용이 많이 드는 리콜을 실시해야 했다.

📋 자주 쓰이는 숙어

a product defect: 제품의 결함

0434 ★★

proof

프루웊

prove ⓥ 입증하다

ⓝ 증거(=evidence)

Matching fossils on different continents are **proof** of the theory of continental drift.
다른 대륙에서 나타나는 서로 어울리는 화석들은 대륙 이동설의 증거이다.

📋 자주 쓰이는 숙어

show(=present) proof of ~: ~의 증거를 보여주다

0435 ★★

impose

임**포**-즈

ⓥ ~을 부과하다

The international community **imposed** strict sanctions on the country as punishment for its human rights abuses.

국제 사회는 인권 남용 문제에 대한 처벌로 그 국가에 엄격한 제재를 가했다.

> **자주 쓰이는 숙어**
>
> impose a ban on: ~을 금지하다
> impose a tax: 세금을 부과하다

0436 ★

initiative

이**니**셔티입

initiate ⓥ 개시하다, 선도하다
initiation ⓝ 개시, 착수

ⓝ 계획, 제안, 법안(=plan, proposal, act), 진취성, 적극성(=willingness)

Though intelligent, John lacked **initiative** in his studies and dropped out of university in his first semester.

똑똑하기는 하지만, 존은 학업에 있어 진취성이 부족해 대학 첫 학기에 중퇴했다.

> **자주 쓰이는 숙어**
>
> take the initiative: 주도권을 잡다, 솔선해서 하다

0437 ★

sequence

씨**퀀**스

ⓝ 순서, 배열(=order, arrangement)

The assassination of Archduke Franz Ferdinand set off a **sequence** of events that ultimately led to World War I.

프란츠 페르디난드 대공의 암살은 결과적으로 1차 세계 대전으로 이어진 일련의 사건들을 유발했다.

0438 ★

jeopardy

줴**퍼**ㄹ디

jeopardize ⓥ 위험에 빠뜨리다
(=endanger)

ⓝ 위험(=danger, hazard, risk)

The captain's alcoholism put everyone on the plane in **jeopardy**.

기장의 알코올 중독은 비행기 내의 모든 사람을 위험에 처하게 했다.

> **자주 쓰이는 숙어**
>
> in jeopardy: 위험에 빠진, 위기에 처한(=in danger)

0439 ★

varsity

봐ㄹ서티

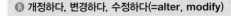

[명] (학교의) 스포츠 대표팀

Even though Christina played **varsity** softball, she decided to focus fully on her studies in college.

크리스티나가 학교 팀에서 소프트볼을 하기는 했지만, 대학에서는 전적으로 학업에 집중하기로 결정했다.

0440 ★

revise

뤼**봐**이즈

revision [명] 개정, 변경(=alteration)
revised [형] 개정된, 변경된

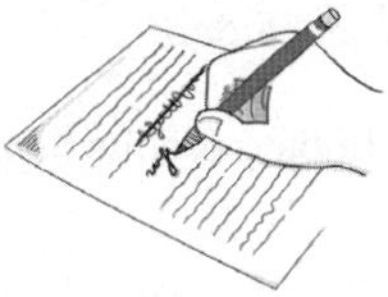

[동] 개정하다, 변경하다, 수정하다(=alter, modify)

Jesse's story had to be heavily **revised** before his publisher would accept it.

제시의 이야기는 출판사에서 받아들이기 전에 크게 수정되어야 했다.

자주 쓰이는 숙어

revise the policy: 정책을 개편하다
a revised edition: (도서) 개정판

Day 11

◐ 단어와 그에 알맞은 뜻을 연결해 보세요.

1. transition ●   ● (a) 선언하다

2. declare ●   ● (b) 전환

3. optimistic ●   ● (c) 모으다

4. gather ●   ● (d) 낙관적인

◐ 빈칸에 알맞은 단어를 선택하세요.

criticized	defect	excluded

5. The actor's name was _____ from the ending credits as a result of the controversy.

6. The tablet was released with a major _____, so the company had to do an expensive recall.

7. The editor of the paper _____ the readers for being too passive about the issue.

◐ 밑줄 친 단어의 동의어를 고르세요.

8. Men and women over 30 should have <u>routine</u> check-ups once a year with their general practitioners.

(a) exceptional   (b) regular

9. The <u>primary</u> goal of the expedition was to discover a new trade route between Europe and India.

(a) special   (b) main

10. The audience had to <u>endure</u> four hours of off-key singing and terrible acting.

(a) leave   (b) withstand

정답 1. (b) 2. (a) 3. (d) 4. (c) 5. excluded 6. defect 7. criticized 8. (b) 9. (b) 10. (b)

G-TELP VOCA

DAY 01
DAY 02
DAY 03
DAY 0
DAY 07
DAY 08
DAY 09
DAY 13
DAY 14
DAY 15
DAY 19
DAY 20
DAY 21
DAY 25
DAY 26
DAY 28
DAY 29
DAY 30

DAY 12

PREVIEW

이미 알고 있는 단어는 미리 체크박스에 체크(☑)해보세요.

☑ insist	☐ definitely	☐ separate	☐ historical
☐ otherwise	☐ presentation	☐ disabled	☐ permanent
☐ subscription	☐ invention	☐ evidence	☐ enforce
☐ advocate	☐ appoint	☐ accompany	☐ detect
☐ artificial	☐ abandon	☐ differ	☐ anticipate
☐ atmosphere	☐ incident	☐ favorable	☐ allocate
☐ namely	☐ economic	☐ bankruptcy	☐ contemporary
☐ fascinating	☐ withstand	☐ cease	☐ portable
☐ modify	☐ certificate	☐ depression	☐ moderately
☐ cooperation	☐ fundamental	☐ facilitate	☐ fragile

QR코드를 스캔하여 단어를 음원으로 들어보세요!

0441 ★★★★★

insist

인씨숫(트)

insistence [명] 주장, 고집

[동] 강력히 주장하다, 강력히 요구하다

The manufacturer, Alpine Health, **insisted** that it had spent millions testing the efficacy of the supplement.

제조사인 알파인 헬스는 그 보충제의 효능을 테스트하는 데 수백만 달러를 들였다고 주장했다.

출제 확률 UP!

insist that 주어 + (should) + 동사원형: ~해야 한다고 주장하다

* 당위성을 나타내는 동사로, '주장하다, 요구하다'라는 의미를 가진 동사 insist 뒤의 that절에는 should가 생략된 동사원형이 위치한다.

0442 ★★★★★

definitely

데삐닛(을)리

definite [형] 한정된(=limited), 명확한(=explicit)
define [동] 정의하다, 한정하다 (=outline)

[부] 명확히, 분명히(=explicitly), 틀림없이 (=absolutely, positively)

Bali **definitely** has some of the best scuba diving spots in the world.

발리에는 분명히 세계에서 가장 뛰어난 몇몇 스쿠버 다이빙 장소가 있다.

0443 ★★★★★

separate

쎄퍼뤠잇(트)

separately [부] 따로, 개별적으로 (=individually)

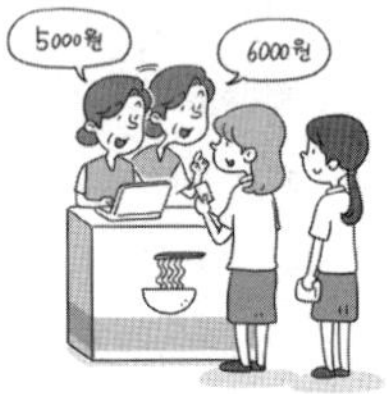

[형] 개별적인, 별도의, 갈라진

The U.S. government is divided into three **separate** branches: the executive, legislative, and judicial.

미국 정부는 세 개의 개별적인 부분으로 나뉘는데, 행정부와 입법부, 그리고 사법부이다.

[동] ~을 분리하다, 떼어놓다, 나누다

The cotton gin, invented by Eli Whitney in 1793, quickly and easily **separated** cotton fibers from their seeds.

1793년에 엘리 윗트니에 의해 발명된 조면기는 씨앗으로부터 면섬유를 빠르고 쉽게 분리해 주었다.

자주 쓰이는 숙어

be separated into: ~로 분류되다, 구분되다
separate A from B: A를 B로부터 구별하다

0444 ★★★★★

historical

히스토뤼컬

history [명] 역사
historic [형] 역사적으로 중요한
historically [부] 역사적으로

[형] **역사상의, 역사와 관련된**

The third day of the trip will be spent touring **historical** sites around Rome.

그 여행의 셋째 날은 로마 주변의 유적지들을 관광하면서 보낼 것이다.

출제 확률 UP!

historic은 '역사적으로 중요한'이라는 의미이며, historical은 단순히 history의 형용사형으로 '역사의'라는 의미이다.

0445 ★★★★

otherwise

어더ㄹ와이즈

[부] **다른 식으로, 그렇지 않다면(=if not so)**

Submissions must arrive by Friday, September 20; **otherwise**, they will be sent back unopened.

제출물은 반드시 9월 20일 금요일까지 도착해야 하며, 그렇지 않을 경우, 미개봉 상태로 반송될 것이다.

자주 쓰이는 숙어

suggest[indicate] otherwise: 달리 시사하다[보여주다]

출제 확률 UP!

otherwise는 문법 영역에서 문장 앞의 빈칸에 들어갈 접속부사로 출제되기도 한다. 이 때, '그렇지 않는다면'이라는 의미로 앞서 언급된 내용과 반대되는 상황이 발생했을 경우를 가정해서 말할 때 사용된다.

0446 ★★★★

presentation

프뤠젠테이션

present [동] 제시하다, 보여주다, 선물하다

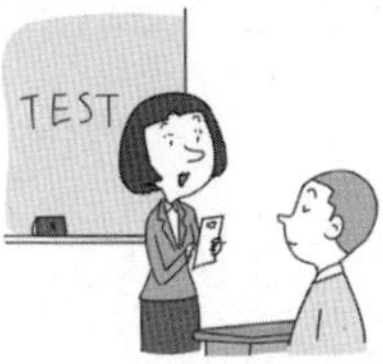

[명] **발표, 제시, (선물, 상 등의) 증정**

Tuesday's **presentation** will analyze advertisements that have been successful in Asian markets.

화요일에 있을 발표 시간에 아시아 시장에서 성공을 거둔 광고들을 분석할 것이다.

자주 쓰이는 숙어

give[make, deliver] a presentation: 발표하다

Day 12

0447 ★★★★

disabled

디**세**이블드

disability [명] 장애

[형] 장애의, 신체적 장애가 있는, 불구의

The front row of the balcony has been reserved for **disabled** patrons and their families.

그 발코니 구역의 앞줄은 장애가 있는 손님과 가족을 위해 지정되어 있었다.

자주 쓰이는 숙어

the disabled: (집합적 복수 명사) 신체 장애자들

출제 확률 UP!

형용사 앞에 the를 붙이면 집단명사가 되는 경우가 많다.
ex) the elderly 노인들 / the sick 환자들

0448 ★★★★

permanent

퍼ㄹ머넌(트)

permanently [부] 영구히, 상시로

[형] 영구한, 상설의(=lasting)

Since a tattoo is **permanent**, you should carefully consider the design that you want.

문신은 영구적이기 때문에, 원하는 디자인을 신중히 고려해야 한다.

자주 쓰이는 숙어

a permanent job: 정규직

0449 ★★★★

subscription

썹스크**립**션

subscribe [동] 구독하다

[명] 구독(료), (신문, 잡지, 채널 등) 정기 구독

Victims of the scam have reported receiving magazine **subscriptions** that they did not request.

사기 피해자들이 신청하지 않은 잡지 구독 서비스를 받고 있다고 알렸다.

자주 쓰이는 숙어

subscription to + 명사: ~의 정기 구독

0450 ★★★★

invention

인**벤**션

invent [동] ~을 발명하다

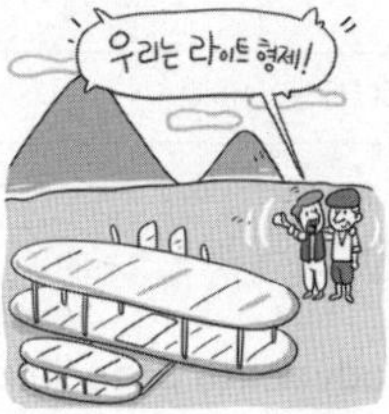

[명] 발명(품)

It's difficult to credit the **invention** of the internet to just one person.

인터넷 발명의 공을 그저 한 사람에게 돌리는 것은 어려운 일이다.

0451 ★★★

evidence

에뷔던스

evident [형] 명백한, 확실한
evidently [부] 명백하게

[명] 증거, 근거

However, there was little **evidence** to support the shopkeeper's claims.

하지만, 그 매장 주인의 주장을 뒷받침할 증거가 거의 없었다.

자주 쓰이는 숙어

be evidence of : ~의 증거이다

0452 ★★★

enforce

인**뿨**ㄹ스

enforcement [명] 시행, 집행

[동] (법, 규칙 등을) 시행하다, 집행하다(=apply, implement)

The debate moderators should have **enforced** the time limits for answers and responses better.

토론회 진행자가 답변 및 응답에 대한 시간 제한을 더 잘 실시했어야 했다.

자주 쓰이는 숙어

be strictly enforced: (규칙이) 엄격히 시행되다

Day 12

0453 ★★★

advocate

동 애드붜케잇(트)
명 애드붜컷

동 ~을 변호하다, 지지하다, 옹호하다

She **advocated** combining the separate sales teams into one.
그녀는 분리된 영업팀들을 하나로 통합하는 것을 지지했다.

> 👍 **출제 확률 UP!**
>
> advocate는 동명사를 목적어로 취하는 동사이다.

명 지지자, 옹호자, 대변자

The senator was an **advocate** of socialist programs that would grant some relief to the working class.
그 상원 의원은 노동자 계급에 안도감을 줄 수 있는 사회주의적 프로그램 지지자였다.

0454 ★★★

appoint

어퍼인트

appointed 형 지명된, 임명된
appointment 명 예약, 약속, 임명

동 ~을 지명하다, 임명하다

Khalilzad was **appointed** the U.S. ambassador to the United Nations in 2007.
칼릴자드는 2007년에 유엔 주재 미국 대사로 임명되었다.

> 📋 **자주 쓰이는 숙어**
>
> make an appointment: 약속을 잡다, (접견) 예약을 하다
> newly appointed: 새로 임명된, 신임의

0455 ★★★

accompany

어컴퍼니

accompaniment 명 동반되는 것

동 동반하다, 동행하다

Several members of the sales team will **accompany** Mr. Aepli on his trip to London.
그 영업팀의 여러 구성원들이 런던으로 떠나는 애플리 씨의 출장에 동행할 것이다.

> 📋 **자주 쓰이는 숙어**
>
> accompanied by: ~와 동행한, ~을 동반한

0456 ★★★

detect

디텍트

detection [명] 발견, 간파, 탐지
detective [명] 탐정, 형사

[동] 탐지하다, (숨겨진 것을) 알아내다, 발견하다

The cosmic background radiation, or CMB, was first **detected** by accident on May 20, 1964.

우주 배경 복사, 즉 CMB는 1964년 5월 20일에 우연히 처음 감지되었다.

0457 ★★★

artificial

아르터퓌셜

artificially [부] 인공적으로

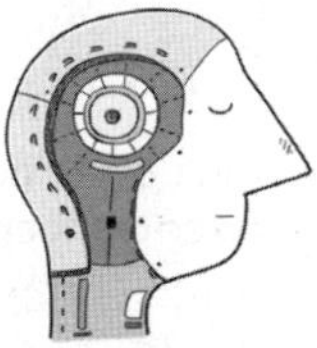

[형] 인공의, 인위적인, 피상적인

Most popular snacks are packed with processed sugars and **artificial** ingredients and preservatives.

대부분의 인기 있는 과자들은 가공된 설탕 및 인공 성분과 방부제로 가득하다.

자주 쓰이는 숙어

artificial intelligence: 인공지능(A.I.)

0458 ★★★

abandon

어밴던

abandoned [형] 버림받은, 염치없는
abandonment [명] 포기, 유기, 폐기

[동] (완전히) 떠나다, 그만두다, 포기하다, 폐기하다

When White finally returned to the colony in 1590, he discovered that it had been **abandoned**.

와이트가 마침내 1590년에 식민지로 돌아 갔을 때, 그곳이 버려졌다는 것을 알게 되었다.

0459 ★★★

differ

디뿨ㄹ

different [형] 다른, 다양한
difference [명] 차이

[동] 다르다, 다양하다(=vary)

The pronunciation of certain words will **differ** depending on which region of the country you are in.

특정 단어의 발음은 당신이 그 국가의 어느 지역에 속해 있는지에 따라 다를 것이다.

자주 쓰이는 숙어

differ from: ~와 다르다

0460 ★★★
anticipate
앤티서페잇(트)

anticipated [형] 예상된, 기대되는
anticipation [명] 예상, 기대

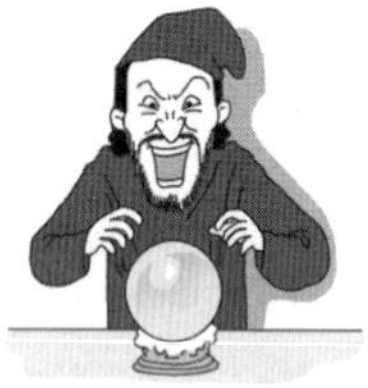

[동] 예상하다, 예측하다(=estimate, predict)

The Allied forces **anticipated** heavy resistance along the beaches of Normandy.
연합군은 노르망디 해변을 따라 강한 저항을 예상했다.

자주 쓰이는 숙어

비교급 + than anticipated[expected]: 예상보다 더 ~한

0461 ★★★
atmosphere
앳모스퓌어ㄹ

atmospheric [형] 대기의, 분위기 있는

[명] 대기(권), 분위기, 환경

Customers enjoy the Upside Bistro because of its delicious food and relaxed **atmosphere**.
고객들은 맛있는 음식과 편안한 분위기로 인해 업사이드 비스트로에서 즐거운 시간을 보낸다.

자주 쓰이는 숙어

provide a friendly[warm] atmosphere: 친근한 분위기를 제공하다
atmospheric pressure: 기압

0462 ★★★
incident
인서던트

incidence [명] 발생(률)
incidental [형] 우연한, 부차적인
incidentally [부] 우연히

[명] 사건, 사고(=accident, event)

The report revealed numerous **incidents** of sexual harassment at the company's main office.
그 보고서에 그 회사의 본사에서 발생된 수많은 성추행 사건이 드러났다.

[형] 일어나기 쉬운, ~에 부수적인

Frostbite was **incident** to the life of miners in the Yukon during the Klondike Gold Rush.
동상은 클론다이크 골드 러시 기간에 유콘 지역 광부들의 삶에 나타나기 쉬운 질병이었다.

자주 쓰이는 숙어

incident to + 명사: ~에 부수적인, ~에 흔히 있는

0463 ★★★

favorable

쀄이붜뤄블

favorably [부] 유리하게, 호의적으로

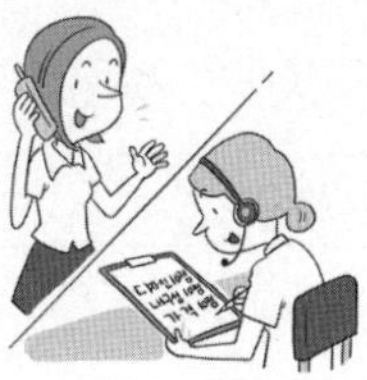

[형] 유리한, 호의적인, 찬성하는

The coaches agreed to delay the championship game until weather conditions were more **favorable**.

감독들은 기상 상태가 훨씬 더 좋아질 때까지 챔피언 결정전을 미루기로 합의했다.

자주 쓰이는 숙어

be favorable to[toward]: ~에 찬성하다, ~에 대해 긍정적이다

0464 ★★

allocate

앨러케잇(트)

allocation [명] 할당, 배당, 배당금

[동] 할당하다, 배당하다, 책정하다

Financial experts recommend **allocating** at least 20% of your paycheck to savings.

금융 전문가들은 급여의 최소 20퍼센트를 저축에 할당하도록 권한다.

자주 쓰이는 숙어

allocate A to B: A를 B에 배치하다

0465 ★★

namely

네임리

[부] 즉, 소위, 다시 말하면(=in other words)

He had a rare quality that made him stand out both in business and on stage, **namely** charisma.

그는 비즈니스와 무대에서 모두 두드러지게 만드는 드문 자질, 즉 카리스마를 지니고 있었다.

0466 ★★

economic

에커나믹

economical [형] 경제적인, 실속 있는
economically [부] 경제적으로
economics [명] 경제(학)

[형] 경제의, 경기의

South Korea went from being a war-ravaged country to an **economic** contender in just a few decades.

대한민국은 전쟁으로 파괴된 국가에서 시작해 불과 몇 십 년 만에 경제 분야의 경쟁 국가가 되었다.

자주 쓰이는 숙어

economic growth: 경제 성장
economic recovery: 경제 회복

0467 ★★
bankruptcy
뱅크뤕시

bankrupt [동] 파산하다

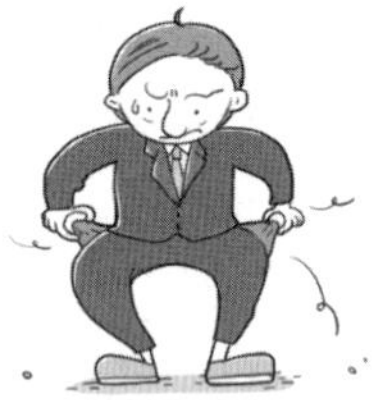

[명] **파산, 도산, 부도, 파탄**

Instead of declaring **bankruptcy**, the car manufacturing company was bailed out by a government loan.
파산을 선고하는 대신, 그 자동차 제조사는 정부 대출금으로 긴급 구제되었다.

자주 쓰이는 숙어

file for bankruptcy: 파산 신청하다

0468 ★★
contemporary
컨**템**포뤄뤼

[형] **현대의, 동시대의, 당대의**

Denis Villeneauve is regarded as one of the best **contemporary** film directors.
드니 빌뇌브는 당대 최고의 영화 감독들 중 한 명으로 여겨지고 있다.

0469 ★★
fascinating
퐤써네이팅

fascinate [동] 매료하다(=attract, charm)

[형] **매력적인(=attractive, charming)**

Most students drawn to astronomy find it **fascinating** but lack the math skills to succeed in the field.
천문학에 빠져든 대부분의 학생들은 그것이 매력적이라고 생각하지만, 그 분야에서 성공을 거두기 위한 수학 실력이 부족하다.

출제 확률 UP!

fascinate는 감정을 유발시킨다는 의미의 동사이므로 현재분사인 fascinating은 '매력적인'이라는 의미로 쓰인다. 반대로 과거분사인 fascinated는 '매료를 느낀', '매료된'이라는 의미를 나타낸다.

0470 ★★
withstand
위드스**땐**드

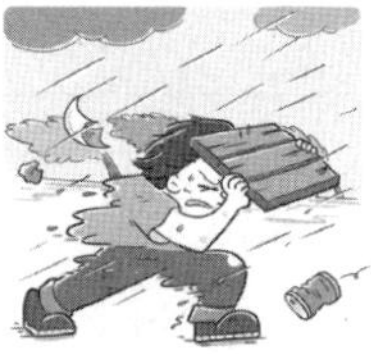

[동] **견디다, 버티다(=bear, endure, stand, resist)**

All new buildings in Tokyo must be built to **withstand** strong earthquakes.
도쿄의 모든 새 건물들은 반드시 강한 지진에 버틸 수 있도록 지어져야 한다.

0471 ★★

cease

씨스

ceaseless ⓐ 끊임없는, 부단한

ⓥ 그만두다, 중지하다

Iceland **ceased** whale hunting due to lack of demand on the market for whale meat and products.
아이슬란드는 고래 고기 및 제품에 대한 시장 수요 부족으로 인해 고래 사냥을 중단했다.

0472 ★★

portable

포ㄹ더블

ⓐ 휴대용의, 이동할 수 있는

Bluetooth technology helped make small, **portable** speakers a popular gift.
블루투스 기술은 작은 휴대용 스피커가 인기 있는 선물이 되는 데 도움을 주었다.

0473 ★★

modify

마더빠이

modification ⓝ 변경, 수정

ⓥ ~을 변경하다, 수정하다(=change, alter, revise)

Crowley refused to **modify** his original manuscript and started looking for a new publisher.
크라울리 씨는 자신의 원본 원고를 수정하기를 거절했으며, 새로운 출판사를 찾기 시작했다.

> 📋 자주 쓰이는 숙어
> the modification to~ : ~에 대한 수정

0474 ★★

certificate

써ㄹ티쀠컷

certify ⓥ 증명하다, 보증하다
certification ⓝ 증명(서), 인증(서)

ⓝ 인증서, 보증서, 자격증(=warranty, guarantee, license)

Everyone who finishes the marathon will receive a **certificate** of completion with their time printed on it.
그 마라톤을 완주하는 모든 사람은 각자의 시간이 인쇄된 완주 증명서를 받을 것이다.

> 📋 자주 쓰이는 숙어
> obtain a certificate: 자격증을 획득하다
> a gift certificate: 상품권

0475 ★

depression

디프**뤠**션

depress [동] 우울하게 하다, 끌어내리다
depressed [형] 우울한, 불경기의
depressive [형] 우울한 [명] 우울증 환자

[명] 우울, 저하, 불황

Psychologists suggest that the rise in **depression** among teens is connected to social media use.
심리학자들은 10대들 사이에서 나타나는 우울증의 증가가 소셜 미디어 이용과 연관되어 있다고 주장한다.

자주 쓰이는 숙어

great depression: 대공황(1920년대 미국 경제 위기)
suffer from depression: 우울증을 겪다

0476 ★

moderately

마더뤄틀리

moderate [형] 적절한, 온건한

[부] 적당히, 어느 정도(=reasonably, somewhat)
*평균보다 약간 높은 수준을 의미

Mount Hocking is **moderately** easy to hike as long as you keep to the trails.
호킹 산은 이동로를 따라 가기만 하면 어느 정도 쉽게 등산할 수 있는 곳이다.

0477 ★

cooperation

코아퍼**뤠**이션

cooperate [동] 협력하다
cooperative [형] 협력하는
cooperatively [부] 협조적으로

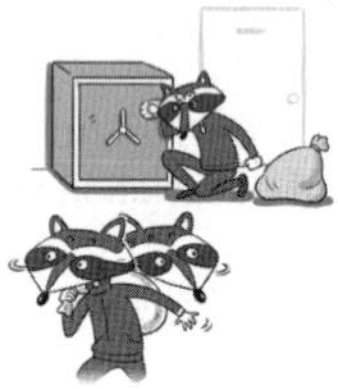

[명] 협력, 협동(=collaboration)

African elephants display an astounding amount of **cooperation** within their social groups.
아프리카 코끼리들은 그들의 사회 집단 내에서 놀라울 정도의 협동심을 보여 준다.

자주 쓰이는 숙어

in cooperation with: ~와 협력하여

0478 ★

fundamental

뿬더**멘**틀

[형] 기본이 되는, 기초의, 근본적인

Plankton, microorganisms that drift in the ocean, are a **fundamental** link in the marine food chain.
바다에 떠다니는 미생물인 플랑크톤은 해양 먹이 사슬의 근본적인 연결 고리이다.

0479 ★

facilitate

뻐**씰**러테잇

facilitation [명] 용이하게 하기, 간편화, 촉진

[동] ~을 편하게 하다, 돕다, (행동, 조치 등을) 촉진하다 (=ease, smooth, assist, help, aid, promote, encourage)

Living in a dormitory could also **facilitate** your transition into university life.

기숙사에 거주하는 것은 또한 대학 생활로의 전환을 용이하게 해 줄 수도 있다.

0480 ★

fragile

쁘**래**절

fragility [명] 부서지기 쉬움, 허약

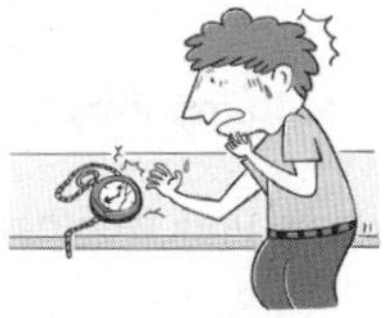

[형] 부서지기 쉬운, 깨지기 쉬운, 연약한

Environmental activists are trying to protect the **fragile** ecosystem of the lake.

환경 운동가들이 그 호수의 취약한 생태계를 보호하기 위해 노력하고 있다.

자주 쓰이는 숙어

fragile items: 깨지기 쉬운 물건

Day 12

DAY 12 Daily Practice

○ 단어와 그에 알맞은 뜻을 연결해 보세요.

1. evidence •   • (a) 개별적인

2. separate •   • (b) 포기하다

3. permanent •   • (c) 증거

4. abandon •   • (d) 영구적인

○ 빈칸에 알맞은 단어를 선택하세요.

| anticipated | favorable | contemporary |

5. The coaches agreed to delay the championship game until weather conditions were more _____.

6. Denis Villeneauve is regarded as one of the best _____ film directors.

7. The Allied forces _____ heavy resistance along the beaches of Normandy.

○ 밑줄 친 단어의 동의어를 고르세요.

8. Crowley refused to <u>modify</u> his original manuscript and started looking for a new publisher.

   (a) discard   (b) revise

9. Most students drawn to astronomy find it <u>fascinating</u> but lack the math skills to succeed in the field.

   (a) complicated   (b) attractive

10. All new buildings in Tokyo must be built to <u>withstand</u> strong earthquakes.

    (a) endure   (b) accommodate

정답 1. (c) 2. (a) 3. (d) 4. (b) 5. favorable 6. contemporary 7. anticipated 8. (b) 9. (b) 10. (a)

DAY 13

DAY 04 DAY 05 DAY 06
DAY 10 DAY 11 DAY 12
DAY 16 DAY 17 DAY 18
DAY 22 DAY 23 DAY 24
DAY 25 DAY 27 DAY 29 DAY 30

PREVIEW

이미 알고 있는 단어는 미리 체크박스에 체크(☑)해보세요.

☑ firm	☐ construction	☐ serve	☐ affordable
☐ fashion	☐ lack	☐ mount	☐ derived
☐ venue	☐ contract	☐ register	☐ anniversary
☐ nevertheless	☐ commission	☐ accuse	☐ trigger
☐ elevate	☐ deserve	☐ alike	☐ neighborhood
☐ consequently	☐ classify	☐ fond	☐ mammal
☐ uphold	☐ capital	☐ oversee	☐ hazardous
☐ heighten	☐ symptom	☐ restrict	☐ trivial
☐ abruptly	☐ morale	☐ conform	☐ extravagant
☐ demolish	☐ unbiased	☐ haunt	☐ hilarious

QR코드를 스캔하여 단어를 음원으로 들어보세요!

0481 ★★★★★

firm

뿨ㄹ엄

firmly ⓐ 단단하게, 확고하게

ⓜ 회사, 기업

When selling a house, work with a reputable real estate **firm** that can help you find possible buyers.
주택을 매각할 때, 가능성 있는 구매자를 찾는 데 도움을 줄 수 있는 평판 좋은 부동산 중개업체와 함께 하도록 하십시오.

> 📋 자주 쓰이는 숙어
> a law firm: 법률 회사

ⓐ 굳건한, 확고한, 튼튼한

Using a high-quality face lotion every day will help keep your skin healthy and **firm**.
고품질의 로션을 매일 사용하는 것은 피부를 건강하고 견고하게 유지하는 데 도움이 될 것입니다.

> 📋 자주 쓰이는 숙어
> a firm belief: 확고한 믿음

0482 ★★★★★

construction

컨스트뤽션

construct ⓥ 건설하다, 구성하다
constructive ⓐ 건설적인

ⓜ 건설, 공사

Construction of La Sagrada Familia in Barcelona is still ongoing today, even though it started in 1882.
바르셀로나의 라 사그라다 공사는 1882년에 시작되었음에도 불구하고 오늘날에도 여전히 진행 중이다.

> 📋 자주 쓰이는 숙어
> under construction: 공사 중인
> construction site: 건설 현장

0483 ★★★★★

serve

써ㄹ브

service ⓝ 봉사, 근무, 사업, 업무, 시설

ⓥ 서비스를 제공하다, 근무하다, (음식을) 제공하다

Gianni Infantino has **served** as the president of FIFA since 2016.
지아니 인판티노는 2016년부터 FIFA 회장으로 재직해 오고 있다.

> 📋 자주 쓰이는 숙어
> serve as ~: ~의 역할을 하다

0484 ★★★★★

affordable

어뿨ㄹ더블

afford [동] (경제적, 시간적) 여유가 있다
affordably [부] 알맞게
affordability [명] 저렴함

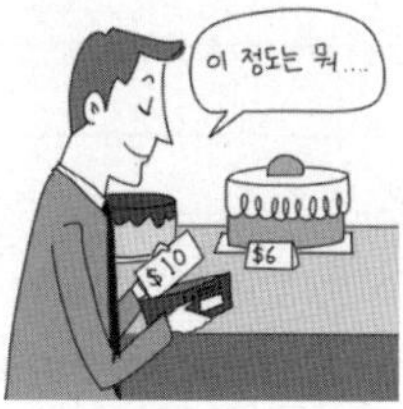

[형] 저렴한, 감당할 수 있는, 여유가 있는

One of the key points of the candidate's platform was that **affordable** healthcare is a human right.

그 후보자가 내세우는 공약의 핵심 요소들 중 하나는 알맞은 비용의 의료 서비스가 하나의 인권이라는 점이었다.

자주 쓰이는 숙어

at an affordable price: 저렴한 가격에

0485 ★★★★★

fashion

빼션

fashioned [형] 만들어진
fashionable [형] 멋있는, 유행의, 상류의

[동] 만들다, 형성하다, 맞추어 만들다

The Infinity Gauntlet was **fashioned** for Thanos by the dwarves of Nidavellier.

인피니티 건틀렛은 니다벨리르의 난쟁이들에 의해 타노스를 위해 만들어졌다.

자주 쓰이는 숙어

be fashioned by :~에 의해 만들어지다
fashion A to B: B에 맞추어 A를 만들다

[명] 유행, 인기있는 물건, 방법, 방식

Hank, who always had a bad sense of **fashion**, struggled with buying a suit for his brother's wedding.

항상 좋지 못한 패션 감각을 지니고 있었던 행크는 형의 결혼식에 입고 갈 정장을 구입하는 데 큰 어려움을 겪었다.

자주 쓰이는 숙어

old-fashioned: 구식의, 전통적인

0486 ★★★★★

lack

랙

lacking ⓐ 부족한

부럽다..

ⓝ 부족, 결핍(=deficiency, shortage)

Low energy levels and brittle, dry hair are common signs of a **lack** of nutrition in one's diet.

낮은 에너지 수준과 잘 끊기고 건조한 머리카락은 그 사람의 식사에 영양이 부족함을 나타내는 일반적인 징후이다.

📋 자주 쓰이는 숙어

a lack of ~: ~의 결핍

ⓥ 결핍되다, 모자라다

Keep in mind, sports cars **lack** several safety features that parents would desire in their family vehicle.

스포츠카에는 부모들이 가족용 차량에 포함되어 있기를 원할 만한 여러 안전 기능들이 부족하다는 점을 명심하기 바랍니다.

0487 ★★★★

mount

마운트

ⓥ 오르다(=climb), 올라타다, 설치하다, 배치하다, 증가하다(=increase, grow)

The veteran cowboy **mounted** the horse in a single, graceful movement.

그 노련한 카우보이는 단 한 번의 우아한 동작으로 말에 올라탔다.

📋 자주 쓰이는 숙어

mounting pressure: 증가하는 압력

ⓝ 오르기, 올라 타기, 산

More than 300 people have died attempting to reach the summit of **Mount** Everest.

300명이 넘는 사람들이 에베레스트 산 정상에 도달하기 위해 노력하던 중에 사망했다.

0488 ★★★★

derived

디롸이브드

derive ⓥ 유래하다, 나오다, 이끌어 내다
derivation ⓝ 파생, 유도, 기원

ⓐ 유래된, 파생된

The word "democracy" is **derived** from the Greek words *demos* and *kratia*, which mean "people" and "rule."

"민주주의"라는 말은 그리스어 "demos"와 "kratia"에서 유래되었는데, 이는 "사람"과 "통치"를 의미한다.

📋 자주 쓰이는 숙어

be derived from: ~로부터 유래되다

0489 ★★★★

venue

붸뉴

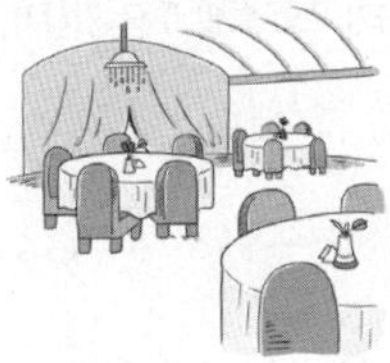

[명] (행사) 장소

Marcos and Tiffany found the ideal **venue** for their wedding reception.

마르코스와 티파니는 자신들의 결혼식 피로연에 필요한 이상적인 행사장을 찾았다.

0490 ★★★★

contract

[명] **칸**추랙(트)
[동] 컨추**랙**(트)

contractor [명] 계약자, 도급업자

[동] 계약하다

Samson Engineering Solutions was **contracted** by the Canadian government to finish the pipeline.

샘슨 엔지니어링 솔루션즈가 그 파이프라인 공사를 완료하기 위해 캐나다 정부와 계약을 맺었다.

자주 쓰이는 숙어

sign a contract: 계약을 맺다
be contacted to do: ~하도록 계약이 체결되다

[명] 계약(서)(=agreement)

The actor has signed a **contract** to play the famous detective in three more films.

그 배우는 세 개의 영화에서 그 유명한 형사 역할을 더 하기 위해 계약을 맺었다.

자주 쓰이는 숙어

the terms and conditions of the contract: 계약 조항

0491 ★★★★

register

뤠쥐스터ㄹ

registration [명] 등록, 신청

[동] 등록하다(=sign up), 신청하다

The U.S. ended the draft in 1973, but young men must still **register** with the Selective Service System.

미국은 1973년에 징병제를 끝냈지만, 여전히 젊은 남성들은 반드시 선발 징병제에 등록해야 한다.

자주 쓰이는 숙어

register for ~: ~에 등록하다(=sign up for)

Day 13

0492 ★★★★

anniversary

애니**붜**ㄹ써뤼

명 기념일, 주기

Special memorial services were held in New York City for the 10th **anniversary** of the September 11 attacks.

9/11 참사의 10주년을 기념하기 위한 특별 추모 행사가 뉴욕 시에서 개최되었다.

0493 ★★★★

nevertheless

네붜ㄹ더레스

부 그럼에도 불구하고(=however, nonetheless, notwithstanding, even so, yet), 그렇지만

The hurricane would cause heavy flooding throughout the city; **nevertheless**, most residents decided not to evacuate.

허리케인이 도시 전역에 걸쳐 엄청난 홍수를 초래할 수 있음에도 불구하고, 대부분의 주민들은 피신하지 않기로 결정했다.

👍 **출제 확률 UP!**

nevertheless와 however는 문법 영역의 접속부사 문제에서 자주 출제되며, 앞문장과 상반되는 내용이 이어질 때 쓰인다.

0494 ★★★

commission

커미션

commissioned **형** 의뢰를 받은, 임명된

명 판매 수수료, 위원회, 위임, 임무

An official **commission** was put together to investigate the company's dealings over the past decade.

지난 10년 동안에 걸친 그 회사의 거래 관계를 조사하기 위해 공식 위원회가 소집되었다.

동 위탁하다, 의뢰하다, 임명하다(=appoint), 권한을 주다(=authorize)

The tests were **commissioned** by the environmental watchdog group to determine the toxicity of the water.

그 물의 독성을 밝혀내기 위한 테스트가 환경 감시 단체에 의해 의뢰되었다.

📋 **자주 쓰이는 숙어**

be commissioned with + 명사: ~를 의뢰받다

0495 ★★★
accuse
어**큐**우즈

accusation [명] 비난, 고소, 고발, 기소

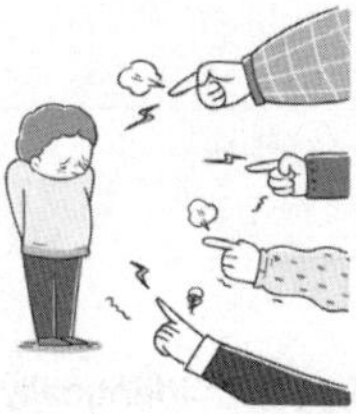

[동] 비난하다, 고발[기소, 고소]하다

Butch Cassidy's Wild Bunch was a notorious group of outlaws who were **accused** of every kind of crime in the Wild West.
버치 캐시디의 '와일드 번치'는 거친 서부 지역에서 모든 종류의 범죄로 기소된 악명 높은 범법자들의 집단이었다.

자주 쓰이는 숙어

accuse A of B: A를 B로 고발[비난, 고소]하다
be accused of: ~으로 비난 받다, 고발되다

0496 ★★★
trigger
트**리**거

[명] 방아쇠, 기폭 장치, 자극

The safety mechanism on a firearm, when engaged, will prevent the **trigger** from being pulled.
총기의 안전 장치가 사용되면 방아쇠가 당겨지는 것을 막게 된다.

[동] 유발하다(=provoke), 촉발시키다(=prompt)

Post-traumatic stress disorder (PTSD) is a mental health condition that's **triggered** by a terrifying experience.
외상 후 스트레스 장애(PTSD)는 끔찍한 경험에 의해 촉발되는 정신 건강 질환이다.

0497 ★★★
elevate
엘러붸이트

elevation [명] 고도, 높이, 향상

[동] 올리다(=raise), 승진시키다, 향상시키다(=improve, advance)

Graphic novels such as *Watchmen* and *Maus* helped **elevate** comics to a new level of artistic prestige.
〈와치맨〉이나 〈마우스〉 같은 만화 소설은 만화를 새로운 단계의 예술 경지로 끌어 올리는 데 도움을 주었다.

자주 쓰이는 숙어

elevate A to B: A를 B로 올리다[향상시키다]

Day 13

0498 ★★★
deserve
디저ㄹ브

[동] ~을 받을 자격이 있다

As a loyal customer, you **deserve** an explanation regarding what happened to your package.
단골 고객으로서, 귀하께서는 귀하의 패키지에 발생된 일과 관련해 해명을 들을 자격이 있으십니다.

자주 쓰이는 숙어
deserve a promotion: 승진할 만하다
be well-deserved: 마땅히 받을 만하다

0499 ★★★
alike
얼라잌

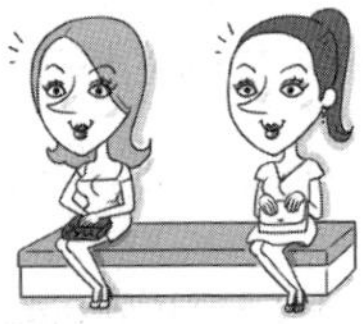

[부] 비슷하게(=similarly), 똑같게(=identically, equally), 모두

Locals and tourists **alike** enjoy the festive atmosphere of Mardi Gras in New Orleans.
지역 주민과 관광객 모두 똑같이 뉴올리언즈에서 열리는 마르디 그라의 축제 분위기를 즐긴다.

자주 쓰이는 숙어
look alike: 아주 흡사하게 보이다

0500 ★★★
neighborhood
네이버ㄹ훗

neighbor [명] 이웃, 인근 지역 [형] 근처에 있는 [동] 근처에 있다
neighboring [형] 근처에 사는, 인접한(=adjacent)

[명] 지역, 이웃, 인근(=vicinity)

A lot of **neighborhoods** in Brooklyn have undergone gentrification.
브룩클린의 많은 지역들이 고급 주택화를 거쳤다.

자주 쓰이는 숙어
a safe neighborhood: 안전 지역

0501 ★★★
consequently
칸서퀀틀리

consequent [형] 결과로 일어나는, 당연한
consequence [명] 결과

[부] 그 결과(=as a result), 따라서(=therefore, accordingly)

Paul spent his childhood in his grandmother's bakery and **consequently** grew up to become a talented baker.
폴은 할머니의 제과점에서 어린 시절을 보냈으며, 그 결과 커서 재능 있는 제빵사가 되었다.

0502 ★★★

classify

클래서퐈이

classified ⓐ 분류된, 기밀의
classification ⓝ 분류, 유형, 종별
(=types, assortment)

ⓥ 분류하다, 기밀 취급하다

The type of flu virus—A, B, or C—is then further **classified** by its place of origin.

독감 바이러스의 유형(A, B, 또는 C)은 발원지에 따라 이후에 추가적으로 분류된다.

0503 ★★★

fond

퐌드

ⓐ 좋아하는, 마음에 들어, 상냥한, 다정한

Ernest Hemingway was **fond** of six-toed cats, and now they are popularly known as Hemingway cats.

어니스트 헤밍웨이는 발가락이 여섯 개인 고양이를 좋아했는데, 현재는 헤밍웨이 고양이로 널리 알려져 있다.

> **자주 쓰이는 숙어**
>
> be fond of: ~을 좋아하다(=like)

0504 ★★

mammal

매멀

ⓝ 포유류, 포유동물

While all **mammals** are technically warm-blooded, a few have evolved to greatly lower their body temperatures.

모든 포유 동물이 엄밀히 따지면 온혈 동물이지만, 몇몇은 체온을 크게 낮출 수 있도록 진화되었다.

> **자주 쓰이는 숙어**
>
> marine mammal: 해양 포유동물
> terrestrial(=land) mammal: 육상 포유동물

Day 13

0518 ★★

uphold

업뽀울드

ⓥ ~을 떠받치다, (비난에 대항하여) 지지하다, 격려하다(=support)

Nixon won the election largely due to his guarantee to **uphold** traditional values.

닉슨은 주로 전통적인 가치 유지에 대한 보장으로 인해 선거에서 승리했다.

0506 ★★

capital

캐피럴

capitalize [동] ~에 출자하다, 투자하다, 이용하다
capitalism [명] 자본주의

[명] 자본, (국가의) 수도, 대문자

Brasilia became the **capital** of Brazil in 1960 to resolve overcrowding in Rio de Janeiro.
브라질리아는 리우데자네이루의 인구 과밀 문제를 해결하기 위해 1960년에 브라질의 수도가 되었다.

[형] 주요한(=principal), 주된(=chief), 자본의

The construction of a transcontinental railroad was of **capital** importance to westward expansion.
대륙 횡단 열차의 건설은 서부 지역으로의 확장에 있어 가장 큰 중요성을 지니고 있었다.

자주 쓰이는 숙어

capital resource: 자본

0507 ★★

oversee

오우붜ㄹ**씨**

oversight [명] 감독, 간과

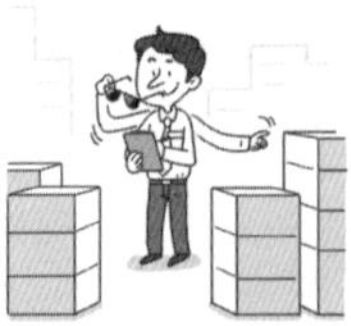

[동] 감독하다(=manage, supervise)

Mr. Draper flew to California multiple times to **oversee** progress at the Los Angeles office.
드레이퍼 씨는 로스앤젤레스 지사의 진행 상황을 감독하기 위해 여러 차례 캘리포니아로 비행기를 타고 갔다.

0508 ★★

hazardous

해저ㄹ더스

hazard [명] 위험, 위험의 원인 [동] 용기 내어 해보다

[형] 위험한(=dangerous, perilous, harmful)

The paint used to color the popular brand of toys contained **hazardous** chemicals.
그 인기 브랜드의 장난감을 색칠하는 데 사용된 페인트에는 유해한 화학 물질이 들어 있었다.

0509 ★★
heighten
하이튼

height [명] 높이, 키, 정점
heightened [형] 높아진, 증가된

[동] 높이다, 높아지다, 증대하다(=increase)

Surprisingly, listening to hard rock music did not **heighten** stress levels in the drivers, but rather lowered them.
놀랍게도, 하드록 음악을 듣는 것이 운전자의 스트레스 수준을 높이는 것이 아니라 오히려 낮추었다.

0510 ★★
symptom
심프텀

symptomatic [형] 징후를 나타내는, 전조가 되는

[명] 징후, 징조(=sign), 증상

Shaking chills, a high fever, and abdominal pain are **symptoms** of malaria.
오한 전율과 고열, 그리고 복부 통증은 말라리아의 증상들이다.

0511 ★★
restrict
리스트뤽(트)

restriction [명] 제한, 구속, 제약(=limitation)

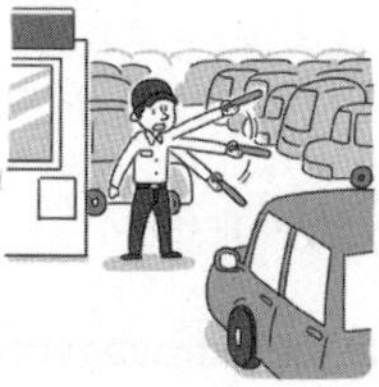

[동] ~을 제한하다, 한정하다(=limit)

All professional sports organizations **restrict** the use of performance-enhancing drugs by the athletes.
모든 프로 스포츠 단체들은 운동 선수들의 기량 향상 약물의 사용을 제한하고 있다.

자주 쓰이는 숙어

restrict A from -ing: A가 ~하는 것을 제한하다
be restricted to + 명사: ~로 제한되다

0512 ★
trivial
추리뷔얼

trivia [명] 사소한 일

[형] 사소한, 하찮은(=insignificant, minor)

One way to become more productive is by reducing the time spent on **trivial** activities, like watching TV.
더욱 생산적인 상태가 될 수 있는 한 가지 방법은 TV 시청과 같은 사소한 활동에 소비되는 시간을 줄이는 것이다.

0513 ★
abruptly
어브뤕틀리

abrupt [형] 갑작스러운(=sudden), 퉁명스러운

[부] 돌연히, 갑자기(=suddenly), 퉁명스럽게

The popular series **abruptly** came to an end when its lead actor decided to quit acting.
인기 있는 그 시리즈는 주연 배우가 연기를 그만두기로 결정하면서 갑작스럽게 종료되었다.

Day 13

0514 ★

morale

머**랠**

🙂 사기, 의욕

Staff **morale** at the factory plummeted when the manager announced the need for cutbacks.
그 공장의 직원 사기는 책임자가 인원 감축 필요성을 발표했을 때 곤두박질쳤다.

> **자주 쓰이는 숙어**
> boost[raise] the morale of: ~의 사기를 진작시키다

0515 ★

conform

컨**퍼**ㄹ엄

conformation 🅝 형태, 구조, 적합

🔵 일치하다, 따르다, 순응하다, 일치시키다

The car's prototype had to be redesigned because it did not **conform** with industry standards.
그 자동차의 시제품은 다시 디자인되어야 했는데, 업계 표준을 따르지 않았기 때문이었다.

> **자주 쓰이는 숙어**
> conform to: ~에 일치하다
> conform with: ~을 따르다, ~을 준수하다(=comply with)

0516 ★

extravagant

익스추**뢔**버건트

extravagance 🅝 낭비, 사치, 지나침

🙂 낭비하는, 사치스러운, 엄청나게 비싼

The mayor hoped that the **extravagant** festival would distract residents from the town's failing economy.
그 시장은 엄청난 비용이 드는 축제가 도시의 경기 침체로부터 주민들의 주의를 분산시킬 수 있기를 바랐다.

> **자주 쓰이는 숙어**
> an extravagant lifestyle: 사치스러운 생활 방식

0517 ★

demolish

디**말**리쉬

demolition 🅝 파괴, 타파

🔵 철거하다, 파괴하다(=destroy, wreck), 폐지하다(=abolish)

Despite protests from numerous citizens and historical societies, the old library was **demolished**.
수많은 시민과 역사 단체들의 시위에도 불구하고, 그 오래된 도서관은 철거되었다.

0518 ★

unbiased

언**바**이어스트

bias [명] 편견, 선입견, [동] 편견을 품게 하다, 치우치게 하다

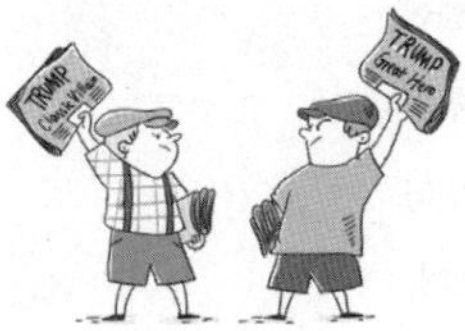

[형] 편견이 없는, 공평한(=impartial, neutral)

The journalist accrued a large following online because of his **unbiased** insights on current political issues.
그 기자는 시사 정치 문제에 대한 편견 없는 통찰력으로 인해 온라인상에서 많은 추종자들을 끌어 모았다.

0519 ★

haunt

헌트

haunted [형] 사로잡힌, 불안한, 유령이 자주 나오는

[동] 자주 들르다(=frequent), 출몰하다, (생각, 기억이) 끊임없이 떠오르다

The city's homeless population tends to **haunt** the riverfront area and major subway stations.
그 도시의 노숙자들은 강변 지역과 주요 지하철역에 나타나는 경향이 있다.

자주 쓰이는 숙어

be haunted by 명사: ~가 끊임없이 생각나다, 괴롭히다

[명] 자주 다니는 곳, 소굴

The café's popularity skyrocketed after it became a favorite **haunt** of celebrities.
유명인들이 좋아하는, 자주 드나드는 곳이 된 이후에 그 카페의 인기가 치솟았다.

0520 ★

hilarious

힐**러**뤼어스

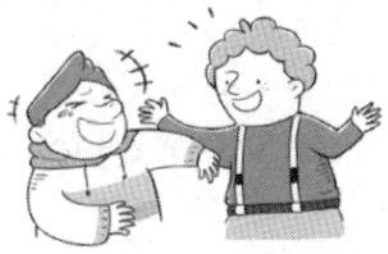

[형] 유쾌한, 아주 웃긴, 즐거운

The comedian's **hilarious** videos were distracting me from studying.
그 코미디언의 아주 웃긴 비디오가 나를 공부에 집중하지 못하게 했다.

○ 단어와 그에 알맞은 뜻을 연결해 보세요.

1. affordable ●   ● (a) 위험한

2. classify ●   ● (b) 분류하다

3. heighten ●   ● (c) 높이다

4. hazardous ●   ● (d) 저렴한

○ 빈칸에 알맞은 단어를 선택하세요.

deserve	construction	derived

5. The word "democracy" is _____ from the Greek words *demos* and *kratia*, which mean "people" and "rule."

6. As a loyal customer, you _____ an explanation regarding what happened to your package.

7. _____ of La Sagrada Familia in Barcelona is still ongoing today, even though it started in 1882.

○ 밑줄 친 단어의 동의어를 고르세요.

8. The U.S. ended the draft in 1973, but young men must still <u>register</u> with the Selective Service System.

   (a) show up   (b) sign up

9. Mr. Draper flew to California multiple times to <u>oversee</u> progress at the Los Angeles office.

   (a) supervise   (b) neglect

10. Low energy levels and brittle, dry hair are common signs of a <u>lack</u> of nutrition in one's diet.

   (a) deficiency   (b) sufficiency

정답 1. (d) 2. (b) 3. (c) 4. (a) 5. derived 6. deserve 7. construction 8. (b) 9. (a) 10. (a)

DAY
01

DAY
04

DAY
05

DAY
06

DAY 14

DAY
10

DAY
11

DAY
12

DAY
16

DAY
17

DAY
18

DAY
22

DAY
23

DAY
24

DAY
25

DAY
26

DAY
27

DAY
29

DAY
30

PREVIEW

이미 알고 있는 단어는 미리 체크박스에 체크(☑)해보세요.

☑ document	☐ apply	☐ condition	☐ concern
☐ behavior	☐ authority	☐ substance	☐ remove
☐ stimulate	☐ reflect	☐ creative	☐ besides
☐ transplant	☐ attach	☐ considerable	☐ eager
☐ surrender	☐ prey	☐ tribe	☐ accordingly
☐ surpass	☐ alert	☐ capable	☐ psychological
☐ admire	☐ discharge	☐ inspection	☐ enrich
☐ engross	☐ assessment	☐ conquer	☐ acquaintance
☐ casual	☐ vehicle	☐ secrete	☐ accumulate
☐ mishap	☐ pharmaceutical	☐ inscribe	☐ pollutant

QR코드를 스캔하여 단어를 음원으로 들어보세요!

0521 ★★★★★

document

다큐먼(트)

documentation [명] 문서화, 서류
documentary [형] 문서의, 기록에 의한 [명] 영상 기록물, 다큐멘터리

[명] 문서, 서류

Renewing an expired driver's license can be a hassle as the process requires numerous **documents**.
만료된 운전 면허증을 갱신하는 일은 그 과정에서 다수의 문서를 요구하기 때문에 번거로운 일일 수 있다.

자주 쓰이는 숙어

a confidential document: 기밀 문서

[동] 문서화하다, 기록하다

He spent years photographing the native tribes, **documenting** their lives and culture.
그는 그 토착 부족들을 사진 촬영하고 그들의 삶과 문화를 기록하면서 여러 해를 보냈다.

0522 ★★★★★

apply

어플**라**이

appliance [명] 기기
application [명] 지원, 적용
applicable [형] 적용할 수 있는

[동] 지원하다, 적용하다, 바르다

Overwhelmed by the variety of options, Daniel ended up **applying** to only one university.
다양한 선택권에 압도된, 대니얼은 결국 오직 한 곳의 대학교에만 지원하게 되었다.

자주 쓰이는 숙어

apply A to B: A를 B에 적용시키다
apply to ~ : ~에 적용되다
apply for ~ : ~을 신청하다, 지원하다

0523 ★★★★★

condition

컨**디**션

conditional [형] 조건부의

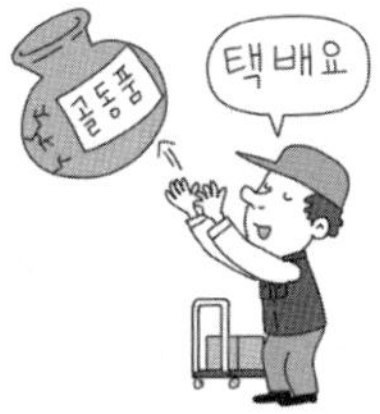

[명] 상태, 조건

The **condition** of the tapes had deteriorated with time, so they had to be digitally restored.
시간이 지남에 따라 그 테이프의 상태가 악화되었기 때문에, 디지털 복원 작업이 이뤄져야 했다.

자주 쓰이는 숙어

in damaged condition: 손상된 상태로
terms and conditions: (계약의) 조건, 조항

0524 ★★★★★

concern

컨써ㄹ언

concerning 웹 ~에 관하여
concerned 웹 염려하는, 관계된

명 **우려, 걱정, 관심(사)**

Tomorrow's press release will address our stockholders' **concerns** about last quarter's mediocre sales.
내일 나올 보도 자료가 지난 분기의 썩 좋지 못했던 매출에 대한 우리 주주들의 우려를 해결해 줄 것이다.

📋 **자주 쓰이는 숙어**

concerns about: ~에 대한 우려[걱정]

동 **걱정시키다, 연관시키다**

Pet owners **concerned** about the quality of their pets' food demanded that the company reveal its ingredients.
애완 동물이 먹는 음식의 품질에 대해 우려한 소유주들이 그 회사에게 제품 성분을 밝히도록 요구했다.

📋 **자주 쓰이는 숙어**

be concerned about: ~에 대해 우려하다[걱정하다](=be worried about)
address a concern: 우려 사항을 처리하다

0525 ★★★★★

behavior

비헤이뷔어ㄹ

behave 동 행동하다

명 **행동(=action, conduct), 행위, 품행(=manners)**

Students with **behavior** issues may be transferred to another class.
품행 문제가 있는 학생들은 다른 학급으로 옮겨질 수 있다.

Day
14

0526 ★★★★

authority

어쒀리티

authorities 명 (복수형) 관계 당국
authorize 동 허가하다, 승인하다
(=permit)

명 **권한, 전문가, 당국자**

With a collection of more than 10,000 records, Ryo was an **authority** on Japanese jazz artists.
1만 개가 넘는 음반 소장품을 보유하고 있는 료 씨는 일본 재즈 음악가들에 대한 전문가였다.

📋 **자주 쓰이는 숙어**

have an authority on~: ~에서 권한을 가지고 있다.

0527 ★★★★
substance
썹스턴스

substantial [형] 상당한, 충분한, 본질의
substantially [부] 상당히, 본질적으로

[명] 물질(=material, matter), 본질

Bat guano, or dung, is a valuable **substance** that is used as a powerful fertilizer.
박쥐 구아노, 즉 똥은 강력한 비료로 사용되는 소중한 물체이다.

자주 쓰이는 숙어

the sum and substance: 요지, 요점

0528 ★★★★
remove
뤼**무**웁

removal [명] 제거

[동] 제거하다(=get rid of), 치우다, 없애다, 옮기다

The offensive content had to be **removed** from the film before the studio would allow its release.
스튜디오에서 개봉을 허가하기에 앞서 불쾌한 내용이 영화에서 삭제되어야 했다.

자주 쓰이는 숙어

remove from: ~로부터 제거하다
remove to: ~로 옮기다

0529 ★★★★
stimulate
스**띠**뮬레잇

stimulation [명] 자극

[동] ~을 자극하다, ~을 활성화하다(=motivate, encourage, inspire, invigorate)

Reading fantasy novels **stimulates** a child's imagination and encourages critical thinking.
공상 소설을 읽는 것은 아이의 상상력을 자극하고 비판적인 사고를 촉진한다.

자주 쓰이는 숙어

Stimulate interest in: ~에 대한 관심을 촉진하다

0530 ★★★★
reflect
뤼쁠**렉**트

reflection [명] 반사, 반영

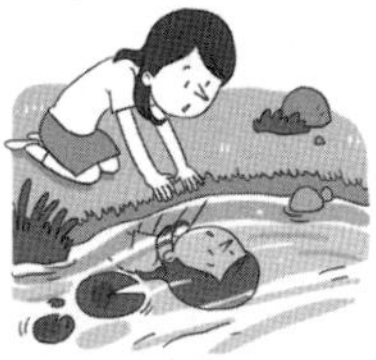

[동] 반영하다, 보여주다(show, represent)

The poem **reflected** society's growing anxiety with the demands of modern life.
그 시는 현대적 삶의 요구에 맞춰 사회에서 점점 더 커지는 불안감을 반영했다.

자주 쓰이는 숙어

reflect the adjustment: 변경 사항들을 반영하다

0531 ★★★★
creative
크리에잇팁

create [동] 만들다, 창조하다
creativity [명] 창의력, 창조성

[형] 창의적인(=innovative), 창조적인, 독창성 있는 (=original, ingenious)

The **creative** arts are taught less frequently in schools nowadays as more emphasis is put on STEM skills.
오늘날 학교에서는 창의적인 예술을 덜 자주 가르치고 있는데, STEM 실력에 더 많은 중점을 두고 있기 때문이다.

👍 출제 확률 UP!

a creative idea: 창의적 아이디어, 창의력

0532 ★★★★
besides
비싸이즈

beside [전] ~의 옆에, ~와 비교하면
[부] 곁에, 나란히

[부] (접속부사) 게다가, 또한, 그 밖에(=additionally, moreover, furthermore)

Hotels are more expensive; **besides**, I can meet fellow travelers by staying in a hostel.
호텔이 더 비싼데다가, 나는 호스텔에서 숙박함으로써 나와 같은 여행객들을 만날 수 있다.

👍 출제 확률 UP!

besides는 앞에 서술한 내용을 보충하는 문장 앞에 쓰이는 접속부사이다.

0533 ★★★★
transplant
트랜스플랜트

transplantation [명] 이식

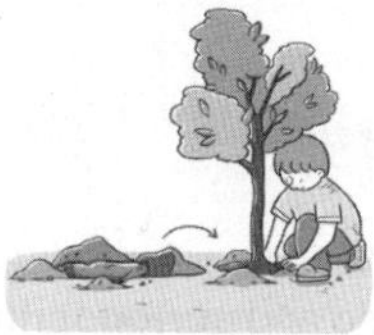

[동] 옮겨 심다, 이식하다

My father and I need to **transplant** a small pine tree in the front yard in order to make a room for a fond.
나의 아버지와 나는 연못을 위한 공간을 마련하기 위해 앞뜰에 있는 작은 소나무를 옮겨 심어야 한다.

[명] 이전, 이식, 이식 수술

Another issue is the amount of time recipients need to wait to receive a kidney **transplant**.
또 다른 문제는 신장 이식을 받기 위해 수혜자가 대기해야 하는 시간입니다.

자주 쓰이는 숙어

organ transplant: 장기 이식

Day 14

0534 ★★★
attach
어태취

attachment [명] 첨부(물), 첨부파일
attached [형] 첨부된

[동] ~을 붙이다, 첨부하다

Electricity is produced when the water turns a turbine that is **attached** to a generator.
전기는 물이 발전기에 부착되어 있는 터빈을 돌릴 때 발생된다.

자주 쓰이는 숙어

be attached to: ~에 붙어 있다[첨부되어 있다]

0535 ★★★
considerable
컨씨더러블

considerably [부] 상당히

[형] 상당한(=substantial), 중요한

Most American university students graduate with a **considerable** amount of debt.
대부분의 미국 대학생들은 상당한 액수의 부채를 가지고 졸업한다.

자주 쓰이는 숙어

have a considerable impact on: ~에 상당한 영향을 끼치다

0536 ★★★
eager
이-거ㄹ

eagerly [부] 열망하여, 열심히
eagerness [명] 열망, 갈망

[형] 열망하는, 열심인

We are **eager** to start selling your line of high-quality hot sauces at our supermarkets.
저희는 저희 슈퍼마켓에서 귀하의 고급 핫 소스 제품 라인 판매를 시작할 수 있기를 간절히 바라고 있습니다.

자주 쓰이는 숙어

be eager to do: ~하기를 갈망하다, 몹시 ~하고 싶어하다
be eager in[about] -ing: 열심히 ~하다

0537 ★★★
surrender
서뤤더ㄹ

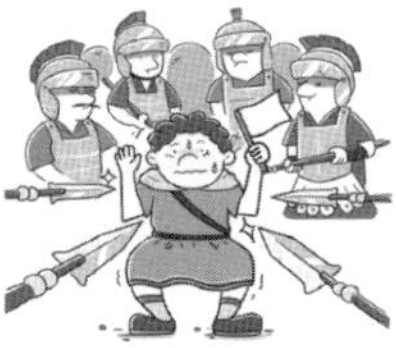

[동] 항복하다, 포기하다, 넘겨주다

The suspect hid in the sewers for 22 days before finally emerging and **surrendering** to authorities.
그 용의자는 결국 모습을 드러내 당국에 투항하기 전까지 22일 동안 하수구에 숨어 있었다.

[명] 항복, 양도, 포기

The **surrender** by Charles Cornwallis at Yorktown signaled the end of the American Revolutionary War.
요크타운에서 있었던 찰스 콘월리스의 항복이 미국 독립 전쟁의 종전 신호탄이 되었다.

0538 ★★★

prey

프뤠이

명 먹이, 희생자(=victim), 포획

Since crop-destroying rodents are common **prey** of snakes, farmers benefit from their presence.
곡물을 파괴하는 설치류가 뱀의 흔한 먹이이기 때문에, 농부들은 그 존재를 통해 이득을 누리고 있다.

동 ~을 잡아먹다, 포식하다

Scammers frequently **prey** on elderly people who are easily confused by technical or financial jargon.
사기꾼들은 흔히 기술적인 용어나 금융 용어에 의해 쉽게 혼동을 느끼는 노인들을 먹잇감으로 삼는다.

📋 자주 쓰이는 숙어

prey on[upon]: ~를 잡아먹다, ~을 먹이로 하다

0539 ★★★

tribe

트라입

tribal 형 부족의

명 부족, 집단

Uncontacted peoples, or lost **tribes**, are communities that live without interaction with greater civilization.
외부와 접촉이 없는 사람들, 즉 잃어버린 부족은 더 큰 문명 사회와의 교류 없이 사는 공동체이다.

📋 자주 쓰이는 숙어

a nomadic tribe: 유목 부족
a rival tribe: 경쟁 부족, 대항하는 부족

Day
14

0540 ★★★

accordingly

어커ㄹ딩리

according to 전 ~에 따르면, ~에 따라

부 그래서, 그런 이유로(=so, consequently), (상황에 맞춰) 적절히, 상응하도록(=correspondingly)

As the water temperature increased, the coral population died off **accordingly**.
수온이 증가할수록, 산호 개체수는 그에 따라 소멸되었다..

📋 자주 쓰이는 숙어

be adjusted accordingly: 그에 따라 조정되다

0541 ★★

surpass

써ㄹ패쓰

🅓 ~을 능가하다, 뛰어넘다(=exceed, excel), 초과하다

The crowdfunding page made for his medical expenses **surpassed** $5,000 within two hours.
그의 의료 비용을 위해 만들어진 크라우드펀딩 페이지는 2시간 만에 5천 달러를 초과했다.

> **자주 쓰이는 숙어**
>
> surpass one's expectations[knowledge]: ~의 기대[식견]를 뛰어넘다

0542 ★★

alert

얼러ㄹ엇

🅐 주의하는(=careful, attentive), 기민한, 경계하는 (=cautious)

As a security guard at Teller Labs, Paul must remain **alert** throughout his entire shift.
텔러 랩스의 보안 직원으로서, 폴은 교대 근무 전체 시간 내내 반드시 경계 상태를 유지해야 한다.

🅝 주의, 경계, 경보(=watch, alarm)

The government sends out text **alerts** on days with extreme temperatures or high air pollution levels.
정부는 극심한 기온 또는 높은 공기 오염 수준이 발생되는 날에 경보 문자 메시지를 발송한다.

> **자주 쓰이는 숙어**
>
> be on full alert for ~: ~에 대해 만반의 준비를 하다

🅥 경고하다, 알려주다

The elephant mother **alerted** nearby park rangers when her baby got stuck in a ditch.
그 어미 코끼리는 새끼가 도랑에 갇혔을 때 근처의 공원 경비대에 알렸다.

0543 ★★

capable

케이퍼블

capability [명] 능력, 가능성, 재능
incapable [형] 무능한

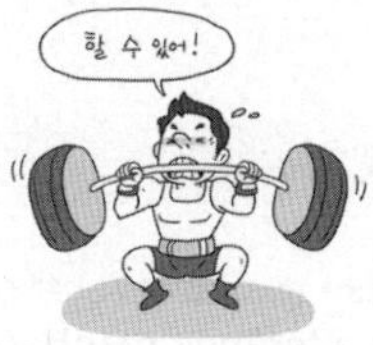

[형] 가능한, 할 수 있는(=able)

Mr. Watson felt that his son was not **capable** of taking over the family business.

왓슨 씨는 자신의 아들이 가업을 물려 받을 능력이 없다고 생각했다.

자주 쓰이는 숙어

be capable of + 명사/동명사: ~할 수 있다 (= be able to 동사원형)

0544 ★★

psychological

싸이컬**라**쥐컬

psychology [명] 심리학
psychologist [명] 심리학자

[형] 심리학의, 심리적인, 정신의(=mental)

The **psychological** demands on social workers can be grueling, so some seek regular therapy sessions.

사회 복지사가 느끼는 심리적 부담감은 매우 힘들 수 있어서, 일부는 주기적인 치료 시간을 찾는다.

자주 쓰이는 숙어

psychological illness: 정신질환
psychological demands: 심리적 부담

0545 ★★

admire

앧**마**이어ㄹ

admiration [명] 존경, 칭찬
admirable [형] 감탄할 만한, 존경할 만한

[동] 존경하다(=respect, homage), 칭찬하다

First of all, I want you to know how much I **admired** your work on the most recent ad campaign.

우선, 가장 최근의 광고 캠페인에 대한 여러분의 노력을 제가 얼마나 존경하는지 여러분께서 알아주시기를 바랍니다.

자주 쓰이는 숙어

admire A for B: B에 대해 A를 칭찬하다
admire at: ~에 감탄하다

0546 ★★
discharge
디스**촤**ㄹ쥐

🔵 방출하다, 퇴원하다, 제대하다, 해고하다, 내보내다 (=release)

Bryan was **discharged** from his military service for failing to meet the physical fitness standards.
브라이언은 신체적 건강 기준을 충족하지 못한 것으로 인해 병역에서 퇴출되었다.

🔵 발사, 방출, 해방, 퇴원, 출소

Outpatient services are available for those who require ongoing care after their **discharge** from the hospital.
외래 환자 서비스는 병원 퇴원 이후에 지속적인 관리를 필요로 하는 사람들이 이용할 수 있다.

0547 ★★
inspection
인스**펙**션

inspect 🔵 검열하다, 검사하다

🔵 검사, 검열

A closer **inspection** revealed that the patterns on the marsupial were unlike those of any other species.
더 면밀한 검사에 따르면 유대목 동물에 나타나는 패턴은 다른 모든 동물 종의 그것과 달랐던 것으로 드러났다.

📋 **자주 쓰이는 숙어**

inspection for: ~에 대한 검사

0548 ★★
enrich
인**뤼**취

enrichment 🔵 부유, 풍부, 비옥화

🔵 부유하게 하다, 풍부하게 하다

Some people assert that artificial intelligence is harmless and will greatly **enrich** all human life.
일부 사람들은 인공 지능이 해롭지 않으며, 모든 사람들의 삶을 굉장히 풍요롭게 할 것이라고 주장한다.

0549 ★★
engross
인그**뤄**우스

engrossment 🔵 전념, 몰두, 정서
engrossing 🔵 마음을 사로잡는, 열중하게 하는

🔵 (마음, 주의를) 빼앗다, 몰두시키다(=take up, absorb), 큰 글씨로 쓰다

Kumail was so **engrossed** with the film that he missed five phone calls from his wife while watching it.
쿠마일은 그 영화에 너무 몰두해서, 그것을 보는 동안 아내에게서 걸려 온 전화를 5통이나 놓쳤다.

0550 ★★

assessment

어**쎄**스먼트

assess [동] ~을 평가하다, 가늠하다 (=evaluate, appraise)

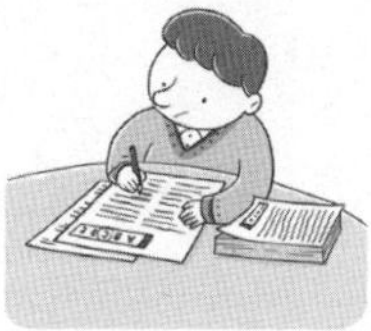

[명] 평가, 과세, 부과

A national **assessment** of the performance of elementary students in math and science had dismal results.

초등학생들의 수학 및 과학 실력에 대한 전국적인 평가에서 참담한 결과가 나왔다.

자주 쓰이는 숙어

risk assessment: 위험도 평가
assess problems: 문제를 평가[파악]하다

0551 ★

conquer

칸커ㄹ

conqueror [명] 정복자

[동] 정복하다, 극복하다, 획득하다

Ghengis Khan **conquered** the largest contiguous land mass in all history.

징기스칸은 역사를 통틀어 가장 넓은 주변 육지 면적을 정복했다.

0552 ★

acquaintance

어**퀘**인턴스

acquaint [동] 알다, 숙지시키다, 소개시키다

[명] 지인, 아는 사람

Tom told everyone at the party how he was an **acquaintance** of Lebron James back in high school.

톰은 파티에 참석한 모든 사람에게 자신이 과거 고등학교 시절에 어떻게 르브론 제임스와 아는 사이였는지를 말해 주었다.

자주 쓰이는 숙어

have some acquaintance with: ~를 좀 알고 있다
acquaint A with B: A에게 B를 알리다, 소개시키다

0553 ★

casual

캐주얼

casually [부] 자연스럽게, 편하게

[형] 약식의, 편안한(=informal, relaxed)

If you want the meeting to have a more **casual** tone, then meet at a café rather than a fancy restaurant.

회의가 더욱 편안한 분위기로 이뤄지기를 원하신다면, 고급 레스토랑보다는 카페에서 모이십시오.

자주 쓰이는 숙어

wear casual clothing[attire]: 편안한 복장을 하다

Day 14

0554 ★
vehicle
뷔-클

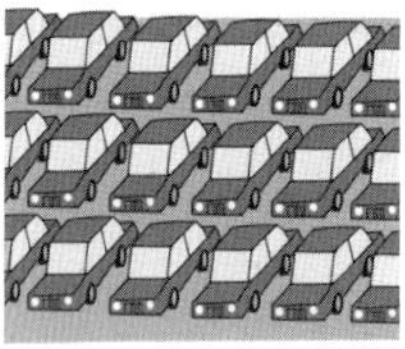

[명] 차량, 탈것

The jeepneys used for public transportation in the Philippines were originally leftover U.S. military **vehicles**.
필리핀에서 대중 교통으로 이용되는 지프니는 원래 미군 차량이 남겨진 것이었다.

0555 ★
secrete
시크**뤼**-트

secretion [명] 분비(물)

[동] ~을 분비하다(=release, emit)

The pancreas **secretes** insulin in response to high glucose levels in the blood.
췌장은 혈액 속의 높은 포도당 수준에 대응해 인슐린을 분비한다.

[동] ~을 숨기다(=conceal, hide), 비밀로 하다

The financial firm had **secreted** millions of dollars of profits in offshore accounts.
그 금융 회사는 수백만 달러의 수익을 국외 계좌에 숨겨 두었다.

0556 ★
accumulate
어**큐**뮬레잇(트)

accumulation [명] 축적, 누적
accumulative [형] 누적적인, 축적성의

[동] 축적하다, 모으다(=gather, collect), 쌓이다

At the peak of the Ty Beanie Baby craze, everyone knew someone who had **accumulated** a vast collection of the dolls.
타이 비니 베이비 열풍이 정점에 달했을 때, 모든 사람이 엄청난 양의 그 인형 소장품을 모은 사람을 알고 있었다.

0557 ★
mishap
미스햅

[명] 불행한 사건, 사고(=accident)

The ship's captain told passengers that the **mishap** was caused by a faulty radar.
그 배의 선장은 결함이 있는 레이더에 의해 그 사고가 초래되었다고 승객들에게 말했다.

자주 쓰이는 숙어

without mishap: 무사히, 사고 없이

0558 ★

pharmaceutical

빠ㄹ머쑤리컬

pharmaceutics [명] 약제학, 조제학

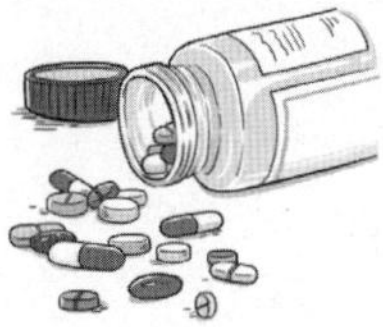

[형] 약학의, 약제의

The common plant is now being studied for its possible **pharmaceutical** uses.

그 흔한 식물은 현재 그 약용 가능성에 대해 연구되고 있다.

자주 쓰이는 숙어

a pharmaceutical company: 제약 회사

[명] 조제약, 제약

Cyndi hoped to work in **pharmaceuticals** with her degree in biochemistry.

신디는 자신의 생화학 학위를 통해 제약 분야에서 일할 수 있기를 희망했다.

0559 ★

inscribe

인스크**롸**입

inscription [명] 적힌 것, 새겨진 것, 비문, 기입

[동] 쓰다, 적다, 새기다(=carve), (이름을) 등록하다

A prophecy telling of the pharaoh's rebirth was **inscribed** on the walls of the tomb.

파라오의 부활을 알리는 예언이 그 무덤 벽에 새겨져 있었다.

자주 쓰이는 숙어

inscribe in: ~에 이름을 적다

0560 ★

pollutant

폴**루**턴트

pollute [동] 오염시키다

pollution [명] 오염

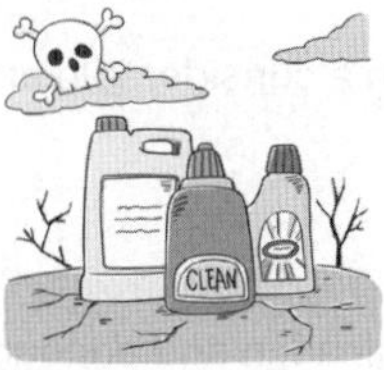

[명] 오염 물질, 오염원

House plants are an effective and aesthetic way to protect your home from common air **pollutants**.

가정용 화초는 흔한 공기 오염 물질로부터 집을 보호할 수 있는 효과적이면서 미적인 방법이다.

자주 쓰이는 숙어

environmental pollutants: 환경 오염 물질

Day 14

DAY 14 Daily Practice

○ 단어와 그에 알맞은 뜻을 연결해 보세요.

1. condition   •   • (a) 부족

2. tribe   •   • (b) 조건

3. transplant   •   • (c) 제거하다

4. remove   •   • (d) 옮겨 심다

○ 빈칸에 알맞은 단어를 선택하세요.

authority	behavior	reflected

5. The poem _____ society's growing anxiety with the demands of modern life.

6. Students with _____ issues may be transferred to another class.

7. With a collection of more than 10,000 records, Ryo was an _____ on Japanese jazz artists.

○ 밑줄 친 단어의 동의어를 고르세요.

8. Bat guano, or dung, is a valuable <u>substance</u> that is used as a powerful fertilizer.

   (a) material   (b) asset

9. Most American university students graduate with a <u>considerable</u> amount of debt.

   (a) subsidiary   (b) substantial

10. Reading fantasy novels <u>stimulates</u> a child's imagination and encourages critical thinking.

   (a) encourages   (b) reveals

정답 1. (b) 2. (a) 3. (d) 4. (c) 5. reflected 6. behavior 7. authority 8. (a) 9. (b) 10. (a)

G-TELP VOCA

DAY
01
DAY
07
DAY
13
DAY
19
DAY
25

DAY
05
DAY
11
DAY
17
DAY
23
DAY
29

DAY
06
DAY
12
DAY
18
DAY
24
DAY
30

DAY 15

PREVIEW

이미 알고 있는 단어는 미리 체크박스에 체크(☑)해보세요.

☑ shift	☐ saving	☐ limited	☐ royal
☐ agreement	☐ order	☐ donation	☐ meanwhile
☐ loan	☐ monitor	☐ religious	☐ appliance
☐ mechanical	☐ translate	☐ astronomy	☐ permit
☐ neglect	☐ productive	☐ afterward	☐ merchandise
☐ renew	☐ distinctive	☐ durable	☐ simultaneously
☐ interrupt	☐ deteriorate	☐ collision	☐ desperate
☐ substantial	☐ possess	☐ cruel	☐ invade
☐ interrogate	☐ defective	☐ relevant	☐ unprecedented
☐ rectify	☐ comprehensive	☐ equate	☐ deprive

 QR코드를 스캔하여 단어를 음원으로 들어보세요!

0561 ★★★★★

shift

쉬프트

ⓥ 장소를 바꾸다(=move), 옮기다, 바꾸다(=change)

The senator's political views **shifted** further to the right later in his career.

그 상원 의원의 정치적 시각이 경력 말미에 더욱 우파 성향으로 바뀌었다.

ⓝ 변화(=change), 전환, 이전, 전이(=transfer), 교대 (근무)

There was an obvious **shift** in the crowd's excitement when the popular rapper took the stage.

인기 있는 그 래퍼가 무대에 올랐을 때 사람들의 흥분감에 확실한 변화가 있었다.

📋 자주 쓰이는 숙어

a shift in ~: ~에서의 변화
work on rotating shifts: 교대 근무로 일하다

0562 ★★★★★

saving

쎄이빙

save ⓥ 저축하다, 저장하다

ⓝ 절약(=할인), 저금, 저축

Harold was devastated to learn that the expensive medical procedure would drain his life **savings**.

해롤드는 비용이 많이 드는 그 의료 절차가 평생의 저축액을 써버리게 할 수 있다는 사실을 알고 엄청난 충격을 받았다.

📋 자주 쓰이는 숙어

savings account: 저축예금 계좌

0563 ★★★★★

limited

리미팃

limit ⓝ 제한, 한도 ⓥ 제한하다, 한정하다
limitation ⓝ 제약, 한계

ⓐ 제한된, 한정된

You'll have a much more **limited** social life living in the countryside compared to the city.

당신은 도시에 비해 시골 지역에서 거주하면 훨씬 더 제한적인 사회 생활을 하게 될 것입니다.

📋 자주 쓰이는 숙어

for[within] a limited time: 제한된 시간 동안[내에]

0564 ★★★★★

royal

뤄이얼

royalty [명] (집합명사) 왕족, 왕위, 인세, 사용료

[형] 국왕[여왕]의, 왕족의, 왕립의

The Palace of Versailles was the **royal** residence of the French monarchy from 1682 to the French Revolution.

베르사유 궁전은 1682년부터 프랑스 혁명까지 프랑스 왕가의 왕궁이었다.

자주 쓰이는 숙어

royal family: 왕족
royal institute[museum]: 왕립 기관[박물관]

0565 ★★★★★

agreement

억-**뤼**먼(트)

agree [동] 동의하다
agreeably [부] 흔쾌히, 기분 좋게

[명] 계약(=deal, contract), 합의, 동의(=consent)

The marketing and sales teams failed to reach an **agreement** concerning the product packaging.

마케팅팀과 영업팀은 제품 포장과 관련해 합의에 이르지 못했다.

자주 쓰이는 숙어

reach an agreement: 합의에 이르다
an agreement for: ~에 대한 동의[합의]
in agreement: 합의하여
make an agreement with: ~와 계약을 맺다

0566 ★★★★★

order

오ㄹ더ㄹ

orderly [부] 질서정연한, 가지런한

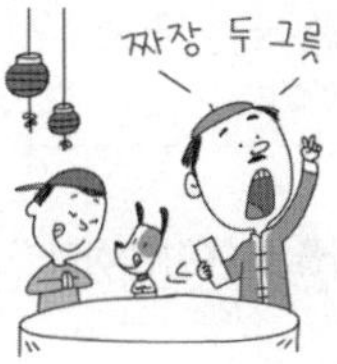

[동] 주문하다, 명령하다

After hearing the bells from the fortress, the general **ordered** his troops to stand down.

요새로부터 종 소리를 들은 후, 그 장군은 자신의 부대에 물러나도록 명령을 내렸다.

[명] 주문, 순서(=sequence), 지시(=instruction), 질서, 명령(=command)

Your **order** of six pairs of Quali-Tech wireless earbuds will arrive on March 24.

귀하의 주문 제품인 퀄리-테크 무선 이어폰 6쌍이 3월 24일에 도착할 것입니다.

자주 쓰이는 숙어

in order to do / in order that~: ~하기 위해서
in an orderly fashion[manner]: 질서 정연하게 (=in order)
place an order: 주문하다, 발주하다

0567 ★★★★
donation
도네이션

donate [동] 증여하다, 기부하다
donor [명] 증여자, 기부자

[명] 기부, 증여

A new law requires presidential candidates to reveal the sources of all major campaign **donations**.
새로운 법안은 대선 후보자들에게 모든 주요 선거 운동 기부금의 출처를 밝히도록 요구하고 있다.

자주 쓰이는 숙어

donate A to B: A를 B에게 증여하다

0568 ★★★★
meanwhile
민-와일

[부] (접속부사) 그 동안에(=meantime), 한편으로는

DC has had tepid success with its cinematic universe. **Meanwhile**, Marvel Studios has grossed over $24 billion.
DC는 자사의 영화 세계로 미온적인 성공을 거뒀다. 한편, 마블 스튜디오는 240억 달러가 넘는 수익을 올렸다.

자주 쓰이는 숙어

in the meanwhile: 그사이에, 그동안에(=in the meantime)

0569 ★★★★
loan
로운

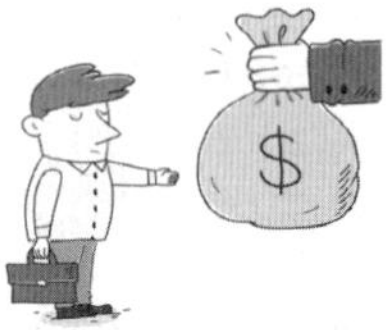

[명] 대출(금), 융자

Sebastian worked two jobs all through university so that he wouldn't need to take out any **loans**.
세바스찬은 대학 생활 내내 두 가지 일을 했기 때문에 어떤 대출도 받을 필요가 없었다.

자주 쓰이는 숙어

get[take out] a loan: 대출을 받다, 융자를 얻다
a low-interest loan: 저금리 대출금

[동] 빌려주다(=lend), 이자를 붙여 대출하다

The library **loans** laptop computers out to students, but the devices cannot be taken out of the building.
그 도서관이 학생들에게 컴퓨터를 빌려주기는 하지만, 그 기기는 건물 밖으로 가지고 나갈 수 없다.

0570 ★★★★

monitor

마니러ㄹ

monitoring [명] 감시, 관찰

[동] 관찰하다(=observe, watch), 주시하다

Doctors will then **monitor** the patient's sleeping patterns overnight to diagnose sleep apnea.

의사들은 그 후 수면 무호흡을 진단하기 위해 밤새 그 환자의 수면 패턴을 관찰할 것이다.

자주 쓰이는 숙어

monitor the performance of one's employees: ~의 직원들의 업무 성과를 관찰하다
monitor progress: 진전 상황을 감시하다

0571 ★★★★

religious

륄**리**져스

religion [명] 종교

[형] 종교의, 종교에 관한, 종교적인, 신앙심이 깊은

Though the purpose of Stonehenge is unknown, it's likely that it was a site for **religious** ceremonies.

스톤헨지의 목적이 알려져 있지는 않지만, 그곳이 종교 의식을 위한 장소였을 가능성이 있다.

자주 쓰이는 숙어

a religious leader: 종교 지도자
a religious ceremony: 종교 의식

0572 ★★★★

appliance

어플**라**이언스

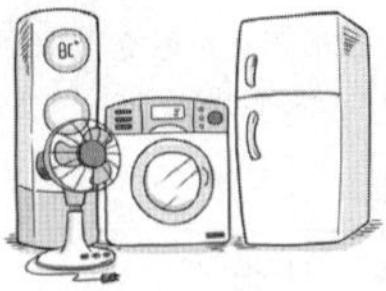

[명] 기기, 기구, 용품

Professional chefs will tell you that a sharp knife is the only food preparation **appliance** you need.

예리한 칼이 여러분께 필요한 유일한 조리 도구라는 점을 전문 요리사들이 말씀 드릴 것입니다.

자주 쓰이는 숙어

kitchen appliance: 주방용품

0573 ★★★

mechanical

머**캐**니컬

mechanic [명] 정비사, 기계공
mechanically [부] 기계적으로, 기계로

[형] 기계적인, 기계와 관련된

The aircraft had to make an emergency landing after having a **mechanical** failure in one of its engines.

그 항공기는 엔진들 중 하나에 기계적인 결함이 발생되자 비상 착륙을 해야 했다.

자주 쓰이는 숙어

mechanical engineering: 기계 공학

0574 ★★★

translate

추랜슬**레**잇(트)

translation [명] 번역

[동] 번역하다, (기호 등을) 해설하다

Her novels have been **translated** into dozens of languages.

그녀의 소설들은 수십 가지의 언어로 번역되었다.

자주 쓰이는 숙어

translate from: ~에서 번역하다

0575 ★★★

astronomy

어스트**롸**너미

astronomical [형] 천문학적인, 천문의

astronomer [명] 천문학자

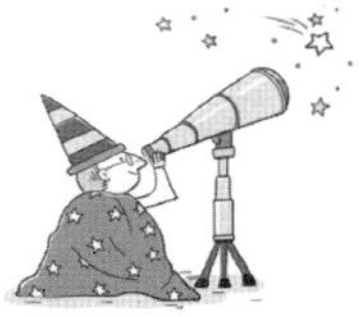

[명] 천문학

The passing of Halley's Comet every 75 years is one of the most well-known events in **astronomy**.

75년마다 핼리 혜성이 지나가는 것은 천문학에서 가장 잘 알려져 있는 일들 중 하나이다.

자주 쓰이는 숙어

an astronomical telescope: 천체 망원경

0576 ★★★

permit

[동] 퍼ㄹ**밋**

[명] **퍼**ㄹ밋

permission [명] 허가, 허락

permissible [형] 허용되는

permissive [형] 관대한

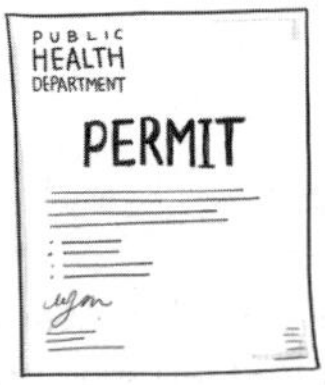

[동] 허가하다(=allow)

While concert attendees were not **permitted** to film or photograph the performance, most still did.

콘서트 참석자들이 공연을 녹화하거나 사진 촬영하도록 허용되지 않았지만, 대부분의 사람들이 그렇게 했다.

자주 쓰이는 숙어

be permitted to do: ~하는 것이 허용되다

[명] 허가증

Any filming in public parks or on the streets of Vancouver requires a **permit** from the city.

밴쿠버의 공원 또는 거리에서 이뤄지는 모든 촬영은 시에서 발급하는 허가증을 필요로 한다.

자주 쓰이는 숙어

a parking permit: 주차 허가증

written [prior] permission: 서면 [사전] 허락

0577 ★★★

neglect

니글**렉**트

neglected ⓐ 방치된, 무시된, 관심 없는
neglectful ⓐ 태만한, 게으른

ⓥ ~을 무시하다(=ignore, disregard), 얕보다, 태만히 하다

Ryan **neglected** his classes and instead focused on designing and programming his new app.
라이언은 자신의 수업을 무시하는 대신 새로운 앱을 디자인하고 프로그래밍하는 데 집중했다.

> 📋 자주 쓰이는 숙어
>
> neglect a duty: 의무를 소홀히 하다

ⓝ 무시, 경시, 태만, 간과(=oversight)

The family cabin in the Ozarks was barely standing after years of **neglect**.
오자크의 패밀리 오두막은 수년 간의 관리 소홀 끝에 거의 서 있지 못하고 있었다.

0578 ★★★

productive

프뤄**덕**티브

productivity ⓝ 생산성
productively ⓐ 생산적으로, 유익하게

ⓐ 생산적인(=fruitful)

The factory remained **productive** despite the worker strike.
그 공장은 직원 파업 문제에도 불구하고 생산적인 상태로 유지되었다.

> 📋 자주 쓰이는 숙어
>
> remain productive: 생산성을 유지하다

0579 ★★★

afterward

앱터ㄹ워ㄹ드

afterwards ⓐ 나중에, 그 후

ⓐ 뒤에, 나중에, 곧 이어

We'll watch the game at the stadium, and **afterward** we'll stop by the bar for a couple of drinks.
우리는 경기장에서 그 경기를 볼 것이며, 그 후에 몇 잔 마시러 바에 들를 것이다.

> 👍 출제 확률 UP!
>
> afterward와 afterwards는 동일한 단어이며, 미국에서는 주로 afterward를 쓰고, 영국에서는 afterwards를 사용한다.

Day
15

0580 ★★★
merchandise
머ㄹ췐다이즈

merchant [명] 상인

[명] **상품**

The sale of t-shirts and other **merchandise** at concerts provides the most profit for touring bands.
콘서트에서 판매하는 티셔츠와 기타 상품이 투어 밴드들에게 대부분의 수익을 제공한다.

0581 ★★
renew
뤼뉴-

renewal [명] 갱신, 재개, 기한 연장
renewable [형] 갱신 가능한, 재생 가능한

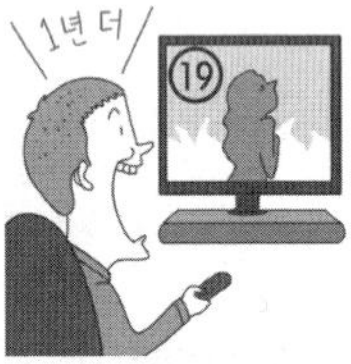

[동] **갱신하다, 재개하다, 다시 시작하다, (기한을) 연장하다(=extend, prolong)**

Producers hope that the return of the fan favorite character will **renew** viewers' interest in the series.
제작자들은 팬들이 가장 사랑하는 인물의 재등장이 그 시리즈에 대한 시청자들의 관심을 새롭게 할 수 있기를 바라고 있다.

자주 쓰이는 숙어
renew a subscription[contract]: 정기구독을[계약을] 갱신하다

0582 ★★
distinctive
디스팅팁

distinct [형] 별개의, 뚜렷한
distinctively [부] 독특하게, 특징적으로

[형] **독특한(=unique), 뚜렷한 구별이 되는(=distinguishing), 변별적인**

The **distinctive** taste of the Argentinian wine made it a favorite of the judges at the competition.
아르헨티나 와인의 독특한 맛으로 인해 대회에서 심사위원들이 가장 좋아하는 것이 되었다.

자주 쓰이는 숙어
a distinctive feature: (다른 것과 구별되는) 변별적 특성

0583 ★★
durable
듀러블

durability [명] 내구성

[형] **내구력이 있는, 오래 견디는(=lasting, enduring, persistent)**

Kevlar, developed by DuPont in 1965, is a **durable** synthetic fiber used in a variety of protective gear.
1965년에 듀퐁에 의해 개발된 케블러는 다양한 보호 장비에 사용되는 내구성이 뛰어난 합성 섬유이다.

0584 ★★

simultaneously

싸이뮬**태**니우슬리

simultaneous ⓐ 동시의, 동시에
일어나는

ⓐ 동시에, 일제히(=concurrently, at the same time)

The enormous Rothke-Slater double wall oven can roast four large turkeys **simultaneously**.
엄청난 크기의 로스케-슬레이터 이중 벽면 오븐은 4마리의 큰 칠면조를 동시에 구울 수 있다.

0585 ★★

interrupt

인터ㄹ**뤕**트

interruption ⓝ 가로막음, 방해, 중단

ⓥ 가로막다, 방해하다(=disturb, interfere), 중단시키다(=stop, discontinue, suspend)

Jake was irritated because his in-flight movie was constantly **interrupted** by announcements.
제이크는 기내 영화가 안내 방송에 의해 지속적으로 중단되었기 때문에 짜증이 났다.

0586 ★★

deteriorate

디**티**어뤼어뤠잇

deteriorating ⓐ 악화하는
deterioration ⓝ 악화, 저하

ⓥ 악화되다(=worsen), 저하하다

Peace talks continued to **deteriorate** after a reconnaissance drone was shot down over international waters.
정찰용 드론이 공해상에서 격추된 이후로 평화 회담은 계속해서 악화되었다.

> 📋 자주 쓰이는 숙어
> deteriorate into: 악화되어 ~로 변하다

0587 ★★

collision

컬**리**전

collide ⓥ 충돌하다, 부딪치다

ⓝ 충돌, 갈등

The MLB adopted a new rule in 2014 to prevent **collisions** between catchers and runners at home plate.
MLB는 홈 플레이트에서 포수와 주자 사이의 충돌을 방지하기 위해 2014년에 새로운 규정을 채택했다.

> 📋 자주 쓰이는 숙어
> collision with[against, between]: ~와의 충돌, 격돌
> head on collision: 정면 충돌

0588 ★★

desperate

데스퍼럿(트)

desperately (분) 필사적으로, 절실하게

(형) 필사적인, 자포자기의

Desperate to protect its trendy brand image, Pepsi removed the tone-deaf commercial from the air.
유행하던 자사의 브랜드 이미지를 보호하고자 필사적이었기 때문에, 펩시는 방송에서 음치 광고를 없애 버렸다.

> **자주 쓰이는 숙어**
> desperate for: ~을 몹시 갖고 싶어하는
> desperate to do: 몹시 ~하고 싶어하는

0589 ★★

substantial

썹스땐셜

substantially (분) 상당히, 실질적으로, 본질적으로

(형) 상당한(=considerable), 충분한(=ample), 실재의, 본질적인(=fundamental, essential)

Jonathan saved a **substantial** amount of money over the year by quitting smoking.
조나단은 금연을 함으로써 일 년 동안에 걸쳐 상당한 액수의 돈을 절약했다.

0590 ★★

possess

퍼제스

possession (명) 소유(물), 재산

(동) 소유하다(=own), 소지하다, 갖고 있다(=hold)

Twain **possessed** a keen sense of humor that informed his satirical works.
트웨인은 자신의 풍자적인 작품으로 알려져 있는 날카로운 유머 감각을 소유하고 있었다.

> **자주 쓰이는 숙어**
> possess oneself of: ~을 자기 것으로 만들다

0591 ★★

cruel

크루얼

cruelty (명) 잔인함, 잔인한 행위

(형) 잔인한, 잔혹한(=brutal, ruthless), 끔찍한

People accused of being **cruel** to animals have recently begun receiving harsher sentences.
동물들을 잔인하게 대한 것으로 기소된 사람들이 최근에 더욱 가혹한 형벌을 받기 시작했다.

> **자주 쓰이는 숙어**
> cruel to : ~에 대해 잔인한

0592 ★

invade

인**봬**이드

invasion [명] 침입, 침략
invader [명] 침입자

[동] ~에 침입하다, 침략하다, 침해하다(=intrude)

The opening of the New York Stock Exchange was delayed when protesters **invaded** the trading floor.
시위자들이 거래소를 침입했을 때 뉴욕 증권 거래소의 개장이 지연되었다.

0593 ★

interrogate

인**터**뤄게이트

interrogation [명] 심문, 질문

[동] 심문하다, 질문하다

Over breakfast, Naomi's parents **interrogated** her about where she had been all night.
아침 식사 내내, 나오미의 부모는 그녀에게 밤새 어디에 있었는지에 대해 질문했다.

자주 쓰이는 숙어

interrogate a suspect: 피의자를 심문하다

0594 ★

defective

디**퉥**티입

defect [명] 결함, 흠

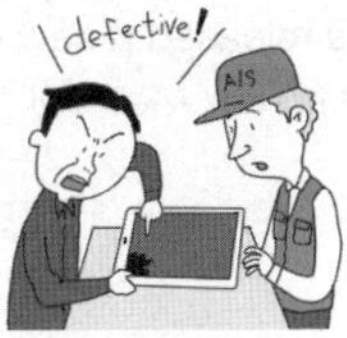

[형] 결함이 있는, 불완전한

Circuit Shop has a bad reputation for selling **defective** electronic devices.
써킷 숍은 결함이 있는 전자 기기를 판매한 것으로 인해 평판이 좋지 못하다.

자주 쓰이는 숙어

defective merchandise[product]: 결함 있는 상품

0595 ★

relevant

렐러봔(트)

relevance [명] 연관성
irrelevant [형] 무관한, 관련이 없는

[형] 관계가 있는, 관련한, 적절한(=pertinent)

A city's crime rate is also **relevant** to your decision about whether to live there or not.
한 도시의 범죄율은 또한 그곳에서 거주할 것인지 아닌지에 대한 결정과도 관련이 있다.

자주 쓰이는 숙어

relevant to: ~에 관련이 있는(=related to)

Day 15

0596 ★
unprecedented
언프**뤠**시덴티드

precede [동] 앞서다, 선행하다
precedent [명] 선례 [형] 앞서는

[형] 전례 없는, 이례적인

Natural disasters on an **unprecedented** scale are predicted to occur frequently over the next century.
전례 없는 규모의 자연 재해들이 다음 1세기 동안에 걸쳐 자주 발생될 것으로 예측되고 있다.

자주 쓰이는 숙어

in an unprecedented case: 전례없던 사례에서

0597 ★
rectify
렉터퐈이

rectification [명] 정정, 수정 (=correction)

[동] 정정하다(=correct), 수정하다(=modify), 바로 잡다

Howard returned home five years later to try to **rectify** his relationship with his brother.
하워드는 형과의 관계를 바로 잡도록 노력하기 위해 5년 후에 집으로 돌아갔다.

자주 쓰이는 숙어

rectify a fault: 잘못을 바로 잡다

0598 ★
comprehensive
컴프뤼**헨**시입

comprehensively [부] 포괄적으로, 광범위하게, 철저하게

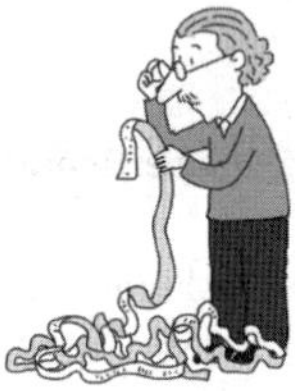

[형] 포괄적인, 종합적인, 광범위한(=extensive, broad)

Tristran Publishing has released a new edition of its **comprehensive** review book for the MCAT.
트리스트란 출판사는 의대 입학 자격 시험에 대한 종합 수험서의 새로운 판을 출시했다.

자주 쓰이는 숙어

a comprehensive inspection: 종합 점검

0599 ★

equate

이퀘잇(트)

equation ⑩ 평균화, 균일화, 방정식, 등식

🗣 **동일시하다, 일치하다**

The WHO director **equated** the current situation in Kivu with devastating epidemics of the past.

세계 보건 기구 사무총장은 키부 지역의 현 상황을 과거에 있었던 대단히 파괴적인 전염병과 동일시했다.

📋 **자주 쓰이는 숙어**

equate with: ~와 일치하다, ~와 동일시하다

0600 ★

deprive

디프롸입

🗣 **빼앗다, 박탈하다**

The report outlined how the refugees had been **deprived** of basic human rights.

그 보고서는 어떻게 그 난민들이 기본적인 인권을 박탈 당했는지를 간략히 설명했다.

📋 **자주 쓰이는 숙어**

deprive A of B: A에게서 B를 빼앗다

DAY 15　Daily Practice

○ 단어와 그에 알맞은 뜻을 연결해 보세요.

1. appliance　•　　　　• (a) 제한된
2. limited　•　　　　• (b) 번역하다
3. translate　•　　　　• (c) 기구
4. productive　•　　　　• (d) 생산적인

○ 빈칸에 알맞은 단어를 선택하세요.

distinctive	agreement	religious

5. The ＿＿＿＿＿＿＿ taste of the Argentinian wine made it a favorite of the judges at the competition.

6. Though the purpose of Stonehenge is unknown, it's likely that it was a site for ＿＿＿＿＿＿＿ ceremonies.

7. The marketing and sales teams failed to reach an ＿＿＿＿＿＿＿ concerning the product packaging.

○ 밑줄 친 단어의 동의어를 고르세요.

8. The factory remained <u>productive</u> despite the worker strike.

(a) fruitful　　　　　(b) neutral

9. While concert attendees were not <u>permitted</u> to film or photograph the performance, most still did.

(a) linked　　　　　(b) allowed

10. Kevlar, developed by DuPont in 1965, is a <u>durable</u> synthetic fiber used in a variety of protective gear.

(a) enduring　　　　　(b) vulnerable

정답 1. (c) 2. (a) 3. (b) 4. (d) 5. distinctive 6. religious 7. agreement 8. (a) 9. (b) 10. (a)

G-TELP VOCA

DAY
01

DAY
02

DAY
03

DAY
05

DAY
06

DAY
07

DAY
08

DAY
12

DAY
13

DAY
14

DAY
18

DAY
19

DAY
20

DAY
24

DAY
25

DAY
26

DAY
27

29

PREVIEW

이미 알고 있는 단어는 미리 체크박스에 체크(☑)해보세요.

☑ volunteer	☐ policy	☐ raise	☐ due
☐ throughout	☐ instant	☐ boost	☐ tuition
☐ endangered	☐ account	☐ exposure	☐ institution
☐ author	☐ combine	☐ bill	☐ intense
☐ suddenly	☐ content	☐ suitable	☐ technician
☐ assume	☐ irritation	☐ abuse	☐ opening
☐ extensive	☐ toward	☐ mistakenly	☐ prominently
☐ interfere	☐ meticulous	☐ collapse	☐ migrate
☐ endorse	☐ cautious	☐ retard	☐ depleted
☐ persistence	☐ prolific	☐ renovation	☐ upsurge

QR코드를 스캔하여 단어를 음원으로 들어보세요!

0601 ★★★★★

volunteer

발런티어ㄹ

voluntary ⓐ 자발적으로 하는

ⓝ 지원자, 자원 봉사자

Now retired, Stanley passes the time by being a **volunteer** at the local hospital.

현재 은퇴한 스탠리 씨는 지역 병원에서 자원 봉사자가 되어 시간을 보내고 있다.

ⓐ 지원의, 자발적인

Including details about any **volunteer** work you've done will make your college application stand out.

당신이 했던 모든 자원 봉사와 관련된 상세 정보를 포함하는 것은 대학 입학 지원서를 돋보이게 할 것입니다.

> **📋 자주 쓰이는 숙어**
>
> volunteer work: 자원봉사

ⓥ 자원하다, 봉사하다, 자진하다

Catharine has **volunteered** to pick her brother up at the airport once he returns from his travels.

캐서린은 남동생이 여행에서 돌아오는 대로 공항에 차로 데리러 가겠다고 자원했다.

> **👍 출제 확률 UP!**
>
> volunteer는 to부정사를 목적어로 취하는 동사이다.

0602 ★★★★★

policy

팔러시

ⓝ 정책, 방침, 보험 증권

For instance, some car insurance **policies** do not cover environmental damage, such as dents from hailstones.

예를 들어, 일부 자동차 보험 증권은 우박으로 인한 움푹한 자국 같이 환경에 의한 피해를 보상해 주지 않는다.

0603 ★★★★★

raise

뤠이즈

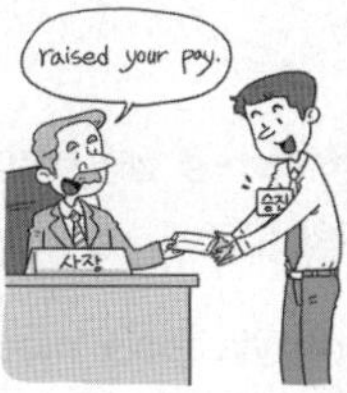

[동] 올리다, 높이다, 제기하다

The foundation was able to **raise** over $4 million for diabetes research.

그 재단은 당뇨병 연구를 위해 4백만 달러가 넘는 돈을 모금할 수 있었다.

자주 쓰이는 숙어

raise interest in: ~에 대한 관심을 높이다

[명] 상승, 인상, 올리기

The teachers' union demanded a pay **raise** of 15% to match increases in the cost of living.

교원 노조는 생활비 증가에 맞춰 15퍼센트의 급여 인상을 요구했다.

자주 쓰이는 숙어

get a raise: 급여 인상을 받다, 급여가 인상되다

0604 ★★★★★

due

듀

due to [전] ~로 인해

[형] 기한이 만료되는, ~하기로 예정된, 기인하는

The breakthrough medication is **due** to be released early next year.

그 획기적인 의약품은 내년 초에 출시될 예정이다.

자주 쓰이는 숙어

on the due date: 예정일에, 만기일에

0605 ★★★★★

throughout

쓰루아웃

[전] (장소) ~전체에 걸쳐, (시간) ~동안 내내

Service updates for the app will be released **throughout** the year.

그 앱에 대한 서비스 업데이트가 일 년 내내 공개될 것이다.

자주 쓰이는 숙어

throughout a year: 1년 내내(=all year around)

0606 ★★★★★

instant

인스턴트

instantly [부] 즉시, 즉각, 당장에

[형] 즉시의, 즉각의(=immediate, prompt)

On December 18, 2015, *Star Wars: The Force Awakens* came out in theaters and was an **instant** success.

2015년 12월 18일에, 〈스타워즈: 깨어난 포스〉가 극장에서 개봉되어 즉각적인 성공을 거뒀다.

0607 ★★★★

boost

부-숫(트)

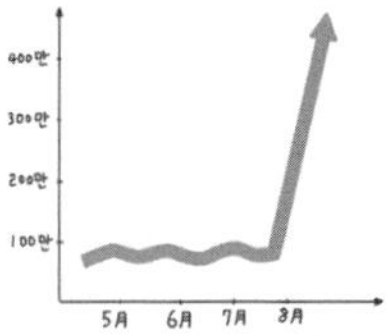

[명] 증가(=increase, rise, growth), 활력, 활기

Energy drinks can give office workers a needed **boost** in the mid-afternoon.

에너지 음료는 오후 중에 사무직 근로자들에게 필요한 활력을 제공해 줄 수 있다.

[동] ~을 신장시키다, 증대하다, ~을 향상시키다 (=improve, enhance)

Celebrity endorsements via social media sites **boosted** sales by 36% last quarter.

소셜 미디어 사이트를 통한 유명인 광고가 지난 분기에 매출을 36퍼센트 향상시켰다.

자주 쓰이는 숙어

boost sales[revenue]: 판매[수익]을 증대시키다

0608 ★★★★

tuition

튜-**이**션

[명] 수업료, 교습

The link between wealth and quality education is clear when one sees the cost of **tuition** at top private schools.

최고의 사립 학교에서 내는 수업료로 볼 때 부유함과 질 높은 교육 사이의 연관성은 분명하다.

자주 쓰이는 숙어

a tuition fee: 수업료, 등록금

0609 ★★★★

endangered

인**데**인줘ㄹ드

endanger [동] 위험에 빠트리다 (=risk, jeopardy)

[형] 멸종 위기의, 위험한

Thanks to the efforts of wildlife conservation groups, the white rhinoceros is no longer **endangered**.

야생 동물 보호 단체들의 노력으로 인해, 흰코뿔소는 더 이상 멸종 위기에 처해 있지 않다.

0610 ★★★★

account

어**카**운트

accountant [명] 회계사, 경리
accounting [명] 회계(학)

[명] 서술, 설명, 계좌, 계정

Growing tired of the vanity of social media, Jackson decided to delete his Twitter and Facebook **accounts**.

소셜 미디어의 허무함에 점점 싫증이 나서 잭슨은 자신의 트위터 및 페이스북 계정을 삭제하기로 결정했다.

자주 쓰이는 숙어

on account of: ~때문에
by all accounts: 모든 면에서
take into account: ~을 고려하다

[동] 설명하다, 차지하다

Last month's expense report forgot to **account** for the new office furniture we purchased for the 8th floor.

지난 달 지출 비용 보고서에 우리가 8층에 쓰려고 구입한 새 사무용 가구에 대해 설명하는 것을 잊었다.

자주 쓰이는 숙어

account for: ~를 설명하다, ~의 원인이 되다, (비율)을 차지하다

0611 ★★★★

exposure

익스**포**-저ㄹ

expose [동] 노출시키다

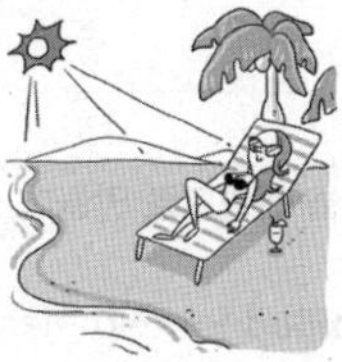

[명] 노출(=publicity), 폭로(=disclosure)

The birth of panda cubs at the zoo took some of the media **exposure** away from the political scandal.

동물원의 새끼 판다 출생으로 인해 그 정치 스캔들에 대한 언론 노출이 일부 줄어들었다.

자주 쓰이는 숙어

exposure to: ~에의 노출
be exposed(=subjected) to: ~에 노출되다, ~을 쐬다

0612 ★★★★

institution

인스티**튜**션

institute [동] 설치하다, 제정하다, 도입하다 [명] 기관, 협회

[명] 기관, 제도

Research **institutions** not only compete for talented scientists, but also for government funding.

연구 기관들은 재능 있는 과학자뿐만 아니라 정부 자금을 위해서도 경쟁한다.

0613 ★★★★
author
어쒀ㄹ

[명] 작가, 저자

The study's **authors** hope its findings will encourage parents to reconsider their children's snacks.
그 연구 내용 작성자들은 연구 결과가 부모들에게 아이들의 간식을 재고하기를 바라고 있다.

0614 ★★★★
combine
컴바인

combination [명] 결합, 조합

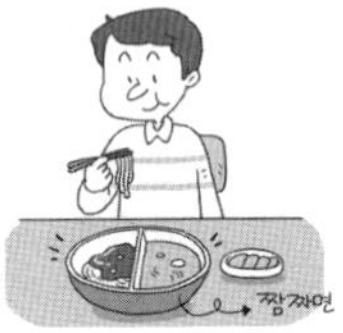

[동] 결합하다(=merge, unite, associate)

The chef **combines** Mexican dishes with Korean flavors to create unique and delicious fusion recipes.
그 요리사는 독특하고 맛있는 퓨전 조리법을 만들어 내기 위해 멕시코 요리들을 한국의 맛과 결합한다.

자주 쓰이는 숙어

combine A with B: A와 B를 결합하다

0615 ★★★★
bill
빌

billing [명] 청구서 작성 발송, 광고

[명] 계산서, 청구서, 지폐, 법안

Regina was outraged when she saw her **bill** from the cable company.
레지나는 케이블 회사에서 받은 청구서를 보고 격분했다.

자주 쓰이는 숙어

a grocery bill: 식료품점의 계산서
a ten-dollar bill: 10달러 지폐
propose a bill: 법안을 발의하다

[동] 계산서로 청구하다, ~을 목록으로 만들다

Your room was also **billed** for two meals purchased in our hotel's restaurant.
귀하의 객실은 저희 호텔 레스토랑에서 구입하신 두 번의 식사에 대해서도 요금이 청구되었습니다.

0616 ★★★★

intense

인텐스

intensify [동] ~을 격렬하게 하다
intensive [형] 집중적인, 강도 높은, 중점적인

[형] 강렬한, 심한, 격렬한, 거센

The **intense**, offensive smell of the durian has made it infamous, but its flavor is close to that of a mango.
강렬하고 불쾌한 냄새는 두리안을 악명 높은 것으로 만들었지만, 그 맛은 망고에 가깝다.

자주 쓰이는 숙어

intense pain: 극심한 고통
intense pressure: 강력한 압박

0617 ★★★

suddenly

써든리

sudden [형] 갑작스러운, 돌발적인

[부] 갑자기(=abruptly)

When Gary was nearly finished with his report, his computer **suddenly** crashed.
게리가 보고서를 거의 끝마쳤을 때 컴퓨터가 갑자기 멈췄다.

자주 쓰이는 숙어

all of a sudden: 갑자기

0618 ★★★

content

칸텐(트)

[명] 내용, 내용물, 목차(=contents), 용량

Classic literature often deals with mature **content**, but that's no reason to ban it from school libraries.
고전 문학은 종종 성인에게 어울리는 내용을 다루지만, 그것이 학교 도서관에서 그것을 금지할 이유는 아니다.

[형] 만족하고 있는, 불평이 없는

Most workers are **content** working from 9 A.M. to 5 P.M. and then returning home to their families.
대부분의 근로자들은 오전 9시에서 오후 5시까지 일한 다음에 가족이 있는 집으로 돌아가는 것에 만족한다.

[동] 만족시키다(=satisfy)

Although she was craving a fine Italian dinner, Maria **contented** herself with some leftover spaghetti.
비록 훌륭한 이탈리아 저녁 식사가 간절하기는 했지만, 마리아는 약간 남은 스파게티에 만족했다.

0619 ★★★
suitable
수-러블

suit [동] 적응시키다, 어울리다
suitability [명] 적합, 적절

[형] 적합한, 적절한, 알맞은

After potting it, place your succulent in a **suitable** location in your office that receives adequate sunlight.
화분에 심은 다음, 사무실 내에서 충분한 햇빛이 드는 적합한 곳에 다육 식물을 놓아 두십시오.

자주 쓰이는 숙어

be suitable for: ~에 적합하다

0620 ★★★
technician
텍-니션

technically [부] 기술적으로

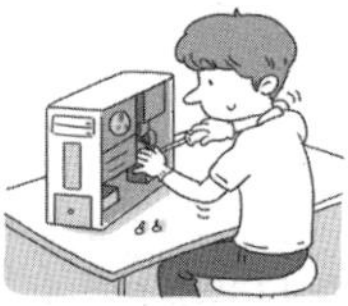

[명] 기술자, 전문가

My brother works as a **technician** for a local cable company.
내 남동생은 지역 케이블 회사에서 기술자로 근무하고 있다.

자주 쓰이는 숙어

a qualified[skilled / experienced] technician: 자격이 있는[숙련된 / 경력이 많은] 기술자

0621 ★★★
assume
어슘

assumption [명] 인수, 가정

[동] ~을 떠맡다(=take), ~을 가정하다(=suppose)

The developers **assumed** fans would be excited that it was a mobile game, but they were wrong.
개발자들은 그것이 모바일 게임이라는 점에 대해 팬들이 흥분할 것이라고 생각했지만, 잘못된 생각이었다.

자주 쓰이는 숙어

assuming that~ :~라는 가정 하에

0622 ★★★
irritation
이뤼테이션

irritate [동] 짜증나게 하다

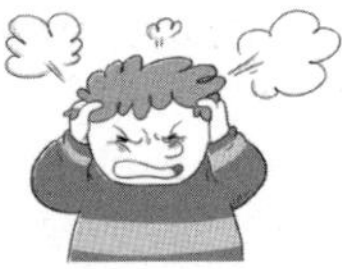

[명] 피부 자극, 짜증(=anger, annoyance)

The airline's announcement of further delays caused a great deal of **irritation** among the passengers.
추가 지연에 대한 항공사의 공지는 탑승객들 사이에서 상당한 짜증을 초래했다.

자주 쓰이는 숙어

cause irritation: 짜증을 유발하다, 피부를 자극하다

0623 ★★★
abuse
[동] 어뷰-즈
[명] 어뷰-스

abusive [형] 학대하는, 폭력적인

[동] 악용하다, 학대하다, 모욕하다

We've changed our product return policy because so many customers were **abusing** it.
너무 많은 고객들이 그것을 악용하고 있었기 때문에 저희는 제품 반품 정책을 변경하였습니다.

[명] 악용, 오용, 학대

The actor was dropped from all his upcoming projects when his child **abuse** was revealed.
그 배우는 그의 아동 학대 사실이 드러났을 때 곧 있을 모든 프로젝트에서 제외되었다.

자주 쓰이는 숙어

verbal abuse: 폭언(=words of abuse)

0624 ★★★
opening
오-프닝

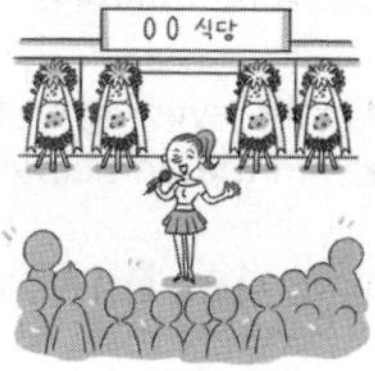

[명] 창립, 개점, 일자리, 구멍, 틈

Aside from the heavily guarded main entrance, the high-security bank lacked any **openings**.
경비가 삼엄한 중앙 출입구 외에 보안이 철저한 그 은행에는 어떠한 틈도 없었다.

자주 쓰이는 숙어

an opening in: ~에서의 채용
job opening: 일자리 채용

0625 ★★★
extensive
익스텐십

extensively [부] 널리, 광범위하게
extent [명] 범위, 정도

[형] 광범위한, 대규모의, 넓은

Displeased with the architect's blueprints, the clients demanded **extensive** revisions to the plans.
그 건축가의 설계도에 기분이 상해서, 고객들은 그 도면에 대한 대규모의 수정을 요구했다.

0626 ★★★
toward
터워-드

[전] ~의 쪽에, ~을 향하여(=in the direction of)

The humorous ad campaign for the male deodorant products was aimed **toward** a younger demographic.
남성 데오도란트 제품에 대한 유머러스한 그 광고 캠페인은 젊은 층을 대상으로 한 것이었다.

0627 ★★

mistakenly

미스**테**이크리

mistake ⑤ 착각하다, 오해하다
⑨ 착각, 오해, 실수
mistaken ⑩ 잘못 알고 있는

🔊 실수로(=incorrectly, wrongly)

The remains were **mistakenly** assumed to be human; in reality, they were discarded chicken bones.
그 유해는 사람인 것으로 잘못 추정되었는데, 실제로는 버려진 닭 뼈였다.

> **📋 자주 쓰이는 숙어**
> mistakenly inform[report] that ~: 실수로 ~라고 잘못 알리다

0628 ★★

prominently

프**라**미넌(틀)리

prominent ⑩ 두드러진, 눈에 띄는

🔊 눈에 띄게, 두드러지게

The private's heroic deed was used **prominently** in propaganda material during the war.
그 이등병의 영웅적 행동은 전쟁 중의 선전용 자료에 두드러지게 활용되었다.

0629 ★★

interfere

인터ㄹ**퓌**어ㄹ

interference ⑨ 방해, 간섭

⑤ 방해하다(=hinder), 간섭하다(=meddle)

The lectures are held in the evening so that they do not **interfere** with the participants' work schedules.
그 강좌는 참가자들의 근무 일정에 방해가 되지 않도록 하기 위해 저녁 시간에 열렸다.

> **📋 자주 쓰이는 숙어**
> interfere with: ~을 방해하다
> interfere in: ~에 간섭하다, 개입하다

0630 ★

meticulous

머**티**큘러스

meticulously ⑨ 세심하게, 주의 깊게(=carefully)

⑩ 세심한, 꼼꼼한, 주의 깊은

Copywriters often refer to the **meticulous** editing of *The New York Times* to confirm abstruse grammar rules.
광고 문구 작성자들은 난해한 문법 규칙을 확인하기 위해 흔히 「더 뉴욕 타임즈」의 꼼꼼한 편집을 참고한다.

0631 ★★

collapse

컬랩스

[동] **무너지다, 붕괴하다, 급락하다, 무너뜨리다**

The tent can be set up in minutes and easily **collapses** when it's time to pack up.

그 텐트는 몇 분만에 설치될 수 있으며, 짐 정리를 해야 할 시간이 되면 쉽게 철거된다.

[명] **붕괴, 함몰, 좌절**

Last week's hurricane caused the **collapse** of the roof.

지난 주의 허리케인이 지붕의 붕괴를 유발하였다.

자주 쓰이는 숙어

on the verge of collapse: 붕괴[파산] 직전에

0632 ★★

migrate

마이그뤠잇(트)

migration [명] 이주, 이민
immigrate [동] 이주해오다
emigrate [동] 이주하다, 이동해 나가다

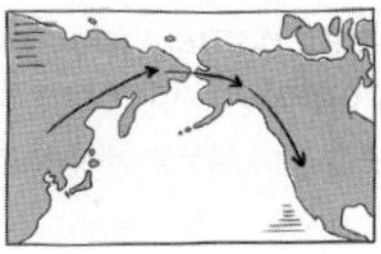

[동] **이주하다, 이동하다, 이민하다**

Wolves do not **migrate** seasonally, but they follow herds of their prey across great distances.

늑대는 계절에 따라 이동하지는 않지만, 아주 먼 거리에 걸쳐 먹이 떼를 따라 다닌다.

자주 쓰이는 숙어

migrate from A to B: A에서 B로 이주하다

0633 ★

endorse

인도어ㄹ쓰

endorsement [명] 지지, 홍보

[동] **(유명인이 제품, 기업 등을) 지지하다, 후원하다, 홍보하다, (어음, 서류 등에) 배서하다**

The New Yorker was among the first publications to **endorse** Barack Obama for president.

「더 뉴요커」는 버락 오바마를 대통령으로 지지한 첫 번째 출판물 중의 하나이다.

0634 ★
cautious
코-션

cautiously [부] 주의하는
caution [명] 주의(=attention)

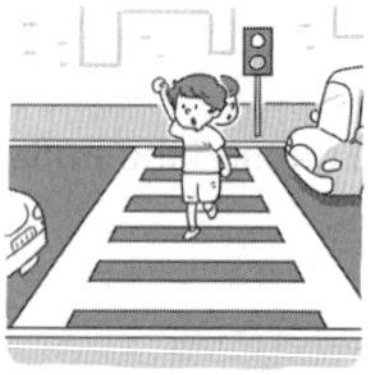

[형] **주의하는(=careful, discreet), 조심하는**

New parents are often overly **cautious** with their newborns, which is completely understandable.
처음 부모가 된 사람들은 흔히 신생아에 대해 지나치게 조심스럽게 여기는데, 이는 충분히 이해할 만한 일이다.

자주 쓰이는 숙어
cautious with: ~의 취급에 조심하는
with caution: 주의 깊게(=cautious)

0635 ★
retard
뤼**타**ㄹㄷ

[동] **더디게 하다, ~을 늦추다(=delay), 늦어지다**

The chemical was found to **retard** the blooming of certain flowers, greatly affecting the ecosystem.
그 화학 물질은 생태계에 큰 영향을 미치는 특정 꽃들의 개화를 더디게 하는 것으로 밝혀졌다.

0636 ★
depleted
디플**릿**티드

deplete [동] 고갈시키다
depletion [명] 고갈

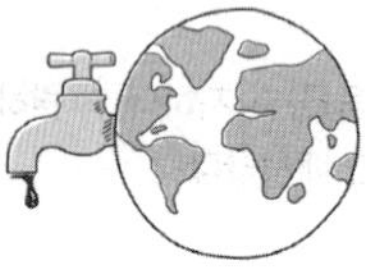

[형] **고갈된(=exhausted), 바닥난, 감소한**

Resources on the island, namely food and fresh water, were quickly **depleted** after the storm.
그 섬의 자원, 즉 식량과 깨끗한 물이 폭풍우 후에 빠르게 고갈되었다.

0637 ★
persistence
퍼ㄹ**시**스턴스

persistent [형] 지속하는, 끈기 있는

[명] **고집, 인내, 지속(=endurance)**

The diverse wildlife that has flourished around Chernobyl attests to the **persistence** of nature.
체르노빌 인근에서 번성해 온 다양한 야생 동물이 자연의 인내를 증명해 준다.

자주 쓰이는 숙어
with persistence: 끈질기게, 고집스럽게

0638 ★

prolific

프릴리픽

형 다산의, 열매를 많이 맺는, 다작의, 풍부한 (=abundant, abounding)

Orwell, in addition to his fictional work, was a **prolific** essayist, offering intelligent insights on English society.

오웰은 소설 작품뿐만 아니라 영국 사회에 대한 지적인 통찰력을 제공하는 다수의 에세이도 썼던 작가였다.

0639 ★

renovation

뤠너**붸**이션

renovate 동 ~을 보수하다

명 (시설의) 보수, 개조

An anonymous alumnus of the university donated $500,000 to fund the fitness center's **renovation**.

그 대학의 한 익명의 졸업생이 피트니스 센터 개조 공사에 자금을 제공할 수 있도록 50만 달러를 기부했다.

📋 자주 쓰이는 숙어

be undergoing renovations: 보수 공사가 진행 중이다

0640 ★

upsurge

업**써**ㄹ쥐

동 높아지다, 치솟다, 증가하다(=rise, increase, soar)

When the factories closed, unemployment and crime **upsurged** throughout the area.

공장들이 문을 닫았을 때, 실업과 범죄가 그 지역 전체에 걸쳐 급증했다.

명 갑작스러운 증가, 고조

The **upsurge** in the local deer population led the authorities to extend hunting season by one week.

지역 사슴 개체수의 급증으로 인해 당국에서 사냥 시즌을 일주일 연장했다.

DAY 16 Daily Practice

○ 단어와 그에 알맞은 뜻을 연결해 보세요.

1. throughout •   • (a) 학대하다

2. intense •   • (b) ~전체에 걸쳐

3. abuse •   • (c) 강렬한

4. suitable •   • (d) 알맞은

○ 빈칸에 알맞은 단어를 선택하세요.

bill	raise	endangered

5. The foundation was able to _____ over $4 million for diabetes research.

6. Regina was outraged when she saw her _____ from the cable company.

7. Thanks to the efforts of wildlife conservation groups, the white rhinoceros is no longer _____.

○ 밑줄 친 단어의 동의어를 고르세요.

8. Celebrity endorsements via social media sites <u>boosted</u> sales by 36% last quarter.

   (a) decreased   (b) improved

9. On December 18, 2015, *Star Wars: The Force Awakens* came out in theaters and was an <u>instant</u> success.

   (a) immediate   (b) instinct

10. The developers <u>assumed</u> fans would be excited that it was a mobile game, but they were wrong.

   (a) urged   (b) supposed

정답 1. (b) 2. (c) 3. (a) 4. (d) 5. raise 6. bill 7. endangered 8. (b) 9. (a) 10. (b)

DAY
01

DAY
02

DAY
03

DAY
06

DAY
07

DAY
08

DAY
09

DAY 17

DAY
13

DAY
14

DAY
15

DAY
19

DAY
20

DAY
21

DAY
25

DAY
26

DAY
30

PREVIEW

이미 알고 있는 단어는 미리 체크박스에 체크(☑)해보세요.

☑ regard	☐ however	☐ direct	☐ specialize
☐ traditionally	☐ figure	☐ replace	☐ review
☐ schedule	☐ recognition	☐ genetic	☐ request
☐ fee	☐ retain	☐ cure	☐ civilization
☐ craft	☐ pleased	☐ athletic	☐ instrument
☐ sophisticated	☐ result	☐ behalf	☐ vulnerable
☐ diameter	☐ wander	☐ attribute	☐ wary
☐ affluent	☐ tenant	☐ aesthetic	☐ surveillance
☐ comply	☐ disclose	☐ circumstance	☐ complimentary
☐ induce	☐ ethnic	☐ chase	☐ outdo

QR코드를 스캔하여 단어를 음원으로 들어보세요!

0641 ★★★★★

regard

뤼**가**ㄹ드

regardless of ⑳ ~에 상관없이
regarding ⑳ ~에 관하여

🔵 **간주하다, 고려하다(=consider)**

Some medical professionals **regard** "self-diagnosis" sites like WebMD with disdain.

일부 의료 전문가들은 WebMD 같은 "자가 진단" 사이트를 멸시의 관점으로 고려한다.

> 📋 **자주 쓰이는 숙어**
>
> regard A as B: A를 B로 여기다

🔵 **관심, 배려, 존경**

Though well-known in popular culture, Freud and his theories are not held in high **regard** in modern psychiatrics.

대중 문화에서 잘 알려져 있기는 하지만, 프로이트와 그의 이론은 현대 정신 의학에서 높은 평가를 받지 못하고 있다.

> 📋 **자주 쓰이는 숙어**
>
> in this regard: 이러한 점에 관해서는
> with regard to: ~에 관련한(=in regard of)

0642 ★★★★★

however

하우**에**붜ㄹ

🔵 **(접속부사) 하지만, 그러나(=nevertheless, notwithstanding), (관계부사) 얼마나 ~하더라도 (=no matter how)**

A desktop PC has great processing power. **However**, a laptop is easily portable.

데스크톱 PC는 뛰어난 처리 능력을 지니고 있다. 하지만 노트북 컴퓨터는 쉽게 휴대할 수 있다.

> 👍 **출제 확률 UP!**
>
> 문법 영역에서 앞 문장과 상반되는 의미를 나타내는 문장이 이어질 때 사용되는 접속부사로, '하지만, 그러나'라는 의미로 사용된다.

0643 ★★★★★

direct

디**렉**트 / 다이**렉**트

directly ⓟ 직접적으로, 바로
direction ⓝ 방향, 안내, 지도, 지침
director ⓝ 관리자, 감독, (회사의) 중역, 이사

ⓥ **지도하다, 관리하다, 지시하다, 안내하다, 감독하다**

One of the ushers will **direct** you to your seats.
안내원들 중의 한 명이 좌석에 안내해 드릴 것입니다.

📋 **자주 쓰이는 숙어**

direct A to do: A에게 ~하라고 지시하다
direct A to 명사: A를 ~으로 안내하다

ⓐ **똑바른, 일직선의, 직접적인, 솔직한**

While a seminar would provide more **direct** training, an online program would be much easier to schedule.
세미나가 더 직접적인 교육을 제공할 수 있는 반면, 온라인 프로그램은 일정을 잡기가 훨씬 더 쉽다.

0644 ★★★★★

specialize

스**페**셜라이즈

special ⓐ 특별한
specialty ⓝ 특수성, 전문, 전공

ⓥ **전문화하다, 특수화하다**

Before trying his hand at fiction, Mormont was a sportswriter who **specialized** in boxing.
소설에 도전하기에 앞서, 모몬트 씨는 복싱을 전문으로 했던 스포츠 기자였다.

📋 **자주 쓰이는 숙어**

specialize in -ing: ~을 전공하다, ~에 전문이다

0645 ★★★★★

traditionally

추**뤠**디셔널리

tradition ⓝ 전통(=convention, heritage)
traditional ⓐ 전통적인

ⓟ **전통적으로(=conventionally)**

The host of the talent show is **traditionally** the winner of the previous year's contest.
그 오디션 프로그램의 사회자는 전통적으로 전년도 콘테스트의 우승자이다.

0646 ★★★★★
figure
퓌규어ㄹ

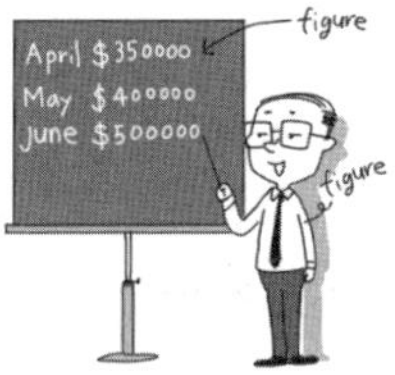

[명] 수치, 인물

The Learning Channel has launched a new documentary series that focuses on famous historical **figures**.
〈더 러닝 채널〉은 유명한 역사적 인물에 초점을 맞추는 새로운 다큐멘터리 시리즈를 시작했다.

자주 쓰이는 숙어
sales figure: 매출액

[동] 생각해내다

After six months, my father still hasn't **figured** out how to check his banking statements online.
6개월이 지났음에도, 아버지는 여전히 온라인으로 은행 거래 내역을 확인하는 방법을 이해하지 못하셨다.

자주 쓰이는 숙어
figure out: 생각해내다, 알아내다

0647 ★★★★
replace
뤼플**레**이스

replacement [명] 교체, 후임

[동] 교체하다, 대체하다, ~의 후임이 되다

One strategy for quitting smoking is to **replace** it with another habit, such as going for a walk.
금연을 위한 한 가지 전략은 산책을 가는 것과 같은 다른 습관으로 대체하는 것이다.

자주 쓰이는 숙어
replace A with B: A를 B로 교체하다

0648 ★★★★
review
뤼**뷰**

reviewer [명] 검토자, 비평가

[동] 검토하다

Over the next month, we will be **reviewing** our company's energy use and waste production.
다음 달에 걸쳐, 우리는 자사의 에너지 사용량 및 쓰레기 발생 문제를 검토할 예정이다.

[명] 검토, 평가, (사용) 후기

One popular blogger has written a **review** of nearly every pizza shop in New York City.
한 인기 블로거가 뉴욕 시에 있는 거의 모든 피자 판매점에 대한 후기를 작성했다.

0649 ★★★★

schedule

(미국) 스께쥴
(영국/호주) 쉐쥴

명 일정

My sister's **schedule** is too busy for her to have a dog, so she comes over to play with mine instead.
내 여동생의 일정은 개를 기르기에는 너무 바빠서, 대신 내 개와 놀기 위해 찾아 온다.

> 📋 자주 쓰이는 숙어
>
> on schedule: 일정대로

동 일정을 잡다

The cruise ship was **scheduled** to depart the next morning when a technician discovered the malfunction.
한 기술자가 기능 장애를 발견했을 때, 그 여객선은 다음 날 아침에 출발할 예정이었다.

> 👍 출제 확률 UP!
>
> be scheduled to do: ~하기로 예정되어 있다

* be scheduled 뒤에 빈칸이 등장하여 'to부정사(to+동사원형)'가 정답으로 출제될 수 있다.

0650 ★★★★

recognition

뤠컥**니**션

recognize 동 인식하다, 인정하다, 보답하다

명 인식(=awareness), 인정(=acceptance, acknowledgement), 보답(=reward)

In **recognition** of her work, Hodgkin was awarded the Nobel Peace Prize in Chemistry in 1964.
업적을 인정 받아, 호지킨은 1964년에 노벨 화학상을 수상했다.

> 📋 자주 쓰이는 숙어
>
> gain recognition for: ~로 인해 인정을 받아[인지도를 얻다]
> in recognition of: ~에 대한 보답으로, ~을 인정 받고

0651 ★★★★

genetic

저네틱

gene 명 유전자
genetically 부 유전적으로

형 유전적인, 유전학의

A new study suggests that a **genetic** mutation made humans susceptible to heart attacks.
새로운 연구는 유전적 돌연변이가 인간을 심장마비에 취약한 상태로 만들었음을 시사하고 있다.

> 📋 자주 쓰이는 숙어
>
> genetic manipulation: 유전자 조작

0652 ★★★★

request

뤼퀘쓰(트)

명 요청

As per your **request**, we analyzed the potential market in Pittsburgh and found several viable advertising locations.

귀하의 요청에 따라, 저희는 피츠버그의 잠재 시장을 분석했으며, 성공 가능성 있는 여러 광고 장소를 찾았습니다.

> **자주 쓰이는 숙어**
>
> as per one's request: ~의 요청에 따라(= upon request)

통 요청하다(=ask for, demand, invite)

Albania and North Macedonia have **requested** to join the European Union.

알바니아와 북마케도니아는 유럽 연합 가입을 요청했다.

> **출제 확률 UP!**
>
> request that 주어 + (should) + 동사원형: ~하는 것이 요구되다

* 당위성을 나타내는 동사로, '요청하다'라는 의미를 가진 동사 request 뒤의 that절에는 should가 생략된 동사원형이 위치한다.

0653 ★★★★

fee

뛰-

명 요금, 수수료(=charge, pay, price, cost)

An immigration agent may charge a steep **fee** depending on the complexity of your situation.

이민국 직원이 상황의 복잡성에 따라 엄청난 요금을 청구할 수도 있습니다.

> **자주 쓰이는 숙어**
>
> an insurance fee: 보험료
> admission[entrance] fee: 입장료

0655 ★★★★

retain

뤼테인

통 유지하다, 보관하다

The fruit still **retained** traces of the chemical pesticides used on the farm.

그 과일은 농장에서 사용된 소량의 화학 살충제의 흔적을 여전히 유지하고 있었다.

0655 ★★★★

cure

큐어ㄹ

curable ⓐ 치료할 수 있는, 고칠 수
있는
incurable ⓐ 불치의, 치료할 수 없
는

ⓝ 치료, 치료법, 치료제

Though a **cure** has yet to be found, treatments
can limit and even prevent most symptoms.
치료제가 아직 발견되지는 않았지만, 의학 치료가 대부분의 증상
을 제한하거나 심지어 예방해 줄 수도 있다.

📋 자주 쓰이는 숙어

cure for: ~에 대한 치료제[치료법]

ⓥ 치료하다, 치유하다, 해결하다, 개선하다

Exposure to sunlight is enough to **cure** some
minor skin irritations.
햇빛에 대한 노출은 일부 가벼운 피부 자극을 치료하기에 충분하
다.

0656 ★★★★

civilization

시블리**제**이션

civilize ⓥ 문명화하다, 교화하다

ⓝ 문명, 문명화

Agriculture and animal domestication were
the first steps toward urban **civilization** for
nomadic cultures.
농업 및 동물 길들이기는 유목 문화에 있어 도시 문명화로 향하는
첫 단계이다.

📋 자주 쓰이는 숙어

origins of ancient civilization: 고대 문명 발상지

0657 ★★★

craft

크래픗(트)

craftsman ⓝ 장인, 공예가

ⓝ 기능, 기술(=skill), 공예, 탈것

My father was a talented carpenter and hoped
that I would follow him in the **craft**.
우리 아버지께서는 능력 있는 목수였으며, 내가 그 직업을 이어가
기를 바라셨다.

📋 자주 쓰이는 숙어

arts and crafts: 미술 공예

ⓥ 정교하게 만들다

Ironhead Studios **crafts** many of the weapons,
costumes, and other props seen in Hollywood
movies.
아이언헤드 스튜디오는 할리우드 영화에서 볼 수 있는 많은 무기
와 의상, 그리고 기타 소품들을 정교하게 제작한다.

0658 ★★★

pleased

플리-즈(드)

pleasure [명] 즐거움
pleasant [형] 쾌적한, 즐거운
please [동] 즐겁게 하다, 기쁘게 하다

[형] 기쁜, 즐거운, 만족하는(=happy, delighted)

We are **pleased** to offer you a special discount as one of our long-term customers.
저희 장기 고객들 중 한 분이신 귀하께 특별 할인을 제공해 드리게 되어 기쁩니다.

자주 쓰이는 숙어

be pleased to do: ~하게 되어 기쁘다

0659 ★★★

athletic

애쓸레틱

athlete [명] 운동선수

[형] 강건한, 활발한(=robust, vigorous), 운동의

Division I is the highest tier of **athletic** competition for university sports in America.
디비전 I은 미국 대학 스포츠 운동 경기에서 가장 높은 단계이다.

자주 쓰이는 숙어

athletic competitions: 운동 경기

0660 ★★★

instrument

인스트러먼트

instrumental [형] 수단이 되는, 악기의, 기구의

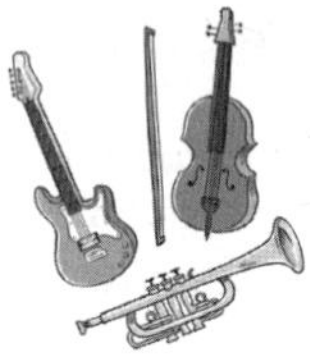

[명] 악기, 기구, 기기

Children should learn how to play traditional **instruments** so that the skills are not forgotten.
아이들이 전통 악기 연주법을 배워야 그 기술이 잊혀지지 않는다.

자주 쓰이는 숙어

play an instrument: 악기를 연주하다

0661 ★★★

sophisticated

서퓌스터케이티드

sophisticate [동] 정교하게 하다

[형] 정교한, 복잡한, 세련된

Our architecture firm specializes in **sophisticated** designs that merge aesthetic beauty and practical innovation.
저희 건축 회사는 미적 아름다움과 실용적 혁신 요소를 통합하는 세련된 디자인을 전문으로 합니다.

0662 ★★★

result

뤼**절**(트)

명 결과

Video rental stores going out of business was a direct **result** of the emergence of online streaming services.

폐업하는 비디오 대여점은 온라인 재생 서비스의 등장에 따른 직접적인 결과이다.

> **📋 자주 쓰이는 숙어**
> as a result (of): 결과적으로, (~의) 결과로

동 초래하다, 기인하다

The passage of the new law **resulted** in mass protests in several major cities.

새로운 법안의 통과가 여러 주요 도시에서 대규모 시위를 초래했다.

> **📋 자주 쓰이는 숙어**
> result in: ~을 초래하다
> result from: ~로부터 기인하다

0663 ★★★

behalf

비**해**쁘

명 이익, 대리

Since the artist could not attend the ceremony, his mother accepted the award on his **behalf**.

그 미술가가 시상식에 참석할 수 없었기 때문에, 그의 어머니께서 대신 상을 받았다.

> **📋 자주 쓰이는 숙어**
> on behalf of: ~을 대신하여(=on one's behalf)

0664 ★★

vulnerable

뷜너뤄블

vulnerability 명 약점이 있음, 공격 당하기 쉬움

I feel vulnerable.

형 취약한, 상처받기 쉬운, 약점이 있는

Coastal cities that are below sea level are most **vulnerable** to the effects of climate change.

수면보다 낮은 해안 도시들은 기후 변화의 영향에 가장 취약하다.

0665 ★★

diameter

다이**애**미러ㄹ

radius [명] 반지름

[명] 직경, 지름

The eye of a blue whale is about 15 centimeters in **diameter**, or about the size of a grapefruit.

흰긴수염고래의 눈은 직경이 약 15센티미터, 즉 대략 자몽 1개 크기 정도이다.

자주 쓰이는 숙어

in diameter: 직경이 ~인

0666 ★★

wander

완더ㄹ

wandering [형] 헤매는, 종잡을 수 없는

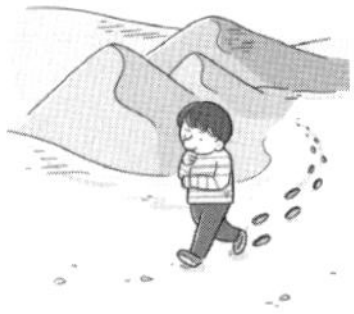

[동] (정처없이) 돌아다니다, 헤매다, 어슬렁거리다(=roam)

Teresa loved **wandering** through the streets and plazas of Barcelona.

테레사는 바르셀로나의 거리와 광장들 사이로 돌아다니는 것을 아주 좋아했다.

자주 쓰이는 숙어

wander about: 돌아다니다
wander away: 훌쩍 떠나다

0667 ★★

attribute

어트**뤼**뷰ㅌ

attribution [명] 특징, 속성

[동] 원인을 찾다, ~탓으로 돌리다

The fire marshal **attributed** the wildfire to an unattended campfire in the middle of the park.

소방국장은 산불의 원인이 공원 한 가운데에 방치되어 있던 모닥불이라고 생각했다.

자주 쓰이는 숙어

attribute A to B: A를 B의 탓으로 돌리다, A를 B의 덕분이라고 생각하다

0668 ★★

wary

웨어뤼

[형] 경계하고 있는, 조심하는, 신중한

After numerous headline-making privacy leaks, consumers became **wary** of sharing their details on social media.

대서특필되었던 다수의 사생활 유출 문제 이후로, 소비자들은 각자의 세부 정보를 소셜 미디어에 공유하는 것에 주의하게 되었다.

자주 쓰이는 숙어

be[become] wary of: ~에 대해 경계하다, ~을 주의하다

0669 ★★

affluent

애쁠루언트

affluence [명] 풍부함, 부

[형] 부유한(=rich), 풍부한(=abundant)

Students from **affluent** neighborhoods scored on average 27% higher on the exam than those from impoverished areas.

부유한 지역 출신 학생들이 빈곤 지역 출신 학생들보다 시험에서 평균 27퍼센트 더 높은 점수를 기록했다.

0670 ★★

tenant

테넌트

[명] 입주자(=resident, inhabitant), 세입자, 임차인 (=occupant)

Attention Riverland Heights **tenants**: all vehicles must be removed from Lot 81 by 8 A.M. Friday morning.

리버랜드 하이츠 입주민 여러분께 알립니다: 모든 차량은 반드시 금요일 오전 8시까지 81번 주차장에서 이동해야 합니다.

0671 ★

aesthetic

애스**쎄**릭

aesthetically [부] 미적으로, 심미적으로

[형] 미학의, 심미적인

The bleak, futuristic **aesthetic** of *Blade Runner* inspired an entire genre now known as 'cyber punk'.

〈블레이드 러너〉의 암울하고 미래적인 미학이 현재 '사이버 펑크'라고 알려진 장르 전체에 영감을 주었다.

0672 ★

surveillance

써ㄹ**뷔**일런스

surveillant [형] 감시하는

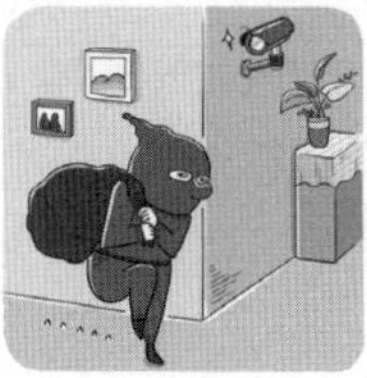

[명] 감시, 감사, 사찰

Due to the recent cases of vandalism at Gateway Park, the area will now be under constant CCTV **surveillance**.

게이트웨이 공원의 최근 공공 기물 파손 사례들로 인해, 그 지역은 이제 지속적인 CCTV 감시 하에 놓이게 될 것이다.

자주 쓰이는 숙어

keep A under surveillance: A를 감시하다

0673 ★

comply

컴플**라**이

compliance [명] 준수

[동] 따르다, 순응하다, 준수하다

We hope that all employees will **comply** with the new dress code policy.

우리는 전 직원이 새로운 복장 규정 정책을 준수하기를 바랍니다.

자주 쓰이는 숙어

comply with: (규칙 등) ~을 준수하다

0674 ★

disclose

디스클**로**우즈

disclosure [명] 발각, 폭로, 발표

[동] 공개하다(=unveil, reveal), 드러내다, 폭로하다

The journalist refused to **disclose** her source for the story to the investigators.

그 기자는 그 이야기에 대한 출처를 수사관들에게 공개하기를 거부했다.

0675 ★

circumstance

써ㄹ컴스탠스

[명] 환경, 상황

His family wanted to immigrate to America, but their **circumstances** at home didn't permit it.

그의 가족은 미국으로 이민 가고 싶어했지만, 그들의 가정 환경은 그것을 허락하지 않았다.

자주 쓰이는 숙어

under certain circumstances: 특정한 상황 하에

0676 ★

complimentary

캄플러**멘**터뤼

compliment [명] 칭찬, 찬사 [동] 치하하다

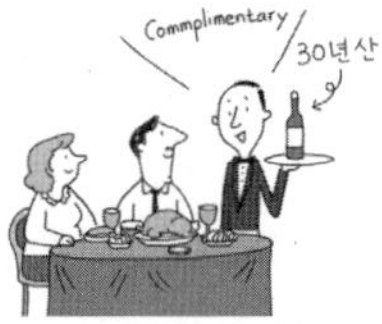

[형] 무료의(=free), 칭찬하는

Booking a two-night stay at the hotel comes with **complimentary** access to the nearby amusement park.

그 호텔에 2박의 숙박 예약은 근처의 놀이공원 무료 입장이 포함되어 있다.

0677 ★

induce

인**듀**-스

induction [명] 유도, 유발, 귀납
inducement [명] 유인, 권유, 동기

[동] 유발하다, 유도하다, ~을 귀납하다

The encroachment of the suburbs on the wilderness have **induced** local bears to begin foraging through trash.

자연 지대에 대한 교외 지역의 잠식이 지역의 곰들을 쓰레기 더미 사이로 먹이를 찾아 다니기 시작하도록 유발했다.

자주 쓰이는 숙어

induce A to do: A를 설득하여 ~하게 하다, A가 ~하도록 유발하다

0678 ★

ethnic

에쓰닉

ethnicity [명] 민족성

[형] 민족의, 인종의

The Basque people are an indigenous **ethic** group on the Iberian Peninsula.

바스크인들은 이베리아 반도의 토착 민족 집단이다.

자주 쓰이는 숙어

ethnic group: 인종 집단

0679 ★

chase

췌이스

[동] 쫓아가다, 추적하다, 추구하다(=pursue)

Next year's tennis tournament will employ puppies to **chase** down stray tennis balls.

내년에 열릴 테니스 토너먼트에서는 굴러 다니는 테니스 공을 쫓기 위해 강아지를 이용할 것이다.

자주 쓰이는 숙어

chase away: 쫓아 버리다

0680 ★

outdo

아**웃**두

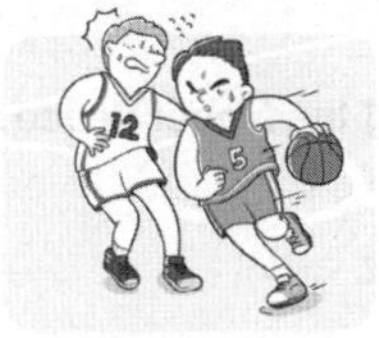

[동] ~보다 뛰어나다, 능가하다, 앞지르다(=excel, exceed, surpass)

Every Christmas, my neighbors try to **outdo** each other by putting up the most extravagant decorations.

매년 크리스마스에, 내 이웃들은 가장 화려한 장식물을 설치함으로써 서로를 앞지르기 위해 노력한다.

자주 쓰이는 숙어

outdo A in B: B에 있어서 A를 능가하다

○ 단어와 그에 알맞은 뜻을 연결해 보세요.

1. direct •   • (a) 학대하다

2. specialize •   • (b) 지도하다

3. abuse •   • (c) 정교한

4. sophisticated •   • (d) 전문화하다

○ 빈칸에 알맞은 단어를 선택하세요.

wandering	comply	vulnerable

5. Teresa loved _____ through the streets and plazas of Barcelona.

6. Coastal cities that are below sea level are most _____ to the effects of climate change.

7. We hope that all employees will _____ with the new dress code policy.

○ 밑줄 친 단어의 동의어를 고르세요.

8. We are <u>pleased</u> to offer you a special discount as one of our long-term customers.

   (a) delighted   (b) disappointed

9. The journalist refused to <u>disclose</u> her source for the story to the investigators.

   (a) reveal   (b) cover

10. In <u>recognition</u> of her work, Hodgkin was awarded the Nobel Peace Prize in Chemistry in 1964.

    (a) notice   (b) acknowledgement

정답 1. (b) 2. (d) 3. (a) 4. (c) 5. wandering 6. vulnerable 7. comply 8. (a) 9. (a) 10. (b)

DAY 01 DAY 02 DAY 03 DAY 04

DAY 07 DAY 08 DAY 09

DAY 13 DAY 14 DAY 15

DAY 19 DAY 20 DAY 21

DAY 25 DAY 26 DAY 28

DAY 18

PREVIEW

이미 알고 있는 단어는 미리 체크박스에 체크(☑)해보세요.

☑ standard	☐ contrast	☐ maintenance	☐ suffer
☐ return	☐ analyze	☐ rule	☐ manufacture
☐ valid	☐ attitude	☐ administration	☐ gene
☐ council	☐ territory	☐ urban	☐ nutrition
☐ adverse	☐ explicitly	☐ superior	☐ affiliate
☐ exceptional	☐ evoke	☐ convict	☐ deduce
☐ redeem	☐ widespread	☐ rational	☐ whereas
☐ refrain	☐ presume	☐ grievance	☐ versatile
☐ pupil	☐ corruption	☐ coalition	☐ backlash
☐ commodity	☐ allegation	☐ peruse	☐ allowance

 QR코드를 스캔하여 단어를 음원으로 들어보세요!

0681 ★★★★★

standard

스탠다ㄹ(드)

standardize [동] 표준화하다, 규격화하다
standardization [명] 표준화

[명] 표준, 기준(=criterion)

All vehicles traveling on public roads must meet government-mandated safety **standards**.
공공 도로에서 주행하는 모든 차량은 반드시 정부에서 요구하는 안전 기준을 충족해야 한다.

[형] 일반의, 표준의, 일류의

Trinity-Tech's wireless computer appliances run on **standard** batteries.
트리니티 테크 사의 무선 컴퓨터 기기들은 표준 배터리로 작동된다.

0682 ★★★★★

contrast

컨추**래**스트

[명] 차이, 대조

The national image promoted by the government was in stark **contrast** to the reality faced by its citizens.
정부에 의해 홍보되는 국가 이미지가 시민들이 직면한 현실과 극명한 대조를 이뤘다.

자주 쓰이는 숙어

in contrast to: ~와 대조하여
by contrast: 대조적으로, 그에 반해서(=in contrast)

[동] 대조되다, 대조하다

Numerous online articles were written that **contrasted** the plot of the novels with that of the television series.
그 소설의 줄거리와 텔레비전 시리즈의 줄거리를 대조한 다수의 온라인 기사들이 쓰여졌다.

0683 ★★★★★

maintenance

메인터넌스

maintain [동] 유지하다, 관리하다

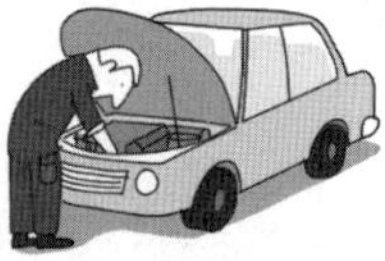

[명] 유지, 유지 보수

When purchasing a vehicle, you also want to consider what the cost of **maintenance** will be.
차량을 구입할 때, 유지 관리 비용이 얼마나 될지도 고려해 봐야 한다.

자주 쓰이는 숙어

undergo regular maintenance: 정기적인 유지 보수를 받다

0684 ★★★★★

suffer

써뿨ㄹ

suffering [형] 고통을 겪는, 고생하는

[동] 괴로워하다, 고통을 겪다, (좋지 않은 일을) 경험하다

Tennis star Taylor Young has **suffered** a devastating knee injury that may end his career.
테니스 스타 테일러 영은 자신의 경력을 끝낼 수도 있는 치명적인 무릎 부상을 겪었다.

자주 쓰이는 숙어

suffer from: (병, 고통을) 앓다, 괴로워하다, ~로 고통받다

0685 ★★★★★

return

리터ㄹ언

returnable [형] 환불 받을 수 있는, 되돌릴 수 있는

[동] 반환하다, 반품하다, 돌아오다

Customers may **return** any unopened electronics within 30 days of purchase and receive a full refund.
고객들께서는 개봉되지 않은 어떠한 전자 기기든 구입 후 30일 이내에 반품해 전액 환불을 받으실 수 있습니다.

자주 쓰이는 숙어

return A to B: A를 B로 반납하다
return to A: A로 돌아가다

[명] 반환, 수익(=profit)

On average, real estate provides the most consistent and lucrative **return** on an investment.
평균적으로, 부동산은 투자금에 대해 가장 지속적이고 높은 수익을 제공해 준다.

0686 ★★★★

analyze

애널라이즈

analysis [명] 분석
analyst [명] 분석가

[동] 분석하다

One of our experts will **analyze** your monthly budget and prepare a record of your previous spending habits.
저희 전문가들 중 한 명이 귀하의 월간 예산을 분석해 과거의 지출 성향에 대한 기록을 준비해 드릴 것입니다.

0687 ★★★★
rule
룰-

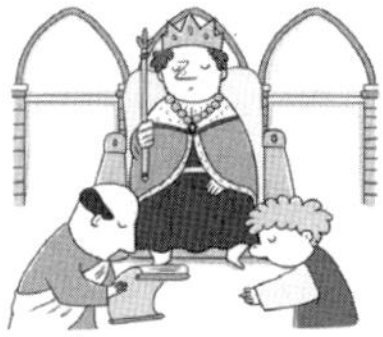

[동] **통치하다, 지배하다(=dominate, govern)**

Though having only **ruled** from 46 to 44 BC, Julius Caesar changed the course of Roman history.
불과 기원전 46년에서 44년까지 밖에 통치하지는 않았지만, 줄리어스 시저는 로마 역사의 흐름을 바꿔 놓았다.

자주 쓰이는 숙어
rule out: ~을 배제하다

[명] **규칙, 원칙, 규정**

The strict hygienic **rules** of the laboratory are meant to prevent contamination of the samples.
그 실험실의 엄격한 위생 규정은 샘플 오염을 방지하기 위한 것이다.

0688 ★★★★
manufacture
매뉴**빽**쳐ㄹ

manufacturer [명] 제조업체, 제조업자

[동] **~을 만들다, 제작하다, 제조하다**

Raven Heavy Machinery of Clifford, Tennessee, **manufactures** cranes, backhoes, and bulldozers.
테네시 주에 있는 클리포드의 레이븐 중장비 회사는 크레인과 굴착기, 그리고 불도저를 제조한다.

자주 쓰이는 숙어
be manufactured by: ~에 의해 제조되다
manufactured products: 제품

0689 ★★★★
valid
밸리드

invalid [형] 무효한, 불법의, 타당하지 않은

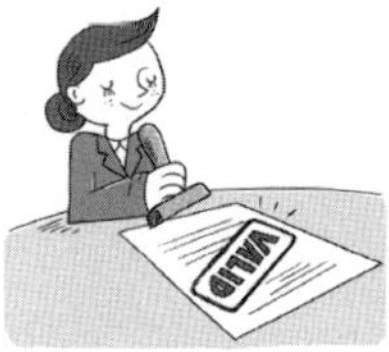

[형] **유효한, 타당한**

Only participants who possess all **valid** documents will be permitted to audition.
유효한 모든 서류를 보유한 참가자들만이 오디션을 보도록 허용될 것입니다.

자주 쓰이는 숙어
valid for : ~에 적용되는
a valid reason: 근거가 확실한 이유, 타당한 이유

0690 ★★★★

attitude

앤티튜-드

명 태도, 몸가짐

Quentin's conservative **attitude** made him well-suited for the discipline of a military career.
쿠엔틴의 보수적인 태도가 군 생활의 기강에 그가 아주 잘 어울리도록 만들어 주었다.

📋 자주 쓰이는 숙어

attitude on[toward]: ~에 대한 자세[태도]

0691 ★★★★

administration

어드미니스트뤠이션

administer 통 관리(운영)하다, 집행하다

administrative 형 행정의, 관리의, 운영의(=executive)

명 관리, 경영, 행정

Sumin was hired to oversee the day-to-day **administration** of the charity organization.
수민은 그 자선 단체의 일상적인 행정 업무를 감독하도록 고용되었다.

📋 자주 쓰이는 숙어

the Administration: (미국) 행정 당국, 정부
the administration: (기업의) 집행부, 경영진(=the management)
administrative position: 행정직

0692 ★★★★

gene

쥐인

genetic 형 유전의, 유전학의
genetics 명 유전학
genetically 부 유전적으로

명 유전자

Red hair is a recessive trait caused by a mutation on MC1R, a **gene** located on chromosome 16.
붉은 머리카락은 16번 염색체에 위치한 유전자인 MC1R의 변이에 의해 초래되는 열성 형질이다.

📋 자주 쓰이는 숙어

gene analysis: 유전자 분석

0693 ★★★

council

카운설

councilor [명] 평의원, 시의원, 고문관

[명] 의회, 위원회

The town **council** finally approved the funds for renovations at Grover Park.

시의회가 마침내 그로버 공원의 개조 공사에 필요한 자금을 승인했다.

자주 쓰이는 숙어

city council: 시의회
security council: 안전 보장 이사회

0694 ★★★

territory

테뤄토뤼

territorial [형] 영토의, 토지에 관한, 지역적인

[명] 영토, 영역, 지역

Charlemagne controlled a vast **territory** that is now referred to as the Carolingian empire.

샤를마뉴 대제는 현재 카롤링거 제국으로 일컬어지는 광대한 영토를 통치했다.

자주 쓰이는 숙어

capital territory: 수도권

0695 ★★★

urban

어ㄹ번

urbanize [동] 도시화하다
urbanization [명] 도시화

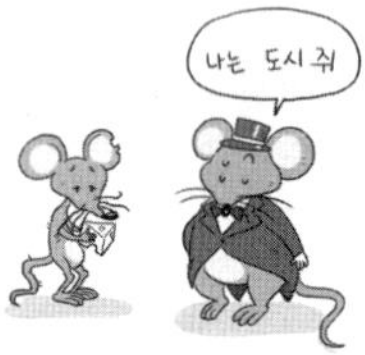

[형] 도시의, 도심의

Some people who grew up in rural areas cannot adjust to cramped **urban** living spaces.

시골 지역에서 자란 일부 사람들은 도시의 비좁은 거주 공간에 적응하지 못한다.

자주 쓰이는 숙어

urban development: 도시 개발

0696 ★★★

nutrition

뉴트**뤼**션

nutritional [형] 영양의, 영양에 관한

[명] 영양 섭취, 영양분(=nourishment)

Children should learn about the importance of **nutrition** so that they can establish healthy life habits early on.

아이들은 초기에 건강한 생활 습관을 확립할 수 있도록 영양 섭취의 중요성에 관해 배워야 한다.

0697 ★★★

adverse

애드붜ㄹ스

adversely ⓟ 불리하게, 부정적으로,
반대로

ⓐ 부정적인(=negative), 불리한, 해로운(=harmful),
반대의(=opposite)

Heavy fog and precipitation create **adverse**
driving conditions that increase the likelihood
of accidents.
짙은 안개와 엄청난 강수량이 사고 발생의 위험성을 높이는 불리
한 주행 환경을 조성한다.

> 📋 **자주 쓰이는 숙어**
>
> have an adverse effect on: ~에 부정적인 영향을 끼치다
> adversely affect: ~에 악영향을 미치다

0698 ★★★

explicitly

익스플리시틀리

explicit ⓐ 명확한

ⓟ 솔직하게, 명확하게, 분명하게(=clearly, obviously,
apparently)

The park's rules **explicitly** state the visitors
may not imbibe alcohol while on the premises.
그 공원의 규정은 방문객들이 공원 부지에 있는 동안 술을 마실
수 없다고 명확하게 명시하고 있다.

0699 ★★★

superior

서피어뤼어ㄹ

ⓐ 우수한(=excellent), 상급의(=advanced,
senior), (~보다) 우월한(=better)

Obviously, freshly caught wild salmon has
a **superior** flavor compared to farm-raised
salmon.
명백하게도, 갓 잡은 야생의 연어가 양식으로 자란 연어에 비해 우
수한 맛을 지니고 있다.

> 📋 **자주 쓰이는 숙어**
>
> superior to : ~보다 우월한, ~보다 위의

Day
18

0700 ★★★

affiliate

어삘리**에**잇

affiliation [명] 제휴

[명] 계열사, 지점(=branch, location)

The protagonist is the butler of a minor British lord who had German **affiliates** in the years leading up to World War II.

그 주인공은 2차 세계 대전으로 이어지던 시기에 독일 계열사를 보유하고 있던 한 영국인 하급 귀족의 집사였다.

[동] 제휴하다, 합병하다(=merge), 연합하다(=associate)

Many sponsors wished to no longer **affiliate** themselves with the talk show host after his incendiary remarks.

많은 후원업체들이 그 토크쇼 진행자의 선동적인 발언 후에 더 이상 그와 제휴하기를 원하지 않았다.

자주 쓰이는 숙어

affiliate A with[to] B: A를 B와 제휴하다, A가 B에 회원이 되다

0701 ★★

exceptional

익**쎕**셔널

exception [명] 예외
exceptionally [부] 특히, 대단히

[형] 예외적인, 대단한, 아주 뛰어난(=great, excellent, outstanding)

The documentary won numerous awards for its **exceptional** cinematography and production.

그 다큐멘터리는 아주 뛰어난 촬영술과 제작으로 인해 수많은 상을 받았다.

0702 ★★

evoke

이**보**우크

evocative [형] 환기시키는, 생각나게 하는
evocation [명] 환기, 유발

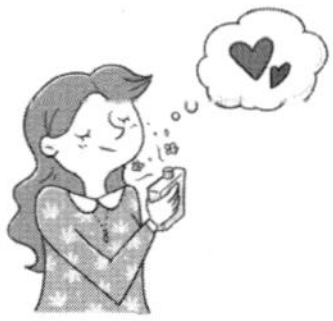

[동] (기억, 감정 등을) 불러일으키다, 환기시키다

Natalie's photography **evokes** a feeling of nostalgia in the viewer.

나탈리의 사진은 보는 사람에게 향수의 감정을 불러일으킨다.

자주 쓰이는 숙어

evoke a feeling of ~: ~의 감정을 불러일으키다

0703 ★★

convict

컨빅트

conviction [명] 유죄 판결, 확신, 신념
convicted [형] 유죄를 선고 받은

[동] 유죄를 선고하다

Being **convicted** of a crime will affect an individual for the rest of his or her life.

범죄에 대해 유죄 선고를 받는 것은 한 사람에게 남은 일생 동안 영향을 미치게 될 것이다.

자주 쓰이는 숙어

convict A of B: A에게 B를 선고하다

[명] 유죄 선고를 받은 사람, 죄수

The Louisiana State Penitentiary, the largest prison in the United States, holds more than 5,000 **convicts**.

미국에서 가장 규모가 큰 감옥인 루이지애나 주립 교도소는 5,000명이 넘는 죄수들을 수감하고 있다.

자주 쓰이는 숙어

ex-convict: 전과자

0704 ★★

deduce

디듀스

deduction [명] 추론, 공제, 차감액
deductive [형] 연역적인, 추리의

[동] (이미 알려진 사실, 근거를 통해) 추론하다, 연역하다(=infer), 추정하다(=suppose)

Seismologists **deduced** that the earthquake's epicenter occurred near Palmdale along the San Andreas Fault.

지진학자들은 그 지진의 진원지가 샌 안드레아스 단층을 따라 팜데일 근처에서 발생된 것으로 추정했다.

자주 쓰이는 숙어

be deduced from: ~로부터 추론되다

0705 ★★

redeem

뤼딤

redemption [명] 구원, 상환

[동] (쿠폰을) 상품과 바꾸다, (저당물을) 되찾다, 변제하다, 상환하다

Coupons sent to your email may be **redeemed** while shopping online or printed and used in-store.

이메일로 발송된 쿠폰들은 온라인으로 쇼핑하시는 동안 상품으로 교환하시거나, 인쇄해 매장에서 사용하실 수 있습니다.

자주 쓰이는 숙어

be redeemed to do: ~하도록 교환되다

0706 ★★

widespread

와이드스프뤠드

ⓗ 일반적인, 만연한, 널리 퍼진(=prevailing, popular, prevalent)

Bizarre conspiracy theories are now **widespread**, which is most likely due to the popularity of internet videos.
기이한 음모론이 현재 널리 퍼져 있는 상태이며, 그것은 인터넷 동영상의 인기로 인한 것일 가능성이 크다.

0707 ★★

rational

뢔셔늘

rationalize ⓥ ~을 합리화하다
rationale ⓝ 근본적 이유, 근거
(=reason)

ⓗ 합리적인, 이성적인, 분별 있는

A good essay does not need fancy prose; it only needs a **rational**, well-supported argument.
좋은 에세이는 화려한 산문체를 필요로 하지 않으며, 오직 합리적이고 잘 뒷받침된 주장만 필요하다.

0708 ★★

whereas

웨어뢔즈

ⓒ ~인 반면에(=while), ~인데 반하여

A left-brain dominant individual may pursue a career in science or math, **whereas** a right-brain person may have more artistic ambitions.
좌뇌가 우세한 사람은 과학이나 수학 분야에서 경력을 추구할 수 있는 반면, 우뇌가 발달한 사람은 더 큰 예술적인 포부를 지니고 있을 수 있다.

> 👍 **출제 확률 UP!**
> 주절과 비교하여 상반되는 내용의 문장을 이끄는 부사절 접속사이다.

0709 ★★

refrain

뤼쁘뤠인

ⓥ 삼가다, 자제하다

When visiting his bullheaded grandfather, George **refrained** from discussing politics with him.
황소고집이신 할아버지를 방문했을 때, 조지는 정치에 관한 이야기를 하는 것을 삼갔다.

> 📋 **자주 쓰이는 숙어**
> refrain from -ing: ~하는 것을 삼가다

0710 ★★

presume

프뤼쥼

presumably [부] 아마, 추정하건대
presumption [명] 추정

[동] 추정하다, 가정하다(=suppose), 추측하다

The newly discovered planet is **presumed** to be able to support life.

새롭게 발견된 행성은 생명을 부양할 수 있는 것으로 추정되고 있다.

자주 쓰이는 숙어

It is presumed that ~ : ~라고 추정되다(be presumed to do)

0711 ★

grievance

그뤼-번스

[명] 불만, 불평(=complaint)

Several employees filed **grievances** after the manager told an inappropriate joke during the meeting.

그 부서장이 회의 중에 부적절한 농담을 말한 후에 몇몇 직원들이 불만을 제기했다.

자주 쓰이는 숙어

file a grievance: 불만을 제기하다

0712 ★

versatile

뷔ㄹ서틀

versatility [명] 다재다능, 변덕

[형] 다재다능한(=capable, competent), 만능의, 변하기 쉬운, 변덕스러운(=capricious, fickle, changeable)

Modern gaming consoles are **versatile** entertainment devices that can do far more than just play games.

요즘 게임기들은 단지 게임을 하는 것보다 훨씬 더 많은 것을 할 수 있는 만능 오락 기기이다.

0713 ★

pupil

퓨-필

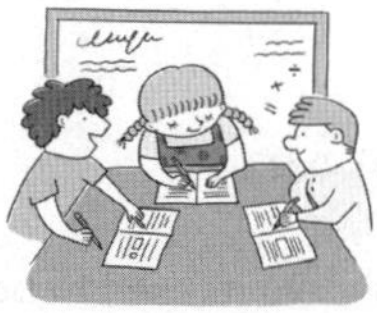

[명] 학생(=student), 제자

Plato was a **pupil** of Socrates and recorded the philosopher's dialectic method in his *Dialogues*.

플라톤은 소크라테스의 제자였으며, 자신의 『대화편』에 철학자 소크라테스의 변증법을 기록해 두었다.

[명] 눈동자, 동공

Sam had to wear special sunglasses for the rest of the day since his **pupils** were dilated during his eye exam.

샘은 눈 검사 중에 동공이 확장되었기 때문에 남은 하루 동안 특별 선글라스를 착용해야 했다.

0714 ★

corruption

커럽션

corrupt ⓐ 부정한, 타락한 ⓥ 부패시
키다, 타락하다

ⓝ 부패, 타락, 비리, 부정 행위

Several council members were accused of
corruption when the details of the construction
contract came to light.
그 공사 계약서의 세부 사항이 공개되었을 때 의회의 몇몇 의원들
이 부정 행위로 기소되었다.

0715 ★

coalition

코우얼리션

ⓝ 연합(=ally, union), 제휴, 합동

The town's small business owners formed
a **coalition** to protest the plans for the new
supercenter.
그 도시의 소기업 소유주들은 새로운 대형 할인점에 대한 계획에
반대하기 위해 연합했다.

> **📋 자주 쓰이는 숙어**
>
> coalition forces: 연합군
> form a coalition: 동맹을 맺다, 연합하다

0716 ★

backlash

백래쉬

ⓝ 반발(=protest, opposition, criticism), 반동, 역행

The film faced a lot of **backlash** for its
sympathetic portrayal of the notorious criminal.
그 영화는 악명 높은 범죄자에 대한 동정 어린 묘사로 인해 많은
반발에 직면했다.

0717 ★

commodity

커모디티

ⓝ 상품(=merchandise, product, goods)

Spices were a vital **commodity** in antiquity and
led to cultural exchanges between historical
civilizations.
향신료는 고대에 아주 중요한 상품이었으며, 그것이 역사적인 문
명 국가들 사이에서 문화 교류를 이끌었다.

> **📋 자주 쓰이는 숙어**
>
> a vital commodity: 필수 상품, 중요한 상품

0718 ★

allegation

앨리게이션

ⓝ 의혹, 혐의, (증거 없는) 주장

The politician's supporters refused to believe
the **allegations**, no matter the evidence.
그 정치인의 지지자들은 증거와 상관없이 그 혐의를 믿으려 하지
않았다.

0719 ★

peruse

퍼루-즈

perusal [명] 정독, 숙독(=intense reading)

[동] ~을 정독하다(=read thoroughly), ~을 자세히 읽다, 자세히 조사하다(=review)

As a child, Roberto **perused** his local library daily and always left with an armful of books.

어린 아이였을 때 로베르토는 매일 지역 도서관을 자세히 살펴 본 다음, 항상 책을 한아름 들고 갔다.

Day 18

0720 ★

allowance

얼라우언스

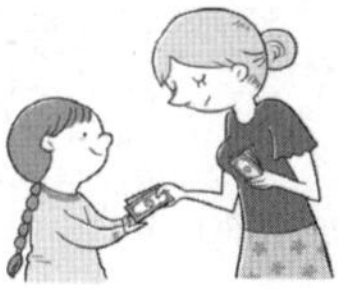

[명] 용돈, 수당, 허락, 허용량

Employees attending the seminar will receive a daily **allowance** that will cover transportation and meal costs.

그 세미나에 참석하는 직원들은 교통비와 식비를 충당할 일일 수당을 받게 될 것이다.

자주 쓰이는 숙어

travel allowance: (정해진) 여행 비용
baggage allowance: 수화물 허용량

○ 단어와 그에 알맞은 뜻을 연결해 보세요.

1. return •   • (a) 반품하다

2. manufacture •   • (b) 태도

3. analyze •   • (c) 제조하다

4. attitude •   • (d) 분석하다

○ 빈칸에 알맞은 단어를 선택하세요.

contrast	urban	valid

5. Only participants who possess all _____ documents will be permitted to audition.

6. The national image promoted by the government was in stark _____ to the reality faced by its citizens.

7. Some people who grew up in rural areas cannot adjust to cramped _____ living spaces.

○ 밑줄 친 단어의 동의어를 고르세요.

8. The documentary won numerous awards for its <u>exceptional</u> cinematography and production.

   (a) external   (b) outstanding

9. Once bizarre conspiracy theories are now <u>widespread</u>, most likely due to the popularity of internet videos.

   (a) prevalent   (b) preliminary

10. Obviously, freshly caught wild salmon has a <u>superior</u> flavor compared to farm-raised salmon.

    (a) better   (b) superficial

정답 1. (a) 2. (c) 3. (d) 4. (b) 5. valid 6. contrast 7. urban 8. (b) 9. (a) 10. (a)

DAY 01   DAY   DAY 03   DAY 04   DAY 06

DAY 11   DAY 12

DAY 16   DAY 17   DAY 18

DAY 22   DAY 23   DAY 24

DAY 28   DAY 29   DAY 30

G-TELP VOCA

DAY 19

PREVIEW

이미 알고 있는 단어는 미리 체크박스에 체크(☑)해보세요.

☑ fact	☐ forward	☐ contribute	☐ focus
☐ relatively	☐ strain	☐ regardless	☐ motivate
☐ frankly	☐ breed	☐ overwhelming	☐ annoying
☐ recruitment	☐ emerge	☐ terminate	☐ mature
☐ thoroughly	☐ drawback	☐ uncover	☐ conservation
☐ fulfill	☐ introverted	☐ inquire	☐ external
☐ depressed	☐ obligation	☐ component	☐ dismiss
☐ dispatch	☐ ailment	☐ compliance	☐ subordinate
☐ congestion	☐ agitated	☐ allegedly	☐ sediment
☐ adequate	☐ profound	☐ worthwhile	☐ blast

 QR코드를 스캔하여 단어를 음원으로 들어보세요!

0721 ★★★★★
fact
뽹(트)

[명] 사실, ~라는 점

Some of the fast food restaurant's hamburgers are **in fact** more nutritious than its salads.
그 패스트푸드 레스토랑의 일부 햄버거는 사실 그곳의 샐러드보다 더 영양가가 높다.

자주 쓰이는 숙어
the fact that절: ~라는 사실
in fact: 사실은, 실제로

출제 확률 UP!
in fact는 문장 전체를 수식하여 앞서 언급된 내용을 요약, 강조 또는 부정하는 내용의 문장 앞에 사용된다.

0722 ★★★★★
forward
뿨ㄹ워ㄹ(드)

[부] 계속, 앞으로

After much deliberation, the directors of HM Energy decided to move **forward** with the pipeline project.
많은 숙고 끝에, HM 에너지 사의 이사들은 그 파이프라인 프로젝트를 계속 추진하기로 결정했다.

자주 쓰이는 숙어
look forward to -ing: ~하기를 고대하다

[동] (제3자에게) 전송하다(=direct)

My aunt always **forwards** me emails about job opportunities in my hometown.
이모는 항상 고향에서의 구직 기회에 관한 이메일을 나에게 보내 준다.

자주 쓰이는 숙어
forward A to B: A를 B에게 전달하다

0723 ★★★★★

strain

스트뤠인

⑤ 잡아당기다, 긴장시키다, 몸을 상하게 하다

The increased use of air conditioning systems during a heat wave **strains** the city's electrical grid.

폭염 중의 에어컨 시스템 사용 증가는 그 도시의 전력망에 무리를 준다.

⑥ (근육, 육체의) 긴장(=nervousness), 부담, 염좌

Recalling the faulty vehicles would put another **strain** on the company's already dire financial situation.

결함이 있는 차량을 리콜하는 것은 이미 심각한 그 회사의 재정 상황에 또 다른 부담을 줄 수 있다.

📋 **자주 쓰이는 숙어**

put a strain on: ~을 짓누르다, ~에 부담을 주다

⑥ 계통(=lineage), 동족, 종류(=kind)

A new **strain** of the avian flu has appeared in southern Cambodia.

새로운 종류의 조류 독감이 캄보디아 남부 지역에서 나타났다.

📋 **자주 쓰이는 숙어**

familial strain: 혈통, 가계

0724 ★★★★★

focus

뿨커스

⑤ 중점을 두다, 집중하다(=concentrate)

Effective development teams will **focus** on the most immediate issues and prioritize accordingly.

유능한 개발팀들이 가장 당면한 사안들에 집중해 그에 따라 우선적으로 처리할 것이다.

📋 **자주 쓰이는 숙어**

focus on: ~에 집중하다, ~에 중점을 두다

⑥ 초점, 중점

While improving education is the **focus** of the bill, it also expands certain welfare programs.

교육을 개선하는 것이 그 법안의 초점이기는 하지만, 그것은 또한 특정 복지 프로그램들도 확대하고 있다.

0725 ★★★★★

relatively

뤨러팁(을)리

relative ⓐ 상대적인 ⓐ 친척
relation ⓝ 관계

⊕ 상대적으로, 비교적(=comparatively)

The price of the television online was **relatively** cheap compared to its price in the electronics mart.

온라인 상의 텔레비전 가격이 전자제품 마트 가격에 비해 상대적으로 저렴하다.

> 📋 **자주 쓰이는 숙어**
>
> relatively + 형용사: 상대적으로 ~한

0726 ★★★★★

contribute

컨트뤼븃

contribution ⓝ 기부(금), 공헌, 기여

⊕ 공헌하다, ~을 기부하다

Tony **contributed** numerous ideas for the new ad campaign, but his supervisor turned them all down.

토니는 새 광고 캠페인에 대한 다수의 아이디어를 제공했지만, 그의 상사는 그것들을 모두 거절했다.

> 📋 **자주 쓰이는 숙어**
>
> contribute A to[for] ~: ~에 A를 기부하다[기여하다]

0727 ★★★★

regardless

뤼가ㄹ들리스

⊕ 개의치 않고, (~에) 관계없이 (of)

The festival is held the last weekend of July **regardless** of the weather.

그 축제는 날씨에 상관없이 7월 마지막 주말에 개최된다.

> 📋 **자주 쓰이는 숙어**
>
> regardless of: ~에 관계없이, ~을 개의치 않고

0728 ★★★★

motivate

모리붸잇(트)

motivation ⓝ 동기, 의욕
motivated ⓐ 의욕이 있는

⊕ 동기를 부여하다(=stimulate, inspire, encourage), 자극하다

Sales incentives are one way to **motivate** an uninspired workforce.

판매 장려책은 활기 없는 직원들에게 동기를 부여하는 한 가지 방법이다.

> 📋 **자주 쓰이는 숙어**
>
> motivate A to do: ~하도록 A에게 동기를 부여하다

0729 ★★★★

frankly

쁘**뢩**클리

frank ⓐ 솔직한, 거리낌없는
(=candid, outspoken)

🔹 솔직히(=honestly), 사실(=in fact)

Frankly speaking, the director described the difficulties he had working with his lead actor on set.
솔직하게 말해서, 그 감독은 촬영장에서 주연 배우와 함께 작업하면서 겪은 어려움을 설명했다.

> 📋 자주 쓰이는 숙어
>
> frankly speaking: 솔직히 말해서(=to tell the truth)

0730 ★★★★

breed

브**뤼**-드

breeding ⓝ 사육, 번식, 품종 개량

🔹 (새끼를) 낳다, 기르다, 사육하다, 가르치다

Manatees generally **breed** during the spring and summer, though mating can occur any time of year.
해우는 보통 봄철과 여름철 중에 새끼를 낳지만, 짝짓기는 연중 언제든지 있을 수 있다.

🔹 품종, 혈통, 유형

While similar in appearance to the Shiba Inu and the Akita, the Jindo is a distinct dog **breed** from Korea.
시바 이누 및 아키타와 외모상으로 유사하기는 하지만, 진돗개는 분명한 한국의 견종이다.

> 📋 자주 쓰이는 숙어
>
> a breed of: ~ 유형의, 종류의

0731 ★★★★

overwhelming

오우붜**웰**밍

overwhelm ⓥ 압도하다, 제압하다
overwhelmingly ⓐ 압도적으로

🔹 압도적인(=overpowering), 불가항력의
(=irresistible)

The proposal to increase the legal age for tobacco purchases to 21 received **overwhelming** support.
담배 구입에 대한 법적 허용 연령을 21살로 올리자는 제안이 압도적인 지지를 얻었다.

> 📋 자주 쓰이는 숙어
>
> an overwhelming majority: 압도적 다수

0732 ★★★★

annoying

어노잉

annoy [동] 성가시게 하다
annoyed [형] 짜증난, 화가 난

[형] **성가시게 하는, 짜증나는, 거슬리는(=irritating, bothering)**

Annoying mobile games that clutter the users' phones with pointless notifications receive negative reviews.

사용자의 전화기를 무의미한 알림 메시지로 어수선하게 채우는 성가신 모바일 게임들이 부정적인 평가를 받고 있다.

0733 ★★★★

recruitment

뤼크루트먼트

recruit [동] 채용하다, 인재를 발굴하다 [명] 신입사원(=newcomer, hire)

[명] **채용, 발굴, 모집**

The **recruitment** of talented designers has always been the top priority of Canal Fashion and Decor.

재능 있는 디자이너의 채용이 항상 카날 패션 앤 데코 사의 최우선 과제였다.

자주 쓰이는 숙어

cut down on recruitment: 신규 모집을 줄이다

0734 ★★★★

emerge

이머ㄹ쥐

emergence [명] 출현, 등장, 발생

[동] **나타나다, 등장하다, 드러나다(=appear, arise)**

Lipscomb National has **emerged** as a leader in the steel industry.

립스콤 내셔널 사가 철강 업계에서 선두주자로 떠올랐다.

자주 쓰이는 숙어

emerge as a leader among ~: ~중에서 선두로 부상하다
emerge from: ~에서 벗어나다

0735 ★★★

terminate

터ㄹ머네잇

termination [명] 종료, 종결, 만기

[동] **끝내다, 종결시키다, 종료하다(=discontinue, end, cease)**

If the nuclear power plant in Circleville closes, over 2,000 jobs will be **terminated**.

서클빌에 있는 원자력 발전소가 문을 닫는다면, 2,000개가 넘는 일자리가 사라질 것이다.

자주 쓰이는 숙어

terminate one's contract: 계약을 종료하다

0736 ★★★

mature

머**츄**어ㄹ

maturity 뗑 성숙, 만기

형 성숙한, 잘 익은

The best children's literature approaches **mature** themes in an accessible and entertaining way.
최고의 아동 문학은 다가가기 쉽고 재미있는 방식으로 성숙한 주제에 접근한다.

> **자주 쓰이는 숙어**
>
> mature attitude: 성숙한 태도
> on mature reflection: 충분히 숙고한 후에

0737 ★★★

thoroughly

쏘로울리

thorough 뗑 꼼꼼한, 철저한

흰 꼼꼼하게, 철저히

The anti-malware program will **thoroughly** scan your computer to discover any trace of infection.
그 악성 소프트웨어 방지 프로그램은 어떠한 감염 흔적이라도 발견할 수 있도록 여러분의 컴퓨터를 철저하게 스캔할 것입니다.

> **자주 쓰이는 숙어**
>
> review thoroughly: 꼼꼼히 조사하다

0738 ★★★

drawback

드뤄**백**

뗑 결점, 단점(=downside, flaw), 환불, 보상금

The risk of leaked data is one of the few **drawbacks** to using cloud storage services.
데이터 유출 위험성은 클라우드 저장 공간 서비스를 이용하는 것의 몇몇 단점들 중 하나이다.

0739 ★★★

uncover

언**커**붜ㄹ

uncovered 뗑 폭로된, 노출된
(=exposed)

동 발견하다, 밝히다(=disclose), 덮개를 열다

Recent interior design trends follow a warehouse aesthetic, with high ceilings and **uncovered** lightbulbs.
최근의 실내 디자인 경향은 높은 천장과 덮개가 없는 전구로 창고에서 볼 수 있는 미적 특징을 따른다.

0740 ★★★
conservation
칸써ㄹ붸이션

conserve [동] 보존하다, 보호하다

[명] 보호, 보존, 절약

The Earth Channel airs short clips during commercial breaks that give viewers tips for energy **conservation**.
어스 채널은 광고 시간 중에 시청자들에게 에너지 보존에 대한 팁을 제공하는 짧은 영상을 방송한다.

자주 쓰이는 숙어

energy conservation: 에너지 절약[보존]

0741 ★★★
fulfill
뿔**삘**

fulfillment [명] 완수, 이행
fulfilled [형] 충실한, 실현된 (=realized)

[동] 실행하다, 수행하다(=carry out, conduct, perform), 충족시키다

Lawyers must **fulfill** their obligation to defend their client, even if he or she is clearly guilty.
변호사들은 의뢰인이 분명히 유죄라 하더라도 반드시 변호 의무를 수행해야 한다.

자주 쓰이는 숙어

fulfill one's responsibility[obligations]: 책임을 완수하다

0742 ★★
introverted
인추뤄**붜**ㄹ티드

introvert [명] 내성적인 사람
extroverted [형] 외향적인

[형] 내향적인, 내성적인(=introvert)

Though it seems contradictory, many successful comedians have **introverted** personalities.
비록 모순된 것처럼 보이기는 하지만, 성공한 많은 코미디언들이 내성적인 성격을 지니고 있다.

0743 ★★
inquire
인**콰**이어ㄹ

inquiry [명] 질의, 문의

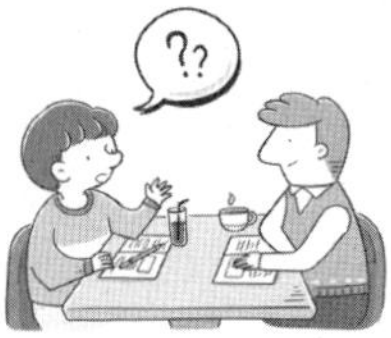

[동] 묻다, 문의하다

An employer does not have the right to **inquire** about an employee's medical history.
고용주는 직원의 병력에 관해 문의할 권리를 가지지 않는다.

자주 쓰이는 숙어

inquire about: ~에 대해 문의하다

0744 ★★

external

익스**터**ㄹ늘

externally ⓤ 외부에
internal ⓐ 내부의, 체내의

ⓐ 외부의, 외관의

A staff member will do an **external** inspection of the rental vehicle upon its return to check for any damage.
직원이 어떠한 손상이든 있는지 확인하기 위해 반납 즉시 대여 차량에 대한 외관 검사를 실시할 것입니다.

Day 19

0745 ★★

depressed

디프**퀘**스트

depress ⓥ 우울하게 하다
depression ⓝ 우울(증)

ⓐ 우울한, 의기소침한, 기운이 없는

Overworked employees at the leading tech company reported feeling **depressed** and anxious.
선도적인 기술 회사에서 과도하게 업무를 하는 직원들이 우울하고 불안한 기분을 느낀다고 보고했다.

📋 자주 쓰이는 숙어

feel[get] depressed: 기분이 우울해지다(=sad)

0746 ★★

obligation

아블리**게**이션

obligate ⓥ ~에게 의무를 지우다
ⓐ 의무적인, 강제된

ⓝ 의무, 책임, 채무(=duty, responsibility, liability)

Partners share financial and administerial **obligations**, which helps secure the firm's wellbeing.
파트너들은 재무 및 행정상의 의무를 공유하는데, 이는 그 회사의 번영을 확실히 하는 데 도움이 된다.

📋 자주 쓰이는 숙어

obligation to A: A에 대한 책임
obligation to do: ~할 의무[책임]

0747 ★★

component

컴**포**우넌트

ⓝ 구성 요소(=part, element), 성분

A key **component** of Johnny Cash's appeal was his ability to sympathize with everyone, even convicts.
조니 캐시가 지닌 매력의 핵심 요소는 심지어 죄수들을 비롯한 모든 사람에게 공감할 수 있는 능력이었다.

📋 자주 쓰이는 숙어

a component of: ~의 구성 요소[성분]

0748 ★★

dismiss

디스**미**스

dismissal [명] 해산, 해고, 거절, 퇴거

[동] 해산시키다, 해고하다, 쫓아버리다, 거절하다, 기각하다

Schools in the area were **dismissed** early because of the severe weather.

악천후로 인해 그 지역 내의 여러 학교에서 학생들이 일찍 집으로 보내졌다.

자주 쓰이는 숙어

dismiss an appeal: 항소를 기각하다

0749 ★★

dispatch

디스**팻**취

[동] 파견하다, 급송하다

Emergency response teams were **dispatched** to the areas most devastated by the hurricane.

긴급 대응 팀들이 허리케인으로 인해 가장 크게 파괴된 여러 지역으로 파견되었다.

[명] 파견, 특파, 신속한 처리, 급보, 특전

Roger West, reporting for CNN, sent daily **dispatches** from Iraq during the first few months of the war.

CNN에서 보도하는 로저 웨스트는 그 전쟁의 첫 몇 개월 동안 이라크에서 매일 급보를 보냈다.

자주 쓰이는 숙어

by dispatch: 속달로
troop dispatch: 파병

0750 ★★

ailment

에일먼트

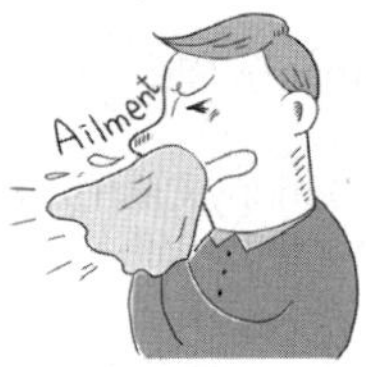

[명] 질병, 질환

A multitude of home remedies exist for treating common health **ailments**.

다수의 민간 요법이 흔한 건강 질병을 치료하기 위해 존재한다.

출제 확률 UP!

ailment는 가벼운 병, 병의 증상을 나타내며, 지문에서 a medical problem, unpleasant[unwell] condition 등으로 패러프레이징 되어 출제될 수 있다.

0751 ★★

compliance

컴플**라**이언스

comply [동] 준수하다(with)

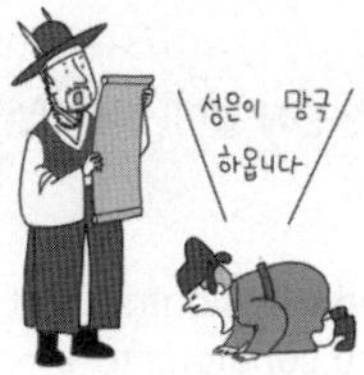

[명] 준수(=observance), 순응

Meat and fish imports must be in **compliance** with the Food and Drug Administration's regulations.

고기 및 생선 수입품은 반드시 식품 의약청의 규정을 준수해야 한다.

자주 쓰이는 숙어

in compliance with: ~를 준수하여

0752 ★

subordinate

서**보**ㄹ더닛

[형] (계급, 지위가) 아래의, 하급의, 보조적인

Phil felt that his wishes were **subordinate** to his fiancé's while they were planning their wedding.

필은 약혼녀와 결혼식을 계획하던 중에 자신의 소망이 약혼녀의 것보다 부차적이었다고 느꼈다.

자주 쓰이는 숙어

subordinate to: ~에 지배된, 종속하는, 부하의

[명] 하급자, 부하 직원

Military hierarchy depends on **subordinates** following their commanding officer's orders without question.

군대의 계급은 하급자들이 지휘관의 명령을 이의 없이 따르는 것에 의존한다.

0753 ★

congestion

컨**줴**스쳔

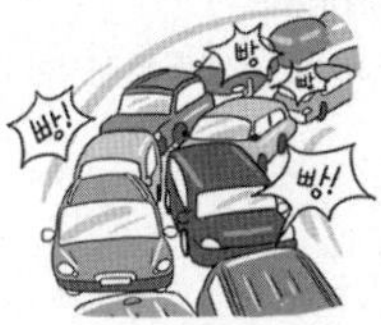

[명] 정체, 혼잡(=traffic jam, overcrowding)

Another benefit of taking the subway is that you do not need to worry about traffic **congestion**.

지하철을 이용하는 것의 또 다른 이점은 교통 혼잡을 걱정할 필요가 없다는 점이다.

자주 쓰이는 숙어

ease[relieve] traffic congestion: 교통 정체를 완화하다[경감시키다]

0754 ★
agitated
애짓테잇티드

agitate [동] 동요시키다, 선동하다

[형] 흥분한, 동요한, 불안해진(=concerned, upset)

Squid eject a stream of black ink when **agitated** or threatened by predators.

오징어는 흥분하거나 포식자에 의해 위협 받을 때 한 줄기의 먹물을 내뿜는다.

0755 ★
allegedly
얼**레**쥣을리

alleged [형] ~라고 하는, (근거 없이) 주장된

[부] 주장에 의하면, (확실한 근거 없이) 전해지는 바에 의하면

The oil company **allegedly** contributed more than $10 million to the senator's re-election campaign.

그 석유회사는 그 상원의원의 재선 선거 활동에 1천만 달러가 넘는 돈을 기부한 것으로 전해졌다.

출제 확률 UP!

allegedly는 문장 전체를 수식하기도 하기도 하고 형용사, 동사 앞에 위치한다. '확실한 근거는 없지만 주장되는 바에 따르면'이라는 의미를 가지며 다소 불확실한 내용임을 나타내는 부사이다.

0756 ★
sediment
쎄디먼트

sedimentation [명] 퇴적 (작용)

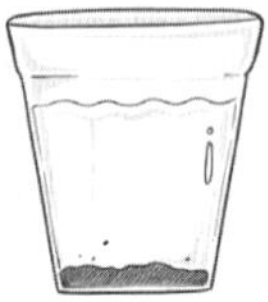

[명] 침전물(=deposit, silt), 앙금, 퇴적물

The build-up of **sediment** at the river delta produces fertile farmland.

강의 삼각주에 축적되는 침전물은 비옥한 농지를 만든다.

0757 ★
adequate
애디퀏

adequately [부] 충분히, 제대로 (=sufficiently, properly)

inadequate [형] 불충분한, 부적절한

[형] 충분한, 적절한(=enough, sufficient, ample, satisfactory, proper)

Highway overpasses provide **adequate** shelter to drivers during a tornado.

고속 도로의 고가 도로는 토네이도 발생 중에 적절한 피신처를 제공한다.

자주 쓰이는 숙어

adequate for: ~에 적합한, ~에 부합하는

0758 ★

profound

프뤄**빠**운드

profoundly ⓐ 깊은 곳에서, 절실히

ⓐ 심오한, 깊은(=deep), 해박한(=knowledgeable), 지대한

My history professor has a **profound** knowledge of railroad construction in 19th century Latin America.
우리 역사 교수님께서는 19세기 라틴 아메리카의 철도 건설에 대해 조예가 깊다.

Day
19

자주 쓰이는 숙어
have a profound knowledge of: ~에 조예가 깊다

0759 ★

worthwhile

워ㄹ쓰**와**일

worthy ⓐ 가치 있는, 훌륭한

ⓐ 가치 있는, ~할 보람이 있는(=rewarding)

Gardening is a **worthwhile** hobby for anyone seeking more peace and beauty in life.
원예는 누구든 삶에서 더 많은 평화와 아름다움을 추구하는 사람에게 있어 가치 있는 취미이다.

0760 ★

blast

블라-슷(트)

ⓥ 폭발하다, 폭파하다, 깨뜨리다, 맹렬히 비난하다 (=criticize)

The talk show host **blasted** his guest for promoting racist views.
그 토크쇼 진행자는 인종 차별주의적 관점을 조장한 것에 대해 초대 손님을 맹렬히 비난했다.

자주 쓰이는 숙어
blast away[out]: ~을 폭파하여 제거하다

ⓝ 돌풍, 갑작스러운 소음, 폭파, 비난, 공격

The resulting **blast** was equal to 15 kilotons of TNT.
그 결과로 일어난 폭발은 TNT 15킬로톤과 맞먹는 것이었다.

자주 쓰이는 숙어
at a blast: 단숨에

DAY 19 Daily Practice

○ 단어와 그에 알맞은 뜻을 연결해 보세요.

1. contribute •

2. overwhelming •

3. relatively •

4. terminate •

• (a) 상대적으로

• (b) 압도적인

• (c) 공헌하다

• (d) 끝내다

○ 빈칸에 알맞은 단어를 선택하세요.

emerged	adequate	dispatched

5. Highway overpasses provide _____ shelter to drivers during a tornado.

6. Lipscomb National has _____ as a leader in the steel industry.

7. Emergency response teams were _____ to the areas most devastated by the hurricane.

○ 밑줄 친 단어의 동의어를 고르세요.

8. Effective development teams will <u>focus</u> on the most immediate issues and prioritize accordingly.

(a) concentrate   (b) accentuate

9. Sales incentives are one way to <u>motivate</u> an uninspired workforce.

(a) move   (b) inspire

10. Recent interior design trends follow a warehouse aesthetic, with high ceilings and <u>uncovered</u> lightbulbs.

(a) suppressed   (b) disclosed

정답 1. (c) 2. (b) 3. (a) 4. (d) 5. adequate 6. emerged 7. dispatched 8. (a) 9. (b) 10. (b)

G-TELP VOCA

DAY 01
DAY 03
DAY 04
DAY 06
DAY 11
DAY 12
DAY 16
DAY 17
DAY 18
DAY 22
DAY 23
DAY 24
DAY 28
DAY 29
DAY 30

PREVIEW

이미 알고 있는 단어는 미리 체크박스에 체크(☑)해보세요.

☑ positive	☐ defend	☐ finding	☐ ceremony
☐ therefore	☐ briefly	☐ weigh	☐ decorate
☐ protest	☐ employment	☐ excel	☐ capture
☐ challenging	☐ now that	☐ entice	☐ stage
☐ urbanized	☐ competent	☐ collaborative	☐ prevalent
☐ gadget	☐ deduct	☐ absence	☐ compulsory
☐ load	☐ dispense	☐ confuse	☐ advancement
☐ decree	☐ judge	☐ susceptible	☐ offset
☐ violent	☐ avid	☐ cultivate	☐ elaborate
☐ lucrative	☐ outdated	☐ unfavorable	☐ distortion

QR코드를 스캔하여 단어를 음원으로 들어보세요!

0761 ★★★★★

positive

파지팁

positively ⓐ 분명히, 긍정적으로

ⓐ 긍정적인, 명백한, 뚜렷한, 양성의

Minor rewards in the office, such as letting employees leave 15 minutes early, can have a **positive** effect on productivity.
직원들을 15분 일찍 퇴근하게 하는 것과 같은, 사무실 내의 작은 보상들이 생산성에 긍정적인 영향을 미칠 수 있다.

> **자주 쓰이는 숙어**
>
> positive proof: 확증
> positive response to: ~에 대한 긍정적인 반응
> positive feedback[reviews] from: ~로부터의 긍정적인 피드백 [평가]

0762 ★★★★★

defend

디펜드

defense ⓝ 방어, 안보, 보호
defensive ⓐ 방어적인, 수세의
defendant ⓝ 피고인

ⓥ 방어하다(=shield), 지키다(=protect, safeguard), 변호하다(=plead, advocate)

King Edward I built castles along the coast of northern Wales to **defend** his kingdom from invasion.
에드워드 1세는 자신의 왕국을 침입으로부터 방어하기 위해 웨일즈 북부 해안을 따라 여러 성을 지었다.

0763 ★★★★★

finding

빠인딩

find ⓥ 발견하다, 알아내다

ⓝ 발견물, 조사 결과

The researchers hope the study's **findings** will lead to safety improvements in the mining industry.
연구원들은 그 연구의 결과가 광산 업계의 안전성 향상으로 이어지기를 바라고 있다.

> **자주 쓰이는 숙어**
>
> findings in a research: 연구 결과, 조사에서 발견해 낸 것들

0764 ★★★★★

ceremony

쎄러모니

ceremonial ⓐ 의식의, 예식의, 의례상의 ⓝ 의식, 예식, 식전

ⓝ 의식, 식(=ritual, rite, ceremonial)

Jesse was terrified to speak at her class's graduation **ceremony**.
제시는 자신의 학과 졸업식에서 연설하는 것을 두려워했다.

> **자주 쓰이는 숙어**
>
> award ceremony: 시상식
> hold a ceremony: 기념식을 열다

0765 ★★★★★

therefore

데어ㄹ뿨ㄹ

♠ 그러므로(=thus, so)

Organic produce is grown without the aid of chemical fertilizers or pesticides. **Therefore,** it is more expensive.
유기농 농산물은 화학 비료나 살충제의 도움 없이 재배된다. 그러므로 그것은 더 비싸다.

👍 **출제 확률 UP!**

therefore는 앞서 언급된 내용에 이어지는 결과, 논리적 귀결에 관한 내용의 문장 앞에 사용되는 접속부사이다.

Day 20

0766 ★★★★

briefly

브립(쁠)리

brief ⓐ 간결한, 잠시의

visit briefly

⊕ 간단히, 잠시(=shortly)

Tillerson served **briefly** as the U.S. Secretary of State from February 2017 to March 2018.
틸러슨 씨는 2017년 2월부터 2018년 3월까지 미국 국무장관으로 잠시 재직했다.

📋 **자주 쓰이는 숙어**

briefly review: 간략하게 검토하다
briefly study: 짧은 기간 동안 공부하다

0767 ★★★★

weigh

웨이

weight ⓝ 무게

♠ 무게가 나가다, 압박하다, 무게를 재다(=measure), 신중히 고려하다(=consider, contemplate)

Robert **weighed** all his options before deciding to move abroad or not.
로버트 씨는 해외로 이주할 것인지 아닌지를 결정하기에 앞서 모든 선택권을 신중히 고려했다.

📋 **자주 쓰이는 숙어**

weigh a proposal: 제안을 검토하다[고려하다]

0768 ★★★★

decorate

데커뤠잇(트)

decoration ⓝ 장식
decorative ⓐ 장식의, 장식적인

♠ 장식하다, 꾸미다(=ornament)

The ceiling of the chapel is **decorated** with depictions of various saints.
그 성당의 천장은 여러 성인들의 묘사로 장식되어 있다.

📋 **자주 쓰이는 숙어**

decorate A with B: A를 B로 장식하다

0769 ★★★★

protest

프뤄우테스트

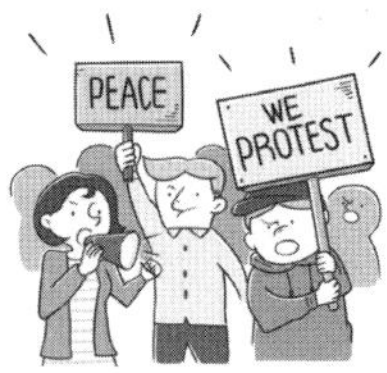

[명] 이의 제기, 항의(=dispute, complaint)

More than 20,000 students joined the youth **protest** over the lack of government response to climate change.

2만 명이 넘는 학생들이 기후 변화에 대한 정부의 대응 부족 문제를 두고 학생 시위대에 참가했다.

자주 쓰이는 숙어

in protest against: ~에 분개하여, ~에 항의하여

[동] 이의를 제기하다, 항의하다(=complain), 시위하다, 반대 의견을 주장하다

Thousands gathered outside of the Capitol Building to **protest** the cuts to the social security program.

수천 명의 사람들이 사회 보장 프로그램에 대한 비용 삭감에 항의하기 위해 국회 의사당 건물 바깥에 모였다.

0770 ★★★★

employment

임플로이먼(트)

employ [동] 고용하다, 이용하다
employee [명] 직원
employer [명] 고용주

[명] 고용, 취업, 일자리

Finding fulfilling **employment** is the main concern of recent university graduates.

성취감을 주는 일자리를 찾는 것이 최근 대학 졸업생들의 주요 관심사이다.

자주 쓰이는 숙어

look for employment: 일자리를 찾다(=be between jobs)

0771 ★★★★

excel

익쎌

excellent [형] 훌륭한, 뛰어난, 우수한

[동] 뛰어나다, 능가하다(=surpass, exceed)

The professional medical staff at Sacred Heart Hospital **excel** at cancer diagnosis and treatment.

성심 병원의 전문 의료진은 암 진단 및 치료에 뛰어나다.

자주 쓰이는 숙어

excel in: ~에 능숙하다

0772 ★★★★

capture

캡춰ㄹ

[동] 붙잡다, 포획하다, 포착하다

A talented photographer can **capture** the subtle emotions of everyday moments.

재능 있는 사진가는 일상적인 순간들의 미묘한 감정을 포착할 수 있다.

자주 쓰이는 숙어

capture attention: 주의를 끌다

0773 ★★★★

challenging

챌린쥥

challenge [명] 도전, 난제 [동] 도전하다

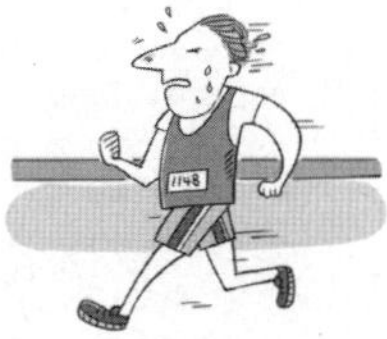

[형] 힘든(=difficult, hard, demanding), 해볼 만한

Rosie stays calm in **challenging** situations, which is a skill that makes her an excellent manager.

로지는 힘든 상황에서 침착함을 유지하는데, 이는 그녀를 훌륭한 관리자로 만들어 주는 능력이다.

자주 쓰이는 숙어

challenging goals: 도전적인 목표
challenging situation: 힘든 상황

0774 ★★★

now that

나우 댓

[접] ~이니까, ~이므로(=because, since)

Now that power has been restored, residents have access to clean water in their homes.

이제 전기가 복구되었으므로, 주민들이 각자의 집에서 깨끗한 물을 이용하고 있다.

0775 ★★★

entice

인타이스

[동] 유혹하다(=attract), 꾀다, 부추기다

For example, special deals on appetizers and drinks **entice** customers to restaurants on weeknights.

예를 들어, 애피타이저 및 음료에 대한 특별 제공 서비스가 평일 밤마다 고객들을 음식점으로 끌어들이고 있다.

자주 쓰이는 숙어

entice A to do: A가 ~하도록 부추기다(=entice A into -ing)

0776 ★★★

stage

스떼이쥐

ⓝ 단계(=phase), 무대

Hundreds of fans rushed onto the **stage** when the performer invited everyone up for a selfie.

그 공연자가 모든 사람에게 셀카 촬영을 요청했을 때 수백 명의 팬들이 무대로 몰려들었다.

> **자주 쓰이는 숙어**
>
> at this stage: 현 단계에서는

ⓥ ~을 연출하다, 무대에 올리다, ~을 조직하다 (=organize), 전개하다

The local acting troupe will **stage** a theatrical version of the popular thriller *Misery*.

그 지역 극단은 인기 스릴러 〈미저리〉의 연극 버전을 무대에 올릴 것이다.

> **자주 쓰이는 숙어**
>
> stage a strike: 파업에 돌입하다(= organize a strike)

0777 ★★★

urbanized

어ㄹ버나이즈드

urban ⓐ 도시의

ⓐ 도시화된, 도시에 사는

Amateur astrologists go camping with their telescopes to avoid the light pollution of **urbanized** areas.

아마추어 점성술사들은 도시화된 지역의 광공해를 피하기 위해 각자의 망원경을 들고 캠핑을 떠난다.

0778 ★★★

competent

competently ⓐ 능숙하게

ⓐ 유능한, 능력 있는(=skilled, expert, qualified)

Only **competent** hikers should attempt to reach the summit of Mt. Tennyson.

오직 능력 있는 등산객들만이 테니슨 산 정상에 도달하도록 시도해야 한다.

0779 ★★★

collaborative

컬래버뤄티입

collaborate [동] 협력하다 (=cooperate)

collaboratively [부] 협력하여

[형] 협력적인(=cooperative), 합작의, 공동 제작의

Next month's exhibition is a **collaborative** project between a mixed media artist and an electronic music composer.

다음 달에 있을 전시회는 각각 한 명의 혼합 매체 예술가와 전자 음악 작곡가 사이의 합작 프로젝트이다.

자주 쓰이는 숙어

in a collaborative effort: 공동 노력을 통해, 협력하여

collaborate with: ~와 협동하다

0780 ★★★

prevalent

프뤠벌런트

prevalence [명] 보급, 유행, 횡행

[형] 널리 퍼진(=widespread), 팽배한, 만연한

The "Red Scare" of communism was **prevalent** throughout America in the second half of the 20th century.

공산주의에 대한 "적색 공포"는 20세기 후반기에 미국 전역에 걸쳐 만연했다.

0781 ★★

gadget

개쥣

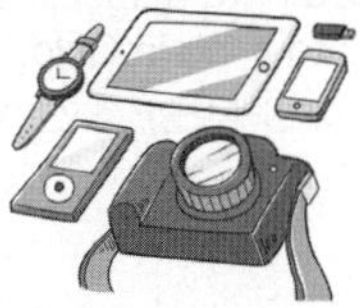

[명] 기기, 장치, 제품, 도구(=device, tool, machine)

Experienced campers always pack a Swiss army knife and an array of other useful **gadgets**.

경험 많은 야영객들은 항상 스위스 군용 나이프와 기타 다양한 유용한 도구들을 짐으로 챙긴다.

자주 쓰이는 숙어

high tech gadget: 첨단 기기

0782 ★★

deduct

디덕트

deduction [명] 공제

[동] 공제하다(=withdraw, subtract), 추론하다, 연역하다

Loan repayments will be automatically **deducted** from your salary each month.

대출 상환금이 매달 귀하의 급여에서 자동으로 공제될 것입니다.

자주 쓰이는 숙어

deduct tax at source: 세금을 원천 징수하다

0783 ★★★

absence

앱선스

absent ⓐ 없는, 결석한, 불참한, 결여된

ⓝ 부재, 결근, 결석, 불참, 결여

Dr. Pulver's study found that depression might be caused by an **absence** of healthful bacteria in one's gut.

풀버 박사의 연구에 따르면 우울증은 사람의 내장에 건강에 좋은 박테리아의 결핍에 의해 야기될 수 있는 것으로 밝혀졌다.

> 📋 **자주 쓰이는 숙어**
>
> a leave of absence: 휴가
> in one's absence: ~가 부재 중인 동안에

0784 ★★

compulsory

컴펄써뤼

compulsorily ⓐ 강제적으로, 무리하게

ⓐ 강제적인, 의무적인(=mandatory), 필수의 (=required)

Some rural farming communities are petitioning for the removal of **compulsory** education.

일부 시골 농촌 지역 공동체들이 의무 교육 철폐를 청원하고 있다.

> 📋 **자주 쓰이는 숙어**
>
> compulsory education: 의무 교육
> compulsory service: 강제 병역, 징병

0785 ★★

load

로오드

unload ⓥ (짐을) 내리다, 하역하다

ⓥ (짐을) 싣다, 적재하다

The fossils were **loaded** onto a specialized cargo plane and flown to a lab in Oslo.

그 화석들은 특수 화물 수송기에 실려 오슬로에 있는 한 실험실로 운송되었다.

ⓝ 짐, 부담, (전기) 부하

Trucks traveling with an unbalanced **load** pose a severe risk to other drivers on the highway.

균형이 잡히지 않은 짐을 싣고 운행하는 트럭들은 고속도로의 다른 운전자들에게 심각한 위험을 야기한다.

0786 ★★

dispense

디스펜스

dispensable [형] 필요없는, 분배할 수 있는

[동] 분배하다(=distribute), (법을) 시행하다(=enforce), (자동판매기가) 상품을 내놓다, ~을 내뿜다

The automatic air fresheners installed in the bathrooms **dispense** a pleasant fragrance every ten minutes.

욕실마다 설치된 자동 방향제가 10분마다 기분 좋은 향기를 내뿜는다.

0787 ★★

confuse

컨뷰즈

confusing [형] 혼란스럽게 하는
confused [형] 혼란스러운, 어리둥절한
confusion [명] 혼동, 혼란

[동] 혼란스럽다, 혼동하다, 어리둥절하게 하다

Student writers frequently **confuse** the terms 'effect' and 'affect.'

학생 기자들은 흔히 'effect(영향)'와 'affect(영향을 미치다)'라는 단어를 혼동한다.

0788 ★★

advancement

앳밴스먼(트)

advanced [형] 상급의, 진보한, 첨단의
advance [명] 진전, 진보 [동] 나아가다, ~을 진척시키다

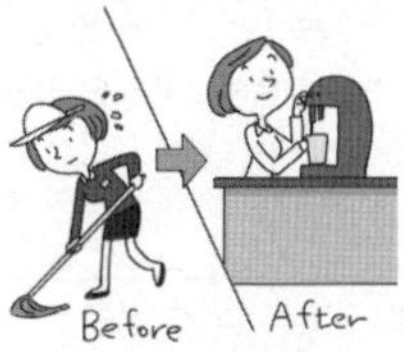

[명] 승진(=promotion), 발전, 향상(=improvement)

Cameron has dedicated her legal career to the **advancement** of disability rights in the workplace.

카메론은 직장 내의 장애인 권리 향상에 자신의 법조계 경력을 바쳤다.

decree

디크**뤼**

⑬ 조례, 명령, 판결(=judgment, verdict), 법령

The new **decree** requires that all dogs be kept on a leash while in a public park.
새로운 법령은 모든 개들이 공원에 있는 동안 목줄에 묶인 상태로 있도록 요구한다.

📋 **자주 쓰이는 숙어**

the court's (final) decree: 최종 판결

⑤ (법령으로) 명하다(=order, command), 판결하다

The Supreme Court **decreed** that residents not need to prove their citizenship status on the census.
대법원은 주민들이 인구 조사에서 각자의 시민 신분을 증명할 필요가 없다고 판결했다.

👍 **출제 확률 UP!**

decree that 주어 + (should) + 동사원형: ~하는 것을 명령하다

* 당위성을 나타내는 동사로, '명하다'라는 의미를 가진 동사 decree 뒤의 that절에는 should가 생략된 동사원형이 위치한다.

judge

저**쥐**

judgement ⑬ 판단(력)
misjudge ⑤ 잘못 판단하다, 오해하다

⑤ 판단하다, 심사하다, 판정하다

The song, which became an international hit, was originally **judged** to be too long by studio executives.
세계적인 히트작이 된 그 노래는 처음에 스튜디오 임원들에 의해 너무 긴 것으로 판단되었다.

📋 **자주 쓰이는 숙어**

judge from: ~으로 판단하다
judge by: ~을 기준으로 판단하다

⑬ 심사위원, 심판, 판사

A panel of **judges** samples each cake before selecting a winner.
심사위원단이 우승자를 선정하기에 앞서 각 케이크를 시식한다.

0791 ★★

susceptible

서**쎕**터블

susceptibility [명] 영향을 받기 쉬움, 민감성

[형] **영향을 받기 쉬운, 감염되기 쉬운**

Patients taking the medication may be more **susceptible** to viral infections.

그 약을 복용하는 환자들은 바이러스 감염에 더욱 취약할 수 있다.

자주 쓰이는 숙어

be susceptible to: ~에 걸리기 쉽다, ~에 영향을 받기 쉽다

Day 20

0792 ★

offset

옾**셋**

[동] **상쇄하다, 벌충하다**

Profits from our home appliances division will **offset** some losses from electronics.

우리의 가전기기 담당 부서에서 나오는 수익이 전자제품의 손실을 일부 상쇄할 것이다.

자주 쓰이는 숙어

offset A against[by] B: B로 A를 상쇄하다

[명] **상쇄하는 것, (~에의) 보상(to)**

New deductions are available to small business owners as **offsets** to the increased tax rate.

새로운 공제 사항들이 높아진 세율에 대한 보상으로 소기업 소유주들에게 이용 가능하다.

0793 ★

violent

봐이얼런트

violently [부] 난폭하게
violence [명] 폭력

[형] **폭력적인, 격렬한, 난폭한**

Numerous studies have found zero correlation between a child's behavior and **violent** video games.

수많은 연구에서 아이의 행동과 폭력적인 비디오 게임 사이의 연관성이 전혀 없다는 점이 밝혀졌다.

0794 ★

avid

애뷔드

avidity [명] 탐욕, 갈망, 친화력

[형] **열렬한, 열심인, 탐내는**

Tonsei Beach in Thailand is renowned among **avid** rock climbers.

태국의 톤세이 해변은 열성적인 암벽 등반가들 사이에서 유명하다.

자주 쓰이는 숙어

be avid for: ~을 몹시 탐내다, 갈망하다

0795 ★
cultivate
컬터붸이트

cultivation [명] 경작, 재배

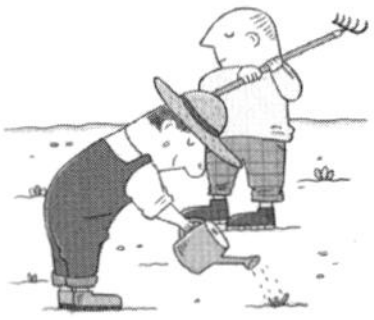

[동] 경작하다(=plough, till), 재배하다(=grow), 양성하다(=teach, foster), 조성하다

Settlers **cultivated** hemp because it could be used as a durable and versatile fabric for clothing, sails, and rope.

정착민들은 대마를 재배했는데, 이것이 옷과 돛, 그리고 밧줄을 만드는 데 있어 내구성이 뛰어난 다목적 직물로 이용될 수 있었기 때문이었다.

자주 쓰이는 숙어

cultivate the wasteland[wilderness]: 황무지[황야]를 개간하다

cultivate virtue: 미덕을 기르다

0796 ★
elaborate
일래버럿

elaborately [부] 공들여서, 정성 들여서

[형] 정교한(=sophisticated), 공들인, 복잡한

Thanks to **elaborate** tax scheming, the e-commerce company paid nothing in federal income taxes.

정교한 세금 납부 계획으로 인해, 그 전자 상거래 회사는 연방 소득세로 아무 것도 내지 않았다.

[동] ~을 정성 들여 만들다, ~을 자세히 말하다(=detail)

Tyler grew weary of **elaborating** his post-graduation plans to his extended family.

타일러는 자신의 대가족에게 졸업 후의 계획을 자세히 말하는 것에 싫증이 났다.

자주 쓰이는 숙어

elaborate on: ~에 대해 아주 자세히 설명하다

0797 ★
lucrative
루크뤄팁

[형] 수익성이 있는(=profitable, commercial)

Quitting his job as a stockbroker and opening his own record store may not have been a **lucrative** choice, but Ben felt much happier.

증권 중개인으로서 일을 그만 두고 자신의 음반 매장을 개업한 것이 수익성이 좋은 선택이 아니었을 수도 있지만, 벤은 훨씬 더 많은 행복함을 느꼈다.

자주 쓰이는 숙어

a lucrative business: 수익성이 좋은 사업

0798 ★
outdated
아웃데잇티드

outdate ⓥ 시대에 뒤지게 하다, 진부하게 하다

ⓐ 구식의(=old-fashioned), 시대에 뒤진, 기한이 지난

Outdated devices will no longer receive service updates and may lose functionality with certain apps.
구식 기기들은 더 이상 서비스 업데이트를 받지 못할 것이며, 특정 앱에 대한 기능을 상실할 수 있습니다.

0799 ★
unfavorable
언풰이붜러블

unfavorably ⓐ 부정적으로, 불리하게

ⓐ 호의적이지 않은, 불리한

The rocket launch was rescheduled multiple times due to **unfavorable** weather conditions.
그 로켓 발사는 좋지 못한 기상 상태로 인해 여러 차례 일정이 재조정되었다.

📋 자주 쓰이는 숙어

unfavorable condition: 좋지 않은 상황[상태]

0800 ★
distortion
디스토ㄹ션

distort ⓥ 왜곡시키다
distorted ⓐ 왜곡된

ⓝ 왜곡, 뒤틀림, 일그러짐

The news channel's **distortion** of polling data led many viewers to doubt whether it was a reliable source of information.
여론 조사 데이터에 대한 그 뉴스 채널의 왜곡은 많은 시청자들이 그 채널을 신뢰할 만한 정보 출처인지 의심하게 만드는 결과를 초래하였다.

📋 자주 쓰이는 숙어

reality distortion: 사실 왜곡
distorted vision: 난시
distorted views: 왜곡된 견해

○ 단어와 그에 알맞은 뜻을 연결해 보세요.

1. decorate •   • (a) 포착하다

2. positive •   • (b) 긍정적인

3. capture •   • (c) 장식하다

4. prevalent •   • (d) 널리 퍼진

○ 빈칸에 알맞은 단어를 선택하세요.

confuse	compulsory	employment

5. Some rural farming communities are petitioning for the removal of _____ education.

6. Finding fulfilling _____ is the main concern of recent university graduates.

7. Student writers frequently _____ the terms 'effect' and 'affect.'

○ 밑줄 친 단어의 동의어를 고르세요.

8. Cameron has dedicated her legal career to the <u>advancement</u> of disability rights in the workplace.

   (a) improvement   (b) adjustment

9. Robert <u>weighed</u> all his options before deciding to move abroad or not.

   (a) considered   (b) specified

10. Only <u>competent</u> hikers should attempt to reach the summit of Mt. Tennyson.

   (a) complete   (b) skilled

정답 1. (c) 2. (b) 3. (a) 4. (d) 5. compulsory 6. employment 7. confuse 8. (a) 9. (a) 10. (b)

G-TELP VOCA

DAY 01
DAY 02
DAY 04
DAY 05
DAY 07
DAY 12
DAY 13
DAY 17
DAY 18
DAY 19
DAY 23
DAY 24
DAY 25
DAY 28
DAY 29
DAY 30

DAY 21

PREVIEW

이미 알고 있는 단어는 미리 체크박스에 체크(☑)해보세요.

☑ management	☐ spot	☐ take	☐ persuade
☐ immune	☐ periodical	☐ storage	☐ transportation
☐ overall	☐ theory	☐ vessel	☐ resign
☐ habitat	☐ disappointed	☐ metabolism	☐ consultation
☐ originate	☐ assert	☐ commemorate	☐ sibling
☐ prosperous	☐ vary	☐ scatter	☐ rural
☐ suspect	☐ sensible	☐ advisable	☐ continent
☐ premise	☐ plagiarism	☐ guilty	☐ erode
☐ allot	☐ deliberate	☐ disrupt	☐ constitute
☐ intricate	☐ deed	☐ immense	☐ vocalization

QR코드를 스캔하여 단어를 음원으로 들어보세요!

0801 ★★★★★

management

매니쥐먼트

manage [동] 관리하다, 운영하다

[명] 관리, 경영(진)

The **management** expressed gratitude to all staff members who worked overtime.
경영진은 초과 근무를 한 모든 직원에게 감사의 뜻을 표했다.

자주 쓰이는 숙어

management position: 경영 관리직

0802 ★★★★★

spot

스팟

spotted [형] 얼룩진
spotless [형] 얼룩이 없는, 오점이 없는

[명] 장소, 지점, 점[얼룩]

Hawley Farm was chosen as the perfect **spot** for the music festival.
홀리 팜이 그 음악 축제를 위한 완벽한 장소로 선정되었다.

자주 쓰이는 숙어

on the spot: 현장에서, 즉석에서

[동] ~을 발견하다, 소재를 파악하다, 지적하다

Tour participants will have a chance to **spot** several species of marine animals.
투어 참가자들은 여러 해양 동물종을 발견할 기회를 가지게 될 것입니다.

0803 ★★★★★

take

테잌

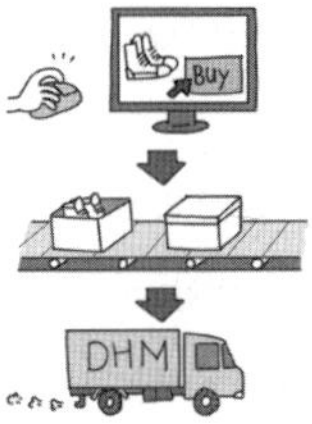

[동] 가져가다(=bring), 맡다(=assume), 시간이 걸리다(=consume), (교통 수단을) 타다(=ride)

Museum visitors may **take** an audio-visual guide from the box at the main entrance.
박물관 방문객들은 중앙 출입구에 위치한 상자에서 시청각 가이드 장비를 가져 갈 수 있습니다.

자주 쓰이는 숙어

take A with 사람: A를 가지고 가다
take over: 인계 받다, 떠맡다(=assume)
take place: 발생하다
take + 시간 + to do: ~하는데 (시간)이 걸리다
take a bus/subway/train: 버스/지하철/기차를 타다

0804 ★★★★★

persuade

퍼ㄹ스**웨**이드

persuasive ⓗ 설득력 있는, 확신을 주는(=convincing)
persuasion ⓜ 설득, 확신

ⓢ 설득하다, 확신시키다(=convince)

There are ongoing efforts to **persuade** companies to stop offering plastic straws to customers.
회사들을 설득해 고객들에게 플라스틱 빨대를 제공하지 못하도록 하는 노력이 지속되고 있다.

출제 확률 UP!

persuade는 to부정사를 목적어로 취하는 타동사이다

Day 21

0805 ★★★★★

immune

이**뮨**

immunity ⓜ 면제, 면역

ⓗ 면역이 된, 면역의, 면제된

Almost 80 percent of those involved in the study were **immune** to the disease.
그 연구에 관련된 사람들 중 거의 80퍼센트가 그 질병에 면역이 되었다.

자주 쓰이는 숙어

immune system: 면역 체계
immune to: ~에 영향을 받지 않는, ~에 대해 면역인

0806 ★★★★★

periodical

피어뤼**아**디컬

period ⓜ 기간, 시대
periodically ⓟ 정기적으로

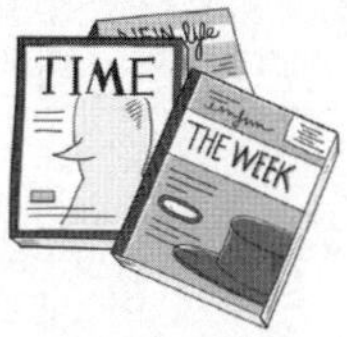

ⓗ 정기적인(=periodic, regular), 정기 간행의

Users of online trading platforms receive **periodical** updates about their investments.
온라인 거래 플랫폼 사용자들은 자신의 투자에 관한 정기적인 업데이트를 받는다.

ⓜ 정기 간행물, 잡지

The third floor of the library holds a large collection of journals and **periodicals**.
그 도서관의 3층은 아주 많은 저널 및 정기 간행물을 보유하고 있다.

0807 ★★★★

storage

스**또**뤼쥐

store ⓜ 가게, 매장 ⓢ 저장하다

ⓜ 저장, 보관, 저장량

Contrary to popular belief, a camel's hump is not used for the **storage** of water.
일반적인 생각과 대조적으로, 낙타의 혹은 수분 저장 공간으로 사용되지 않는다.

0808 ★★★★

transportation

트랜스포ㄹ테이션

transport [동] 수송하다 [명] 수송, 수송 수단

[명] 교통 (수단), 운송(=transit)

The Silk Road refers to a network of routes that facilitated the **transportation** of silk and other textiles.

실크로드는 비단과 기타 직물의 운송을 용이하게 하였던 경로들의 네트워크를 일컫는다.

자주 쓰이는 숙어

public transportation: 대중 교통

0809 ★★★★

overall

오우뤄뤌

[형] 전체에 걸친, 종합적인, 전반적인

Despite being relatively high in sugar, bananas are recommended due to their **overall** nutritional value.

상대적으로 당분이 높음에도 불구하고, 바나나는 그것이 지닌 전반적인 영양 가치로 인해 권장된다.

자주 쓰이는 숙어

overall goal: 전반적인 목표

[부] 전부, 전반적으로, 종합적으로

Overall, the product launch event helped the corporation to greatly increase its market share.

전반적으로, 그 제품 출시 행사는 그 기업의 시장 점유율을 크게 높이는 데 도움이 되었다.

출제 확률 UP!

overall이 문장 맨 앞에 위치하면 문장 전체를 수식하는데, 이때 '개괄적으로 말하면, 전반적으로 말하면'이라는 의미의 접속부사로 쓰인다.

0810 ★★★★

theory

씨어뤼

theoretical [형] 이론상의
theoretically [부] 이론적으로는

[명] 이론, 학설, 원리

The physicist's **theory** sparked much excitement within the scientific community.

그 물리학자의 이론은 과학계 내에서 많은 흥미를 촉발시켰다.

0811 ★★★★

vessel

웨셀

[명] 선박(=boat), 혈관(=vein)

Originally a merchant **vessel**, the RMS Wentworth is now a popular tourist attraction.

원래 상선이었던 RMS 웬트워스는 현재 인기 있는 관광 명소이다.

자주 쓰이는 숙어

blood vessel: 혈관
sailing vessel: 범선

0812 ★★★★

resign

뤼자인

resignation [명] 사직, 사임

[동] 사임하다(=quit), 그만두다(=give up), 사직하다

The company founder was forced to **resign** as a result of the fraud allegations.

그 회사 설립자는 사기 혐의에 따른 결과로 어쩔 수 없이 사임해야 했다.

자주 쓰이는 숙어

resign from: ~에서 물러나다, 사임하다

0813 ★★★★

habitat

해빗탯

habitant [명] 거주자
habitation [명] 거주, 주거

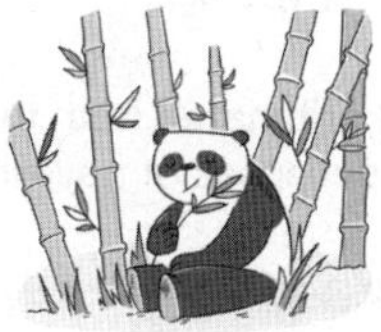

[명] 서식지, 서식 환경, 거주지(=home)

The harvesting of palm oil is having a devastating effect on the **habitat** of the Borneo orangutan.

야자유 수확이 보르네오 오랑우탄의 서식지에 대단히 파괴적인 영향을 미치고 있다.

자주 쓰이는 숙어

habitat destruction[loss]: 서식지 파괴[손실]

0814 ★★★

disappointed

디써포인티드

disappoint [동] 실망시키다
disappointing [형] 실망스러운
disappointment [명] 실망, 좌절

[형] 실망한, 낙담한

Most regular guests were **disappointed** with the changes at the Palm Springs Hotel.

대부분의 단골 고객들이 팜 스프링스 호텔의 변화에 실망했다.

자주 쓰이는 숙어

be disappointed with[in]: ~에 실망하다

Day 21

0815 ★★★

metabolism

머태벌리즘

metabolize [동] ~을 신진 대사시키다, 대사 작용을 하다

[명] 물질 대사, 신진 대사

The **metabolism** of an elephant is much slower than that of a smaller mammal.
코끼리의 신진 대사는 더 작은 포유 동물의 신진 대사보다 훨씬 더 느리다.

자주 쓰이는 숙어

energy metabolism: 에너지 대사
people with a slow[fast] metabolism: 신진대사가 느린[빠른] 사람들

0816 ★★★

consultation

컨썰테이션

consult [동] 상담하다, (서적 등을) 참고하다
consultant [명] 상담가

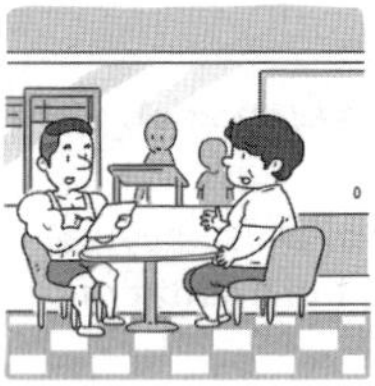

[명] 상담(=discussion)

Anyone considering a cosmetic procedure can visit the clinic for a free **consultation.**
성형 수술을 고려하고 있는 사람은 누구든 무료 상담 서비스를 받기 위해 그 클리닉을 방문할 수 있다.

자주 쓰이는 숙어

have a consultation with: ~와 상담을 하다

0817 ★★★

originate

어뤼저네잇(트)

origin [명] 기원, 유래
original [형] 원래의, 독창적인

[동] 유래하다, 발생하다, ~을 일으키다

The plot of the novel **originated** from the author's personal experiences of traveling throughout India.
그 소설의 줄거리는 인도 전역을 여행한 그 작가의 개인적인 경험으로부터 비롯된 것이었다.

자주 쓰이는 숙어

originate from: ~로부터 비롯되다,
originate in: ~에서 유리하다, ~에서 출발하다

0818 ★★★

assert

어**써**ㄹ트

assertive [형] 자기 주장이 강한, 독단적인

assertion [명] 주장, 단언

[동] 주장하다, 단언하다

The government used its military to **assert** control over the citizens after the political coup.

그 정부는 정치 쿠데타 이후에 시민들에 대한 통제권을 발휘하기 위해 군대를 이용했다.

자주 쓰이는 숙어

assert one's authority: 권력을 주장하다

0819 ★★★

commemorate

커메머**뤠**잇(트)

commemoration [명] 기념, 기념식, 기념물

[동] 기념하다, 축하하다(=celebrate), 찬사를 바치다(=congratulate)

A monument was erected to **commemorate** the city's founding 800 years ago.

800년 전에 있었던 그 도시의 설립을 기념하기 위한 기념물이 세워졌다.

0820 ★★★

sibling

씨블링

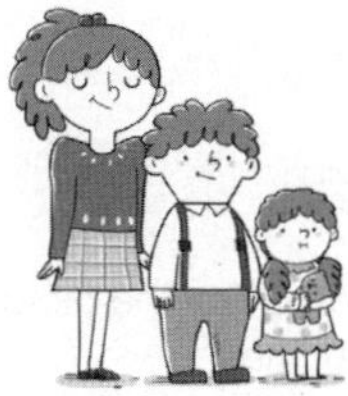

[명] 형제, 자매

New research indicates that first-born **siblings** are more likely to succeed in their chosen career.

새로운 연구에 따르면 제일 먼저 태어난 형제들이 각자 선택한 경력에서 성공할 가능성이 더 큰 것으로 나타난다.

0821 ★★★

prosperous

프**롸**스퍼뤄스

prosper [동] 번영하다, 발전하다, 성공하다

[형] 번영하는, 성공하고 있는(=successful)

The 19th century was a particularly **prosperous** period for the British coal mining industry.

19세기는 영국 탄광업계에 있어 특히 번영했던 시기였다.

0822 ★★★

vary

붸어뤼

varied ⓗ 다양한, 다양화된
variety ⓝ 다양성
various ⓗ 다양한

⑤ 다르다, 다양하다(=differ)

Consumer spending trends typically **vary** greatly across different age groups.

소비자 지출 경향은 일반적으로 서로 다른 연령대에 걸쳐 매우 다양하다.

> 📋 **자주 쓰이는 숙어**
>
> vary from: ~와 다르다
> vary in: ~에 있어서 다양하다

0823 ★★

scatter

스깨러ㄹ

scattered ⓗ 산발적인, 흩어져 있는, 분산된

⑤ 분산시키다, 흩뜨리다, ~을 뿌리다

In most major cities, local authorities **scatter** rock salt on icy roads to decrease the likelihood of accidents.

대부분의 주요 도시에서, 지역 당국은 사고 가능성을 낮추기 위해 빙판 도로에 굵은 소금을 뿌린다.

> 📋 **자주 쓰이는 숙어**
>
> scattered groups: 흩어져 있는[분산된] 집단

0824 ★★

rural

루어뤌

ⓗ 시골의, 전원의, 농업의

Visitors to the Fife region enjoy the picturesque views and **rural** communities.

파이프 지역을 찾는 방문객들은 그림 같은 경치와 시골 지역을 즐긴다.

0825 ★★

suspect

서스**펙**트

suspicious [형] 의심스러운 (=doubtful), 수상한
suspicion [명] 의혹, 의심

[동] **의심하다(=doubt, question), 생각하다 (=speculate)**

Contact our customer support team if you notice any **suspect** transactions on your account statement.
여러분의 계좌 내역에 어떠한 의심스러운 거래든 알아차리게 되시는 경우에는 저희 고객지원팀으로 연락 주시기 바랍니다.

자주 쓰이는 숙어

suspect of: ~을 의심하다

[명] **피의자, 용의자**

After a crime **suspect** is apprehended, he/she are put under surveillance by investigators.
범죄 용의자가 체포된 후 그/그녀는 수사관들의 감시 하에 놓인다.

0826 ★★

sensible

쎈서블

insensible [형] 인사불성의, 둔감한
sensitive [형] 민감한, 예민한

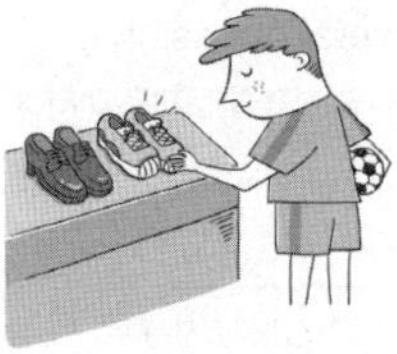

[형] **분별력 있는, 실용적인, 지각할 수 있는, 상당한**

The vehicle recall was a **sensible** response to the safety concerns raised about the car's braking system.
그 차량 리콜은 해당 자동차의 제동 시스템과 관련해 제기된 안전상의 우려에 대한 분별력 있는 대응이었다.

자주 쓰이는 숙어

a sensible adaptation: 합리적인 적응

0827 ★★

advisable

애드**봐**이저블

advise [동] 조언하다, 권하다

[형] **권할 만한, 바람직한**

It is **advisable** to wear robust hiking boots when trekking through Huntsville National Park.
헌츠빌 국립 공원을 거쳐 등산하실 때 튼튼한 등산화를 착용하시는 것이 바람직합니다.

자주 쓰이는 숙어

It is advisable to do: ~하는 것은 좋다, ~하는 것이 권장된다

Day 21

0828 ★★

continent

칸티넌트

continental ⓐ 대륙의

ⓝ 대륙

Many of the first explorers who set out to discover South America failed to find the **continent**.

남아메리카를 발견하기 위해 떠났던 초기 탐험가들 중 많은 이들이 그 대륙을 찾지 못했다.

> 📋 자주 쓰이는 숙어
>
> the New Continent: 신대륙(북/남미)

0829 ★★

premise

프뤠미스

premises ⓝ (복수형) 토지, 부동산, 구내

ⓝ 전제, 근거

The company brought the launch date forward on the **premise** that demand for smart watches was soaring.

그 회사는 스마트 시계에 대한 수요가 치솟고 있다는 것을 전제로 출시 날짜를 앞당겼다.

> 📋 자주 쓰이는 숙어
>
> on the premise: ~을 전제로 하고

0830 ★★

plagiarism

플레이저뤼즘

plagiarize ⓥ 표절하다

ⓝ 표절

Throughout his career, the author was accused of **plagiarism** on several occasions.

그 작가의 경력 전체에 걸쳐, 그는 표절 문제로 여러 차례 비난 받았다.

> 📋 자주 쓰이는 숙어
>
> be guilty of plagiarism: 표절 범죄를 저지르다

0831 ★★

guilty

길티

guilt ⓝ 죄책감, 유죄

ⓐ 유죄의, 죄를 범한, 죄의식이 있는

At the conclusion of the trial, the jury found the defendant **guilty** of several offences.

그 재판 마지막에, 배심원단은 그 피고가 여러 범죄 혐의에 대해 유죄라고 생각했다.

> 📋 자주 쓰이는 숙어
>
> a guilty act: 범죄 행위
> feel guilty about: ~에 대해 죄책감을 느끼다

0832 ★

erode
이**로**우드

erosive ⓐ 침식적인, 부식성의
erosion ⓝ 침식, 부식

ⓥ 침식하다, 부식하다, 서서히 파괴하다(=wear)

The fast-flowing water has gradually **eroded** the riverbank, widening the river by almost twenty meters.
빠르게 흐르는 물이 점차적으로 강둑을 침식시켜, 거의 20미터나 그 강을 넓게 만들었다.

0833 ★

allot
얼**랏**

allocation ⓝ 할당, 배당

ⓥ 할당하다, 배당하다, 충당하다, 할애하다

The President will **allot** some time for questions at the end of the press conference.
대통령은 기자 회견 마지막에 질문을 받기 위해 약간의 시간을 할애할 것이다.

> 📋 자주 쓰이는 숙어
>
> allot A to B: A를 B에 할당하다
> allot A for B: A를 B에 충당하다

0834 ★

deliberate
ⓐ 딜**리**버릿
ⓥ 딜**리**버뤠잇

deliberately ⓐ 신중하게, 의도적으로
deliberation ⓝ 심사 숙고

ⓐ 신중한(=careful, thoughtful), 고의적인 (=intentional)

The quality inspection procedure that is carried out in the warehouse is a very **deliberate** process.
그 창고에서 실시되는 품질 검사 절차는 매우 신중한 과정이다.

ⓥ 숙고하다(=consider, contemplate)

Match officials spent several minutes **deliberating** whether to allow the goal in the World Cup Final.
경기 임원들이 그 월드컵 결승전의 골을 허용할 것인지에 대해 숙고하는 데 몇 분의 시간을 소요했다.

0835 ★

disrupt
디스**럽**트

disruption ⓝ 붕괴, 분열, 중단, 장애

ⓥ 방해하다, 혼란시키다, 분리하다, 중단시키다

Inclement weather is likely to **disrupt** some performances at this weekend's outdoor concert.
악천후가 이번 주말에 열리는 야외 콘서트의 일부 공연을 중단시킬 가능성이 있다.

0836 ★
constitute
칸스터튜트

constitution [명] 구조, 설립, 헌법
constitutional [형] 헌법의

[동] 구성하다(=consist of), 조성하다, (법률을) 제정하다

The sharing of personal data by social media platforms **constitutes** a threat to our digital privacy.
소셜 미디어 플랫폼에 의한 개인 정보 공유는 우리의 디지털 사생활에 대한 위협이 된다.

자주 쓰이는 숙어

constitute a social problem: 사회 문제가 되다
constitute A to B: B에게 A를 야기하다

0837 ★
intricate
인추리컷

intricately [부] 복잡하게
intricacy [명] 복잡성

[형] 뒤얽힌, 복잡한(=complex, complicated, entangled)

The **intricate** plot of the film left the majority of moviegoers rather confused.
그 영화의 복잡한 줄거리가 대다수의 영화 관람객들을 상당히 혼란스럽게 만들었다.

자주 쓰이는 숙어

intricate patterns: 복잡한 패턴

0838 ★
deed
디-드

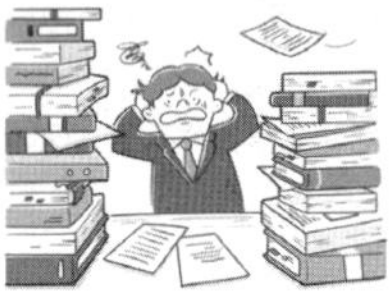

[명] 행위, 공적, 위업(=achievement)

As a professional 'life coach', Jim Burwell encourages people to perform at least three good **deeds** per day.
전문 '인생 코치'로서, 짐 버웰 씨는 사람들에게 하루에 최소 세 가지 좋은 일을 하도록 장려한다.

자주 쓰이는 숙어

do a good[great] deed: 위대한 공적을 하다, 대단한 위업을 남기다

0839 ★
immense
이**멘**스

immensely [부] 엄청나게

[형] 엄청난, 방대한, 거대한(=enormous, huge, vast)

The grounds of the Moscow Kremlin boast an **immense** bell that weighs more than 200 tons.
모스크바 크렘린궁의 부지는 200톤이 넘게 무게가 나가는 엄청난 종을 자랑한다.

0840 ★

vocalization

뷔컬라이**제**이션

vocal ⓐ 목소리를 내는, 의견을 강경
하게 말하는
vocalize ⓥ 발음하다, 노래하다, 의
견을 강경하게 말하다

Much of the naturalist's research dealt with the
unique **vocalizations** of the Howler Monkey.

그 동식물학자의 연구 대부분은 짖는 원숭이의 독특한 발성법을
다뤘다.

DAY 21 Daily Practice

○ 단어와 그에 알맞은 뜻을 연결해 보세요.

1. immune   •   • (a) 전반적인

2. overall   •   • (b) 장소

3. spot   •   • (c) 분산시키다

4. scatter   •   • (d) 면역의

○ 빈칸에 알맞은 단어를 선택하세요.

habitat	theory	transportation

5. The Silk Road refers to a network of routes that facilitated the
_____ of silk and other textiles.

6. The harvesting of palm oil is having a devastating effect on the
_____ of the Borneo orangutan.

7. The physicist's _____ sparked much excitement within the
scientific community.

○ 밑줄 친 단어의 동의어를 고르세요.

8. Consumer spending trends typically <u>vary</u> greatly across different age
groups.

   (a) differ   (b) share

9. The quality inspection procedure that is carried out in the warehouse is a
very <u>deliberate</u> process.

   (a) immense   (b) careful

10. Users of online trading platforms receive <u>periodical</u> updates about their
investments.

   (a) additional   (b) regular

정답 1. (d) 2. (a) 3. (b) 4. (c) 5. transportation 6. habitat 7. theory 8. (a) 9. (b) 10. (b)

G-TELP VOCA

DAY 01
DAY 02
DAY 03
DAY 04
DAY 05
DAY 06
DAY 07
DAY 08
DAY 13
DAY 18
DAY 19
DAY 20
DAY 24
DAY 25
DAY 26
DAY 29
DAY 30

DAY 22

PREVIEW

이미 알고 있는 단어는 미리 체크박스에 체크(☑)해보세요.

☑ additional	☐ biological	☐ fit	☐ curious
☐ impress	☐ infant	☐ odor	☐ resume
☐ explosion	☐ basis	☐ stain	☐ dwell
☐ threat	☐ retention	☐ substitute	☐ surrounding
☐ tropical	☐ restore	☐ suspend	☐ vacancy
☐ indeed	☐ portion	☐ shortsighted	☐ lease
☐ trait	☐ consecutive	☐ evacuate	☐ depict
☐ publicize	☐ inclined	☐ fairly	☐ prevail
☐ provision	☐ pedestrian	☐ bizarre	☐ rebellion
☐ corresponding	☐ warranty	☐ augment	☐ query

QR코드를 스캔하여 단어를 음원으로 들어보세요!

0841 ★★★★★

additional

어디셔늘

addition [명] 추가
additionally [부] 게다가, 또한, 추가적으로

[형] 추가의, 부가된

Additional core samples from the Arctic were sent to labs in London and Montreal.
북극에서 얻은 추가 핵심 견본들이 런던과 몬트리올에 있는 실험실들로 보내졌다.

자주 쓰이는 숙어

additional expense[charge]: 추가 비용[요금]

0842 ★★★★★

biological

바이얼라쥐컬

biology [명] 생물학
biologically [부] 생물학적으로

[형] 생물학의, 생물학적인, 혈연 관계의

Having never known his **biological** father, young Harrison looked to film and television for male role models.
자신의 생부를 전혀 알지 못했기에, 어린 해리슨은 남성 롤 모델을 찾기 위해 영화와 텔레비전으로 시선을 돌렸다.

자주 쓰이는 숙어

biological diversity: 생물학적 다양성

0843 ★★★★★

fit

퓃

fitting [형] 적절한, 꼭 맞는

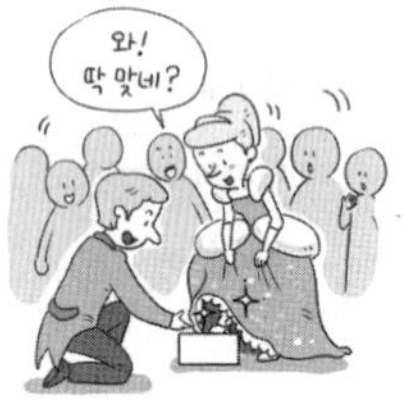

[형] 꼭 맞는, 알맞은

Candidates with severe asthma or poor eyesight are not **fit** for service in the Air Force.
심한 천식이나 좋지 못한 시력을 지닌 후보자들은 공군 복무에 적합하지 않다.

자주 쓰이는 숙어

fit for: ~에 적임인[적합한]

[동] 적합하다, 어울리다, 꼭 맞다

Nine adults can **fit** comfortably in Aspire Motor's new van.
성인 9명이 애스파이어 모터 사의 새로운 승합차에 편안하게 탈 수 있다.

자주 쓰이는 숙어

fit in[into/to]: ~에 잘 어울리다, ~에 꼭 맞다

0844 ★★★★

curious

큐어뤼어스

curiosity [명] 호기심

[형] 호기심이 강한, 궁금한(=wondering, interested), 알고 싶어하는

Anyone **curious** about the future of space colonization should visit the museum's newest exhibit.

우주 식민지화의 미래에 관해 궁금한 사람은 누구든 그 박물관의 최신 전시회를 방문해야 한다.

자주 쓰이는 숙어

be curious about: ~에 대해 알고 싶어하다

0845 ★★★★

impress

임프**뤠**스

impression [명] 인상
impressed [형] 감명을 받은

[동] 인상을 주다, 감동시키다

Soldiers who were in the Gulf War were **impressed** with the film's honest depiction of the conflict.

걸프 전쟁에 참전했던 군인들이 그곳의 충돌에 대한 그 영화의 솔직한 묘사에 깊은 인상을 받았다.

자주 쓰이는 숙어

impress someone: 누군가를 감동시키다
be impressed by[with]: ~에 감명을 받다

0846 ★★★★

infant

인뻔트

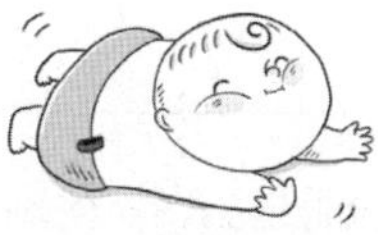

[명] 유아, 입문자

Since the immune systems of **infants** are not yet developed, they should not be taken to hospital emergency rooms.

유아의 면역 체계가 아직 발전되지 않은 상태이기 때문에, 그들을 병원 응급실로 데려가지 말아야 한다.

0847 ★★★★

odor

오우더ㄹ

odorless [형] 무취의

[명] 냄새, 악취, 향내, 향기

Infected wounds will appear red and swollen and may give off a pungent **odor**.

감염된 상처는 붉고 부풀어 오른 것처럼 보이게 되며, 코를 자극하는 냄새가 날 수 있다.

자주 쓰이는 숙어

give off an unpleasant odor: 불쾌한 냄새를 내다

0848 ★★★★

resume

뤼**쥼**

résumé [명] 이력서
[뤠쥬메]

[동] 재개하다, 재개되다(=restart)

The U.S. stock market **resumed** normal activity four days later.

미국의 주식 시장은 4일 후에 정상적인 활동을 재개했다.

자주 쓰이는 숙어

resume one's career: 다시 일하다
send a résumé by e-mail: 이메일로 이력서를 보내다

0849 ★★★★

explosion

익스플**로**전

explode [동] 폭발시키다, 폭발하다

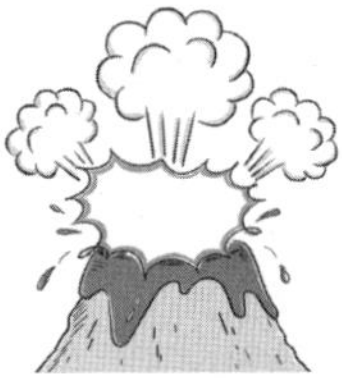

[명] 폭발, 폭발적 증가

The **explosion** was caused by a build-up of gas resulting from a faulty pilot light.

그 폭발 사건은 결함 있는 점화용 불씨에 따른 결과로 발생된 가스 누적으로 인해 발생되었다.

자주 쓰이는 숙어

set off an explosion: 폭발시키다

0850 ★★★★

basis

베이시스

base [동] 근거를 두다
based [형] 근거를 둔

[명] 기초, 근거, 단위, 기준

Progress reports concerning the Rutherford development project will be submitted on a weekly **basis**.

루더포드 개발 프로젝트와 관련된 진행 보고서가 일주일 단위로 제출될 것이다.

자주 쓰이는 숙어

on a regular basis: 정기적으로
on a daily/weekly/monthly basis: 매일/일주일마다/매달마다
on a first-come, first-served basis: 선착순으로

0851 ★★★★

stain

스떼인

stained ⓐ 얼룩진, 오염된
stainless ⓐ 얼룩지지 않은, 녹슬지
않는

ⓝ 얼룩, 오염

Jennifer didn't realize she had a large **stain** on her blouse until she entered the office for her interview.
제니퍼는 면접을 위해 사무실로 들어간 후에야 자신의 블라우스에 큰 얼룩이 있다는 것을 알아차렸다.

📋 자주 쓰이는 숙어

remove a stain: 얼룩을 제거하다

ⓥ ~을 얼룩지게 하다, 더러워지다, 착색하다

Volunteers spent the morning **staining** the viewing deck at the river park for the beautification project.
자원 봉사자들이 미화 프로젝트를 위해 그 강변 공원의 전망대에 착색 작업을 하는 것으로 오전 시간을 보냈다.

0852 ★★★

dwell

드웰

ⓥ 거주하다, 살다, (마음 속에) 남아 있다

The giant squid **dwells** in the ocean depths and is rarely observed by humans.
대왕 오징어는 바다 깊은 곳에 서식하며, 사람의 눈에 좀처럼 관찰되지 않는다.

📋 자주 쓰이는 숙어

dwell in: ~에 거주하다
dwell on: ~을 곰곰이 생각하다, 장황하게 설명하다

0853 ★★★

threat

쓰뤳

threaten ⓥ 위협하다, 협박하다
threating ⓐ 위협적인, 협박하는
threatened ⓐ 위협 받는

ⓝ 위협, 협박, (좋지 않은 일의) 우려, 징조

Habitat loss due to logging and urbanization is the gravest **threat** to pandas.
벌목과 도시화로 인한 서식지 손실 문제가 판다에게 가장 심각한 위협이다.

📋 자주 쓰이는 숙어

a threat to + 명사: ~을 위협하는 것, ~에 대한 위협

0854 ★★★

retention

뤼**텐**션

retain [동] 유지하다, 보유하다

[명] 보유, 보존(=preservation), 유지, 기억력 (=memory)

A high-sodium diet can lead to fluid **retention**, a symptom of which is swelling in the hands and feet.

염분이 높은 식사는 체액 과다 보유로 이어질 수 있는데, 이것의 증상은 손발이 붓는 것이다.

0855 ★★★

substitute

썹스터튜

substitution [명] 대리(인), 대용품

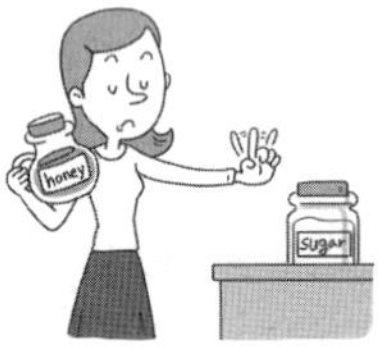

[동] 대체하다, 대신하다(=alternate), 교체하다 (=replace)

Diners may **substitute** the beef patty on their burger with another protein, such as turkey or soy.

식사 손님들께서는 버거에 들어가는 소고기 패티를 칠면조 또는 콩과 같은 다른 단백질 재료로 대체하실 수 있습니다.

자주 쓰이는 숙어

substitute A for B: B로 A를 대신하다

[명] 대체물(=alternative)

No amount of caffeine is a viable **substitute** for a full night of sleep.

아무리 많은 카페인도 밤새 충분한 잠을 자는 것에 대한 실행 가능한 대체물이 되지 못한다.

자주 쓰이는 숙어

substitute for A: A에 대한 대체물

0856 ★★★

surrounding

써**롸**운딩

surround [동] 둘러싸다

[형] 둘러싸는, 주변의

Authorities monitored the wildfire and its potential threat to the **surrounding** communities.

당국은 산불과 산불의 주변 지역 사회에 대한 잠재적인 위협을 감시했다.

[명] 주변 환경(=environment)

Strong electromagnetic fields affect their **surroundings** in interesting ways.

강한 전자기장은 여러 흥미로운 방식으로 주변에 영향을 미친다.

0857 ★★★

tropical

트**롸**피컬

[형] 열대 지방의, 열대성의

Tropical weather changes rapidly, and sudden thunderstorms in the middle of the day are not atypical.

열대 기후는 빠르게 변화하며, 한낮의 갑작스런 뇌우는 이례적인 것이 아니다.

자주 쓰이는 숙어

tropical climate: 열대 기후

0858 ★★★

restore

뤼스**토**어ㄹ

restoration [명] 복원, 복구

[동] 복원하다, 회복하다(=recover), 되찾다

Technicians worked throughout the night to **restore** power to the Westridge area.

기술자들이 웨스트리지 지역의 전기를 복구하기 위해 밤새 작업했다.

자주 쓰이는 숙어

restore A to B: A를 B에게 되돌려주다
be restored to A: A로 회복되다, 복직되다

0859 ★★★

suspend

써스**펜**드

suspension [명] 정지, 보류

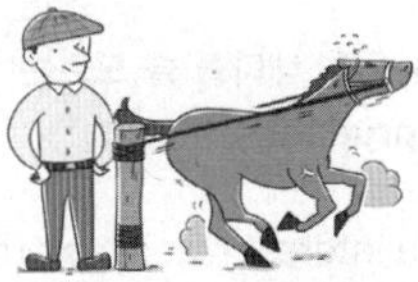

[동] ~을 매달다, 보류하다, 일시 중지하다

Construction of the oil pipeline will be **suspended** until the work area can be cleared of protesters.

석유 파이프라인 공사는 그 지역에서 시위자들을 내보낼 수 있을 때까지 일시 중지될 것이다.

자주 쓰이는 숙어

order to suspend: 정지 명령
suspend access to: ~에 대한 이용을 중지시키다
suspend one's operations: ~의 작동[운영]을 중단시키다

Day 22

0860 ★★★
vacancy

뷔이컨시

vacant ⓐ 공석인, 비어 있는

ⓝ 비어 있는 상태, 공석, (채용 중인) 일자리
(=opening)

The **vacancy** on the board of directors will be filled by the founder's son until a permanent replacement is chosen.
이사회에 발생된 공석은 영구 대체자가 선임될 때까지 창립자의 아들에 의해 채워질 것이다.

📋 자주 쓰이는 숙어

fill a vacancy: 결원을 채우다

0861 ★★★
indeed

인디-드

ⓐ 사실은(=in fact), 정말로, 확실히(=certainly)

The mathematician shared notebooks full of equations showing that he had **indeed** solved the formula.
그 수학자는 자신이 정말로 그 공식을 풀었음을 보여주는 방정식들로 가득한 노트를 공유했다.

0862 ★★
portion

포ㄹ션

ⓝ 일부, 분량, 부분(=part), 몫, 할당(=share)

A **portion** of the proceeds was donated to several children's hospitals around the country.
수익금의 일부가 전국에 있는 몇몇 아동 병원에 기부되었다.

📋 자주 쓰이는 숙어

a portion of: ~의 일부[할당]

0863 ★★
shortsighted

쑈ㄹ트싸이티드

short sight ⓝ 근시, 근시안적 견해

ⓐ 근시의, 근시안적인, 앞을 내다볼 줄 모르는
(=indiscreet, imprudent)

The increase to the interest rate was criticized as a **shortsighted** move by many economic analysts.
그 이자율의 인상은 많은 경제 분석가들에 의해 근시안적인 조치로 비난 받았다.

0864 ★★
lease
리-스

명 임대 (계약)

At the time of the accident, Josh's sports car was on **lease**.

그 사고 발생 당시에 조쉬의 스포츠카는 임대 중이었다.

> **자주 쓰이는 숙어**
> sign a year-long lease (contract): 1년 임대 계약에 서명하다
> lease on: ~에 대한 임대차 계약

동 ~을 임대[임차]하다

The majority of residents aged 18 to 35 **lease** their apartments for upwards of $1,000 a month.

18세에서 35세 사이의 주민 대다수가 한 달에 1,000달러 이상의 금액으로 아파트를 임대한다.

Day 22

0865 ★★
trait
추레잇(트)

명 (성격, 습관의) 특징, 특색, 특질

The natural beauty of Vancouver, seen in numerous parks and tree-lined streets, is one of its most notable **traits** of the city.

수많은 공원과 나무들로 늘어선 여러 거리에서 보여지는 밴쿠버 자연의 아름다움은 그 도시의 가장 주목할 만한 특색 중의 하나이다.

> **자주 쓰이는 숙어**
> personality traits: 성격적 특성

0866 ★★
consecutive
컨세큐티브

consecutively ⓟ 연속으로
(=successively)

형 연속적인, 연이은(=successive, straight)

KL Electronics has won the industry award for customer service for five **consecutive** years.

KL 일렉트로닉스 사는 5년 연속으로 고객 서비스에 대해 업계에서 수여하는 상을 받았다.

> **자주 쓰이는 숙어**
> for ~ consecutive years: ~년 연속으로

0867 ★★
evacuate
이**배**큐에이트

evacuation [명] 철수, 비우기, 배출

[동] 비우다(=clear, empty), 피난시키다, 철수하다(=withdraw)

The building was safely **evacuated** after a fire on the 7th floor set off the alarm system.
7층에서 발생된 화재가 경보 시스템을 울린 후로 그 건물에서 사람들이 안전하게 피난했다.

0868 ★★
depict
디**픽**트

depiction [명] 묘사, 서술

[동] ~을 표현하다(=express), ~을 그리다(=draw), 묘사하다(=detail, describe)

Orwell's *1984* depicts a totalitarian state where the government controls every aspect of a person's life.
오웰의 『1984』는 정부가 한사람의 인생의 모든 측면을 통제하는 전체주의 국가를 묘사하고 있다.

0869 ★★
publicize
퍼블러**사**이즈

public [형] 공공의, 대중의
publicly [부] 공개적으로, 공적으로

[동] (대중들에게) 알리다(=announce, report), 광고하다(=promote), 대중화하다(=spread)

The Human Project uses social media to **publicize** human rights abuses that would otherwise go unacknowledged.
휴먼 프로젝트는 다른 방법으로는 인식되지 못할 인권 남용 문제를 널리 알리기 위해 소셜 미디어를 이용한다.

0870 ★★
inclined
인클**라**인드

incline [동] 기울다, 경향이 있다
inclination [명] 성향, 의향

[형] 경향이 있는, 마음이 내키는, 경사진

In general, employees are **inclined** to work faster on an assignment rather than stay later at the office.
일반적으로, 직원들은 사무실에 늦게까지 머물러 있기보다는 한 가지 업무에 대해 더 빠르게 일하는 경향이 있다.

자주 쓰이는 숙어

be inclined to do: ~하는 경향이 있다(=tend to, have a tendency to)

0871 ★★

fairly

뻬얼리

fair [형] 공정한 [명] 박람회

[부] 다소(=rather, moderately), 몹시(=very, pretty), 공정하게, 합당하게(=reasonably, justly)

Soccer did not enjoy mainstream success in the United States until **fairly** recently.

축구는 꽤 최근에서야 미국에서 주류 스포츠로서의 성공을 맛보게 되었다.

자주 쓰이는 숙어

fairly well: 아주 잘

0872 ★

prevail

프뤼**붸**일

prevailing [형] 만연한, 팽배한

[동] 만연하다, 우세하다, 압도하다

Tolkien's *The Lord of the Rings* is timeless because it shows how the humblest among us can **prevail** against great evil.

톨킨의 『반지의 제왕』은 우리 인간들 사이에서 보잘것없는 사람들이 어떻게 거대한 악에 맞서 이길 수 있는지를 보여주기 때문에 시대를 초월하는 작품이다.

자주 쓰이는 숙어

prevail over: 우세를 차지하다

0873 ★

provision

프러**뷔**전

provisional [형] 임시의, 일시적인 (=temporary)

[명] 지급, 제공, 준비

The **provision** of arms to terrorist organizations is a treasonable offense.

테러리스트 단체에 대한 무기 제공은 반역죄이다.

자주 쓰이는 숙어

make provision for: ~을 준비하다

0874 ★

pedestrian

퍼**데**스트리언

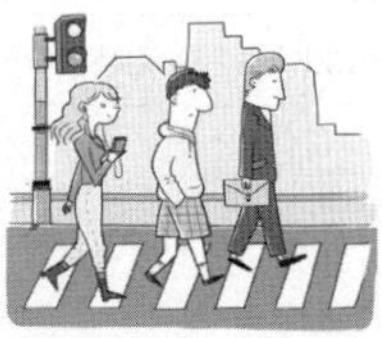

[명] 보행자

Another issue is how quickly self-driving vehicles can recognize and react to **pedestrians**.

또 다른 한 가지 문제는 자율 주행 차량이 얼마나 신속하게 보행자들을 인식하고 반응할 수 있는가이다.

자주 쓰이는 숙어

pedestrian cross: 횡단 보도

0875 ★
bizarre
비자르

bizarrerie [명] 특이함, 기이한 행동

[형] 기괴한(=eccentric), 별난(=strange), 엉뚱한

Male peacock spiders perform a colorful and **bizarre** dance when attempting to attract a female.
수컷 공작 거미는 암컷을 유혹하려 시도할 때 화려하고 기괴한 춤을 춘다.

0876 ★
rebellion
뤼벨련

rebel [동] 반란을 일으키다, 반항하다 [명] 반역자

[명] 반역, 반란(=revolt), 폭동(=riot, turmoil)

The **rebellion** was quickly suppressed by security forces, but it still inspired others to act.
보안 요원들에 의해 그 폭동은 빠르게 진압되었지만, 여전히 다른 이들이 행동으로 옮기는 것을 격려하였다.

자주 쓰이는 숙어
rise in rebellion: 반란을 일으키다

0877 ★
corresponding
코뤠스판딩

correspond [동] 해당하다, 일치하다, 교신하다

[형] 일치하는, 대응하는, 통신의

The actress's breakout role in the film and **corresponding** fame led to a loss of privacy in her life.
영화에서 그 여배우를 스타로 만들어준 역할과 그에 상응하는 명성은 그녀의 삶에서 사생활이 없어지는 것으로 이어졌다.

자주 쓰이는 숙어
corresponding to: ~에 일치하다, ~와 유사하다
a corresponding clerk: 통신 담당자

0878 ★
warranty
워런티

warrant [동] ~을 보증하다

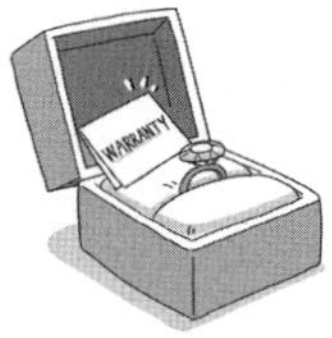

[명] 품질 보증(서), 제품 보증

The cost of repairs without a **warranty** may cost nearly as much as what you originally paid.
품질 보증 서비스가 없는 수리 비용은 거의 처음에 지불한 것만큼 돈이 많이 들 수 있습니다.

자주 쓰이는 숙어
within the warranty period: 보증 기한 이내에

0879 ★

augment

오그**멘**트

augmentation [명] 증가, 증대

[동] 늘리다, 증대시키다, 증대하다(=increase)

In today's gig economy, individuals **augment** their incomes by working odd jobs obtained via mobile apps.

오늘날의 임시직 선호 경제에서, 사람들은 모바일 앱을 통해 구한 임시직 노동으로 소득을 늘린다.

0880 ★

query

퀴어뤼

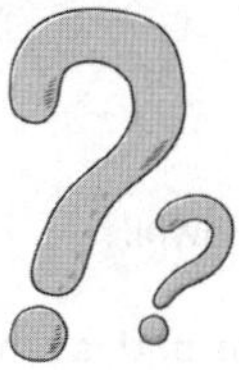

[명] 질문, 문의(=inquiry, question)

Queries regarding the status of your order may be submitted through our website.

주문 제품 상태와 관련된 문의 사항은 저희 웹 사이트를 통해 제출하실 수 있습니다.

Day 22

DAY 22　Daily Practice

○ 단어와 그에 알맞은 뜻을 연결해 보세요.

1. additional　　●　　　　　　　● (a) 꼭 맞는

2. impress　　●　　　　　　　● (b) 추가적인

3. explosion　　●　　　　　　　● (c) 폭발

4. fit　　●　　　　　　　● (d) 감동시키다

○ 빈칸에 알맞은 단어를 선택하세요.

suspended	threat	dwells

5. The giant squid _____ in the ocean depths and is rarely observed by humans.

6. Construction of the oil pipeline will be _____ until the work area can be cleared of protesters.

7. Habitat loss due to logging and urbanization is the gravest _____ to pandas.

○ 밑줄 친 단어의 동의어를 고르세요.

8. Technicians worked throughout the night to restore power to the Westridge area.

(a) prevail　　　　　　　(b) recover

9. Diners may substitute the beef patty on their burger with another protein, such as turkey or soy.

(a) replace　　　　　　　(b) serve

10. The increase to the interest rate was criticized as a shortsighted move by many economic analysts.

(a) imprudent　　　　　　(b) increased

정답 1. (b) 2. (d) 3. (c) 4. (a) 5. dwells 6. suspended 7. threat 8. (b) 9. (a) 10. (a)

DAY 01 DAY 03 DAY 04 DAY 05 DAY 06
DAY 07 DAY 08 DAY DAY 12
DAY 13 DAY 14 DAY 18
DAY 19 DAY 20 DAY 24
DAY 25 DAY 26 DAY 27 DAY 30

DAY 23

PREVIEW

이미 알고 있는 단어는 미리 체크박스에 체크(☑)해보세요.

☑ matter	☐ belong	☐ payment	☐ reason
☐ claim	☐ sponsor	☐ route	☐ decade
☐ manual	☐ suffrage	☐ scenery	☐ strengthen
☐ pour	☐ thrive	☐ transcript	☐ heritage
☐ fabric	☐ imperative	☐ imprisonment	☐ restriction
☐ dominant	☐ profession	☐ loose	☐ ought to
☐ patent	☐ preference	☐ resource	☐ pretend
☐ livelihood	☐ oversight	☐ strand	☐ array
☐ courteous	☐ discard	☐ sanction	☐ distress
☐ inaccurate	☐ accustomed	☐ strive	☐ burden

QR코드를 스캔하여 단어를 음원으로 들어보세요!

0881 ★★★★★

matter

매러ㄹ

명 문제, 일, 사건, 물질

The mayor acknowledged the rise in unemployment and promised to discuss the **matter** at the town forum.

시장은 실업률의 증가를 인정했으며, 시의 공개 토론회에서 그 문제를 논의하기로 약속했다.

> **자주 쓰이는 숙어**
>
> as a matter of fact: 사실은(=in fact)
> What's the matter?: 무슨 일이야?

동 중요하다, 중대한 관계가 있다

Now that almost everyone owns a cell phone, landlines barely **matter** anymore.

현재 거의 모든 사람이 휴대 전화기를 소유하고 있으므로, 유선 전화는 더 이상 거의 중요하지 않다.

0882 ★★★★★

belong

빌롱

belongings 명 소지품

동 속하다, (있어야 할 장소에) 있다

The silver SUV parked outside the building **belongs** to the president of the company.

건물 밖에 주차되어 있는 은색 SUV는 회사의 사장 소유이다.

> **자주 쓰이는 숙어**
>
> belong to + 명사: ~에 속하다
> belong to + 사람: ~의 것이다[소유물이다]
> belong in/on/among: (있어야 할 장소에) 있다

0883 ★★★★★

payment

페이먼트

pay 동 지불하다 명 지불, 임금

명 지급, 지불, 보수, 보상

The newly launched smartphone contains a mobile **payment** app which enables a user to make a **payment** without a credit card.

새로 출시된 스마트폰은 신용카드를 사용하지 않고 사용자로 하여금 지불을 할 수 있도록 해주는 모바일 지불 앱을 포함하고 있다.

> **자주 쓰이는 숙어**
>
> in payment for: ~의 보수로
> make a payment: 지불하다

0884 ★★★★★

reason

뤼즌

reasoning [명] 추론, 논리, 이유
reasonable [형] 합리적인, 이성적인

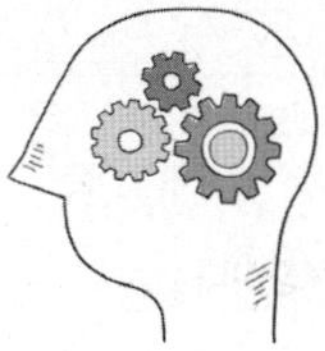

[명] 이유, 원인, 이성

A small sample size was the main **reason** for the inadequate results of the market research survey.

견본의 작은 크기가 시장 연구 조사의 불충분한 결과에 대한 주요 원인이었다.

자주 쓰이는 숙어

for some reason: 어떠한 이유로

[동] 추론하다, ~라고 판단하다

Proponents of plant-based diets **reason** that people will eventually grow to enjoy meat-free products.

채식 기반의 식사를 지지하는 사람들은 육류가 포함되지 않은 제품을 사람들이 결국 즐기게 될 것이라고 판단하고 있다.

자주 쓰이는 숙어

reason that + 주어 + 동사: ~라고 추론하다, ~라고 판단하다

0885 ★★★★★

claim

클레임

[동] ~을 요구하다, 청구하다, (사실이라고) 주장하다

Local residents **claim** that power lines are linked to a number of health issues in the area.

지역 주민들은 송전선들이 지역 내의 많은 건강 문제와 연관되어 있다고 주장한다.

출제 확률 UP!

claim that 주어 + (should) + 동사원형: ~해야 한다고 요구하다

* 당위성을 나타내는 동사로, '요구하다, 청구하다'라는 의미를 가진 동사 claim 뒤의 that절에는 should가 생략된 동사원형이 위치한다. 단, that절이 과거의 사실을 언급하는 내용일 경우 claim은 당위성 없이 '주장하다'라는 의미로 쓰이므로 should가 생략되는 구문이 아니다.

[명] 요구, 청구, 주장

The prince's **claim** to the throne was uncertain due to doubts about his true ancestry.

그 왕자의 진정한 혈통에 대한 의구심으로 인해 그의 왕좌에 대한 주장은 불확실하였다.

자주 쓰이는 숙어

claim on: ~에 대한 요구
a false claim: 거짓 주장

0886 ★★★★
sponsor
스**판**서ㄹ

sponsorship [명] 후원, 협찬

[명] 후원자(=supporter), 보증인, 광고주

Most radio shows are frequently interrupted so that the station can air messages from its **sponsors.**

대부분의 라디오 프로그램은 방송국에서 광고주가 전하는 메시지를 방송할 수 있도록 하기 위해 자주 중단된다.

자주 쓰이는 숙어

an official sponsor: 공식 후원자

[동] 후원하다(=support), 보증하다

Several local businesses regularly **sponsor** the city's annual arts and crafts fair.

여러 지역 기업들이 그 도시의 연례 미술 및 공예 박람회를 정기적으로 후원한다.

자주 쓰이는 숙어

be sponsored by: ~의 후원을 받다

0887 ★★★★
route
루트 / **롸**우트

[명] 길, 항로, 노선

Mountain climbers have historically disagreed on which is the safest **route** to the summit of Mt. Everest.

산악인들은 역사적으로 에베레스트 산 정상까지 가는 가장 안전한 길이 어느 것인지에 대해 의견이 불일치해왔다.

자주 쓰이는 숙어

en route to: ~로 가는 도중에(=in one's way to)
a commercial route: 통상로
an air[overland] route: 항공로[육로]

0888 ★★★★
decade
데케이드 / 디**케**이드

[명] 10년

Founder and CEO James Agnew retired after more than four **decades** of service to the firm.

창립자이자 대표이사인 제임스 애그뉴 씨가 40년이 넘는 재직 끝에 은퇴했다.

자주 쓰이는 숙어

over the last decade: 지난 10년 동안

0889 ★★★★

manual

매뉴얼

manually ⓟ 수동으로, 손으로

ⓐ 수동의

In the event that the auto-pilot function fails, pilots will assume full **manual** control of an airplane.
자동 조종 기능이 실패할 경우에, 조종사들은 비행기의 완전 수동 제어 권한을 맡을 것이다.

📋 자주 쓰이는 숙어

manual control: 수동 제어

0890 ★★★★

suffrage

써쁘뤼쥐

ⓝ 선거권, 참정권, 투표(=vote)

By the year 1928, all British women over the age of 18 were allowed to vote, leading to universal **suffrage**.
1928년경에, 18세가 넘는 모든 영국인 여성들은 투표를 하도록 허용되었으며, 이는 보통 선거로 이어졌다.

📋 자주 쓰이는 숙어

give one's suffrages for[against]: ~에 찬성[반대]표를 던지다

0891 ★★★

scenery

씨너뤼

scene ⓝ 장면, 현장, 상황
scenic ⓐ 경치가 좋은
(=picturesque)

ⓝ 경치, 풍경

Passengers traveling along the Cumbria Railway can enjoy the wonderful **scenery** of the Lake District.
컴브리아 철로를 따라 여행하는 승객들은 호수 지방의 뛰어난 경치를 즐길 수 있다.

0892 ★★★

strengthen

스추**뤵**쓴

strength ⓝ 힘, 강점

ⓥ 강화하다(=enhance, improve, reinforce), 강해지다, 견고해지다

The annual summit is designed to **strengthen** ties between the world's most influential nations.
연례 정상 회의는 세계에서 가장 영향력 있는 국가들 사이의 유대 관계를 강화하기 위해 계획된다.

📋 자주 쓰이는 숙어

strengthen relationships: 관계를 돈독하게 하다

0893 ★★★

pour

포어ㄹ

pouring ⑨ 들이붓는, 억수로 쏟아지
는

⑤ ~을 따르다, 붓다, 쇄도하다, 쏟아져 나오다

After shaking the cocktail ingredients, slowly
pour the mixture over crushed ice in a tall
glass.
칵테일 재료들을 흔든 후, 긴 유리잔에 담긴 부서진 얼음 위로 그
혼합물을 천천히 따르십시오.

> **자주 쓰이는 숙어**
>
> pour out: 쏟아지다, 퍼붓다
> pour down: 쏟아져 나와서 흐르다

0894 ★★★

thrive

쓰롸이브

thriving ⑨ 번영하는, 무성하게 자라
나는

⑤ 번성하다(=prosper), 성공하다(=succeed), 성장
하다(=grow, develop)

To **thrive** in the technology industry, it is
important to keep ahead of your competitors.
기술 업계에서 번성하기 위해서, 경쟁업체들보다 앞서있는 것이 중
요하다.

> **자주 쓰이는 숙어**
>
> thrive on: ~을 잘 해내다, ~을 먹고 성장하다

0895 ★★★

transcript

추뢘스크립트

⑨ 필기록, 필사본, (학교의) 성적 증명서

The publishing house plans to put the late
author's unfinished **manuscript** up for auction.
그 출판사는 고인이 된 그 작가의 미완성 원고를 경매에 부칠 계획
이다.

0896 ★★★

heritage

헤뤼티쥐

⑨ 유산(=legacy), 혈통, 전통(=tradition)

Blair Castle is regarded as one of Scotland's
foremost national **heritage** sites.
블레어 성은 스코틀랜드의 가장 중요한 국가 문화 유산 중의 하나
로 여겨진다.

> **자주 쓰이는 숙어**
>
> a national heritage: 국가적 유산
> world heritage site: 세계 유산 (보호 지역)

0897 ★★★

fabric

빼브뤽

fabricate [동] 제작하다, 조작하다, 위조하다(=forge)

fabrication [명] 제작, 제조, 조립, 위조물

[명] 직물, 천(cloth), 구조

Hemp is increasingly used as a clothing **fabric** due to its strength and versatility.

삼베는 그 튼튼함과 다용도성으로 인해 의류 직물로 점점 더 많이 이용되고 있다.

0898 ★★

imperative

임**페**뤄티브

imperatively [부] 긴요하게, 위엄있게

[형] 필수적인(=essential, required), 긴급한(=urgent)

It is **imperative** that all high-rise buildings in the city be built to withstand strong winds.

도시 내에 있는 모든 고층 건물들이 강한 바람을 견디도록 지어지는 것이 필수이다.

출제 확률 UP!

it is imperative that 주어 + (should) + 동사원형: ~하는 것은 필수적이다

* 당위성을 나타내는 형용사로, '필수적인'이라는 의미를 가진 형용사 imperative 뒤의 that절에는 should가 생략된 동사원형이 위치한다.

0899 ★★

imprisonment

인프**뤼**즌먼트

imprison [동] 가두다, 수감하다

prisoner [명] 죄수, 수감자

[명] 투옥, 수감

Advances in DNA fingerprinting technology led to the **imprisonment** of countless criminals.

DNA 지문 채취 기술의 발전이 수많은 범죄자들의 수감으로 이어졌다.

자주 쓰이는 숙어

life imprisonment: 종신형

0900 ★★

restriction

뤼스트**뤽**션

restrict [동] 제한하다

[명] 제한, 규제, 제약

The government intends to tighten **restrictions** on imported products from mainland Europe.

정부는 유럽 본토에서 수입되는 제품에 대한 규제를 더욱 엄격하게 할 계획이다.

자주 쓰이는 숙어

restriction on : ~에 대한 제한[제약]

Day 23

0901 ★★

dominant

다머넌트

dominance [명] 지배, 우세
dominate [동] 지배하다, 장악하다, 압도하다

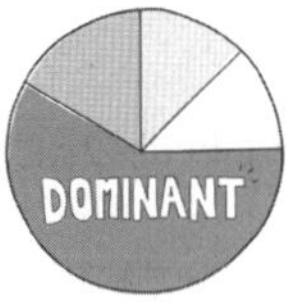

[형] 지배적인, 우세한(=influential)

With more viewers than any other network, CBN remains a **dominant** force in the news media world.
다른 어떤 방송국보다 더 많은 시청자를 보유하여, CBN은 뉴스 미디어 업계에서 여전히 지배적인 집단이다.

자주 쓰이는 숙어

a dominant society: 우세한 사회

0902 ★★

profession

프뤄**풰**션

professional [형] 직업의, 전문적인 [명] 전문가
professionally [부] 전문적으로

[명] 직업(=occupation, vocation, job, position)

The number of women choosing to enter the engineering **profession** is growing steadily every year.
공학 분야의 직업을 갖기로 결정하는 여성들의 숫자가 매년 지속적으로 증가하고 있다.

자주 쓰이는 숙어

be a by profession: ~을 업으로 하다

0903 ★★

loose

루스

loosen [동] 풀다, 느슨하게 하다, 흩어 놓다

[형] 느슨한, 풀려난, 활용되지 않는, 헐렁한

When assembling furniture, ensure that there are no **loose** screws or protruding nails.
가구를 조립할 때, 반드시 느슨한 나사 또는 튀어나온 못이 없도록 하시기 바랍니다.

자주 쓰이는 숙어

a loose dress: 헐렁한 의상

0904 ★★

ought to

옷 투

ought [명] 책임, 의무(=duty, obligation)

[조] ~해야 하다, ~하는 것이 당연하다

Anyone planning to visit Northern Thailand **ought to** arrange a tour with a knowledgeable local guide.
태국 북부를 방문할 계획인 사람은 누구든 아는 것이 많은 현지 가이드와의 투어를 준비해야 한다.

출제 확률 UP!

ought to 뒤에는 항상 동사원형이 위치하며, should와 동일한 의미를 나타낸다.

0905 ★★

patent

패튼트

명 특허(권)(=license, copyright)

Nikola Tesla applied for hundreds of **patents** during his lifetime for his groundbreaking inventions.

니콜라 테슬라는 획기적인 발명품들에 대해 평생 동안 수백 개의 특허를 신청했다.

> **자주 쓰이는 숙어**
>
> hold[win/obtain] a patent: 특허권을 가지다[취득하다]
> apply for a patent: 특허를 출원하다

동 특허권을 얻다

A Swedish engineer **patented** a VR-assisted navigation system for automobiles.

스웨덴의 한 엔지니어가 자동차용 가상 현실 기술의 지원을 받는 네비게이션 시스템에 대한 특허를 받았다.

0906 ★★

preference

프뤠뿨런스

prefer 동 선호하다

명 선호, 취향, 선호하는 것

Airline passengers may note their meal **preference** when booking their flight ticket.

항공기 탑승객들은 항공권을 예약할 때 선호하는 식사를 특별히 언급할 수 있다.

> **자주 쓰이는 숙어**
>
> indicate[show] preference for: ~에 대한 취향을 명시하다[보여주다]

0907 ★★

resource

뤼써r스

resourceful 형 재치 있는, 자원이 풍부한

명 자원, 재원

Elk Valley is home to several valuable natural **resources** such as timber, coal, and oil.

엘크 밸리는 목재와 석탄, 그리고 석유와 같은 여러 소중한 천연 자원의 원산지이다.

> **자주 쓰이는 숙어**
>
> the human resource (HR) department: 인사부서
> natural resources: 천연 자원

0908 ★★

pretend

프뤼**텐**트

ⓥ ~인 척하다

In order to escape from the prison, several inmates **pretended** to be delivery drivers.
감옥에서 탈옥하기 위해, 여러 수감자들이 배송 기사인 척했다.

📋 **자주 쓰이는 숙어**

pretend to do / pretend that 주어 + 동사: ~하는 척 하다

0909 ★★

livelihood

라이블리훗

ⓝ 생계 (수단), 살림

During the recession, Mr. Taylor lost not only his business, but also his **livelihood.**
불경기 중에, 테일러 씨는 자신의 사업뿐만 아니라 생계 수단까지 잃었다.

📋 **자주 쓰이는 숙어**

earn[gain, get, make] a livelihood: 생계를 꾸려 나가다

0910 ★

oversight

오우**뭐**ㄹ사잇(트)

oversee ⓥ 감독하다, 목격하다

ⓝ 간과, 실수, 감독, 감시

According to the mayor, the scheduling of two different festivals on the same day was an **oversight**.
시장의 말에 따르면, 같은 날에 두 가지 다른 축제에 대한 일정을 잡은 것은 실수였다고 한다.

📋 **자주 쓰이는 숙어**

by an oversight: 잘못하여, 실수로
have the oversight of A: A를 감시하다

0911 ★

strand

스트**랜**드

stranded ⓐ 좌초된, 오도 가도 못하는

ⓥ 좌초하다, (물고기를) 물가에 남겨 놓다

Due to the storm, the ship was **stranded** on an island in the middle of the Pacific Ocean.
폭풍우로 인해, 그 선박은 태평양 가운데에 있는 한 섬에 좌초되었다.

📋 **자주 쓰이는 숙어**

be stranded on the shore: 해변가로 밀려와 오도 가지도 못하게 되다

0912 ★

array

어뤠이

⊕ 다수(=group, set), 종류(=variety, selection), 배열(=arrangement), 정렬

The buffet at The Plaza Hotel boasts a vast **array** of fresh seafood.
플라자 호텔의 뷔페는 아주 다양한 종류의 신선한 해산물을 자랑한다.

⊕ 정렬시키다, 배열하다

The corporation has **arrayed** 22 wind power generators in a row along Blue Mountain Ridge.
그 기업은 블루 마운틴 산등성이를 따라 22개의 풍력 발전기를 일렬로 배열하였다.

📋 자주 쓰이는 숙어
array A in a line: A를 한 줄로 정렬시키다

0913 ★

courteous

커ㄹ티어스

courteously ⊕ 예의 바르게, 정중하게

⊕ 예의 바른, 정중한

Customer service agents must remain **courteous** at all times when handling complaints or inquiries.
고객 서비스 직원들은 불만 사항이나 문의 사항을 처리할 때 반드시 항상 정중해야 한다.

0914 ★

discard

디스카ㄹ드

discarded ⊕ 버려진, 폐기된

⊕ 버리다, 폐기하다(=abandon, abolish)

Visitors to Holly Campgrounds should **discard** all trash by placing it in the receptacles provided on-site.
홀리 캠핑장을 찾는 방문객들은 모든 쓰레기를 부지 내에 제공된 용기에 넣어 버려야 한다.

0915 ★

sanction

쌩션

⊕ 제재, 허가, 인가(=approval, authorization, permission)

The company president granted **sanction** of purchasing of three brand new limousines.
그 회사의 대표는 세 대의 완전히 새로운 리무진 차량 구입을 허가했다.

📋 자주 쓰이는 숙어
get official sanction: 공식 허가를 얻다, 당국의 허가를 받다

0916 ★

distress

디스트**뤠**스

distressed ⓐ 괴로운, 고통을 겪는

ⓝ 고뇌, 고민, 고통, 궁지

The emergency landing of Flight 458 caused much **distress** to the passengers onboard the airplane.

458 항공편의 긴급 착륙은 그 비행기에 탑승한 승객들에게 많은 고통을 초래했다.

ⓥ ~을 괴롭히다, 고민하게 하다

The rumors about job cuts at JCM Manufacturing are **distressing** many of the factory workers.

JCM 제조회사의 일자리 감축과 관련된 소문이 그곳의 많은 공장 직원들을 고통스럽게 만들고 있다.

📋 자주 쓰이는 숙어

distress oneself: 고민하다
distress A into -ing: 괴롭혀서 ~하게 하다

0917 ★

inaccurate

인**애**큐릿

accurate ⓐ 정확한(=correct)
inaccurately ⓐ 정확하지 않게

ⓐ 부정확한, 확실하지 않은, 틀린(=wrong, false, incorrect)

The marine biologists blamed a device malfunction for the **inaccurate** data recorded in Georgian Bay.

해양 생물학자들은 조지아 만에서 기록된 부정확한 데이터에 대해 기기 오작동을 탓했다.

0918 ★

accustomed

어**커**스텀드

ⓐ 익숙한, 적응된

Members of BCI Bank's VIP Program became **accustomed** to a very high standard of personalized service.

BCI 은행의 VIP 프로그램 회원들은 매우 높은 수준의 개인 맞춤 서비스에 익숙해졌다.

📋 자주 쓰이는 숙어

be[get/become] accustomed to 명사/동명사: ~에 익숙하다
[익숙해지다]

0919 ★

strive

스추롸이브

[동] 노력하다, 애쓰다(=struggle)

Scientists are constantly **striving** to develop effective methods to assist people who wish to stop smoking.

과학자들이 금연하기를 바라는 사람들을 도울 수 있는 효과적인 방법들을 개발하기 위해 애쓰고 있다.

👍 출제 확률 UP!

strive는 to부정사를 목적어로 취하는 타동사이다.

자주 쓰이는 숙어

strive to do: ~하도록 노력하다
strive for A: A를 얻으려고 노력하다

0920 ★

burden

버ㄹ든

burdened [형] 부담스러운, 고민하는
burdensome [형] 귀찮은, 운반하기 힘든, 괴로운

[명] 짐, 부담

The government raised the minimum wage in an effort to ease the financial **burden** on low-income families.

정부는 저소득 가정의 재정적 부담을 완화하기 위한 노력의 일환으로 최저 임금을 인상했다.

자주 쓰이는 숙어

be a burden to: ~에게 부담이 되다
ease a burden: 부담을 덜다

[동] ~에 무거운 짐을 지우다

The CEO does not want to **burden** the personnel manager with extra training responsibilities.

대표이사는 인사부장에게 추가적인 교육 책임에 대한 부담을 주고 싶어 하지 않는다.

자주 쓰이는 숙어

burden A with B: A에게 B를 부담으로 안기다

DAY 23 Daily Practice

○ 단어와 그에 알맞은 뜻을 연결해 보세요.

1. matter   ●   ● (a) 노선

2. scenery   ●   ● (b) 문제

3. route   ●   ● (c) 지배적인

4. dominant ●   ● (d) 풍경

○ 빈칸에 알맞은 단어를 선택하세요.

pour	resources	reason

5. Elk Valley is home to several valuable natural _____ such as timber, coal, and oil.

6. After shaking the cocktail ingredients, slowly _____ the mixture over crushed ice in a tall glass.

7. A small sample size was the main _____ for the inadequate results of the market research survey.

○ 밑줄 친 단어의 동의어를 고르세요.

8. It is <u>imperative</u> that all high-rise buildings in the city be built to withstand strong winds.

(a) general   (b) essential

9. The annual summit is designed to <u>strengthen</u> ties between the world's most influential nations.

(a) reinforce   (b) strand

10. The number of women choosing to enter the engineering <u>profession</u> is growing steadily every year.

(a) position   (b) observation

정답 1. (b) 2. (d) 3. (a) 4. (c) 5. resources 6. pour 7. reason 8. (b) 9. (a) 10. (a)

G-TELP VOCA

DAY 01
DAY 02
DAY 04
DAY 05
DAY 06
DAY 07
DAY 08
DAY 09
DAY 13
DAY 14
DAY 15
DAY 19
DAY 20
DAY 21
DAY 25
DAY 26
DAY 27
DAY 28

DAY 24

PREVIEW

이미 알고 있는 단어는 미리 체크박스에 체크(☑)해보세요.

☑ selection	☐ medicine	☐ reference	☐ average
☐ insurance	☐ resolution	☐ labor	☐ instruction
☐ ingredient	☐ expedition	☐ specimen	☐ distract
☐ sculpture	☐ penalty	☐ influential	☐ length
☐ coast	☐ monument	☐ vicinity	☐ modest
☐ offensive	☐ mundane	☐ retirement	☐ livestock
☐ tragic	☐ variable	☐ forge	☐ alignment
☐ malicious	☐ monarch	☐ decent	☐ magnificent
☐ sedentary	☐ invincible	☐ precede	☐ precise
☐ adhere	☐ compatible	☐ duplicate	☐ elude

QR코드를 스캔하여 단어를 음원으로 들어보세요!

0921 ★★★★★

selection

씰렉션

select [동] 선택하다, 선발하다, 선별하다
selective [형] 선택할 수 있는, 선별적인
selectively [부] 선별하여, 선별적으로

[명] 선발, 선택, 발췌, 모음집

The antique shop has a wide **selection** of china and porcelain.
그 골동품 가게는 아주 다양한 사기와 도자기를 갖추고 있다.

자주 쓰이는 숙어

a wide selection of: 다양하게 구비된, 아주 다양한
good selection: 제대로 선정된 것, 정선된 것

0922 ★★★★★

medicine

메디슨

medical [형] 의학의, 의료의
medication [명] 약물 (치료)

[명] 약, 의학, 의술

A variety of **medicine** and viral treatments that can cure the once fatal disease now exist.
한때 치명적이었던 질병을 치료할 수 있는 다양한 약물과 바이러스 치료제가 현재 존재한다.

자주 쓰이는 숙어

medicine for: ~에 듣는 약
study medicine: 의학을 전공하다, 의학을 공부하다
college of medicine: 의과대학

0923 ★★★★★

reference

뤠뿨런스

refer [동] 참조하다, 언급하다
referral [명] 위탁, 추천(서)

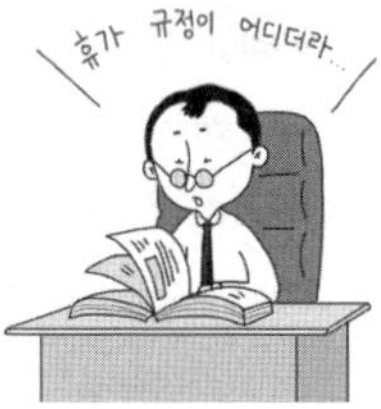

[명] 참조, 참고 문헌, 언급

The re-make contained numerous **references** to the original film for fans to find and enjoy.
그 리메이크 작품에는 팬들이 찾아 즐길 수 있도록 원작에 대한 수많은 언급이 포함되어 있었다.

자주 쓰이는 숙어

for future reference: 추후 참조하도록
reference materials: 참고 자료
a letter of reference: 추천서

0924 ★★★★★

average

애붜뤼쥐

명 평균

Annually, the tech giant only interviews an **average** of 15% of the applicants who submit résumés.

해마다 그 거대 기술회사는 이력서를 제출하는 지원자들의 평균 15퍼센트만 면접을 본다.

> **자주 쓰이는 숙어**
>
> an average of: 평균의
> above average: 평균 이상으로

형 평균의, 보통의, 평범한

Though an **average** student overall, Walter possessed a knack for finances and business.

전반적으로 평범한 학생이기는 했지만, 월터는 재무 및 비즈니스에 대한 재주를 가지고 있었다.

> **자주 쓰이는 숙어**
>
> average temperature: 평균 기온
> an average adult: 평범한 성인 1명

Day
24

0925 ★★★★★

insurance

인슈어뤈스

insure **동** 보험에 들다, 보증하다

명 보험

Wexler Securities offers a variety of life **insurance** plans that meet its clients' individual needs.

웩슬러 세큐리티즈는 고객들의 개별 필요성을 충족해 주는 다양한 생명 보험 계획을 제공한다.

> **자주 쓰이는 숙어**
>
> an insurance policy: 보험 증서
> medical insurance: 의료 보험

0926 ★★★★

resolution

뤠졸루션

resolve **동** 해결하다(=solve)

명 해결, 해답(=solution), 결심(=determination)

The committee was tasked with coming up with a **resolution** for the healthcare crisis.

그 위원회는 의료 산업 위기에 대한 해결책을 제시하는 일을 맡았다.

> **자주 쓰이는 숙어**
>
> a resolution to do: ~하겠다는 결심
> resolution of : ~의 해결

0927 ★★★★

labor

레이버ㄹ

laborer [명] 노동자(개인)

[동] 노동하다, 일하다

The warehouse staff **labored** through the night preparing the urgent order.

그 창고 직원들은 긴급 주문 사항을 준비하느라 밤새 일했다.

자주 쓰이는 숙어

labor on[at] : ~에 주력하다, 노력하다
labor to do: ~하기 위해 노력하다

[명] 노동, 일, (집합 명사) 노동자

Marx asserts that the exploitation of **labor** is a fundamental tenet of capitalism.

막스는 노동 착취가 자본주의의 근본 원리라고 주장한다.

자주 쓰이는 숙어

labor and management: 노동자와 회사 경영진, 노사

0928 ★★★★

instruction

인스추뤅션

instruct [동] 지시하다, 교육하다

[명] 교육, 교훈

Students will be under the **instruction** of Chef Owens, owner and head chef of The Dakota Grill.

그 학생들은 '더 다코타 그릴'의 소유주이자 주방장인 요리사 오웬스 씨의 교육을 받게 될 것이다.

자주 쓰이는 숙어

give instruction: 가르치다
instruction in: ~에 대한 교육

[명] 지시, 명령(=order), 사용 설명서(=manual)

If you have further questions about the installation of your new cable system, additional **instructions** are available online.

귀하의 새 케이블 시스템 설치에 관해 더 많은 질문이 있으실 경우, 온라인에서 추가 사용 설명서를 이용할 수 있습니다.

자주 쓰이는 숙어

instructions to do: ~하라는 지시

0929 ★★★★

ingredient

인그**뤼**디언트

® 성분, 재료, 내용물, 중요 요소(=element)

Saffron, one of the world's most expensive **ingredients**, is worth more than gold.
세계에서 가장 비싼 재료들 중의 하나인 샤프란은 금보다 더 많은 가치를 지닌다.

📋 자주 쓰이는 숙어

natural ingredient: 천연 성분

0930 ★★★★

expedition

엑스퍼디션

® 원정, 탐험

The Crown funded numerous **expeditions** that sought new trades routes to India.
그 국왕은 인도로 가는 새 무역 경로를 찾는 수많은 탐험에 자금을 지원했다.

📋 자주 쓰이는 숙어

go on an expedition to: ~로 원정에 나서다, 탐험을 떠나다

0931 ★★★★

specimen

스**페**서먼

® 견본(=example), 표본

The crew returned with several crop **specimens** to see if they could be grown in England.
그 팀은 영국에서 재배될 수 있는지 알아보기 위해 여러 곡물 표본을 갖고 돌아왔다.

📋 자주 쓰이는 숙어

a living specimen: 살아있는 표본
a stuffed specimen: 박제 표본

0932 ★★★

distract

디스추**랙**트

distraction ® 주의 산만, 혼란
(=disturbance)

® 주의를 빼앗다, 산만하게 하다, 혼란시키다

Addiction to social media can **distract** drivers, resulting in accidents when they obsessively check their phones.
소셜 미디어 중독은 운전자들을 산만하게 할 수 있으며, 이로 인해 운전자가 집요하게 전화기를 확인할 때 사고를 초래할 수 있다.

📋 자주 쓰이는 숙어

distract A from B: A가 B에 집중하지 못하게 하다
get distracted: 주의를 놓치다, 혼란스럽게 되다

0933 ★★★

sculpture

스**컬**쳐ㄹ

명 조각, 조각품

The Musée Rodin in Paris houses more than 6,600 **sculptures** and 8,000 drawings.
파리에 있는 로댕 미술관은 6,600점의 조각품 및 8,000점의 그림을 넘는 수의 작품들을 소장하고 있다.

> **자주 쓰이는 숙어**
>
> modern sculpture: 현대 조각

동 (~의 상을) 조각하다

Over the millennia, the Colorado River **sculptured** the majestic beauty of the Grand Canyon.
천년에 걸쳐, 콜로라도 강은 그랜드 캐년의 장엄한 아름다움을 조각했다.

0934 ★★★

penalty .

페널티

명 형벌, 처벌(=punishment), 벌금(=fine), 불이익

Penalties for being off-sides or tackling can have dramatic consequences in a football match.
오프사이드 또는 태클에 대한 벌칙은 축구 경기에서 극적인 결과를 만들어 낼 수 있다.

> **자주 쓰이는 숙어**
>
> pay the penalty: 벌금을 내다
> death penalty: 사형

0935 ★★★

influential

인쁠루**언**셜

influence 명 영향력 동 영향을 주다

형 큰 영향을 주는(=effective), 세력이 있는 (=dominant), 유력한(=powerful)

She is now regarded as one of the most **influential** poets of the 20th century.
그녀는 현재 20세기의 가장 영향력 있는 시인들 중 한 사람으로 여겨진다.

> **자주 쓰이는 숙어**
>
> an influential figure: 영향력이 있는 인물

0936 ★★★

length

렘쓰

lengthen [동] 연장하다, 길어지다

[명] 길이, 기간, 기한

The largest blue whale ever recorded was the **length** of a commercial jet airliner.

지금까지 기록된 가장 큰 흰긴수염고래는 한 상업용 제트 여객기의 길이와 같았다.

자주 쓰이는 숙어

full length: 단축되지 않은, 전체 길이의
길이 단위 + in length: ~의 길이

0937 ★★★

coast

코스트

coastal [형] 해안의

[명] 연안, 해안

Underwater cameras revealed that the pipe was leaking oil and gas on the ocean floor almost 40 miles off the **coast** of Louisiana.

수중 카메라를 통해 루이지애나 해안에서 거의 40마일 떨어진 곳에 있는 해저의 파이프에서 석유와 가스가 누출되고 있었다는 사실이 밝혀졌다.

자주 쓰이는 숙어

from coast to coast: 방방곡곡에, 전국적으로

0938 ★★

monument

마뉴먼트

monumental [형] 기념비적인, 엄청나게 큰

[명] 기념비, 기념상, 유적

The poem "Ozymandias" by Percy Shelley reflects on the dilapidated state of a **monument** to an ancient king.

퍼시 셸리의 시 「오지만디아스」는 한 고대 왕에 대한 기념비의 허물어져 가는 상태를 되새겨 보는 작품이다.

자주 쓰이는 숙어

a historical monument: 사적(史蹟)
a prehistoric monument: 선사시대 기념물

0939 ★★

vicinity

뷔씨너티

[명] 근처, 부근, 근접

Beachgoers are advised to stay out of the **vicinity** of the jellyfish-infested waters.

해변을 찾는 사람들은 해파리가 득실대는 물 근처에서 멀리 떨어져 있는 것이 좋다.

자주 쓰이는 숙어

in the vicinity of: ~의 근처에

0940 ★★

modest

마디스트

modestly ⓟ 겸손하게, 얌전하게

ⓐ 겸손한, 심하지 않은, 적절한

The actor has remained **modest**, even after winning numerous awards and starring in blockbuster films.

그 배우는 심지어 수많은 상을 받고 여러 블록버스터 영화에 주연으로 출연한 이후에도 겸손함을 유지해 왔다.

📋 자주 쓰이는 숙어

modest attitude: 겸손한 태도

0941 ★★

offensive

어펜십

offensively ⓟ 무례하게, 공격적으로
offence ⓝ 공격, 위반, 반칙

ⓐ 무례한, 모욕적인, 불쾌감을 주는, 공격적인

Most social media sites have settings that will prevent **offensive** content from being posted on your page.

대부분의 소셜 미디어 사이트는 페이지에 불쾌감을 주는 내용이 게시되는 것을 방지하는 기능 설정이 있다.

📋 자주 쓰이는 숙어

offensive to: ~에게 무례한

0942 ★★

mundane

먼데인

mundanity ⓝ 속세, 현세

ⓐ 현세의, 세속의(=secular), 평범한(=ordinary, usual)

Allowing employees to exercise during the workday helps break up their **mundane** routines.

근무일 중에 직원들에게 운동하도록 허용하는 것은 평범한 일상에서 벗어나게 하는 데 도움이 된다.

📋 자주 쓰이는 숙어

in one's mundane life: 속세의 삶에서

0943 ★★

retirement

뤼타이어ㄹ먼트

retire ⓥ (임기, 연령 만료로) 퇴직하다, 은퇴하다

ⓝ 퇴직

Upon **retirement**, many laborers who spent their lives working find themselves with an excess of free time.

퇴직하자마자, 일하는 데 인생을 소비한 많은 근로자들은 과도한 여가 시간이 주어진 자신의 모습을 깨닫게 된다.

📋 자주 쓰이는 숙어

mandatory retirement: 정년 퇴직

0944 ★★

livestock

라이브스톡

명 가축

Farmers in the northern regions raise pigs and goats as **livestock**.
북부 지역의 농부들은 가축으로 돼지와 염소를 기른다.

> 자주 쓰이는 숙어
>
> livestock farming: 목축업

0945 ★★

tragic

추**래**직

tragedy 명 비극

형 비극의, 비참한, 불행한(=calamitous, miserable)

All safety regulations, no matter how minor, must be met during construction to prevent the possibility of a future **tragic** event.
모든 안전 규정은 아무리 사소하더라도 향후의 비극적인 사건의 발생 가능성을 방지하기 위해 공사 중에 반드시 지켜져야 한다.

> 자주 쓰이는 숙어
>
> tragic irony: 비극적 아이러니
> a tragic accident: 비극적 사고

0946 ★★

variable

붸뤼어블

various 형 다양한
variety 명 다양성, 여러가지
variation 명 변화, 변형
invariable 형 불변의

형 가변적인, 변하기 쉬운

Foreign exchange rates are **variable** depending on the current market, but are generally higher at airports.
환율은 현재의 시장에 따라 변하기 쉽지만, 일반적으로 공항에서 더 높다.

> 자주 쓰이는 숙어
>
> be variable depending on: ~에 따라 바뀔 수 있다

명 변하는 것, 변수

The team went to extreme measures to control all possible **variables** in the experiment.
그 팀은 실험에서 발생 가능한 모든 변수를 통제하기 위해 극단적인 조치를 취했다.

0947 ★★
forge
뿨ㄹ쥐

forgery [명] 위조, 도용

[동] (금속을) 제련하여 만들다(=form), 위조하다, (합의, 친교 등을) 맺다

One cannot **forge** a successful business partnership without mutual trust.
상호 신뢰 없이는 성공적인 사업 제휴 관계를 형성할 수 없다.

자주 쓰이는 숙어

forge a check[an identification card]: 수표를[신분증을] 위조하다
forge[form] a partnership with: ~와 제휴를 맺다

0948 ★
alignment
얼라인먼트

align [동] 일직선으로 맞추다, 정렬시키다

[명] 정렬(=array), 제휴, 협력

Use precise measuring tools to guarantee the **alignment** of the tiles along the wall.
벽을 따라 타일들이 정렬되도록 보장하기 위해 정확한 측정 도구를 사용하십시오.

자주 쓰이는 숙어

in alignment with: ~와 일직선으로 정렬되어

0949 ★
malicious
멀리셔스

maliciously [부] 악의를 가지고, 심술궂게

[형] 악의적인, 심술궂은

The court ruled that the hackers had uploaded the virus on the company's network with **malicious** intent.
법원은 해커들이 악의적인 의도로 그 회사의 네트워크에 바이러스를 업로드한 것으로 판결했다.

자주 쓰이는 숙어

malicious code: 악성 코드
malicious rumors: 악의적인 소문

0950 ★
monarch
마너ㄹ크

monarchy [명] 군주 정치, 군주 체제

[명] (세습적) 군주(=ruler), 독재적 주권자(=sovereign)

After the French Revolution overthrew the **monarch**, the country entered a violent period of political turmoil.
프랑스 혁명이 그 군주를 타도한 이후, 프랑스는 정치적 혼란에 휩싸인 폭력적인 시기에 돌입했다.

자주 쓰이는 숙어

a constitutional monarch: 입헌 군주

0951 ★

decent

디쓴트

decently [부] 깔끔하게, 상당히, 꽤

[형] 괜찮은, 제대로 된, 알맞은, 기품 있는

At the very least, a teacher's wage should provide a **decent** living.

적어도 교사의 임금은 제대로 된 생계를 제공해야 한다.

자주 쓰이는 숙어

a decent number of: 상당수의
use decent words: 공손히 말하다

0952 ★

magnificent

맥니쀠슨트

magnificence [명] 웅장함, 장엄함

[형] 웅장한(=grand), 당당한, 엄청난(=great)

The FIFA World Cup, held every four years, is a **magnificent** tournament of sportsmanship and athleticism.

4년에 한 번씩 개최되는 FIFA 월드컵은 스포츠맨 정신과 운동의 기량을 보여주는 엄청난 대회이다.

자주 쓰이는 숙어

magnificent sight: 장관, 웅장한 풍경

Day 24

0953 ★

sedentary

쎄든테뤼

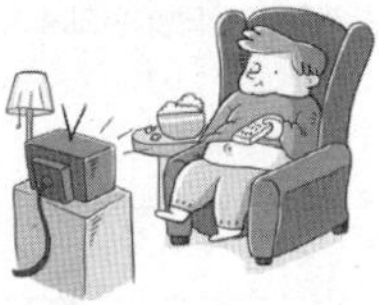

[형] 주로 앉아서 지내는, 좌식의, 앉은 자세의

A **sedentary** lifestyle can lead to serious health problems later in life.

좌식 생활 방식은 인생에 있어 나중에 심각한 건강상의 문제로 이어질 수 있다.

자주 쓰이는 숙어

a sedentary habit: 앉아 지내는 습관
a sedentary lifestyle: 주로 앉아서 지내는 생활

0954 ★

invincible

인뷘서블

invincibility [명] 무적, 불패

[형] 정복할 수 없는(=unconquerable), 무적의(=invulnerable), 불굴의

Thought to be **invincible**, the Spanish Armada was defeated at Waterloo by the English naval force.

무적으로 여겨졌으나, 스페인 함대는 영국 해군에 의해 워털루에서 패배했다.

0955 ☆

precede
프리**씨**드

precedent ⓐ 선례의, 앞서는
preceding ⓐ 앞서는, 이전의

ⓥ 앞서다, 선행하다(=antecede)

Balboa's debut as a professional boxer was **preceded** by years of intense training and unwavering discipline.
프로 권투 선수로서 발보아의 데뷔는 수년 간의 강도 높은 훈련과 변함없는 단련이 먼저 선행되었다.

📋 **자주 쓰이는 숙어**

precede A with B: A에 앞서 B를 하다
be preceded by: ~이 먼저 선행되다, 이전에 ~가 있었다

0956 ☆

precise
프리**사**이스

precisely ⓐ 정확하게(=exactly, correctly, accurately), 정밀하게

ⓐ 정밀한, 정확한(=accurate, correct, exact)

While we are not sure of the **precise** reason for the decrease in sales, we have some ideas about how to remedy it.
우리는 매출 감소에 대한 정확한 이유를 확실히 알지 못하지만, 그 것을 바로잡는 방법에 대한 몇몇 아이디어를 갖고 있다.

0957 ☆

adhere
어드**히**어ㄹ

adhesive ⓐ 접착성의 ⓝ 접착제

ⓥ 집착하다, 고수하다

Special accommodations can be made for passengers who **adhere** to vegetarian diets.
채식주의 식사를 고수하는 승객들에게 특별 편의가 제공될 수 있습니다.

📋 **자주 쓰이는 숙어**

adhere to: ~을 고수하다

* adhere는 자동사라서 목적어를 가지기 위해 전치사 to가 항상 필요하다.

0958 ☆

compatible
컴**패**터블

incompatible ⓐ 양립할 수 없는, 호환이 되지 않는

ⓐ 어울리는, 호환되는

Before purchase, guarantee that the app is **compatible** with your smartphone's operating system.
구입 전에, 그 앱이 당신이 쓰고 있는 스마트폰의 운영 체계와 호환되는지 확실히 해 두십시오.

📋 **자주 쓰이는 숙어**

be compatible with: ~와 호환이 되다, ~와 부합하다

0959 ★

duplicate

명/형 듀플리컷
동 듀플러케이트

duplication 명 중복, 복사

명 **사본, 복제물**

Duplicates of the recorded discussions were sent to major news publications around the country.

녹화된 토론회 복사본이 전국에 있는 주요 뉴스 출간 매체에 보내졌다.

📋 자주 쓰이는 숙어

make A in duplicate: A의 사본을 만들다

형 **중복된, 복제한, 동일한(=equal, equivalent)**

The virus runs a **duplicate** version of your operating system on the host computer.

그 바이러스는 호스트 컴퓨터의 운영 체계에 대한 복제 버전을 실행한다.

📋 자주 쓰이는 숙어

duplicate copies: 복사본

동 **사본을 만들다(=copy, imitate, reproduce), 중복되다**

Despite over one hundred attempts, the scientists could not **duplicate** the results of the experiment.

100회가 넘는 시도에도 불구하고, 그 과학자들은 그 실험의 결과물을 중복해서 만들어 낼 수 없었다.

0960 ★

elude

일루드

elusive 형 파악하기 어려운, 피하는
elusion 명 회피, 도피

동 **이해되지 않다, 피하다(=avoid, escape, evade)**

The suspect **eluded** investigators for 27 years.

그 용의자는 27년 동안 수사관들을 피했다.

○ 단어와 그에 알맞은 뜻을 연결해 보세요.

1. selection   •
2. instruction   •
3. average   •
4. distract   •

          • (a) 평균
          • (b) 선택, 선별
          • (c) 산만하게 하다
          • (d) 교훈

○ 빈칸에 알맞은 단어를 선택하세요.

ingredients	length	medicine

5. The largest blue whale ever recorded was the _____ of a commercial jet airliner.

6. Saffron, one of the world's most expensive _____, is worth more than gold, pound for pound.

7. A variety of _____ and viral treatments that can cure the once fatal disease now exist.

○ 밑줄 친 단어의 동의어를 고르세요.

8. Despite over one hundred attempts, the scientists could not <u>duplicate</u> the results of the experiment.

(a) change   (b) reproduce

9. The committee was tasked with coming up with a <u>resolution</u> for the healthcare crisis.

(a) solution   (b) consideration

10. Thought to be <u>invincible</u>, the Spanish Armada was defeated at Waterloo by the English naval force.

(a) invulnerable   (b) inaccurate

정답 1. (b) 2. (d) 3. (a) 4. (c) 5. length 6. ingredients 7. medicine 8. (b) 9. (a) 10. (a)

G-TELP VOCA

DAY 01 DAY 02 DAY 03 DAY 04 DAY 06

DAY 11 DAY 12

DAY 16 DAY 17 DAY 18

DAY 22 DAY 23 DAY 24

DAY 28 DAY 29 DAY 30

DAY 25

PREVIEW

이미 알고 있는 단어는 미리 체크박스에 체크(☑)해보세요.

☑ rest	☐ excess	☐ seasonal	☐ smoothly
☐ deficit	☐ phrase	☐ edition	☐ election
☐ astronaut	☐ burst	☐ detrimental	☐ pros and cons
☐ confront	☐ deadly	☐ petition	☐ assembly
☐ erect	☐ archaeologist	☐ desirable	☐ interpret
☐ periphery	☐ surgery	☐ restless	☐ accredited
☐ avert	☐ picturesque	☐ provocative	☐ dispose
☐ rodent	☐ vigorously	☐ crave	☐ trespass
☐ humble	☐ inflate	☐ exaggerate	☐ flaw
☐ influx	☐ adjacent	☐ end up	☐ turbulent

QR코드를 스캔하여 단어를 음원으로 들어보세요!

0961 ★★★★★
rest
뤠스트

[명] 휴식, 나머지

Long-distance truck drivers take frequent **rests** to reduce the chance of having an accident.
장거리 트럭 운전사들은 사고가 발생된 가능성을 줄이기 위해 자주 휴식을 취한다.

자주 쓰이는 숙어
rest from: ~로에서의 휴식
take a rest: 휴식을 취하다
the rest of: ~의 나머지

[동] 휴식을 취하다, (물건이) 놓여 있다, ~을 놓다

Our hotel guests can **rest** in the Rose Garden when the weather is pleasant.
저희 호텔 고객들께서는 날씨가 좋을 때 로즈 가든에서 휴식을 취하실 수 있습니다.

자주 쓰이는 숙어
rest oneself: 쉬다, 휴식하다
rest A on B: A를 B에 놓다

0962 ★★★★★
excess
익**쎄**스

excessive [형] 과도한, 지나친, 엄청난
excessively [부] 지나치게, 과도하게

[명] 초과, 과잉, 과도

When applying lubricant to your bicycle, wipe away any **excess** from the gears and chain.
자전거에 윤활유를 바를 때, 기어 및 체인으로부터 초과량을 닦아내시기 바랍니다.

자주 쓰이는 숙어
an excess of: 과도한, 넘치는
in excess: 극단적으로

0963 ★★★★★
seasonal
씨즈널

season [명] 계절

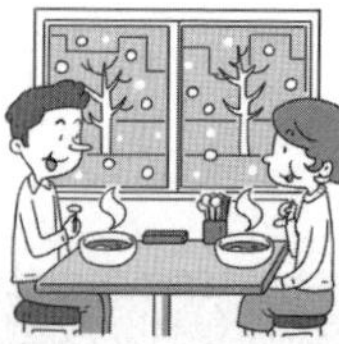

[형] 계절의, 철에 맞는

The city hosts a wide variety of **seasonal** events in the central plaza.
그 도시는 중앙 광장에서 아주 다양한 계절 행사를 주최한다.

자주 쓰이는 숙어
seasonal fruit: 제철 과일
seasonal sale: 계절별 세일

0964 ★★★★

smoothly

스무들리

smooth ⓐ 부드러운, 원활한

ⓟ 수월하게, 원활하게(=easily, effortlessly)

Despite some early setbacks, the construction of the Golden Gate Bridge went **smoothly**.

일부 초기 지연 문제에도 불구하고, 금문교 공사는 원활하게 진행되었다.

> 📋 자주 쓰이는 숙어
>
> go (on) smoothly: 원활하게 진행되다

0965 ★★★★

deficit

데삐싯

deficient ⓐ 부족한
deficiency ⓝ 부족, 결핍
surplus ⓝ 흑자, 과잉

ⓝ 부족액, 적자

The corporation enlisted the help of a financial expert to reduce its annual operating **deficit** by 30 percent.

그 기업은 자사의 연례 운영비 적자를 30퍼센트 줄이기 위해 재무 전문가에게 도움을 요청했다.

0966 ★★★★

phrase

쁘뤠이즈

ⓝ 구절, 말(=words), 숙어(=idiom), (음악의) 악구 (=period)

'Thank you' is one of the most well-known and useful English **phrases** throughout the entire world.

'Thank you'라는 말은 전 세계에서 가장 잘 알려져 있으면서 유용한 영문 어구 중에 하나이다.

> 📋 자주 쓰이는 숙어
>
> in a phrase: 한마디로 말하자면
> usage of a phrase: 문구의 활용
> catch phrase: 캐치프레이즈, 이목을 끄는 문구

ⓥ (특정한 말로) 말하다, 표현하다

The speaker failed to get his point across because he did not **phrase** it correctly.

그 연설자는 자신의 요점을 전달하지 못했는데, 왜냐하면 그것을 정확히 말하지 못했기 때문이다.

> 📋 자주 쓰이는 숙어
>
> be phrased as: ~로 표현되다

0967 ★★★★

edition

에디션

edit [동] 편집하다, 교정하다
editor [명] 편집자

[명] (간행물의) 판

The first **edition** of the comic is said to be worth more than $50,000 to collectors.
그 만화책의 초판본은 수집가들에게 5만 달러가 넘는 가치가 있는 것으로 전해진다.

자주 쓰이는 숙어

the first edition: 초판본, 제 1판
special edition: 특별판

0968 ★★★

election

일렉션

elect [동] 선거하다, 선출하다, 결정하다
elective [형] 선거의, 선거원을 가지는, 선택 과목의

[명] 선거, 당선, 선택

The result of the **election** was disputed after allegations of vote-rigging and inaccurate counts.
부정 투표 및 부정확한 개표 혐의 후에 그 선거 결과는 분쟁거리가 되었다.

자주 쓰이는 숙어

presidential election: 대통령 선거
election campaign: 선거 운동

0969 ★★★

astronaut

애스추러놋

astronautics [명] 우주 항공학
astronomy [명] 천문학
astronomer [명] 천문학자

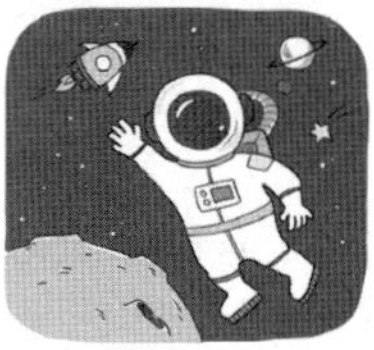

[명] 우주 비행사

Neil Armstrong, an American **astronaut**, will forever be remembered as the first person to walk on the Moon.
미국인 우주 비행사 닐 암스트롱은 달에 첫 걸음을 내디딘 최초의 사람으로 영원히 기억될 것이다.

0970 ★★★
burst
버르스트

[동] **파열하다, 폭발하다(=explode), 부풀어 터지다, 꽉 차다**

When the singer brought out a special guest, it caused the entire crowd to **burst** into applause.
그 가수가 특별 초대 손님을 데리고 나왔을 때, 그것이 청중 전체로 하여금 폭발적인 박수 갈채를 보내게 하였다.

자주 쓰이는 숙어

burst into: ~으로 파열하다, 폭발하다
bust out of: ~에서 뛰어나오다
burst with: ~로 터질 듯하다, ~로 꽉 차다

[명] **파열(=rupture), 폭발(=explosion, blast), 돌발, 분출**

Witnesses described seeing a huge **burst** of flames when the downtown factory exploded.
시내에 있는 그 공장이 폭발했을 때, 목격자들이 엄청난 불길의 폭발 장면을 봤다고 설명했다.

자주 쓰이는 숙어

a burst of: ~의 분출, 격발
burst of fire: 발화

0971 ★★★
detrimental
데트뤄멘틀

detriment [명] 손해, 손실

[형] **해로운, 불리한, 유해한(=harmful, unhealthy)**

Several recent studies have outlined the **detrimental** effects that energy drinks have on one's health.
최근의 여러 연구들은 에너지 음료가 사람의 건강에 미치는 해로운 영향을 개괄적으로 설명했다.

자주 쓰이는 숙어

detrimental to: ~에 해로운

0972 ★★★
pros and cons
프뤄스 앤 컨스

[명] **장점과 단점, 찬성과 반대, 찬반양론**

City officials spent a long time weighing up the **pros and cons** of converting the theater into a parking lot.
시 공무원들은 그 극장을 주차장으로 전환하는 작업에 대한 장단점을 가늠하는 데 오랜 시간을 보냈다.

Day 25

0973 ★★★
confront
컨쁘**뤈**트

confrontation [명] 대결, 직면, 대면
confrontational [형] 대립적인

[동] 직면하다, 대면하다, 앞길을 가로막다

Members of the public attempted to **confront** the local councilor at the end of the town forum.
일반 대중이 그 도시의 공개 토론회가 끝날 때 지역 시의원의 앞을 가로막으려 시도했다.

자주 쓰이는 숙어
confront A with B: A와 B를 대조하다, 맞추어 보다

0974 ★★★
deadly
데들리

dead [형] 죽은, 사망한
death [명] 죽음, 사망

[형] 치명적인(=critical), 생명에 관계되는(=fatal, lethal), 신랄한, 극단적인

The snake's **deadly** venom can spread through the human body in less than one minute.
그 뱀의 치명적인 독은 1분도 채 못되어 인간의 신체 전체에 퍼질 수 있다.

자주 쓰이는 숙어
a deadly epidemic: 치명적인 전염병

[부] 극도로(=extremely), 몹시

The CEO seemed **deadly** serious when he threatened to quit over a salary dispute.
그 대표이사는 급여 논란 문제로 그만두겠다고 위협했을 때 극도로 심각해 보였다.

0975 ★★
petition
퍼**티**션

petitioner [명] 청원자

[명] 청원(서), 탄원(서), 소송, 소장

Unsatisfied viewers signed a **petition** to have the last episode of the TV series changed.
만족하지 못한 시청자들이 그 TV 시리즈의 마지막 회를 변경되게 하기 위한 청원서에 서명했다.

자주 쓰이는 숙어
a petition of appeal: 항소장

0976 ★★

assembly

어쎔블리

⊚ 집회, 의회(=congress), 입법부, 조립(부품)

Specific tools are required for the **assembly** of the WingMaster 400 running machine.

윙마스터 400 러닝 머신 조립 작업을 위해 특수 도구가 필요하다.

> **자주 쓰이는 숙어**
>
> national assembly: 국회
> assembly line: 조립 라인

0977 ★★

erect

이**뤡**트

erectly ⊕ 똑바로 서서
erection ⊚ 직립, 건설

⊚ 수직의, 곧게 선

Although most plant species have **erect** stems, some have stems that grow parallel to the ground.

대부분의 식물 종이 곧게 뻗은 줄기를 지니고 있지만, 일부는 땅과 수평으로 자라는 줄기를 갖고 있다.

> **자주 쓰이는 숙어**
>
> an erect posture: 직립 자세

⊚ 똑바로 세우다, 설립하다(=establish, set up), 창설하다(=found)

The local government in Poultney voted to **erect** a statue of the town's founder, Ebeneezer Allen.

폴트니 지역 정부는 그 도시의 설립자인 에베니저 앨런의 조각상을 세우기 위해 투표를 했다.

> **자주 쓰이는 숙어**
>
> erect a statue: 동상을 세우다

0978 ★★

surgery

써ㄹ줘뤼

surgeon ⊚ 외과 의사

⊚ 외과 의학, 수술

Before starting any **surgery**, all participating medical staff must undergo a strict sterilization procedure.

어떤 수술이든 시작하기 전에, 참여하는 모든 의료진은 반드시 엄격한 살균 절차를 거쳐야 한다.

> **자주 쓰이는 숙어**
>
> heart surgery: 심장 수술
> plastic[cosmetic] surgery: 성형 수술

0979 ★★

archaeologist

아ㄹ키알러쥐스트

archaeology 명 고고학
archaeological 형 고고학적인, 고고학의

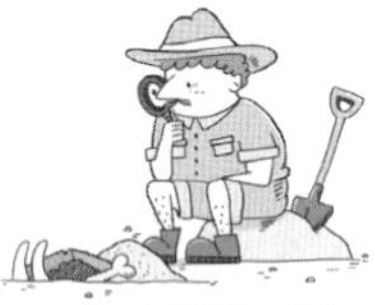

archaeo(고대) + logy(학문)

명 고고학자

Archaeologists from all over the world struggled to identify the strange objects unearthed in the desert.

전 세계의 고고학자들이 그 사막에서 출토된 이상한 물품들의 정체를 밝혀내는 데 큰 어려움을 겪었다.

0980 ★★

desirable

디**자**이어뤄블

desire 명 욕망, 바람, 희망 동 바라다, 희망하다

형 바람직한, 호감이 가는

Now that the waterfront district has undergone extensive development, it is a **desirable** place to live.

그 해안가 지역은 광범위한 개발 과정을 거쳤으므로, 거주하기에 바람직한 장소가 되었다.

출제 확률 UP!

it is desirable that 주어 + (should) + 동사원형: ~하는 것이 바람직하다

* 당위성을 나타내는 형용사로, '바람직한'라는 의미를 가진 형용사 desirable 뒤의 that절에는 should가 생략된 동사원형이 위치한다.

0981 ★★

interpret

인**터**ㄹ프륏

interpretation 명 해석, 설명, 통역

동 설명하다, 해석하다, 통역하다

Dr. Fowler was asked to **interpret** the cave paintings discovered just outside Istanbul.

파울러 박사는 이스탄불 외곽에서 발견된 그 동굴 벽화를 해석하기를 요청 받았다.

자주 쓰이는 숙어

interpret the data: 데이터를 해석하다

0982 ★★

restless

뤠스틀리스

restlessly 부 침착하지 못하게, 불안하여

형 불안한, 초조한(=nervous), 쉬지 않는

Poppy Valley residents are **restless** due to the council's decision to host a large music festival in the area.

파피 밸리 주민들은 그 지역 내에 대규모 음악 축제를 주최하겠다는 의회의 결정으로 인해 불안해 하고 있다.

0983 ★★

periphery

퍼**뤼**[뿨뤼]

peripheral ⓐ 주위의 ⓝ 주변 장치

ⓝ 주변, 표면, 외면(=boundary)

Several new restaurants and hotels have recently appeared on the **periphery** of Red Rock National Park.

몇몇의 새 레스토랑과 호텔들이 최근 레드 록 국립공원 주변에 생겨났다.

📋 자주 쓰이는 숙어

be on the periphery of: ~의 주변에 위치하고 있다

0984 ★★

accredited

어크**뤠**딧티드

accredit ⓥ 소유자[공로자]로 간주하다, 파견하다
accreditation ⓝ 인가, 신임

ⓐ 공인된, 인가 받은(=official, certificated, approved)

Mr. Reyes achieved a qualification in software design from an **accredited** technical college.

레예스 씨는 인가 받은 기술 대학으로부터 소프트웨어 디자인 자격증을 받았다.

Day 25

📋 자주 쓰이는 숙어

accredited school[foundation]: 인가 받은 학교[재단]

0985 ★★

avert

어**붜**[ㄹ]트

ⓥ 외면하다, 피하다(=avoid, escape)

The pilot **averted** a disaster by landing the passenger plane safely in the middle of the Hudson River.

그 조종사는 허드슨 강 가운데에 안전하게 여객기를 착륙시킴으로써 참사를 피했다.

📋 자주 쓰이는 숙어

avert A from B: B로부터 A를 피하다
avert one's eyes: 시선을 돌리다

0986 ★

trespass

추**뤠**스퍼스

trespassing ⓝ 불법 침입

ⓥ 불법적으로 침해하다, 침입하다

Anyone who **trespasses** on the construction site will be arrested immediately.

그 공사 현장에 무단 침입하는 사람은 누구든 즉시 체포될 것이다.

📋 자주 쓰이는 숙어

trespass on[upon]: ~에 불법 침입하다

0987 ★

picturesque

픽쳐**뤠**스크

picture [명] 그림, 사진
pictorial [형] 그림의

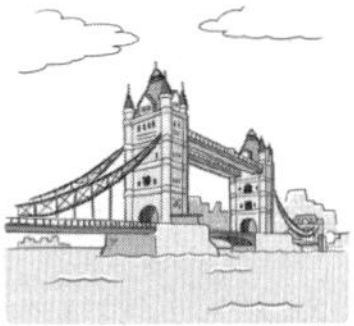

[형] 그림처럼 아름다운, 생생한, 선명한

Cawdor Castle is known not only for its stunning interior, but also for its **picturesque** gardens.

코더 성은 굉장히 멋진 실내뿐만 아니라 그곳의 그림 같은 정원으로도 알려져 있다.

0988 ★

provocative

프뤄**봐**커팁

provoke [동] 성나게 하다, 자극하다

[형] 도발적인(=stimulating), 자극적인

Canadian artist Jeremy Montague is known primarily for his **provocative** sculptures and photographs.

캐나다인 미술가 제레미 몬태규는 주로 도발적인 조각품과 사진으로 알려져 있다.

자주 쓰이는 숙어

provocative of: ~을 자극하는, 유발하는

0989 ★

dispose

디스**포**-즈

disposal [명] 처분, 처리
disposition [명] 성향, 기질, 경향

[동] 배치하다(=array, arrange), 경향을 갖게 하다(=incline), 처분하다

Visitors to the campgrounds should **dispose** of their waste appropriately.

그 야영장 방문객들은 각자의 쓰레기를 적절하게 처리해야 한다.

자주 쓰이는 숙어

dispose to do: ~하는 경향이 있다
dispose of: ~을 처분하다

0990 ★

rodent

롸우든트

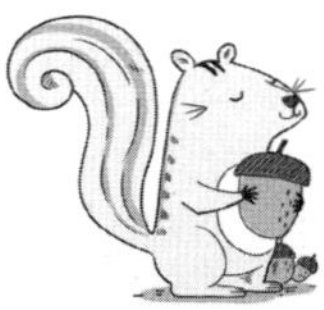

[명] 설치류

Tenants in the apartment building frequently complained about **rodents** entering their homes.

그 아파트 건물의 세입자들은 자신들의 집에 들어오는 설치류에 대해 자주 불만을 제기했다.

0991 ★

vigorously

뷔거뤄슬리

vigorous [형] 원기 왕성한, 활발한, 격렬한, 박력 있는
vigor [명] 활기, 생기

[부] 힘차게, 정력적으로, 강력하게(=strongly)

Some board members **vigorously** opposed the proposed merger with the rival electronics firm.
몇몇 이사회 임원들은 경쟁 관계인 전자제품 회사와의 합병 제안에 대해 강력하게 반대했다.

0992 ★

crave

크**뤠**입

craving [명] 갈망, 열망 [형] 갈망하는

[동] 갈망하다, 열망하다

Those who are attempting to quit smoking will continue to **crave** nicotine for several weeks.
금연하려고 시도하는 사람들은 몇 주 동안 니코틴을 지속적으로 갈망할 것이다.

자주 쓰이는 숙어

crave for: ~을 간절히 원하다(=long for, be eager for)

0993 ★

humble

험블

humbly [부] 겸허하게, 송구스럽게

[형] 겸손한(=modest), 소박한, 초라한

Despite winning several literature awards, author Ian Fielding is regarded as a **humble** individual.
여러 문학상을 받았음에도 불구하고, 작가 이언 필딩은 겸손한 사람으로 여겨지고 있다.

자주 쓰이는 숙어

in a humble way: 겸허하게

0994 ★

inflate

인쁠**레**잇(트)

inflated [형] 팽창한, 우쭐해진
inflation [명] 물가 인상, 증가, 부풀리기

[동] 부풀리다[부풀다], 팽창시키다[팽창하다](=expand), 우쭐해지게 하다

Property developers were accused of **inflating** house prices in the region.
부동산 개발 업체들이 그 지역 내의 주택 가격을 부풀린 것에 대해 비난 받았다.

자주 쓰이는 숙어

inflate a tire: 타이어에 바람을 넣다
be inflated with: ~로 우쭐해지다

Day 25

0995 ★

exaggerate

이그**재**줘뤠잇(트)

exaggeration [명] 과장

[동] ~을 과장해서 말하다(=overstate), 과장하다 (=magnify)

Some media sources tend to greatly **exaggerate** the impact of immigration on domestic crime levels.

일부 언론 매체들은 국내 범죄 발생 수준에 대한 이민자들의 영향을 크게 과장하는 경향이 있다.

자주 쓰이는 숙어

widely[grossly, greatly] exaggerate: 지나치게 과장하다

0996 ★

flaw

쁠**로**

flawless [형] 흠이 없는, 완벽한

[명] 결점(=defect, deficiency), 결함(=fault), 균열 (=crack)

The car's limited rear storage space was singled out as the biggest **flaw** in its design.

그 자동차의 제한적인 후면 수납 공간은 디자인에서 가장 큰 결점으로 꼽혔다.

자주 쓰이는 숙어

a character flaw: 성격 상의 결점
structural flaw: 구조적인 결함
a flaw in: ~에서의 결함, 균열

0997 ★

influx

인쁠**럭**스

[명] 유입(=inflow, incoming), 쇄도(=deluge), 도래 (=advent)

The tourism board expects an **influx** of foreign visitors once the city's new waterpark opens for business.

그 관광진흥청은 그 도시의 새로운 워터 파크가 영업을 위해 문을 여는 대로 외국인 방문객의 유입이 있을 것으로 예상하고 있다.

자주 쓰이는 숙어

an influx of: ~의 유입

0998 ★

adjacent

어드줴이슨트

adjacently ⓟ 인접하여, 가까이에

⚠ 부근의, 이웃한, 인근의, 인접한(=neighboring, close, near)

The company's drug testing laboratory is situated **adjacent** to its administrative building.
그 회사의 약품 테스트 실험실은 자사의 행정 건물 인근에 위치해 있다.

> 📋 자주 쓰이는 숙어
> adjacent to + 명사: ~에 인접한

0999 ★

end up

엔덥

end ⓥ 끝나다

⚠ 결국 ~되다, 끝나다

Many interns at the company **end up** being offered a permanent position.
그 회사의 많은 인턴 사원들이 결국 정규직을 제안 받게 되었다.

> 📋 자주 쓰이는 숙어
> end up -ing: 결국 ~하게 되다
> end up with: ~로 끝이 나다

1000 ★

turbulent

터ㄹ뷸런트

turbulence ⓝ 폭풍 상태, 동요, 소란, 난기류

⚠ 사나운(=fierce), 험한, 소란한, 혼란의(=chaotic), 폭풍우의(=stormy)

Due in part to The Great Depression, the 1930s were a particularly **turbulent** time for the US economy.
부분적으로 대공황으로 인해, 1930년대는 미국 경제에 있어 특히 혼란스러운 시기였다.

> 📋 자주 쓰이는 숙어
> turbulent waves: 난폭한 파도
> a turbulent period: 혼란기, 격동기

Day 25 **377**

DAY 25　Daily Practice

○ 단어와 그에 알맞은 뜻을 연결해 보세요.

1. excess　　•

2. burst　　•

3. election　　•

4. erect　　•

• (a) 선거

• (b) 초과

• (c) 터지다

• (d) 세우다

○ 빈칸에 알맞은 단어를 선택하세요.

| confront | crave | interpret |

5. Those who are attempting to quit smoking will continue to _____ nicotine for several weeks.

6. Members of the public attempted to _____ the local councilor at the end of the town forum.

7. Dr. Fowler was asked to _____ the cave paintings discovered just outside Istanbul.

○ 밑줄 친 단어의 동의어를 고르세요.

8. The car's limited rear storage space was singled out as the biggest <u>flaw</u> in its design.

(a) defect　　　　　(b) preference

9. Mr. Reyes achieved a qualification in software design from an <u>accredited</u> technical college.

(a) desirable　　　　　(b) certificated

10. Several recent studies have outlined the <u>detrimental</u> effects that energy drinks have on one's health.

(a) harmful　　　　　(b) defective

정답 1. (b) 2. (c) 3. (a) 4. (d) 5. crave 6. confront 7. interpret 8. (a) 9. (b) 10. (a)

DAY
01

DAY
02

DAY
03

DAY
04

DAY
06

DAY

DAY
11

DAY
12

DAY 26

DAY
16

DAY
17

DAY
18

DAY
22

DAY
23

DAY
24

DAY
28

DAY
29

DAY
30

PREVIEW

이미 알고 있는 단어는 미리 체크박스에 체크(☑)해보세요.

☑ mark	☐ outstanding	☐ predator	☐ comment
☐ charitable	☐ currency	☐ ease	☐ cuisine
☐ explode	☐ tolerate	☐ represent	☐ inactive
☐ generous	☐ frustrate	☐ entry	☐ exploit
☐ confess	☐ crucial	☐ panic	☐ primitive
☐ discomfort	☐ hectic	☐ coordinate	☐ enlarge
☐ perceive	☐ reprimand	☐ genuine	☐ intervene
☐ unlikely	☐ intentionally	☐ notorious	☐ relentless
☐ inventory	☐ evade	☐ whereabouts	☐ lubricant
☐ spoil	☐ installment	☐ overdue	☐ curriculum

QR코드를 스캔하여 단어를 음원으로 들어보세요!

1001 ★★★★★

mark

마ㄹ크

marked ⓐ 두드러진, 표시된
markedly ⓟ 현저하게, 두드러지게

ⓝ 자국, 표시, 부호, 점수, 수치

When our total orders reach the one million **mark**, we will launch a celebratory deal on our Web site.
총 주문 수량이 100만 개 수준에 도달하면, 저희 웹 사이트에서 기념적인 판매행사를 시작할 것입니다.

> 📋 자주 쓰이는 숙어
>
> make a mark: 표시하다

ⓥ 표시하다(=sign), 채점하다, 기념하다(=celebrate, commemorate)

This upcoming Saturday **marks** the 10-year anniversary of our bakery.
다가오는 이번 주 토요일은 저희 제과점의 10주년 기념일에 해당 됩니다.

> 📋 자주 쓰이는 숙어
>
> mark in: ~을 써넣다
> mark out: ~을 표시하다, ~을 그리다
> mark an anniversary: 기념일을 기념하다, 기념일에 해당하다

1002 ★★★★★

outstanding

아웃스**탠**딩

ⓐ 두드러진, 현저한, 뛰어난(=excellent, notable), 미지불의(=unpaid)

Critics praised the **outstanding** performance of the play's lead actor.
평론가들은 그 연극의 주연 배우의 뛰어난 연기를 칭찬했다.

> 📋 자주 쓰이는 숙어
>
> outstanding service: 뛰어난 서비스
> outstanding payment[balance]: 미지불금, 체납액

1003 ★★★★

predator

프**뤠**더터ㄹ

predatory ⓐ 약탈하는, 포식성의

ⓝ 약탈자, 포식자, 포식 동물

Animals and insects use a variety of camouflage techniques to elude **predators**.
동물과 곤충은 포식자를 피하기 위해 다양한 위장 기술을 사용한다.

> 📋 자주 쓰이는 숙어
>
> a relationship between predator and prey: 포식자와 먹이 간의 관계

1004 ★★★★

comment

카멘트

commentary [명] 주석, 논평, 주해

[명] 주석(=annotation), 해설, 논평, 의견(=remark)

Any **comments** regarding our services, positive or negative, may be submitted through our Web site.

저희 서비스에 관련해 긍정적이든 부정적이든, 그 어떤 의견이라도 저희 웹 사이트를 통해 제출하실 수 있습니다.

[동] 주석을 달다, 해설하다, 의견을 말하다, 논평하다

The former president of Mexico appeared on the talk show to **comment** on current events.

전직 멕시코 대통령이 시사에 관한 의견을 말하기 위해 그 토크쇼에 출연했다.

자주 쓰이는 숙어

comment on[upon]: ~에 대한 주석, ~에 대해 논평하다[주석을 달다]

1005 ★★★★

charitable

채뤄터블

charity [명] 자선, 기부

[형] 관대한(=tolerant, generous), 자비로운, 자선을 위한

Thanks to the **charitable** efforts of the students, over $10,000 was raised for the hurricane victims.

그 학생들의 자선 활동 덕분에, 1만 달러가 넘는 돈이 허리케인 피해자들을 위해 모금되었다.

자주 쓰이는 숙어

charitable to[toward]: ~에 관대한, 인정이 많은

a charitable institution: 자선 단체

1006 ★★★★

currency

커뤈씨

[명] 통화, 유통 화폐

The Canadian dollar is the main **currency** of Canada, though businesses along the border likely accept U.S. dollars as well.

캐나다 달러는 캐나다의 주요 화폐이지만, 국경을 따라 위치한 업체들은 미국 달러도 받을 가능성이 있다.

자주 쓰이는 숙어

local currency: 국내 통화

currency exchange: 외화 환전

1007 ★★★★
ease
이-즈

easy [형] 쉬운, 편안한
easily [부] 쉽게

[명] 편함, 안락함, 용이함

Jesse adapted to life in a foreign country with **ease**.
제시는 외국에서의 삶에 쉽게 적응했다.

자주 쓰이는 숙어

with ease: 쉽게
at ease: 편안히, 여유 있게

[동] 완화하다, 경감하다, 편해지다

Treatments can be administered to **ease** the withdrawal symptoms of addicts.
중독자들의 금단 증상을 완화하기 위해 치료제가 투약될 수 있다.

자주 쓰이는 숙어

ease the pain: 고통을 덜다

1008 ★★★
cuisine
퀴**진**

[명] 요리, 조리법

The southern regions of China are known for their spicy and delicious **cuisine**.
중국 남부 지방은 자극적이면서도 맛 좋은 요리로 알려져 있다.

자주 쓰이는 숙어

quality[haute] cuisine: 고급 요리

1009 ★★★
explode
익스플**로**드

explosion [명] 폭발
explosive [형] 폭발적인 [명] 폭발물
explosively [부] 폭발적으로

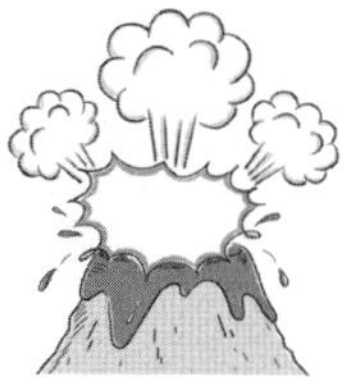

[동] 폭발하다, 터지다, 폭발시키다

The space shuttle Challenger **exploded** on January 28, 1986, 73 seconds after its launch.
우주선 챌린저 호는 1986년 1월 28일에 발사 후 73초 만에 폭발했다.

자주 쓰이는 숙어

explode in: ~으로 폭발하다, ~을 터트리다
explode with: ~와 함께 폭발하다

1010 ★★★

tolerate

탈러뤠잇

tolerance [명] 관용, 묵인, 용서

[동] 허용하다, 묵인하다, 참다, 견디다(=bear, endure, put up with), 용서하다(=pardon)

Nichole passes out at the sight of blood and cannot **tolerate** any violence in movies.

니콜은 피가 나오는 장면을 보면 기절한다. 그리고 영화 속의 어떠한 폭력적인 장면도 견디지 못한다.

출제 확률 UP!

tolerate는 동명사를 목적어로 취하는 타동사이다.

1011 ★★★

represent

뤠프뤼젠트

representation [명] 발표, 설명

representative [명] 대표, 대리인

[동] ~을 나타내다, 대표하다, 표현하다, 설명하다(=describe)

Big Ben, rising high above the Palace of Westminster, **represents** the permanence of the British government.

웨스트민스터 궁전 위로 높이 솟아 있는 빅벤은 영국 정부의 영속성을 나타낸다.

1012 ★★★

inactive

이낵팁

active [형] 활발한, 활동적인, 활성화된

[형] 활발하지 않은, 소극적인, 가동되지 않는(=idle), 비활성의

Your account with Five Star Trainers will be cancelled if it is **inactive** for more than one year.

귀하의 파이브 스타 트레이너스 계정은 1년 이상 비활성화 상태일 경우에 취소될 것입니다.

자주 쓰이는 숙어

inactive account: 휴면 계좌

inactive volcano: 휴화산

1013 ★★★

generous

줴너뤄스

generously [부] 관대하게

[형] 관대한, 인심 좋은, 후한

The star basketball player made a **generous** donation to his former high school.

그 스타 농구 선수는 과거 재학했던 고등학교에 후한 기부를 하였다.

자주 쓰이는 숙어

generous contribution: 후한 기부

1014 ★★★

frustrate

쁘**뤄**스트뤠잇

frustrating ⓐ 좌절시키는, 실망스러운
frustrated ⓐ 낙담한, 좌절한, 실망한
frustration ⓝ 낙담, 좌절, 실망

ⓥ **좌절시키다, 실망시키다, (계획, 노력 등을) 망치다**

What **frustrated** the fans the most was the show's lack of character development in its final seasons.
팬들을 가장 실망시켰던 것은 그 쇼의 마지막 시즌에서 등장인물의 변화가 없었다는 것이었다.

> **자주 쓰이는 숙어**
>
> be frustrated that 주어 + 동사: ~해서 좌절하다[낙담하다]
> get frustrated with: ~로 짜증나다, ~로 좌절하다

1015 ★★★

entry

엔트뤼

enter ⓥ 들어가다
entrance ⓝ 출입구, 입학

ⓝ **입장, 가입, 입구, 참가자(=attendant, participant), 출품물(=submission)**

Over 500 **entries** were submitted to the graphic design contest.
500개가 넘는 출품작들이 그 그래픽 디자인 콘테스트에 출품되었다.

1016 ★★

exploit

익스플**로**잇

exploitation ⓝ 개발, 착취

ⓥ **부당하게 사용하다, 착취하다, 개발하다(=develop), 촉진하다(=promote)**

Major fishing operations **exploit** the migration patterns of the bluefin tuna.
대규모 조업 활동이 참다랑어의 이동 패턴을 부당하게 이용하고 있다.

> **자주 쓰이는 숙어**
>
> exploit mineral resource: 광물 자원을 개발하다

1017 ★★

confess

컨**풰**스

confession ⓝ 고백

ⓥ **고백하다, ~을 사실이라고 인정하다**

The competition was re-opened after one of the judges **confessed** to accepting bribes.
그 대회는 심사위원들 중 한 명이 뇌물을 수수했다는 사실을 고백한 이후에 다시 개최되었다.

> **자주 쓰이는 숙어**
>
> confess to + -ing: ~했던 것을 자백하다

1018 ★★

crucial

크루셜

crucially ⓐ 결정적으로, 중대하게

🔵 결정적인(=decisive), 중요한(=critical), (문제 등이) 어려운, 괴로운

It is **crucial** that we preserve the Amazon rainforest to manage the Earth's carbon dioxide levels.

지구의 이산화탄소 수준을 관리하기 위해 아마존 열대 우림을 보존하는 것은 중요한 일이다.

1019 ★★

panic

패닉

panicky ⓐ 공황 상태의, 당황하기 쉬운

🔵 공황 상태, 공포(=terror)

Stockholders went into a **panic** after the market dropped by 500 points in one day.

시장에서 하루 만에 500포인트가 하락한 이후에 주주들이 공황 상태에 빠졌다.

📋 자주 쓰이는 숙어

go into a panic: 공황 상태에 빠지다
panic disorder: 공황 장애

🔵 공황을 일으키다, 허둥대게 하다, 공포에 사로잡히다

First-time flyers often **panic** when the plane hits a rough patch of turbulence.

처음 비행기를 타는 사람들은 비행기가 종종 난기류의 험난한 구간을 지날 때 공포에 사로잡힌다.

📋 자주 쓰이는 숙어

panic at: ~으로 허둥대다

1020 ★★

primitive

프뤼머팁

primitively ⓐ 원시적으로

🔵 원시의, 원초적인, 미개의

Primates have been observed in the wild using **primitive** tools to gather and collect food.

영장류가 야생에서 먹이를 모으고 수집하기 위해 원시적인 도구를 사용하는 모습이 관찰되었다.

📋 자주 쓰이는 숙어

primitive beliefs: 원시 신앙
a primitive form of: ~의 원시적인[최초의] 형태

1021 ★★

discomfort

디스**컴**뿨ㄹ트

discomforting [형] 불쾌하게 하는, 고통을 일으키는
comfort [명] 위로, 편안함 [동] 편안하게 하다

[명] 불안, 불편, 불쾌

He went to the hospital with complaints of **discomfort** in his lower back.
그는 등 아래 부분의 불편함으로 인한 통증으로 병원에 갔다.

자주 쓰이는 숙어

discomfort index: 불쾌 지수
cause A discomfort: A를 불편[불쾌]하게 하다

1022 ★★

hectic

헥틱

hectically [부] 정신없이 바쁘게, 빡빡하게

[형] 매우 흥분한, 몹시 바쁜, 폐결핵의

In the **hectic** week leading up to the music festival, some organizers put in more than 80 hours of work.
그 음악 축제로 이어지는 몹시 바쁜 한 주 동안, 일부 주최 담당자들은 80시간이 넘는 업무 시간을 쏟아 부었다.

자주 쓰이는 숙어

a hectic work schedule: 정신 없이 바쁜 일정

1023 ★★

coordinate

코우**어**ㄹ더넛

coordination [명] 조직, 합동, 조화
coordinator [명] 코디네이터, 조정자, 진행자

[형] 동등한, 동격의

Such disciplinary issues should only be discussed among **coordinate** management staff.
그와 같은 징계 문제는 오직 동등한 관리직 직원들 사이에서만 논의되어야 한다.

자주 쓰이는 숙어

coordinate with: ~와 동등한, ~와 동격이 되다

[동] 동격으로 하다(=equate), 조화를 이루다, 조정하다(=arrange), 조직하다(=organize)

The demolition of the bridge **coordinated** with the infantry's offensive on the southern front.
그 다리의 철거 작업은 남부 전선에 대한 그 보병 부대의 공격과 조화를 이뤘다.

자주 쓰이는 숙어

coordinate A with B: A와 B를 잘 어울리게 하다

1024 ★★

enlarge

인라ㄹ쥐

enlargement [명] 확대, 확장, 증대

[동] 확대하다, 확장하다(=expand, broaden), 상세히 설명하다(=detail)

McCarthy enlarged upon the story's themes in his novel, *All the Pretty Horses.*

맥카시는 자신의 소설 『모두 다 예쁜 말들』 속 이야기 주제에 대해 상세히 설명했다.

자주 쓰이는 숙어

enlarge on[upon]: ~에 대하여 상세히 말하다(=detail)

1025 ★★

perceive

퍼ㄹ씨-브

perception [명] 인지, 지각, 이해

[동] 인지하다, 인식하다, 알아차리다(=notice)

The event was always **perceived** as a way for business owners to thank the communities that support them.

그 행사는 업체 소유주들이 자신들을 지지해 주는 지역 사회에 감사할 수 있는 방법으로 항상 인식되었다.

자주 쓰이는 숙어

be perceived as: ~로 여겨지다

1026 ★★

reprimand

뤠프뤄맨드

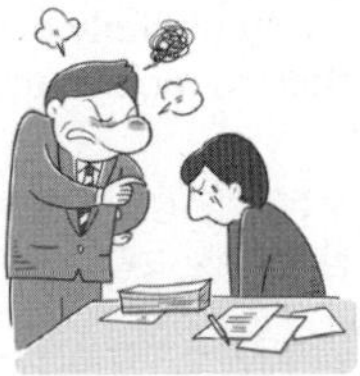

[명] 질책, 비난, 견책, 징계

Employees will receive a written **reprimand** after arriving late to work three times.

직원들은 직장에 세 번 늦게 도착하고 난 후에는 서면 징계를 받게 된다.

자주 쓰이는 숙어

receive a reprimand: 야단 맞다
a written[verbal/oral] reprimand: 서면[구두] 상의 문책

[동] ~을 질책하다(=reproach, blame, condemn), (공식적으로) 징계하다

A spokesperson for the social media platform stated that all users who knowingly exploited the security flaw will be **reprimanded**.

그 소셜 미디어 플랫폼의 대변인은 고의로 자사의 보안 결함을 부당하게 이용하는 모든 사용자들이 징계를 받을 것이라고 말했다.

자주 쓰이는 숙어

reprimand for: ~에 대해 질책하다, 징계하다

1027 ★

genuine

줴뉴인

genuinely ⓐ 성실하게, 진실로

ⓐ 진실된, 순종의, 진짜의(=true, authentic), 거짓 없는

The company founder has a **genuine** care for his employees and always tries to do what's best for them.
그 회사 설립자는 직원들에 대해 진정한 관심을 지니고 있으며, 항상 그들에게 최선을 다하려 한다.

1028 ★

intervene

인터ㄹ뷘

intervention ⓝ 개입, 간섭

ⓥ 화해시키다, 개입하다, 간섭하다

The manager **intervened** in the dispute between her two employees before it got out of hand.
그 책임자는 소속 직원 두 명 사이의 논쟁이 과도해지기 전에 개입했다.

자주 쓰이는 숙어

intervene in[between]: ~(사이)에 개입하다

1029 ★

unlikely

언**라**이클리

unlikelihood ⓝ 일어날 것 같지 않음
likely ⓐ 가능성이 있는, ~할 것 같은

ⓐ 일어날 것 같지 않은, 가망이 없는

It is **unlikely** that the government will fund major space exploration projects over the next decade.
그 정부가 향후 10년 동안에 걸쳐 주요 우주 탐사 프로젝트에 자금을 지원할 가능성은 없다.

While bank clerks are very **unlikely** ever to face a robbery, they nonetheless receive training on how to handle one.
은행 창구 직원들이 강도와 마주할 가능성은 거의 없지만, 그럼에도 불구하고 그에 대처하는 방법에 대한 교육을 받는다.

자주 쓰이는 숙어

be unlikely to do: ~하지 않을 것 같다

1030 ★

intentionally

인**텐**셔널리

intention ⓝ 의도, 의향
intentional ⓐ 의도적인

ⓐ 의도적으로, 고의로(=deliberately, purposely)

Upset and irrational parents thought the book series **intentionally** tempted children toward practicing witchcraft.
화나고 이성을 잃은 부모들은 그 도서 시리즈가 의도적으로 아이들을 부추겨 마법을 연습하게 만들었다고 생각했다.

1031 ★

notorious

노터뤼어스

notoriously [부] 악명 높게

[형] 악명 높은, 유명한

The **notorious** gangster was finally apprehended by authorities in Philadelphia.

그 악명 높은 폭력배가 마침내 필라델피아 당국에 의해 체포되었다.

자주 쓰이는 숙어

be notorious for: ~로 악명 높다

1032 ★

relentless

륄렌틀리스

relentlessly [부] 가차없이, 끈질기게

[형] 수그러들지 않는, 끈질긴, 가차없는(=severe, pitiless)

Battered by **relentless** storms, the ship sought a port in the Caribbean.

수그러들지 않는 폭풍우의 공격을 받았을 때, 그 선박은 카리브해에 위치한 항구를 찾았다.

자주 쓰이는 숙어

a relentless enemy: 가차 없는 적
relentless competition: 치열한 경쟁

1033 ★

inventory

인붼터뤼

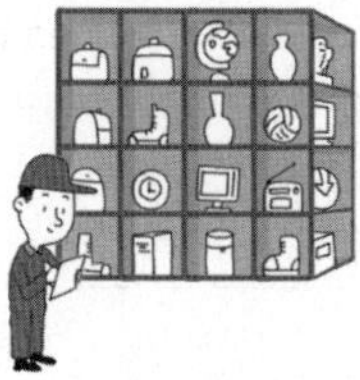

[명] 재고, 목록

Local supermarkets double or even triple their **inventories** of alcohol in anticipation of the festival.

지역 슈퍼마켓들이 축제 행사를 예상해 주류 제품의 재고를 두 배 또는 심지어 세 배로 늘리고 있다.

자주 쓰이는 숙어

reduce the inventory: 재고를 줄이다
inventory insurance: 재고 보험
make[take] an inventory: 상품의 목록을 작성하다

1034 ★

evade

이붸이드

evasion [명] 회피

[동] 회피하다(=avoid, elude), 모면하다

Guerilla forces can easily **evade** detection and frequently disrupt the enemy's operations.

게릴라 군대는 쉽게 감시를 피할 수 있으며, 적군의 작전을 자주 방해한다.

자주 쓰이는 숙어

evade restrictions: 규제를 피하다
evade taxes: 세금을 포탈하다

Day 26

1035 ★
whereabouts
웨ㄹ어바웃츠

[명] 소재, 위치, 거처

The **whereabouts** of the submarine were unknown for more than two weeks.
그 잠수함의 위치는 2주 넘게 알려지지 않은 상태였다.

자주 쓰이는 숙어

one's whereabouts: ~의 거처, 행방

[부] 어느 곳에, 어디로

Any resident will be able to tell you **whereabouts** in town historical events happened.
어느 주민이든 여러분께 그 도시의 역사적 행사들이 어디에서 열리는지를 말씀 드릴 수 있을 것입니다.

1036 ★
lubricant
루브리컨트

[명] 윤활유, 윤활제

Furniture polish, spray paints, and common **lubricants** may all contain chemicals that are harmful to pets.
가구 광택제와 스프레이 페인트, 그리고 일반적인 윤활유는 모두 애완동물에게 해로운 화학 물질을 포함하고 있을 수 있습니다.

1037 ★
spoil
스포**일**

spoiled [형] **버릇없이 자란**
spoiler [명] **훼방꾼**

[동] 망쳐 놓다(=ruin), 손상하다, 버릇없이 만들다

Running out of money will **spoil** any vacation, so always prepare a carefully planned budget.
돈이 다 떨어지는 것은 어떠한 휴가든 망칠 것입니다. 그래서 항상 신중히 계획한 예산을 준비해 두십시오.

자주 쓰이는 숙어

spoil for: ~을 갈망하다
spoil A of B: A에게서 B를 빼앗다 (=deprive A of B)

1038 ★
installment
인스**톨**먼트

[명] 할부금, (연속물의) 1회분

Customers may pay for the air conditioning unit and installation fee in **installments**.
고객들은 그 에어컨 제품 및 설치 비용에 대해 할부로 지불할 수 있습니다.

자주 쓰이는 숙어

installment plan: 분할 지급법
second installment: (연속물의) 두 번째, 2회차

1039 ★

overdue

오-붜ㄹ듀

Credit ratings are severely impacted by **overdue** payments on mortgages or student loans.

신용 평가 등급은 주택 담보 대출이나 학자금 대출에 대한 체납금에 의해 심하게 영향을 받는다.

📋 **자주 쓰이는 숙어**

an overdue account: 연체된 계좌

1040 ★

curriculum

커**뤼**큘럼

curricular 형 교과 과정의
extracurricular 형 과외의, 정식 과목 이외의

명 교육과정(=course)

The school's **curriculum** is designed around the idea that students should be free to explore their own interests.

그 학교의 교과 과정은 학생들이 자유롭게 각자의 관심사를 탐구해야 한다는 개념을 위주로 고안된다.

📋 **자주 쓰이는 숙어**

the school curriculum: 학교 교육 과정
complete the regular curriculum: 정규 교과과정을 이수하다

Day
26

○ 단어와 그에 알맞은 뜻을 연결해 보세요.

1. outstanding • • (a) 폭발하다

2. currency • • (b) 두드러진

3. explode • • (c) 통화, 화폐

4. represent • • (d) 나타내다

○ 빈칸에 알맞은 단어를 선택하세요.

notorious	frustrated	inactive

5. Your account with Five Star Trainers will be cancelled if it is _____ for more than one year.

6. The _____ gangster was finally apprehended by authorities in Philadelphia.

7. What _____ the fans the most was the show's lack of character development in its final seasons.

○ 밑줄 친 단어의 동의어를 고르세요.

8. Thanks to the <u>charitable</u> efforts of the students, over $10,000 was raised for the hurricane victims.

   (a) generous   (b) considerable

9. Critics praised the <u>outstanding</u> performance of the play's lead actor.

   (a) notable   (b) relentless

10. Nichole passes out at the sight of blood and cannot <u>tolerate</u> any violence in movies.

    (a) eradicate   (b) endure

정답 1. (b) 2. (c) 3. (a) 4. (d) 5. inactive 6. notorious 7. frustrated 8. (a) 9. (a) 10. (b)

DAY
01

DAY
02

DAY
03

DAY
04

DAY
07

DAY
12

DAY 27

DAY
13

DAY
17

DAY
18

DAY
19

DAY
23

DAY
24

DAY
25

DAY
29

DAY
30

PREVIEW

이미 알고 있는 단어는 미리 체크박스에 체크(☑)해보세요.

☑ instead	☐ host	☐ enclosed	☐ resistance
☐ disability	☐ childcare	☐ mass	☐ bargain
☐ personality	☐ Atlantic	☐ rival	☐ statue
☐ insect	☐ refund	☐ basin	☐ forthcoming
☐ incorporated	☐ avail	☐ sensitive	☐ secondhand
☐ fluently	☐ recipient	☐ blend	☐ artifact
☐ subsidy	☐ fierce	☐ donor	☐ deem
☐ batch	☐ faith	☐ domesticated	☐ chronicle
☐ tardiness	☐ muzzle	☐ carbohydrate	☐ bodily
☐ duration	☐ aborigine	☐ house	☐ exacerbate

QR코드를 스캔하여 단어를 음원으로 들어보세요!

1041 ★★★★★

instead

인스테드

[부] 그 대신에, 그보다는 오히려

The majority of commuters in Busan prefer to take the subway **instead** of a bus.

부산의 통근자 대다수는 버스 대신 지하철을 타는 것을 선호한다.

자주 쓰이는 숙어

instead of: ~ 대신에

출제 확률 UP!

instead가 접속부사로 쓰일 경우, 앞에 언급된 내용과는 정반대되는 내용이 이어질 때 사용되며, 이와 유사한 접속부사로 on the other hand, meanwhile, in contrast가 있다.

1042 ★★★★★

host

호스트

[명] 손님을 접대하는 주인, (TV, 라디오의) 사회자

The **host** is known for his effective interviewing technique and sense of humor.

그 진행자는 효과적인 인터뷰 기술과 유머 감각으로 알려져 있다.

[동] 주인 노릇을 하다, 대접하다, (모임, 행사 등을) 주최하다

Lillehammer is the northernmost city to ever **host** the Winter Olympics.

릴레함메르는 역사상 동계 올림픽을 주최했던 가장 북쪽에 위치한 도시이다.

자주 쓰이는 숙어

host a dinner: (손님에게) 저녁식사를 대접하다

1043 ★★★★

enclosed

인클로즈드

enclose [동] 에워싸다, 동봉하다

[형] 동봉된, 에워싸인

Please refer to the **enclosed** instruction manual for detailed assembly diagrams.

상세 조립도를 보시려면 동봉해 드린 안내 설명서를 참고하시기 바랍니다.

자주 쓰이는 숙어

Enclosed please find ~ : (편지나 이메일에서)~을 동봉합니다
enclose in: ~에 동봉하다

1044 ★★★★

resistance

뤼**지**스턴스

resist [동] 저항하다, 반항하다
resistant [형] 저항하는, 저항력이 있는

[명] 저항, 반항

A new strain of the virus has been able to spread rapidly due to its **resistance** to antibiotics.
새로운 종류의 바이러스가 항생제에 대한 저항 능력으로 인해 빠르게 확산될 수 있었다.

자주 쓰이는 숙어

resistance to: ~에 대한 저항

1045 ★★★★

disability

디서**빌**러티

disable [동] 불구로 만들다
disabled [형] 장애의, 장애가 있는, 불능의

[명] 장애, (사고, 병으로 인한) 불능

Despite his physical **disability**, Jorge Castro was successful in his attempt to climb Mount Everest.
신체적 장애에도 불구하고, 조지 카스트로는 에베레스트 등정 시도에서 성공을 거뒀다.

자주 쓰이는 숙어

mental disability: 정신 지체
learning disability: 학습 장애

1046 ★★★★

childcare

차일드케어ㄹ

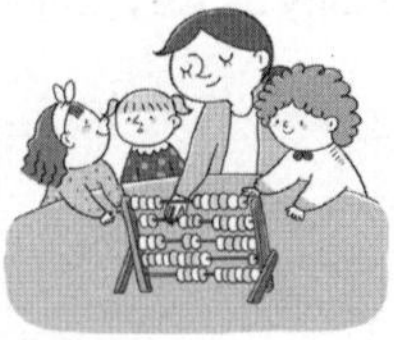

[명] 보육, 육아

Several constituents raised concerns about the rising cost of **childcare** in the county.
여러 주민들이 국가의 보육 비용 증가와 관련된 우려를 제기했다.

자주 쓰이는 숙어

childcare leave: 육아 휴가

1047 ★★★★

mass

매스

massive [형] 막대한, 육중한, 어마어마한

[명] 덩어리, 모임, 다수, 대량

Divers recovered a **mass** of debris from the part of the ocean where the airplane crashed.
잠수부들이 그 항공기가 추락한 바다 구역에서 대량의 잔해를 회수했다.

자주 쓰이는 숙어

mass media: 대중 매체
a mass of: 대량의, 다수의, 대부분의

Day 27

1048 ★★★

bargain

바ㄹ겐

bargaining [명] 교섭, 거래

[명] 매매 계약, 협정, 협약, 특가품, 싸게 파는 물건

Shoppers can find a vast number of **bargains** at the department store's annual January Sale.

쇼핑객들은 그 백화점의 연례 1월 세일 행사에서 아주 다양한 특가 제품을 찾을 수 있다.

자주 쓰이는 숙어

a peace bargain: 평화 협정
a bargain price[shop]: 특가 가격[매장]
at a bargain: 염가로, 특가로

[동] 흥정하다, 교섭하다(=trade), 계약하다(=contract, deal)

The owner of the bakery **bargained** with the landlord to have the monthly rent reduced by 5 percent.

그 제과점의 소유주는 건물주와 월간 임대료를 5퍼센트 내리는 계약을 맺었다.

자주 쓰이는 숙어

bargain on: ~에 대한 계약을 맺다

1049 ★★★

personality

퍼ㄹ스널리티

personal [형] 개인의, 직접 하는

[명] 성격(=character), 성질, 개성, 유명인(=celebrity, figure)

Hiring decisions are often made based on a candidate's **personality** as well as their qualifications.

고용 결정은 흔히 지원자의 성격 뿐만 아니라 자격 요건을 바탕으로 내려진다.

자주 쓰이는 숙어

personality test: 성격 검사
prominent personality: 저명한 인물

1050 ★★★

Atlantic

애틀란틱

[형] 대서양의, 대서양 연안의

Studies have shown that **Atlantic** salmon are more aggressive than other types of salmon.

연구에 따르면 대서양의 연어는 다른 종류의 연어보다 더 공격적인 것으로 나타났다.

자주 쓰이는 숙어

the Atlantic (Ocean): 대서양

1051 ★★★

rival

롸이벌

rivalry [명] 경쟁 (관계)

[명] 경쟁 상대(=competitor), 대항자, 적수 (=opponent)

Hopewell Drinks Co. attempted to merge with its biggest **rival** in the beverage industry.

호프웰 음료회사는 음료 업계에서 가장 큰 경쟁 업체와의 합병을 시도했다.

자주 쓰이는 숙어

a strong rival: 강적

[동] 경쟁하다(=compete), ~에 필적하다(=match)

While Axon cell phones may appear basic, they **rival** even the best-selling models in terms of performance.

액손 휴대전화 제품들이 기본적인 것처럼 보이기는 하지만, 성능 면에서는 심지어 가장 잘 판매되는 모델들에 필적한다.

자주 쓰이는 숙어

rival in: ~을 두고 경쟁하다[필적하다]

1052 ★★★

statue

스탯추

[명] 조각상, 동상, 입상

Trafalgar Square is known for its **statue** of Admiral Horatio Nelson.

트라팔가 광장은 호레이쇼 넬슨 제독의 동상으로 잘 알려져 있다.

자주 쓰이는 숙어

carve[cast] a statue: 상을 조각하다
erect[put up] a statue: 상을 세우다

1053 ★★★

insect

인섹트

[명] 곤충, 벌레

The Amazon Rainforest is home to more than 30 million species of **insects.**

아마존 열대 우림은 3천만 종이 넘는 곤충들의 서식지이다.

자주 쓰이는 숙어

repel insects: 벌레를 쫓아버리다, 방충하다
insect repellent: 방충제

Day 27

1054 ★★★
refund
뤼**뻔**드

refundable [형] 환불 가능한, 반환 가능한

[동] **반환하다, 돌려주다(=return), 환불하다**

Ms. Winton asked that the shipping charge be **refunded** because the delivery was three days late.
윈튼 씨는 배송이 3일 늦었기 때문에 배송비가 환불되어야 한다고 요청했다.

자주 쓰이는 숙어

refund a fare[fee]: 요금을 환불하다

[명] **반환, 환불(금)**

Customers may obtain a **refund** only if an original proof of purchase is provided.
고객들은 오직 원본 구매 증명서가 제공되는 경우에만 환불 받을 수 있습니다.

자주 쓰이는 숙어

a full refund: 전액 환불
ask for a refund: 환불을 요청하다

1055 ★★
basin
베이슨

basinful [명] 대야 하나 가득한 양

[명] **(강의) 유역, 분지, (물이 담긴) 대접, 대야**

The botanical study was carried out in the **basin** of the Volga River, which is the longest river in Europe.
그 식물학 연구는 볼가 강 유역에서 실시되었는데, 그 강은 유럽에서 가장 긴 강이다.

자주 쓰이는 숙어

a basin of: 한 대접[대야] 분량의
forest basin: 삼림 유역

1056 ★★
forthcoming
뽀ㄹ쓰커밍

[형] **다가오는, 곧 나타나려고 하는(=upcoming, expected)**

Most cinemas screen trailers before the main feature to advertise **forthcoming** movies.
대부분의 영화관은 곧 개봉되는 영화를 광고하기 위해 본편에 앞서 예고편을 상영한다.

자주 쓰이는 숙어

a forthcoming event[anniversary]: 곧 다가오는 행사[기념일]

1057 ★★

incorporated

인코ㄹ퍼뤠이티드

incorporate [동] 포함하다, 결합하다, 법인으로 만들다

[형] 법인 조직의, 병합된, 결합된

The board members held a celebration when Amford Manufacturing was made an official **incorporated** firm.

이사회는 암포드 제조사가 정식 법인 회사가 되었을 때 기념 행사를 열었다.

자주 쓰이는 숙어

incorporated foundation: 재단 법인

[명] 주식 회사(=business, corporation, enterprise)

After stepping down as CEO of Easthaven **Incorporated**, Sam Gillies traveled around the world.

이스트헤븐 주식회사의 대표이사에서 물러난 후, 샘 길리스 씨는 전 세계를 돌아다니며 여행했다.

1058 ★★

avail

어붸일

available [형] 이용 가능한

[동] 도움이 되다, 유용하다, 쓸모 있다, 효력이 있다

Hotel guests can **avail** themselves of the shuttle bus service that runs directly to Hill Valley Amusement Park.

호텔 고객들께서는 힐 밸리 놀이공원으로 직접 가는 셔틀버스 서비스를 이용하실 수 있습니다.

[명] (부정문, 의문문에서) 이익, 효용, 도움

Engineers tried to pinpoint the reason for the bridge collapse, but to little **avail.**

엔지니어들은 그 다리 붕괴 사건의 원인을 정확히 집어내기 위해 노력했지만, 별로 소용이 없었다.

자주 쓰이는 숙어

be of little[no] avail: 거의[조금도] 도움이 되지 않다

1059 ★★

sensitive

쎈서팁

insensitive [형] 무감각한, 둔감한
sensible [형] 현명한, 분별이 있는

[형] 민감한, 예민한, 감도가 좋은

Staff at the medical clinic will be immediately fired if they disclose any **sensitive** information.

의료 시설에 근무하는 직원들은 그 어떤 민감한 정보를 발설할 경우에 즉시 해고될 것이다.

자주 쓰이는 숙어

sensitive to: ~에 민감한, 예민한

1060 ★★

secondhand

쎄컨드핸드

second hand [명] (시계)의 초침, 조수
firsthand [형] 직접적인

[형] **간접적인, 중고품의(=used)**

An increasing number of people are opting to buy **secondhand** vehicles rather than new ones.
점점 더 많은 사람들이 새 것보다 중고 자동차를 구매하기로 선택하고 있다.

자주 쓰이는 숙어

secondhand books[clothes]: 도서, 헌책[헌옷]

[부] **중고로, 고물로, 전해 듣고**

Mr. Shaw's wife was disappointed to hear the news **secondhand** that he had lost his job.
쇼 씨의 아내는 남편이 일자리를 잃었다는 소식을 전해 듣고 실망했다.

자주 쓰이는 숙어

hear the news secondhand: 소식을 전해 듣다

1061 ★★

fluently

쁠**루**언틀리

fluent [형] 유창한, 능숙한, 말을 잘하는

[부] **유창하게, 능숙하게**

Mr. Richards was chosen to attend the conference in Paris because he can speak French **fluently.**
리차즈 씨가 프랑스어를 유창하게 말할 수 있기 때문에 그 컨퍼런스에 참석하도록 선택되었다.

자주 쓰이는 숙어

speak fluently: 유창하게 말하다

1062 ★★

recipient

뤼**씨**피언트

receive [동] 받다, 수령하다

[명] **수령인(=receiver), 수취인, (장기 기증의) 이식자**

All of this evening's award **recipients** will receive a $250 gift certificate for Ecco Department Store.
오늘 저녁에 열리는 시상식의 모든 수상자들은 250달러 상당의 에코 백화점 상품권을 받을 것이다.

자주 쓰이는 숙어

a prize recipient: 수상자
a blood recipient: 수혈자

1063 ★★
blend
블렌드

blending [명] 혼합, 조합하기
blender [명] 믹서 기기, 혼합기

[동] 섞다, 섞이다, 조화시키다, 조화를 이루다

The new album by Serena Diaz **blends** modern pop music with traditional jazz instrumentation.
세레나 디아즈의 새 앨범에는 모던 팝 음악과 전통 재즈 연주곡이 혼합되어 있다.

자주 쓰이는 숙어
blend A with B: A와 B를 섞다[조화시키다]

[명] 혼합(법), 혼합물

The most popular variety of coffee at Argo Café is a **blend** of Ethiopian and Kenyan beans.
아르고 카페에서 가장 인기 있는 커피 종류는 에티오피아와 케냐의 원두가 혼합된 것이다.

자주 쓰이는 숙어
blend fabric: 혼방직물

1064 ★★
artifact
아ㄹ터퉥트

artifactual [형] 인공물의, 가공품의

[명] 인공 유물, 가공품

Hundreds of **artifacts** from Medieval Britain are currently on display at the Stoke History Museum.
중세 영국의 유물 수백 점이 현재 스토크 역사 박물관에 전시되어 있다.

자주 쓰이는 숙어
ancient artifact: 고대 유물

Day 27

1065 ★★
subsidy
썹시디

subsidize [동] 원조하다, 후원하다, 보조해주다

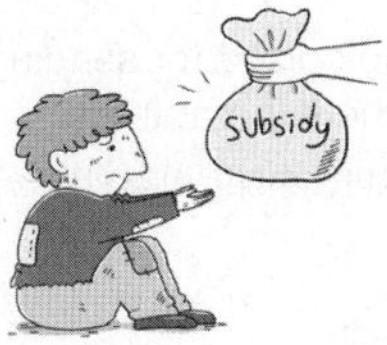

[명] 보조금, 지원금

Businesses in the city will receive a **subsidy** if they install solar panels to generate power.
그 도시의 기업들은 전기를 만들어 내기 위해 태양열 전지판을 설치할 경우에 보조금을 받을 것이다.

자주 쓰이는 숙어
state subsidy: 국가 보조금
as subsidy for: ~의 보조금으로서

1066 ★

fierce

빠이어ㄹ스

fiercely 傅 사납게, 맹렬히, 치열하게

휑 치열한, 거센, 난폭한, 사나운

Welland Construction faced **fierce** competition in its bid to secure the contract to build the Apex Tower.
웰랜드 건설회사는 에이펙스 타워를 짓는 계약을 따내기 위한 입찰에서 치열한 경쟁에 직면했다.

▤ 자주 쓰이는 숙어

fierce competition: 치열한 경쟁

1067 ★

donor

도우너ㄹ

donate 傷 기부하다, 기증하다
donation 傻 기부, 기증

㉠ 기증자, (조직, 장기의) 제공자

The organizer of the charity event thanked all **donors** for their attendance and contributions.
그 자선 행사의 주최자는 행사 참석 및 기부금에 대해 모든 기부자에게 감사 인사를 했다.

▤ 자주 쓰이는 숙어

an organ donor: 장기 기증자
a blood donor: 헌혈자

1068 ★

deem

딤-

㉦ 의견을 가지다, 생각하다, 여기다(=consider)

Main Street Diner never changes its menu as it is **deemed** unnecessary by the restaurant owner.
메인 스트리트 다이너는 절대로 메뉴를 변경하지 않는데, 왜냐하면 그것이 그 레스토랑의 소유주에 의해 불필요한 것으로 여겨지고 있기 때문이다.

▤ 자주 쓰이는 숙어

deem of: ~를 생각하다
deem + that 주어 + 동사: ~라고 생각하다
deem A + 형용사: A가 ~하다고 여기다

1069 ★

batch

뱃취

휑 한 묶음, 다발, 무리, 1회분

The fruit supplier apologized for sending a bad **batch** of apples to the supermarket.
그 과일 공급업체는 그 슈퍼마켓에 상한 사과 한 묶음을 보낸 것에 대해 사과했다.

▤ 자주 쓰이는 숙어

a batch of: 한 묶음[다발]의

1070 ★

faith

쀄이쓰

faithful ⓐ 충실한, 독실한, 신뢰할 수 있는

ⓝ 믿음(=belief), 신앙, 신뢰

Despite the recent product recall, the majority of consumers still have **faith** in Lita Electronics' products.

최근의 제품 리콜에도 불구하고, 대다수의 소비자들은 여전히 리타 전자제품회사의 제품을 신뢰하고 있다.

📋 자주 쓰이는 숙어

have faith in: ~을 믿다

1071 ★

domesticated

더메스티케잇

domesticate ⓥ 길들이다, 가축화하다, (관습을) 들여오다, 도입하다

ⓐ 가축화한, 길들인

Among all **domesticated** species of animals, cats retain the most primal characteristics.

길들여진 모든 동물 종 중에서, 고양이는 가장 원시적인 특성을 유지하고 있다.

📋 자주 쓰이는 숙어

domesticated animals: 가축

1072 ★

chronicle

크롸니클

ⓝ 연대기, (넓은 의미로) 역사

The recently released documentary serves as a **chronicle** of the life of the artist Frida Kahlo.

최근에 공개된 그 다큐멘터리는 미술가 프리다 칼로의 삶에 대한 연대기의 역할을 한다.

📋 자주 쓰이는 숙어

daily[weekly] chronicle: 일지[주간 기록]
keep a chronicle: 기록을 하다

1073 ★

tardiness

타ㄹ디니스

tardy ⓐ 느린, 지각한(=late)

ⓝ 지각, 지체(=lateness, unpunctuality)

Several employees were let go due to repeated instances of **tardiness.**

몇몇 직원이 반복적인 지각 사례로 인해 해고되었다.

1074 ★

muzzle

머즐

동 재갈을 물리다, (말을 하지 못하게) 입을 틀어막다

Owners are required to **muzzle** their dogs before entering the children's play area in Belmont Park.

견주들은 벨몬트 공원의 어린이 놀이 구역에 들어가기 전에 각자의 개에게 입마개를 해야 한다.

> **자주 쓰이는 숙어**
>
> muzzle opposing views: 반대 의견을 말하지 못하게 막다

명 재갈, 입마개, 주둥이

A **muzzle** is recommended for dogs who show aggressive tendencies.

입마개는 공격적인 성향을 보이는 개에게 권장된다.

1075 ★

carbohydrate

카ㄹ보하이드뤠잇

·carbon 명 탄소

명 탄수화물

Several nutritionists have spoken out against the current trend of eliminating **carbohydrates** from one's diet.

몇몇 영양학자들이 식단에서 탄수화물을 없애는 현재의 추세에 반대한다는 의사를 분명히 밝혔다.

> **자주 쓰이는 숙어**
>
> low-carbohydrate meal: 저탄수화물 식사

1076 ★

bodily

바딜리

body 명 몸, 신체

형 신체 상의(=physical), 육체적인, 유형의

Several protestors complained of suffering actual **bodily** harm as a result of clashes with the police.

몇몇 시위자들이 경찰과의 충돌에 따른 결과로 실제 신체적인 상해를 겪고 있다고 호소했다.

> **자주 쓰이는 숙어**
>
> bodily function: 신체 기능
> bodily fluid: 체액

1077 ★

duration

듀뤠이션

명 지속, 지속 기간, 계속

Traffic will be redirected along Chorley Avenue for the **duration** of the street parade on Central Street.
센트럴 스트리트에서 열리는 거리 행진이 지속되는 동안 촐리 애비뉴를 따라 차량 이동 방향이 바뀔 것이다.

📋 자주 쓰이는 숙어

for the duration of: ~의 기간 중

1078 ★

aborigine

애버**뤼**져니

aboriginal ⓐ 원주민의, 토착의

명 원주민(=native)

Aborigines account for more than 30 percent of the population in Australia's Northern Territory.
원주민이 호주 북부 지역의 30퍼센트가 넘는 인구를 차지하고 있다.

1079 ★

house

하우스

housing ⓝ 숙소, 주거, 주택 공급

동 ~에게 거처할 곳을 주다, 수용하다, 장소를 제공하다

The Tower of London, a popular tourist destination, **houses** the Crown Jewels of the United Kingdom.
인기 관광 명소인 런던 타워는 영국의 왕관 보석들을 소장하고 있다.

Day
27

📋 자주 쓰이는 숙어

house A in B: A를 B에 들이다[수용하다]

1080 ★

exacerbate

이그**재**서베잇

exacerbation ⓝ 악화, 격화, 분노

동 악화시키다(=deteriorate, worsen), (사람을) 분개시키다

The President's statement **exacerbated** fears that unemployment levels would rise over the coming year.
대통령의 발언은 내년에 실업 수준이 증가될 것이라는 우려를 악화시켰다.

○ 단어와 그에 알맞은 뜻을 연결해 보세요.

1. resistance •   • (a) 법인 조직의

2. incorporated •   • (b) 저항

3. statue •   • (c) 예민한

4. sensitive •   • (d) 조각상

○ 빈칸에 알맞은 단어를 선택하세요.

fluently	enclosed	refund

5. Customers may obtain a _____ only if an original proof of purchase is provided.

6. Mr. Richards was chosen to attend the conference in Paris because he can speak French _____.

7. Please refer to the _____ instruction manual for detailed assembly diagrams.

○ 밑줄 친 단어의 동의어를 고르세요.

8. While Axon cell phones may appear basic, they <u>rival</u> even the best-selling models in terms of performance.

(a) cooperate   (b) match

9. Most cinemas screen trailers before the main feature to advertise <u>forthcoming</u> movies.

(a) outstanding   (b) upcoming

10. An increasing number of people are opting to buy <u>secondhand</u> vehicles rather than new ones.

(a) used   (b) mutiple

정답 1. (b) 2. (a) 3. (d) 4. (c) 5. refund 6. fluently 7. enclosed 8. (b) 9. (b) 10. (a)

DAY
01

DAY
02

DAY
03

DAY
04

DAY
05

DAY

DAY
07

DAY
08

DAY
12

DAY
13

DAY
14

DAY
18

DAY
19

DAY
20

DAY
24

DAY
25

DAY
26

29

DAY
30

DAY
28

PREVIEW

이미 알고 있는 단어는 미리 체크박스에 체크(☑)해보세요.

☑ grant	☐ chance	☐ evolve	☐ flourish
☐ slope	☐ circuit	☐ seal	☐ garment
☐ anxiety	☐ yearly	☐ congress	☐ memorable
☐ vice	☐ sacred	☐ stroke	☐ compact
☐ unexpectedly	☐ preliminary	☐ cope	☐ adolescent
☐ amusement	☐ hesitant	☐ bother	☐ aspire
☐ pioneer	☐ allergic	☐ disrespectful	☐ deformation
☐ validate	☐ opposite	☐ hypothetical	☐ alloy
☐ grateful	☐ refined	☐ offspring	☐ ecology
☐ meditation	☐ carnivorous	☐ criterion	☐ copyright

QR코드를 스캔하여 단어를 음원으로 들어보세요!

1081 ★★★★★

grant

그랜트

granted ⓟ 당연히

ⓥ **수여하다, 부여하다**(=give, provide, present), **(가정적으로) ~라고 인정하다**(=suppose)

The governor **granted** prisoners accused of non-violent crimes early parole.
주지사는 비폭행 범죄로 기소된 수감자들에게 조기 가석방을 부여했다.

📋 자주 쓰이는 숙어

grant a scholarship: 장학금을 수여하다
take A for granted: A를 당연한 것으로 생각하다

ⓝ **보조금, 수여된 것, 허가, 인가**

The technology company also awards several research **grants** to independent inventors.
그 기술회사는 또한 독립 투자자들에게 여러 연구 보조금도 수여한다.

📋 자주 쓰이는 숙어

apply for a grant: 보조금을 신청하다

1082 ★★★★★

chance

챈스

ⓝ **우연, 가능성, 기회**

Taylor felt that his upcoming audition would be his last **chance** to become a professional actor.
테일러는 곧 있을 자신의 오디션이 전문 배우가 되기 위한 마지막 기회일 것으로 생각했다.

📋 자주 쓰이는 숙어

by chance: 우연히
chances are (that) 주어 + 동사: 아마 ~ 일 것이다, ~할 가능성이 높다

1083 ★★★★

evolve

이발브

evolution ⓝ 진화, 변화
evolutionary ⓐ 진화의, 발전의

ⓥ **진화하다, 발전하다, 차츰 발전시키다**(=advance, develop)

The sound and style of the blues from the American South **evolved** into the rock n' roll of the 1950s.
미국 남부 지역의 블루스 음악이 지닌 소리와 스타일이 1950년대의 록앤롤로 발전했다.

📋 자주 쓰이는 숙어

evolve from: ~로부터 진화하다, 발전하다
evolve into: ~로 진화하다, 발전하다

1084 ★★★★

flourish

쁠러뤄쉬

flourishing ⓐ 번창하는
flourishingly ⓐ 번창하여, 번성하여

ⓥ 번성하다(=thrive, prosper), 전성기에 있다, 성장하다(=grow, increase, develop)

The ivy, brought over from East Asia, **flourished** in the American Midwest and quickly took over local ecosystems.
동아시아 지역에서 들여 온 담쟁이덩굴이 미국 중서부 지역에서 번성해 빠르게 지역 생태계를 잠식했다.

1085 ★★★★

slope

슬로프

slopewise ⓐ 경사지게

ⓝ 경사면, 비탈, 언덕

The steep **slope** that runs along the mountain road is prone to rockslides, so drive with caution.
그 산길을 따라 이어지는 가파른 경사면은 낙석 발생 가능성이 있으므로 주의해서 운전해야 한다.

> 📋 **자주 쓰이는 숙어**
> on the slope of: ~의 경사면에서

ⓥ 경사지다, 비탈지다, 기울다(=incline)

The western edge of the estate **slopes** toward the river, granting a beautiful view of the valley.
그 사유지의 서쪽 가장자리는 강을 향해 경사져 있으며, 이로 인해 그 계곡의 아름다운 경치를 가져다 준다.

> 📋 **자주 쓰이는 숙어**
> slope steeply: 경사가 가파르다

1086 ★★★★

circuit

써ㄹ킷

short circuit ⓝ 단락, 쇼트, 누전, 합선

ⓝ 순회, 순환, 회로, 둘레

The world-famous half-marathon consists of three **circuits** around a picturesque French village.
세계적으로 유명한 그 하프 마라톤은 그림 같은 프랑스 마을을 둘러 세 곳의 순회 경로로 구성된다.

ⓥ 순회하다, 한 바퀴 돌다

Most subway systems have a dedicated line that **circuits** the downtown area.
대부분의 지하철 시스템에는 시내 지역을 순환하는 노선이 있다.

1087 ★★★★

seal

씰

sealable ⓐ 밀봉의

ⓝ 봉인, 도장; 바다표범

Any correspondence or document from the embassy will have the official **seal** stamped on it.

대사관에서 보내는 모든 서신이나 문서에는 그 위에 찍혀 있는 정식 도장이 있다.

📋 자주 쓰이는 숙어

make a seal: 봉인하다

ⓥ 봉인[봉합]하다, 도장을 찍다, 결정하다, 확정하다

Before the invention of simple adhesives, important letters were **sealed** with wax.

간단한 접착제의 발명 전에, 중요한 편지는 밀랍으로 봉인되었다.

📋 자주 쓰이는 숙어

seal a wound: 상처를 봉합하다
seal an envelope: 봉투를 봉하다

1088 ★★★

garment

가ㄹ먼트

ⓝ 의류, 옷(=clothes)

The sari is the traditional **garment** of India.

사리는 인도의 전통 의류이다.

📋 자주 쓰이는 숙어

outer garment: 겉옷

1089 ★★★

anxiety

앵**자**이어티

anxious ⓐ 불안한, 걱정하는, 염려하는

ⓝ 불안, 걱정, 염려(=concern), 갈망

The ongoing trade war between China and the U.S. is causing a lot of **anxiety** in international markets.

중국과 미국 사이의 지속적인 무역 전쟁이 국제 시장에서 많은 불안을 초래하고 있다.

📋 자주 쓰이는 숙어

anxiety attack[disorder]: 불안 증세[장애]
with anxiety: 걱정하여
anxiety for 명사: ~에 대한 욕망[갈망]
anxiety to do: ~하고 싶어하는 갈망

1090 ★★★

yearly

이얼리

[형] 연 1회의, 매년의(=annual), 1년의

Doctors recommend that men have **yearly** check-ups after turning 35.

의사들은 남성들이 35세가 된 이후에 연례 정기 검진을 받도록 권장하고 있다.

자주 쓰이는 숙어

a yearly championship game: 연 1회의 챔피언 결정전

[부] 1년에 한번, 해마다(=annually, on a yearly basis)

The prolific band releases a new album **yearly**.

많은 작품을 내는 그 밴드는 해마다 새 앨범을 출시한다.

1091 ★★★

congress

캉그뤠스

congressman [명] 국회의원, 하원의원

congressional [형] 의회의, 국회의

[명] 국회(=assembly), 의회, 대회의

An international **congress** of climate scientists met in Stockholm to raise awareness of global warming.

기후 과학자 국제 회의가 지구 온난화에 대한 인식을 드높이기 위해 스톡홀름에서 모임을 가졌다.

자주 쓰이는 숙어

in congress: 국회 개회 중

member of congress: 국회 의원

Library of Congress: 국회 도서관

1092 ★★★

memorable

메모러블

memorably [부] 기억하기 쉽게

memory [명] 기억력

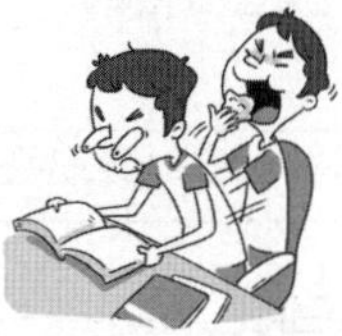

[형] 기억할 만한, 인상적인

The ice hockey team's underdog victory was one of the most **memorable** moments of the previous Olympics.

약체였던 그 아이스하키 팀의 승리는 이전 올림픽에서 가장 기억에 남을 만한 순간들 중 하나였다.

자주 쓰이는 숙어

memorable experience: 기억에 남는 경험

1093 ★★★
vice
봐이스

[형] 부(副)의, 차석의, 대리의

His uncle had served as a **vice** admiral in the Royal Navy before retiring.
그의 삼촌은 퇴직 전까지 영국 해군에서 부제독으로 복무했다.

자주 쓰이는 숙어

vice-president[chairman]: 부통령[부회장]

[명] 악덕, 부도덕, 비행

Vaping, or using e-cigarettes, has become a popular new **vice** among teenagers.
베이핑, 즉 전자 담배를 이용하는 것이 십대들 사이에서 인기 있는 새로운 비행이 되었다.

자주 쓰이는 숙어

vice and virtue: 악덕과 미덕

1094 ★★★
sacred
쎄이크뤼드

[형] 종교적인(=religious), 신성한(=divine)

Mount Kailash is considered **sacred** to followers of Buddhism.
카일라시 산은 불교 추종자들에게 신성하게 여겨진다.

자주 쓰이는 숙어

be considered sacred: 신성시 여겨지다

1095 ★★★
stroke
스트**록**

[명] 타격, 발작, 뇌졸중, 한번의 움직임, 돌발, 번쩍임

The studio executive's decision to release the album for free online turned out to be a **stroke** of genius.
온라인에서 무료로 그 앨범을 출시하겠다는 그 스튜디오 임원의 결정은 천재적인 발상이었던 것으로 드러났다.

자주 쓰이는 숙어

a stroke of: 한 번 움직임의, ~의 번뜩임

[동] (공을) 치다, ~에 선을 긋다, 쓰다듬다

Studies have shown that **stroking** a beloved pet can reduces stress and blood pressure.
연구에 따르면 사랑하는 애완동물을 쓰다듬는 것이 스트레스와 혈압을 낮출 수 있는 것으로 나타났다.

1096 ★★

compact

컴팩트

compacted ⓐ 꽉 찬, 탄탄한
compactly ⓟ 긴밀하게

ⓐ 소형의, 꽉 찬, 빽빽한

The **compact** size of our textbooks makes them easy to carry across campus.
저희 교재의 소형 크기는 캠퍼스에서 손쉽게 들고 다닐 수 있게 해주기도 합니다.

ⓥ 꽉 채우다(=fill, compress) ~을 굳히다, 압축하다 (=compress), ~을 결합하여 만들다

The waste is then **compacted** into the bottom of the container, freeing up additional space.
그 쓰레기는 그 다음에 용기 바닥까지 압축되었으며, 그로 인해 추가 공간이 생겨났다.

📋 자주 쓰이는 숙어

be compacted into: ~로 압축되다

1097 ★★

unexpectedly

언익스**펙**티들리

unexpected ⓐ 예기치 않은, 뜻밖의(=sudden)

ⓟ 예상치 못하게, 뜻밖에, 느닷없이(=suddenly)

Harold almost quit his job when his boss **unexpectedly** assigned him a stack of urgent paperwork Friday afternoon.
해롤드는 상사가 금요일 오후에 예기치 못하게 한 무더기의 긴급 서류 작업을 할당했을 때 거의 일을 그만둘 뻔했다.

1098 ★★

preliminary

프릴**리**머네뤼

ⓐ 예비의(=preparatory), 서두의(=introductory)

Cypress Pharmaceuticals' new anti-viral drug was approved for **preliminary** trials.
사이프러스 제약회사의 새로운 항바이러스 약품이 예비 실험에 대한 승인을 받았다.

ⓝ 예비[준비] 단계, 사전 준비(=preparation), 예선

Runners who do not achieve a qualifying time in the **preliminaries** will not be able to compete in the race.
예선에서 통과 시간을 달성하지 못한 달리기 선수들은 그 경주에서 경쟁할 수 없을 것이다.

📋 자주 쓰이는 숙어

preliminary to: ~에 대한 사전 준비
pass the preliminary: 예선을 통과하다

1099 ★★

cope

코웁

ⓞ 대처하다, 대응하다

The study investigated why children are better at **coping** with hardships than adults.

그 연구는 아이들이 왜 어른들보다 고난을 더 잘 대처하는지를 조사했다.

> **자주 쓰이는 숙어**
>
> **cope with**: ~을 처리하다, ~에 대처하다(=handle, address, take care of)

1100 ★★

adolescent

애덜레슨트

ⓝ 청소년(의), 청소년기의, 젊은(=young)

Young adult literature, which is marketed toward **adolescent** readers, features more mature themes.

청소년 독자들을 대상으로 마케팅되고 있는 청소년 문학이 더 많은 성인 관련 주제를 특징으로 하고 있다.

1101 ★★

amusement

어뮤즈먼트

amuse ⓥ 즐겁게 하다
amused ⓐ 즐거운
amusing ⓐ 즐겁게 하는

ⓝ 즐거움, 오락 설비(=amusements)

Using captive animals for the **amusement** of people at circuses is now an antiquated and cruel idea.

사람들의 즐거움을 위해 서커스에서 사로잡힌 동물을 이용하는 것은 이제 구시대적이면서 잔인한 생각이다.

> **자주 쓰이는 숙어**
>
> **an amusement park**: 놀이 공원

1102 ★★

hesitant

해저턴트

hesitate ⓥ 망설이다
hesitation ⓝ 망설임

ⓐ 망설이는, 주저하는

Patients should not be **hesitant** about discussing health concerns with their physicians.

환자는 의사와 건강상의 우려를 이야기하는 것에 대해 주저하지 말아야 한다.

> **자주 쓰이는 숙어**
>
> **be hesitant to do**: ~하는 것을 주저하다[망설이다]
> **be hesitant about + 명사**: ~에 대해 주저하다[망설이다]

1103 ★★

bother

바더ㄹ

bothersome ⓐ 귀찮은, 성가신
botheration ⓝ 성가심, 귀찮음

ⓥ 괴롭히다, 귀찮게 굴다, 걱정하다

An avid gardener and perfectionist, Wayne was extremely **bothered** by the weeds infesting his flower bed.
열정적인 원예사이자 완벽주의자인 웨인은 자신의 화단에 우글거리는 잡초 때문에 매우 귀찮아했다.

> **자주 쓰이는 숙어**
>
> bother A to do: A에게 ~해달라고 귀찮게 굴다
> bother (oneself) about -ing: 일부러 ~하다
> bother with[about]: ~을 걱정하다, 신경 쓰다

1104 ★★

aspire

어스**파**이어ㄹ

aspiring ⓐ 포부가 있는
(=ambitious), 상승하는(=rising,
towering)
aspiration ⓝ 열망, 대망

ⓥ 갈망하다, 열망하다(=crave, be eager)

The students who enroll at the Royal Ballet Academy **aspire** to be the best dancers in the world.
로얄 발레 아카데미에 등록하는 학생들은 세계 최고의 무용수가 되기를 갈망한다.

> **자주 쓰이는 숙어**
>
> aspire to do: ~하기를 열망하다
> aspire to[after, toward] + 명사: ~를 간절히 원하다

> **출제 확률 UP!**
>
> aspire는 to부정사를 목적어로 취하는 타동사이다

Day
28

1105 ★★

pioneer

파이어니어ㄹ

pioneering ⓐ 선구적인

ⓝ 개척자, 선구자

Pierce is often regarded as a **pioneer** of modern photography.
피어스는 흔히 현대 사진의 선구자로 여겨진다.

> **자주 쓰이는 숙어**
>
> be known as the pioneer of~ :~의 선구자로 알려져 있다

ⓥ 개척하다, 선두에 서다, 선구자가 되다

Developers at Bosch-Tec **pioneered** the technology behind OLED televisions.
보쉬-테크 사의 개발 담당자들이 OLED 텔레비전 이면에 숨어 있는 기술의 선구자가 되었다.

> **자주 쓰이는 숙어**
>
> pioneer the use of ~: ~의 사용을 개척하다, 처음 ~을 사용하다

1106 ★★

allergic

얼**러**쥑

allergy [명] 알레르기, 과민 반응

[형] 알레르기의, 지나치게 민감한, 아주 싫어하는

The diets of children who are **allergic** to nuts must be closely monitored.

견과류에 알레르기가 있는 아이들의 식단은 반드시 면밀히 관찰되어야 한다.

자주 쓰이는 숙어

allergic to: ~에 알레르기가 있는, ~에 아주 민감한[싫어하는]
an allergic reaction: 알레르기 반응

1107 ★★

disrespectful

디스뤼스**펙**ㅌ뻘

disrespect [명] 실례, 무례 [동] 존경하지 않다, 경멸하다

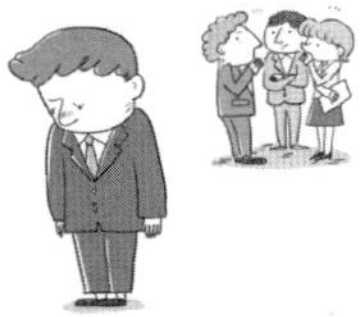

[형] 경의를 표하지 않는, 예절이 없는, 무례한(=rude)

Many people agree that the baseball team's mascot is **disrespectful** to Native American culture.

많은 사람들이 그 야구팀의 마스코트가 북미 원주민 문화를 존중하지 않는 것이라는 데 동의하고 있다.

자주 쓰이는 숙어

disrespectful behavior: 무례한 행동

1108 ★

deformation

디뿨ㄹ**메**이션

deform [동] 변형하다
deformity [명] 기형, 신체 장애자

[명] 변형, 기형

Residents became concerned about the effects of the nearby chemical plant when an alarming number of livestock were born with **deformations**.

주민들은 걱정스러울 정도로 많은 가축이 기형으로 태어났을 때 근처의 화학 공장의 영향에 대해 우려하게 되었다.

자주 쓰이는 숙어

cause[generate] deformation: 변형을 일으키다

1109 ★

validate

밸러데잇

validation [명] 실증, 확증, 평가, 타당성

[동] 실증하다, 입증하다(=prove), 확정하다(=confirm), 인가하다(=authorize, approve)

The data from consumer purchases **validated** the marketing director's theory.

소비자 구매로부터 얻은 데이터가 마케팅 이사의 이론을 입증하였다.

자주 쓰이는 숙어

validate records: 기록을 검증하다

1110 ★

opposite

아퍼짓

oppositely ⓐ 반대로
opposition ⓝ 반대, 대립

⟨형⟩ 정반대의, 마주보고 있는, 반대쪽의

Sleeping aids have the **opposite** effect on Jennifer and keep her wide awake.
수면제가 제니퍼에게는 정반대의 효과를 내며, 그녀를 완전히 깨어 있게 한다.

📋 자주 쓰이는 숙어

opposite side of: ~의 맞은 편, ~의 반대편
the opposite: 정반대의 것

⟨전⟩ ~의 맞은편에(=across from)

The artist's most famous piece is hanging on the back wall, and minor pieces are **opposite** it.
그 미술가의 가장 유명한 작품이 뒤쪽 벽에 걸려 있으며, 덜 중요한 작품들은 그 맞은편에 있다.

1111 ★

hypothetical

하이퍼쎄티컬

hypothesis ⓝ 가설

⟨형⟩ 가설의, 가상적인

Part of the interview requires interviewees to respond to **hypothetical** sales situations.
그 면접의 일부는 면접자에게 가상적인 영업 상황에 대응하는 것을 요구한다.

📋 자주 쓰이는 숙어

a hypothetical question[situation]: 가상적인 질문[상황], 가설에 의한 질문[상황]

1112 ★

alloy

앨로이

⟨동⟩ 합금하다, 섞다(=blend)

In the game, players **alloy** the metals they mine into new and useful materials.
그 게임에서, 플레이어들은 자신들이 캐낸 금속을 합금해 새롭고 유용한 물질로 만든다.

📋 자주 쓰이는 숙어

alloy A with B: A와 B를 섞다[합금하다]

⟨명⟩ 합금

Steel is an **alloy** of iron and carbon.
강철은 철과 탄소의 합금이다.

1113 ★

grateful

그**뤠**잇펄

gratefully ⓟ 감사하여, 기꺼이
gratitude ⓝ 감사(하는 마음)

ⓐ 감사하는, 고마운(=thankful)

In his acceptance speech, the director expressed how **grateful** he was to the studio for believing in his vision.

수상 소감에서, 그 감독은 자신의 비전을 믿어준 것에 대해 그 스튜디오에 얼마나 감사한지를 표현했다.

📋 **자주 쓰이는 숙어**

be grateful for: ~에 대해 고마워하다

1114 ★

refined

뤼**빠**인드

refine ⓥ 정제하다, 개선하다
refinery ⓝ 정제소, 제련소

ⓐ 세련된, 고상한, 정제된, 제련된

This coffee has a more **refined** flavor that may be too bitter for some drinkers.

이 커피는 일부 사람들에게는 너무 쓰게 느껴질 수도 있는 더욱 세련된 맛을 지니고 있습니다.

📋 **자주 쓰이는 숙어**

refined manners: 고상한 태도
refined flavor: 세련된 맛(풍미)

1115 ★

offspring

옾스프링

ⓝ 자식, 자손, (동물의) 새끼

Offspring will exhibit similar physical traits to its parents.

자손은 부모와 유사한 신체적 특성을 보일 것이다.

📋 **자주 쓰이는 숙어**

protect offspring: 자식을 보호하다
produce offspring: 자손을 낳다

1116 ★

ecology

이**칼**러쥐

ecological ⓐ 생태학적인, 생태계의, 환경 친화적인
ecologically ⓟ 생태학적으로

ⓝ 생태계, 생태 환경

Bees, which are mysteriously dying off, are a vital part of plant and animal **ecology**.

현재 불가사의하게 죽어가는 벌은 동식물 생태계의 필수적인 일원이다.

📋 **자주 쓰이는 숙어**

plant/animal/human ecology: 식물/동물/인간 생태계

1117 ★

meditation

메더**테**이션

meditate [동] 명상하다

[명] 명상, 숙고

The rise in popularity of yoga has made more people interested in **meditation** and mindfulness.

요가의 인기 상승은 사람들이 명상과 마음 챙김에도 더욱 관심을 갖게 만들었다.

자주 쓰이는 숙어

in careful meditation: 신중히 생각하여

1118 ★

carnivorous

카ㄹ**니**붜뤄스

carnivore [명] 육식 동물

[형] 육식성의

The Venus flytrap is the most recognizable **carnivorous** plant.

파리지옥은 가장 쉽게 알아볼 수 있는 육식성 식물이다.

1119 ★

criterion

크롸이**티**어뤼언

criteria [명] (복수형) 기준들

[명] 기준, 규범, 표준(=standard)

While the story did not precisely match the **criteria** for inclusion in the anthology, it was too good to not publish.

그 이야기가 그 작품집에 포함되기 위한 기준에 정확히 맞지는 않았지만, 너무 좋아서 출간하지 않을 수 없는 것이었다.

Day 28

1120 ★

copyright

카피롸잇

[명] 저작권, 판권

Copyrights on songs generally last for 70 years after the death of the author.

노래에 대한 저작권은 일반적으로 작곡가의 사망 후 70년 동안 지속된다.

자주 쓰이는 숙어

a copyright holder: 판권[저작권] 소유자

[동] 저작권으로 보호하다

The song "Happy Birthday to You" was **copyrighted** by the Summers Company in 1935 and then purchased for $5 million by Warner Music in 1988.

"생일 축하합니다"라는 노래는 1935년에 서머즈 회사에 저작권이 있었지만, 그 후 1988년에 워너 뮤직에 의해 5백만 달러에 판매되었다.

● 단어와 그에 알맞은 뜻을 연결해 보세요.

1. evolve •   • (a) 불안

2. compact •   • (b) 괴롭히다

3. anxiety •   • (c) 진화하다

4. bother •   • (d) 소형의

● 빈칸에 알맞은 단어를 선택하세요.

refined	adolescent	coping

5. Young adult literature, which is marketed toward _____ readers, features more mature themes.

6. The study investigated why children are better at _____ with hardships than adults.

7. This coffee has a more _____ flavor that may be too bitter for some drinkers.

● 밑줄 친 단어의 동의어를 고르세요.

8. Doctors recommend that men have <u>yearly</u> check-ups after turning 35.

   (a) regular   (b) annual

9. Cypress Pharmaceuticals' new anti-viral drug was approved for <u>preliminary</u> trials.

   (a) preparatory   (b) predictable

10. The western edge of the estate <u>slopes</u> toward the river, granting a beautiful view of the valley.

    (a) inclines   (b) basins

정답 1. (c) 2. (d) 3. (a) 4. (b) 5. adolescent 6. coping 7. refined 8. (b) 9. (a) 10. (a)

G-TELP VOCA

DAY 01
DAY 02
DAY 04
DAY 05
DAY 06
DAY 07
DAY 08
DAY 12
DAY 13
DAY 14
DAY 19
DAY 20
DAY 25
DAY 26
DAY 27
DAY 30

DAY 29

PREVIEW

이미 알고 있는 단어는 미리 체크박스에 체크(☑)해보세요.

☑ characteristic	☐ reveal	☐ warn	☐ view
☐ label	☐ owe	☐ outlet	☐ rescue
☐ legislation	☐ compound	☐ aggressive	☐ apart
☐ solicit	☐ conscious	☐ oriented	☐ in terms of
☐ colonial	☐ hemisphere	☐ clue	☐ bully
☐ buried	☐ scarce	☐ disguise	☐ prohibit
☐ remedy	☐ fragrance	☐ impairment	☐ multicultural
☐ fertile	☐ solely	☐ weave	☐ ingenious
☐ molecule	☐ lure	☐ alliance	☐ sizable
☐ weary	☐ rightful	☐ pungent	☐ delinquency

QR코드를 스캔하여 단어를 음원으로 들어보세요!

1121 ★★★★★

characteristic

캐뤽터**뤼**스틱

character [명] (등장) 인물, 성격
characterize [동] 특징을 나타내다

[형] 특징적인, 특유한(=peculiar, remarkable, unique)

Nasi kuning is an Indonesian rice dish that is recognizable by its **characteristic** yellow colour.

나시 쿠닝은 특유의 황색으로 쉽게 알아볼 수 있는 인도네시아 쌀 요리이다.

자주 쓰이는 숙어

characteristic of: ~에 특유한

[명] 특징, 특성(=trait, feature)

Enthusiasm is a **characteristic** that many employers look for in a job candidate.

열정은 많은 고용주들이 구직 지원자에게서 찾는 특징이다.

자주 쓰이는 숙어

an individual characteristic: 개성

1122 ★★★★★

reveal

뤼**뷜**

revealing [형] ~의 일부가 보이는
revelation [명] 폭로, 계시

[동] 드러내다, 밝히다(=expose, disclose, uncover)

The company **revealed** the name of its new gaming console at the annual software convention.

그 회사는 연례 소프트웨어 컨벤션에서 자사의 새 게임기 명칭을 공개했다.

자주 쓰이는 숙어

reveal that 주어 + 동사: ~임을 드러내다, 나타내다
A study revealed that ~: 한 연구는 ~라고 밝혔다

1123 ★★★★★

warn

워ㄹ언

warning [명] 경고, 경보, 주의 (=caution)

[동] 경고하다(=caution), 통고하다

Signs were put up to **warn** swimmers about the strong currents in Maple River.

수영객들에게 메이플 강의 강한 물살에 대해 경고하기 위해 표지판이 설치되었다.

자주 쓰이는 숙어

warn 목적어 that 주어 + 동사: ~에게 ~라고 경고하다, 주의를 주다
warn A of B: A에게 B를 경고하다[알려주다]

1124 ★★★★★

view

뷰-

viewer [명] 시청자, 관객
viewable [형] 보이는, 검사를 받을 수 있는

[명] 견해(=opinion), 시야(=sight), 전망(=prospect), 경치

Some people hold the **view** that advances in technology have made human beings lazier.
일부 사람들은 기술의 발전이 인간을 더 게으르게 만들었다는 견해를 지니고 있다.

자주 쓰이는 숙어

point of view: 관점, 생각(=viewpoint)
a scenic view: 아름다운 경치
view on: ~에 대한 의견

[동] 바라보다, ~한 관점에서 보다, 시청하다(=watch)

Attendees at the gallery opening had an opportunity to **view** several rare artworks.
그 미술관 개장식에 참석한 사람들은 몇몇 희귀 미술품을 볼 기회를 가졌다.

1125 ★★★★

label

레이벌

labelling [명] 상표 표지, 표시

[명] 상표, 라벨, 음반 회사

The post office will provide an International Shipping **label** that must be affixed to the package.
그 우체국은 소포에 반드시 부착되어야 하는 해외 배송 라벨을 제공할 것이다.

자주 쓰이는 숙어

place a label on: ~에 라벨을 붙이다

[동] ~에 라벨을 붙이다, 라벨을 붙여 분류하다

Laboratory technicians **label** all bottles and jars so that their contents can be easily identified.
실험실 기사들은 내용물이 쉽게 확인될 수 있도록 모든 용기와 병에 라벨을 붙인다.

자주 쓰이는 숙어

label A as B: A를 B라고 분류하다

1126 ★★★★

owe

오우

owing to ⓟ ~때문에

ⓥ 빚지다, 은혜를 입고 있다

Mr. Paterson **owed** Ms. Gibbs a favor after she helped him compile all the survey data.

패터슨 씨는 모든 설문 조사 데이터를 모아 정리하는 것을 깁스 씨가 도와 준 후 그녀에게 은혜를 입었다.

자주 쓰이는 숙어

owe A to B: A에게 B를 빚지고 있다
owe A a favor: A에게 은혜를 입고 있다

1127 ★★★★

outlet

아웃렛

ⓝ 배출구, 판매 대리점, 전기 콘센트
   (=electrical outlet)

Starwood Mall contains a wide range of retail **outlets** and an impressively large food court.

스타우드 몰은 아주 다양한 소매 판매점과 인상적일 정도로 큰 푸드 코트를 가지고 있다.

자주 쓰이는 숙어

outlet for: ~의 배출구[출구]
a retail outlet: 소매점

1128 ★★★★

rescue

뤠스큐

rescuer ⓝ 구조대원

ⓥ 구조하다, 구출하다

More than fifty climbers were **rescued** from the mountain after the avalanche.

50명이 넘는 등산객들이 산사태 발생 후에 그 산에서 구조되었다.

자주 쓰이는 숙어

rescue A from B: A를 B로부터 구출하다

ⓝ 구출, 구조

Hundreds of local people assisted in the **rescue** of the whales that washed up on the beach.

수백 명의 지역 주민들이 해변으로 쓸려 올라 온 고래들의 구조 작업을 도왔다.

자주 쓰이는 숙어

rescue team[mission]: 구조대
attempt a rescue: 구출을 시도하다
search-and-rescue operation[activity]: 수색 구출 작전[활동]

1129 ★★★

legislation

레쥐슬레이션

legislative ⓐ 입법의, 의회의

ⓝ **입법 행위, 법률의 제정, 법률**

The United States Senate passed **legislation** that makes the hacking of voting systems a federal crime.
미국 상원은 투표 시스템에 대한 해킹을 연방 범죄로 만드는 법률을 통과시켰다.

📋 자주 쓰이는 숙어

enact legislation: 법률을 시행하다

1130 ★★★

compound

캄파운드

ⓐ **혼합의(=mixed, blended), 합성의(=synthetic), 복합적인**

Belle perfume uses a **compound** fragrance that features hints of lavender and rose.
벨 향수는 라벤더 및 장미 향을 특징으로 하는 혼합 향기를 사용한다.

📋 자주 쓰이는 숙어

a compound substance: 합성물, 혼합물

ⓝ **혼합물(=mixture), 복합물**

Safety gloves should be worn when handling corrosive **compounds** in the laboratory.
실험실에서 부식을 일으키는 혼합물을 다룰 때 안전 장갑을 착용해야 한다.

ⓥ **(성분을) 혼합하다(=mix, blend), 절충[타협]하다**

The development team will **compound** several existing drugs to create a new medicine.
그 개발팀은 새로운 의약품을 만들어 내기 위해 기존의 여러 약물을 혼합할 것이다.

📋 자주 쓰이는 숙어

compound A with B: A와 B를 혼합하다
compound with + 명사: ~와 절충[화해]하다

Day
29

1131 ★★★

aggressive

어그뤠십

aggressively [부] 공격적으로, 적극적으로
aggression [명] 공격, 적극성, 침략 행위

[형] 공격적인, 적극적인

The film director received backlash for his seemingly **aggressive** manner during the television interview.
그 영화 감독은 텔레비전 인터뷰 중에 공격적으로 보이는 태도로 인해 비판을 받았다.

자주 쓰이는 숙어

aggressive acts against: ~에 대한 공격적인 행위, 침략적인 행위

1132 ★★★

apart

어파ㄹ트

[부] 산산이, 따로 떨어져, 개별적으로, 떼어 놓고

Every dish on the menu is suitable for vegetarians, **apart** from the pulled pork sandwich.
풀드 포크 샌드위치를 제외하고, 메뉴상의 모든 요리가 채식주의자에게 적합하다.

자주 쓰이는 숙어

apart from:~와는 별개로, ~는 제외하고
fall[come] apart: 산산이 부서지다
tear apart: 찢어 놓다, 분열되다

1133 ★★★

solicit

썰리싯

solicitation [명] 간청, 권유
unsolicited [형] 원하지 않는, 부탁받지도 않은

[동] 간청하다, 요청하다(=ask, appeal, plead)

Charity members often go door-to-door in the town in order to **solicit** donations from local residents.
자선 단체 회원들은 지역 주민들의 기부를 간청하기 위해 종종 도시 내의 집집마다 찾아 간다.

자주 쓰이는 숙어

solicit A for: ~을 위해 A를 요청하다

1134 ★★★

conscious

칸셔스

consciousness [명] 의식, 인식
unconscious [형] 무의식의, 의식을 잃은

[형] 의식이 있는, 자각하고 있는, 의식적인

Mr. Tippet is very **conscious** of his appearance and visits a gym five times a week.
티펫 씨는 자신의 겉모습을 크게 의식하고 있어서 일주일에 다섯 번씩 체육관을 방문한다.

자주 쓰이는 숙어

be conscious of: ~을 자각하고 있다, ~을 알고 있다(=be aware of)
become conscious: 의식을 회복하다

1135 ★★★

oriented

오뤼엔티드

orient [동] 적응시키다(=adjust), ~를 향하여 맞추다

[형] ~을 지향하는, ~을 우선하는

Watch 'N Learn is a new child-**oriented** streaming service that includes various educational programs.

〈왓치 앤 런〉은 다양한 교육용 프로그램을 포함하는 새로운 아동 지향적 동영상 재생 서비스이다.

자주 쓰이는 숙어

future oriented: 미래 지향적인
fun-oriented: 재미를 우선시하는
achievement-oriented: 성취 중심의, 성과를 우선시하는

1136 ★★★

in terms of

인 텀즈 옵

[전] ~에 관하여, ~의 측면에서

Canada is one of the world's richest countries **in terms of** domestic natural resources.

캐나다는 국내 천연 자원 측면에서 세계에서 가장 풍요로운 국가들 중의 하나이다.

자주 쓰이는 숙어

in terms of detail: 세세함 측면에서
in terms of quality: 품질에 관해서

1137 ★★

colonial

컬**로**니얼

colony [명] 식민지
colonize [동] 식민지로 만들다

[형] 식민지의, 식민지 시대의

During the **colonial** period, British engineers worked alongside their Indian counterparts on numerous projects.

식민지 시대에, 영국의 기술자들은 수많은 프로젝트에서 인도의 기술자들과 함께 작업했다.

자주 쓰이는 숙어

colonial times[period]: 식민지 시대[시기]
colonial power: 식민지 세력

1138 ★★

hemisphere

헤미스삐어ㄹ

sphere [명] 구, 영역

[명] (지구의) 반구, 뇌반구

With its rapidly growing population, Sao Paulo is the largest city in the southern **hemisphere**.

빠르게 증가하는 인구로 인해, 상파울루는 남반구에서 가장 큰 도시이다.

1139 ★★

clue

클루

clueless ⓐ 단서가 없는

ⓝ 실마리, 단서

The safety inspector searched for **clues** that might explain the cause of the warehouse explosion.

안전 점검 담당자는 창고 폭발 사건의 원인을 설명해 줄 수 있을지도 모르는 단서를 찾았다.

📋 자주 쓰이는 숙어

get[find] a clue to: ~에 대한 단서를 잡다

1140 ★★

bully

불리

bullying ⓝ 괴롭히기, 학교 폭력

ⓥ 못살게 괴롭히다, 왕따시키다, 약자를 들볶다

The corporation was accused of **bullying** smaller companies in the software development industry.

그 기업은 소프트웨어 개발 업계에 있는 더 작은 회사들을 못살게 괴롭힌 것으로 비난받았다.

📋 자주 쓰이는 숙어

bully A into -ing: A를 괴롭혀서 ~하게 하다

ⓝ 불량배, 약자를 괴롭히는 사람

The education minister recommends that schools expel **bullies** who persistently antagonize classmates.

교육부 장관은 학우들에게 끊임없이 반감을 사는 못된 학생들을 퇴학시키도록 권하고 있다.

📋 자주 쓰이는 숙어

play the bully: 약한 자를 못살게 괴롭히다, 불량배 짓을 하다

1141 ★★

buried

베리드

bury ⓥ (땅에) 묻다
burial ⓝ 장례, 매장, 묘소

ⓐ 묻힌, 매장된, 파묻은

The time capsule **buried** in the grounds of Larchmont High School will not be opened until 2035.

라치몬트 고등학교의 운동장에 묻힌 그 타임 캡슐은 2035년이 되어서야 개봉될 것이다.

📋 자주 쓰이는 숙어

buried in[under]: ~(아래)에 파묻힌

1142 ★★

scarce

스카ㄹ스

scarcely ⓟ 겨우, 간신히, 거의 ~아
닌(=hardly, barely, rarely, seldom)

ⓐ 모자라는, 불충분한(=insufficient), 희귀한(=rare)

Due to overfishing, several marine species have become **scarce** off the coast of India.
물고기 남획으로 인해, 여러 해양 생물 종이 인도 앞바다에서 부족한 상태가 되었다.

> 📋 자주 쓰이는 숙어
>
> be[become] scarce: 부족하다[부족해지다]

1143 ★★

disguise

디스가이즈

ⓥ 변장시키다, 위장시키다, 감추다

Birdwatchers and hunters often **disguise** themselves as tall grass or bushes to avoid being detected.
조류 관찰자와 사냥꾼들은 종종 발견되는 것을 피하기 위해 스스로 키가 큰 풀이나 덤불로 위장한다.

> 📋 자주 쓰이는 숙어
>
> disguise A as B: A를 B로 변장[위장]시키다

ⓝ 변장, 위장

Several employees noticed that the 'Mystery Shopper' was actually the store manager in **disguise**.
몇몇 직원들은 그 '미스터리 쇼핑객'이 실은 변장한 매장 책임자였다는 것을 알아차렸다.

> 📋 자주 쓰이는 숙어
>
> in disguise: 변장한, 변장하여

1144 ★★

prohibit

프로히빗

prohibition ⓝ 금지

ⓥ (법률로) 금지하다(=forbid, ban)

New airport regulations **prohibit** drivers from stopping directly in front of the terminal building.
새로운 공항 규정은 운전자들이 터미널 건물 바로 앞에 정차하는 것을 금지한다.

> 👍 출제 확률 UP!
>
> prohibit은 동명사를 목적어로 취하는 타동사이다.

> 📋 자주 쓰이는 숙어
>
> prohibit A from -ing: A가 ~하는 것을 금지하다

1145 ★★

remedy

쿼머디

remediable ⓐ 치료될 수 있는, 교정할 수 있는
remediation ⓝ 교정, 개선

ⓝ **치료(약), 치료 요법(=cure), 해결책(=solution)**

Scientists have been working for many years to create an effective **remedy** for migraine.
과학자들은 편두통에 효과적인 치료약을 만들어 내기 위해 여러 해 동안 노력해 오고 있다.

> 📋 **자주 쓰이는 숙어**
>
> a remedy for: ~의 치료약

ⓥ **치료하다(=cure, heal), 해결하다, 고치다**

Several unnecessary expenses were cut to **remedy** the city council's budget deficit.
시의회의 예산 부족을 해결하기 위해 몇몇 불필요한 비용 지출이 감축되었다.

> 📋 **자주 쓰이는 숙어**
>
> remedy a disease: 병을 치료하다

1146 ★★

fragrance

쁘뤠이그런스

fragrant ⓐ 향기로운
fragrantly ⓐ 향긋하게, 향기롭게

ⓝ **향기(=perfume), 방향, 향기로움, 향수**

Motion sensors allow the air freshener to emit a burst of **fragrance** whenever someone enters a room.
누군가 방에 들어올 때마다 동작 센서는 방향제로 하여금 향기를 한 번씩 내뿜게 한다.

> 📋 **자주 쓰이는 숙어**
>
> fragrance of a flower: 꽃의 향기
> fragrance manufacture: 향수 제조
> give out fragrance: 향기를 발산하다

1147 ★★

impairment

임페어ㄹ먼트

impair ⓥ 손상시키다, 해치다
impaired ⓐ 장애가 있는

ⓝ **손상(=damage, injury), 장애(=disability), 결함**

The fire service regretfully cannot accept applicants who have a physical **impairment.**
소방서는 애석하게도 신체적 장애가 있는 지원자를 받을 수 없습니다.

> 📋 **자주 쓰이는 숙어**
>
> functional impairment: 기능 손상[장애]
> visually impaired: 시각 장애가 있는

1148 ★

multicultural

멀티컬쳐럴

multiculturalism [명] 다문화주의

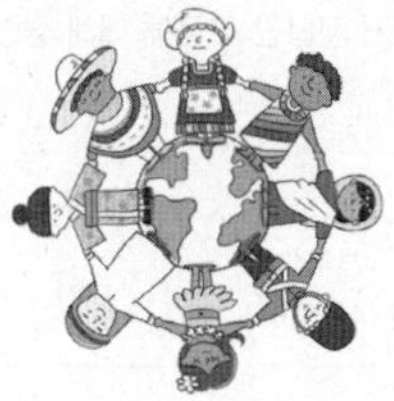

[형] 다문화의, 다문화적인

Toronto prides itself on being one of the world's most **multicultural** cities.

토론토는 세계에서 가장 다문화적인 도시들 중의 하나인 것에 대해 자부심을 갖고 있다.

자주 쓰이는 숙어

a multicultural society[nation]: 다문화 사회[국가]

1149 ★

fertile

뻐ㄹ틀

fertility [명] (땅이) 비옥함, 출산, 번식력

fertilizer [명] 비료

infertile [형] 메마른, 불모의, 불임의

[형] (땅이) 비옥한(=rich), 다산인, 번식력이 있는 (=reproductive)

Early civilizations flourished in the region due to the **fertile** soil and bountiful harvests.

초기 문명 사회들이 비옥한 토양과 풍부한 수확량으로 인해 그 지역에서 번성하였다.

자주 쓰이는 숙어

fertile soil: 비옥한 토양

1150 ★

solely

쏠리

sole [형] 유일한, 독점적인, 단독의

[부] 혼자서(=alone), 단독으로, 오직(=only, exclusively), 전적으로(=entirely, wholly, completely)

Magicland Amusement Park is **solely** owned and operated by Maitland Leisure Group.

매직랜드 놀이공원은 오직 메잇랜드 레저 그룹에 의해서만 소유되어 운영된다.

자주 쓰이는 숙어

solely-owned: 단독 소유의

solely responsible: 단독으로[혼자서] 책임을 지는

Day 29

1151 ★

weave

위-ㅂ

weaving ⑨ 엮기
과거형 wove
과거분사형 woven

ⓥ 엮다, 짜서 만들다, 누비듯이 나아가다, (이야기를) 지어내다

The CEO **weaved** a story in an effort to explain the missing funds from the company's accounts.
CEO는 회사의 여러 계좌에서 사라진 자금에 대해 설명하려는 노력으로 이야기를 지어냈다.

> 자주 쓰이는 숙어
>
> weave a story: 이야기를 지어내다
> weave one's way: 누비듯이 나아가다

1152 ★

ingenious

인쥐녀스

ingeniously ⑨ 독창적으로, 교묘하게, 정교하게
ingenuity ⑨ 창의력, 기발함

ⓐ 정교한(=sophisticated), 독창적인, 창의력이 풍부한(=creative), 기발한

Da Vinci's **ingenious** design for a self-supporting bridge requires very few materials.
다빈치의 자립형 교량에 대한 독창적인 디자인은 자재를 아주 거의 필요로 하지 않는다.

> 자주 쓰이는 숙어
>
> an ingenious way of -ing: ~하는 기발한 방법

1153 ★

molecule

말러큘

molecular ⑨ 분자의, 분자 사이에 존재하는

ⓝ 분자, 미립자

Some non-metal elements exist only as single **molecules**, such as hydrogen.
수소와 같은 일부 비금속 원소들은 오직 단일 분자로만 존재한다.

> 자주 쓰이는 숙어
>
> carbon molecules: 탄소 분자
> molecular structure: 분자 구조

1154 ★

lure

루어ㄹ

allure [동] 매혹하다 [명] 매혹, 매력

[명] 마음을 끄는 것(=attraction), 매력(=allurement, charm), 미끼(=decoy, bait)

For most tourists who visit Paris, the **lure** of The Louvre is too strong to ignore.

파리를 방문하는 대부분의 관광객들에게 있어 루브르 박물관의 매력은 무시하기에 너무 강력하다.

[동] 유혹하다, 꾀어내다(=entice)

Whalers occasionally use special bait to **lure** whales closer to the vessel.

포경선은 고래를 배에 더 가까이 유혹하기 위해 때때로 특별한 미끼를 활용한다.

자주 쓰이는 숙어

lure away (from): (~에서) 유인해 꾀어내다
lure into: 유인하여 ~하도록 하다

1155 ★

alliance

얼**라**이언스

ally [동] 동맹하다, 연합하다

[명] 동맹, 연합(=coalition), 결연, 협정

George Washington's Continental Army forged an **alliance** with France during the American War of Independence.

조지 워싱턴의 미국군은 미국 독립 전쟁 중에 프랑스와 동맹을 맺었다.

자주 쓰이는 숙어

alliance with: ~와의 동맹
military alliance: 군사 동맹

1156 ★

sizable

싸이저블

size [명] 크기

[형] 상당한 크기의, 꽤 큰(=substantial, large, big)

The restaurant began turning a **sizable** profit after it added a home delivery service.

그 식당은 자택 배달 서비스를 추가한 후에 상당한 수익을 내기 시작했다.

자주 쓰이는 숙어

a sizable number of: 상당수의(=a great number of, numerous)

1157 ★

weary

위어뤼

wearily ⓐ 지루하게, 피곤하여, 싫증
나서

ⓐ 피곤한, 지친, 싫증이 난

Residents grew **weary** of hearing the mayor's
promises to address the city's unemployment
problem.
주민들은 도시의 실업 문제를 해결하겠다는 시장의 약속을 듣는
것에 싫증 나게 되었다.

📋 자주 쓰이는 숙어

be[grow, become] weary of: ~에 싫증이 나다, ~에 지치다(=be
sick[tired] of, be fed up with)

1158 ★

rightful

롸잇뿔

right ⓝ 권리, 인권 ⓐ 옳은
rightly ⓐ 올바르게, 정의롭게

ⓐ 합법적인(=legal), 적법의, 정당한(=proper), 공정한
(=just, fair)

The stolen painting was returned to its **rightful**
owner after an extensive police investigation.
도난 당한 그 그림은 광범위한 경찰 조사 후에 합법적인 소유주에
게 반환되었다.

📋 자주 쓰이는 숙어

a rightful successor: 정당한 승계자[후계자]
a rightful owner: 정당한 소유자

1159 ★

delinquency

딜링퀀시

delinquent ⓐ 태만한, 의무를 게을
리 하는, 비행의

ⓝ 비행, 의무 불이행, 태만(=negligence), 과오

Violent video games and TV shows have
been blamed for the rising levels of crime and
delinquency.
폭력적인 비디오 게임과 TV 프로그램들이 범죄 및 비행 수준의 증
가에 대한 원인으로 비난받아 왔다.

📋 자주 쓰이는 숙어

juvenile delinquency: 청소년 비행

1160 ★
pungent

펀줜트

형 (코, 허를) 찌르듯이 자극하는, 심한 고통을 주는, 자극이 강한, 신랄한

Skunks are capable of spraying a **pungent** liquid, which they use as a defensive mechanism.

스컹크는 몹시 자극적인 액체를 내뿜을 수 있는데, 그것은 그들이 방어 수단으로 활용하는 것이다.

> 📋 자주 쓰이는 숙어
>
> a pungent odor[taste]: 자극성이 강한 냄새[맛]
> pungent criticism: 신랄한 비평

Day 29

DAY 29 Daily Practice

○ 단어와 그에 알맞은 뜻을 연결해 보세요.

1. warn •   • (a) 구출
2. rescue •   • (b) 빚지다
3. conscious •   • (c) 경고하다
4. owe •   • (d) 의식이 있는

○ 빈칸에 알맞은 단어를 선택하세요.

apart	clues	disguise

5. Birdwatchers and hunters often _____ themselves as tall grass or bushes to avoid being detected.

6. Every dish on the menu is suitable for vegetarians, _____ from the pulled pork sandwich.

7. The safety inspector searched for _____ that might explain the cause of the warehouse explosion.

○ 밑줄 친 단어의 동의어를 고르세요.

8. The development team will <u>compound</u> several existing drugs to create a new medicine.

   (a) blend   (b) compose

9. New airport regulations <u>prohibit</u> drivers from stopping directly in front of the terminal building.

   (a) suspend   (b) forbid

10. Enthusiasm is a <u>characteristic</u> that many employers look for in a job candidate.

    (a) trait   (b) figure

정답 1. (c) 2. (a) 3. (d) 4. (b) 5. disguise 6. apart 7. clues 8. (a) 9. (b) 10. (a)

G-TELP VOCA

DAY 01
DAY 02
DAY
DAY 04
DAY 05
DAY 06

DAY 07
DAY 08
DAY 09

DAY 13
DAY 14
DAY 15

DAY 19
DAY 20
DAY 21

DAY 25
DAY 26
DAY 27
DAY 28

DAY 30

PREVIEW

이미 알고 있는 단어는 미리 체크박스에 체크(☑)해보세요.

☑ block	☐ report	☐ single	☐ security
☐ session	☐ lessen	☐ sound	☐ destination
☐ chief	☐ recall	☐ optimize	☐ materialize
☐ fence	☐ empire	☐ internal	☐ intelligent
☐ plentiful	☐ obey	☐ sensation	☐ articulate
☐ phenomenon	☐ perspective	☐ margin	☐ feasible
☐ specify	☐ concise	☐ indulge	☐ witness
☐ aptly	☐ obscure	☐ intact	☐ averse
☐ enact	☐ sanitation	☐ dialect	☐ envision
☐ underlying	☐ eradicate	☐ peculiar	☐ cozy

QR코드를 스캔하여 단어를 음원으로 들어보세요!

1161 ★★★★★

block

블락

blockage ⑨ 봉쇄, 방해

ⓥ **막다, 방해하다, 차단하다**

The country implemented a firewall to **block** access to a large number of online contents.
그 국가는 대량의 온라인 콘텐츠에 대한 접근을 차단하기 위해 방화벽을 시행했다.

> **자주 쓰이는 숙어**
>
> block access to: ~로 가는 입구를 차단하다
> block a road: 도로를 막다

ⓝ **큰 덩어리, 한 구획, 장애물**

The wall was constructed using more than 10,000 large **blocks** of concrete.
그 벽은 1만 개가 넘는 대형 콘크리트 벽돌을 사용해 지어졌다.

1162 ★★★★★

report

뤼퍼ㄹ옷

reportedly ⑨ 보도에 따르면, 알려진 바에 따르면

ⓥ **알리다(=inform, tell), 전하다, 보고하다**

If you see a stranger wandering in school, you should **report** it to the teacher right away.
만약 학교 내에서 배회하고 있는 낯선 사람을 본다면, 곧바로 선생님에게 보고해야 합니다.

> **자주 쓰이는 숙어**
>
> It is reported that 주어 + 동사: ~라고 보고[보도]된다

ⓝ **보고서**

When Frank called Karen to have dinner with her, she was in the office working on a monthly sales **report** for next day's meeting.
프랭크가 캐런과 함께 저녁을 먹기 위해 그녀에게 전화를 했을 때, 그녀는 다음날 회의를 위해 월간 판매 보고서를 작업하느라 사무실에 있었다.

> **자주 쓰이는 숙어**
>
> a report on~ : ~에 관한 보고

1163 ★★★★★

security

씨큐어러티

secure ⓐ 안전한, 확고한 ⓥ 안전하
게 하다, 확보하다

ⓝ 안전(=safety), 보안, 방위 수단, 보증(=guarantee),
담보, 유가 증권(=stocks and bonds)

All Bank of China branches have adopted
the new camera technology in the interest of
boosting **security**.

모든 뱅크 오브 차이나 지점들은 보안 수준을 높이기 위해 새로운
카메라 기술을 채택했다.

> **📋 자주 쓰이는 숙어**
>
> national security: 국가 안보, 국가 안전
> Social Security: 미국 사회보장제도, 연금

1164 ★★★★★

single

씽글

singular ⓐ 단수의, 각각의, 특이한,
뛰어난
singly ⓐ 단독으로, 하나씩, 홀로

ⓐ 단 하나의, 1인용의, 개별의

Every **single** main dish on the menu comes
with a free beverage and complimentary bread.

메뉴의 모든 주 요리에는 무료 음료와 무료 빵이 포함되어 있다.

> **📋 자주 쓰이는 숙어**
>
> every single + 명사: 모든 ~마다

ⓥ 선출하다, 선발하다, 지목하다

The basketball team's head coach was **singled**
out for criticism following the defeat in the
championship final.

그 농구팀의 감독이 챔피언 결정전에서의 패배 이후에 비판 대상
으로 지목되었다.

> **📋 자주 쓰이는 숙어**
>
> single out: 선발하다, 골라 잡다

ⓝ 하나의 것, 1인용, 독신자

With less emphasis on marriage these days, the
country is home to a large number of **singles**.

요즘에는 결혼을 덜 중요시하고 있어서 그 국가는 아주 많은 독신
자들의 본거지이다.

Day
30

1165 ★★★★

session

쎄션

ⓝ 회의, 회합, 학기(=term), 모임 활동 시간

Orientation **sessions** typically include informative talks and group activities.
오리엔테이션 시간은 흔히 유용한 정보를 제공하는 담화와 그룹 활동을 포함한다.

> 📋 **자주 쓰이는 숙어**
>
> a training session: 교육 훈련 시간, 연습 시간
> in session: 회의 중인, 개회 중인

1166 ★★★★

lessen

레쓴

less ⓐ 덜한, 더 적은 ⓐ 덜하게, 적게

ⓥ 적어지다, 줄다, 줄이다(=reduce, minimize), 감소하다(=decrease, decline, dwindle)

The sandbags placed in front of homes and businesses significantly **lessened** the impact of the flooding.
주택과 회사마다 앞에 놓여진 모래주머니가 홍수의 영향을 상당히 줄여 주었다.

> 📋 **자주 쓰이는 숙어**
>
> lessen the use of: ~의 사용을 줄이다

1167 ★★★★

destination

데스터네이션

ⓝ 목적지, 행선지, 도착지

Majestic Cruises offers tour packages to several **destinations** throughout Scandinavia.
마제스틱 크루즈는 스칸디나비아 전역의 여러 목적지로 떠나는 여행 패키지를 제공한다.

> 📋 **자주 쓰이는 숙어**
>
> reach one's destination: 목적지에 도달하다
> a popular destination: 인기 있는 목적지, 관광 명소

1168 ★★★★

sound

사운드

soundly ⓟ 건전하게, 충분히, 맹렬히

ⓐ **건전한, 건강한(=healthy), 견실한, 타당한(=valid)**

A scientist speaking at the conference made a **sound** argument in favor of drastically reducing livestock farming.

그 컨퍼런스에서 연설한 한 과학자가 가축 사육을 급격히 줄이는 것에 찬성하여 타당한 주장을 펼쳤다.

> 📋 **자주 쓰이는 숙어**
>
> sound bones: 튼튼한 뼈
> a sound body: 건강한 신체

ⓥ **소리를 내다, (종, 나팔 등이) ~을 알리다, (~처럼) 들리다**

The call of the Wood Thrush is easily recognizable as it **sounds** almost identical to a flute.

나무 개똥지빠귀의 울음소리는 플루트와 거의 똑같이 들리기 때문에 쉽게 알아차릴 수 있다.

> 📋 **자주 쓰이는 숙어**
>
> sound like + 명사: ~처럼 들리다
> sound + 형용사: ~하게 들리다

1169 ★★★

chief

치쁘

chiefly ⓟ 주로, 대개

ⓐ **최고의, 주요한(=main, principal, foremost)**

A lack of investment was cited as the **chief** reason for the cancelation of this summer's film festival.

투자의 부족이 올 여름의 영화제 취소에 대한 주요 이유로 꼽혔다.

> 📋 **자주 쓰이는 숙어**
>
> chief executive officer: 최고 경영인(=CEO)

ⓝ **우두머리(=head, boss), 상관, 국장**

Mr. Hauer was named as the **chief** of the event planning committee.

하우어 씨가 행사 기획 위원회의 위원장으로 임명되었다.

Day **30**

1170 ★★★

recall

뤼콜

ⓥ 회상하다, 상기하다, 소환하다, 회수하다

In the prologue of the novel, the author **recalls** several details about the town in which she grew up.

그 소설의 도입부에서, 작가는 자신이 자랐던 도시와 관련된 여러 세부 사항을 회상한다.

> 📋 **자주 쓰이는 숙어**
>
> recall old days: 옛날을 회상하다

ⓝ 회상, 추억, 회고, 회수

More than three million home appliances were included in the product **recall** issued by Piper Electronics.

3백만 개가 넘는 가전 기기들이 파이퍼 전자제품회사에 의해 공표된 제품 회수에 포함되었다.

> 📋 **자주 쓰이는 숙어**
>
> announce a recall of: ~의 회수(리콜)를 발표하다

1171 ★★★

optimize

압터마이즈

optimal ⓐ 최선의, 가장 바람직한
optimism ⓝ 낙관주의

ⓥ 최적화하다, 낙관하다

Product developers worked for several months to **optimize** the performance of the GPS device.

제품 개발자들이 그 GPS 기기의 성능을 최적화하기 위해 수개월 동안 노력했다.

> 📋 **자주 쓰이는 숙어**
>
> optimize productivity: 생산성을 최적화하다

1172 ★★★

materialize

머티어뤼얼라이즈

material ⓝ 재료, 자료

ⓥ 구체화하다, 실현시키다(=realize, fulfill), 실현되다 (=come true, actualize)

Despite his best efforts, a successful career in the movie industry failed to **materialize**.

최선을 다한 그의 노력에도 불구하고, 영화 업계에서의 성공적인 경력은 실현되지 못했다.

1173 ★★★

fence

뻰스

[동] 울타리를 세우다, 가로막다, 가리다, 받아 넘기다

The construction site is **fenced** with by a 15-foot wall to prevent intruders from trespassing.

그 공사현장은 침입자들의 무단 침입을 막기 위해 15피트 높이의 벽으로 가로막혀 있다.

자주 쓰이는 숙어

fence in[out]: 자유를 제한하여 가두다[몰아내다]
fence off: 울타리로 가로막다

[명] 울타리, 목책, 장애물(=barrier), 검술[펜싱]

Food critics are on the **fence** regarding Chef Gustav's new restaurant in downtown Los Angeles.

음식 평론가들은 요리사 구스타프 씨가 로스앤젤레스 시내에 새로 문을 연 레스토랑과 관련해 애매한 태도를 취하고 있다.

자주 쓰이는 숙어

over the fence: 불합리한
on the fence: 애매한 태도를 취하여

1174 ★★★

empire

엠파이어ㄹ

emperor [명] 황제(남)
empress [명] 황제(여)

[명] 제국, 왕국

At the peak of its power, the Mongol **Empire** stretched from Central Europe all the way to the East Sea.

세력의 정점에 이르렀을 때, 몽고 제국은 중부 유럽에서 동해에 이르기까지 널리 뻗어 있었다.

자주 쓰이는 숙어

the British Empire: 대영제국
Roman Empire: 로마 제국

1175 ★★★

internal

인터ㄹ늘

external [형] 외부의

[형] 내부의(=inner), 체내의, 국내의(=domestic)

The company prefers to fill managerial positions through **internal** promotions rather than external advertising.

그 회사는 외부의 광고보다는 내부 승진을 통해 관리자 직책을 충원하는 것을 선호한다.

자주 쓰이는 숙어

for internal use: (약 등이) 내복용의
internal conflict[discord]: 내부 갈등[분열]

1176 ★★★

intelligent

인**텔**러전트

intelligently ⑨ 지적으로, 총명하게
intelligence ⑨ 지능, 정보, 지성

⑩ 지능이 있는, 지적인(=smart, clever, sharp), 총명한

Interior designer Trevor Phan is known for his **intelligent** use of space and color.
인테리어 디자이너 트레버 판 씨는 공간과 색상의 지능적인 활용으로 잘 알려져 있다.

> 📋 **자주 쓰이는 숙어**
> become intelligent: 똑똑해지다, 지능이 높아지다

1177 ★★★

plentiful

플**렌**티펄

plenty ⑨ 많음, 충분, 다수

⑩ 풍부한, 넉넉한, 충분한(=sufficient)

The breakfast buffet at Piazzo Hotel includes a **plentiful** selection of locally-grown fruit.
피아조 호텔의 아침 뷔페 식사는 풍부한 현지 재배 과일을 포함하고 있다.

> 📋 **자주 쓰이는 숙어**
> a plentiful supply of: 충분한 ~의 공급

1178 ★★

obey

오**베**이

obedient ⑩ 순종하는, 충실한
disobey ⑤ 복종하지 않다, 거역하다, 위반하다

⑤ 복종하다, 따르다, 준수하다(=comply with)

Motorists should **obey** the speed limit at all times when driving through Pinedale National Park.
운전자들은 파인데일 국립 공원을 통과할 때 항상 제한 속도를 준수해야 한다.

1179 ★★

sensation

센**세**이션

sensational ⑩ 소문이 자자한, 선풍적인, 선정적인

⑩ 감각, 느낌, 기분, 큰 감동을 주는 것, 대소동

The announcement of the prince's engagement created a national **sensation**.
그 왕자의 약혼 발표는 전국적인 센세이션을 일으켰다.

> 📋 **자주 쓰이는 숙어**
> cause[create] a sensation: 대소동을 일으키다

1180 ★★

articulate

아르**티**큘럿

articulately ⓟ 분명히, 또렷이
articulation ⓝ 명확한 표현

ⓥ (생각을) 말로 표현하다, 명확하게 발음하다, 관련 짓다

The professor used diagrams and data to **articulate** his message about the threat of climate change.

그 교수는 기후 변화의 위협에 관한 자신의 메시지를 표현하기 위해 도표와 데이터를 활용했다.

자주 쓰이는 숙어

articulate an objection: 반대 의견을 주장하다
articulate A with B: A와 B를 관련 짓다, 접합하다

1181 ★★

phenomenon

뛰**나**머넌

phenomena ⓝ (복수형) 현상들

ⓝ 현상, 사건

The Korean pop group was labeled a global **phenomenon** by many leading music critics.

그 한국 팝 그룹은 많은 일류 음악 평론가들에 의해 세계적인 현상으로 분류되었다.

자주 쓰이는 숙어

a historical phenomenon: 역사적 현상

1182 ★★

perspective

펄스**펙**티브

ⓝ 원근법, 전망, 견해, 관점(=view)

The documentary delivered a new **perspective** on the lives of homeless people in Chicago.

그 다큐멘터리는 시카고 노숙자들의 삶에 관해 새로운 관점을 전해 주었다.

자주 쓰이는 숙어

a perspective on: ~에 대한 전망[관점]
in perspective: 기대되고

Day
30

1183 ★★

margin

마ㄹ진

marginal 쒱 가장자리의, 경계의

쒱 **가장자리(=verge, edge), 수익(=profit), 차이**

The employment initiative is designed to provide jobs even for those on the **margins** of modern society.

그 고용 계획은 심지어 현대 사회의 가장자리에 있는 사람들에게 도 일자리를 제공하기 위해 고안된 것이다.

> **자주 쓰이는 숙어**
>
> profit margin: 이윤 폭, 이익률
> margin of error: 오차

1184 ★★

feasible

쀠저블

feasibility 쒱 실현 가능성, 타당성

쒱 **실행할 수 있는, 실현 가능한(=possible, likely),
적당한, 알맞은(=suitable, appropriate)**

The plan to construct five new football stadiums in two years was described as highly **feasible**.

2년 내에 다섯 곳의 새로운 축구 경기장을 짓는다는 계획은 실현 가능성이 매우 큰 것으로 설명되었다.

1185 ★★

specify

스페서빠이

specific 쒱 특정한, 구체적인
specified 쒱 명확히 서술된, 지정된
specification 쒱 명세, 사양, 규격, 설명서

쒱 **이름을 열거하다, 구체적으로 말하다(=detail)**

When renting a car, customers can **specify** which pick-up location they would prefer.

자동차를 대여하실 때, 고객들께서는 어느 인수 지점을 선호하시 는지를 구체적으로 말씀하실 수 있습니다.

1186 ★★

concise

컨싸이스

concisely 쒱 간결하게

쒱 **(말, 문체, 태도가) 간결한(=brief, simple)**

Each chapter of the Thailand travel guide begins with a **concise** description of a particular town or city.

그 태국 여행 가이드의 각 챕터는 특정 마을이나 도시에 대한 간 결한 설명으로 시작된다.

1187 ★★

indulge

인**덜**쥐

indulgence [명] 탐닉, 욕망의 만족

[동] **탐닉하다, (욕망, 쾌락 등에) 빠지다, 만족시키다**

The hotel is known to **indulge** even the most outrageous requests of its VIP guests.

그 호텔은 VIP 고객들의 가장 터무니 없는 요청조차도 만족시키는 것으로 알려져 있다.

자주 쓰이는 숙어

indulge A with[in] B: A를 B로 만족시키다
indulge in: ~에 탐닉하다, ~에 빠지다

1188 ★

witness

윗니스

[동] **목격하다(=observe, see), 입회하다, 증언하다, 증명하다(=prove)**

Thousands of people gathered to **witness** the first total solar eclipse in approximately 300 years.

약 300년 만의 첫 개기 일식을 보기 위해 수천 명의 사람들이 모여 들었다.

[명] **목격자, 증거, 증언**

Some members of the jury found the testimony of the **witness** to be unreliable.

배심원단의 몇몇 구성원들은 그 목격자의 증언을 신뢰할 수 없다고 생각했다.

자주 쓰이는 숙어

in witness of: ~의 증거로서
a witness to: ~의 증인

1189 ★

aptly

앱틀리

apt [형] 적절한, ~할 듯한

[부] **적절히(=fittingly, appropriately, properly)**

The **aptly** named Temple of Tranquility is located in a peaceful meadow in rural China.

적절하게 이름 지어진 '평온의 사원'은 중국 시골 지역의 평화로운 목초지에 위치해 있다.

1190 ★

obscure

업스**큐**어ㄹ

obscurely ⓟ 모호하게, 어둡게, 막연히

ⓐ **불분명한, 애매한(=ambiguous, vague), 잘 알려져 있지 않은(=little-known)**

Numerous **obscure** artifacts have been unearthed at the archaeological site just outside Cairo.

잘 알려져 있지 않은 수많은 인공 유물이 카이로에서 아주 가까운 외곽의 유적지에서 출토되었다.

> **자주 쓰이는 숙어**
>
> an obscure tribe: 잘 알려지지 않은 부족
> an obscure pen: 무명 작가
> an obscure meaning: 애매한 의미

ⓥ **어둡게 하다, 불명료하게 하다**

Several theatergoers complained that pillars inside the auditorium **obscured** their view of the stage.

몇몇 연극 관람객들이 객석 구역 내의 기둥들이 무대에 대한 시야를 흐리게 한다고 불평했다.

> **자주 쓰이는 숙어**
>
> obscure a view: 전망[시야]이 흐려지다

1191 ★

intact

인**택**트

ⓐ **손상되지 않은, 온전한, 영향을 받지 않은**

While some buildings on the grounds of Flynn Castle have collapsed, the main structure remains largely **intact**.

플린 성 부지 내의 몇몇 건물들이 무너지기는 했지만, 주요 구조물은 대체로 온전한 상태로 유지되어 있다.

> **자주 쓰이는 숙어**
>
> remain intact: 온전한 상태로 남아 있다
> keep A intact: A를 원래대로의 상태로 유지하다

1192 ★

enact

이낵트

enactment [명] 법령, 법률의 제정, 입법

[동] (법률을) 제정하다, (연극을) 상연하다

The government **enacted** a law prohibiting the sharing of personal information by social media platforms.

정부는 소셜 미디어 플랫폼에 의한 개인 정보 공유를 금지하는 법률을 제정했다.

자주 쓰이는 숙어

be enacted: 재현되다, 상연되다
enact a law: 법을 제정하다

1193 ★

sanitation

새니테이션

sanitary [형] 위생적인, 청결한
insanitary [형] 비위생적인, 불결한

[명] 공중 위생, 위생 설비

Every year, heavy rain and flooding have an adverse effect on **sanitation** in Jakarta.

해마다 폭우와 홍수가 자카르타의 공중 위생에 부정적인 영향을 미친다.

자주 쓰이는 숙어

food sanitation: 식품 위생
inspect ~ for sanitation: 위생을 위해 ~을 검사하다

1194 ★

dialect

다이얼렉트

dialectal [형] 방언의

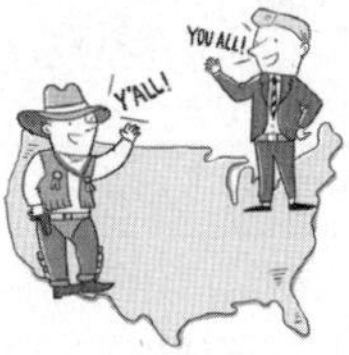

[명] 방언, 지방 사투리

The mobile phone app allows users to learn local **dialects** no matter where they are in the world.

그 휴대전화 앱은 사용자들이 전 세계 어디에 있든 상관없이 지역 방언을 배울 수 있게 해준다.

자주 쓰이는 숙어

speak in dialect: 사투리로 말하다

Day 30

1195 ★

envision

인비전

동 (미래의 일을) 상상하다(=envisage, imagine, visualize, picture), 계획하다

Few could **envision** the cultural impact that the Internet would have on modern society.

인터넷이 현대 사회에 미칠 문화적인 영향을 상상할 수 있는 사람은 거의 없다.

📋 자주 쓰이는 숙어

envisage A + -ing: A가 ~하는 것을 상상하다

1196 ★

eradicate

이**뢔**더케잇(트)

eradication 명 근절, 박멸

동 전멸시키다, 근절하다

Despite some progress, efforts to fully **eradicate** tuberculosis have proven unsuccessful.

일부 진척에도 불구하고, 결핵을 완전히 근절하기 위한 노력이 성공적이지 못한 것으로 입증되었다.

📋 자주 쓰이는 숙어

eradicate crime[disease]: 범죄[질병]을 근절[퇴치]하다

1197 ★

underlying

언더ㄹ**라**잉

underlie 동 근본이 되다, 내재되어 있다, 밑에 있다

형 기초를 이루는, 내재하는(=potential), 기저에 깔린, 근본적인(=fundamental)

The former CEO later admitted that his poor health was the **underlying** reason behind his decision to retire.

전 대표이사는 자신의 좋지 못한 건강이 은퇴 결정 뒤에 있던 근본적인 이유였음을 이후에 인정했다.

📋 자주 쓰이는 숙어

a underlying cause: 근본적인 원인

1198 ★

averse

어**뷔**ㄹ스

aversely 부 싫어하여, 반대하여
aversion 명 혐오, 반감, 아주 싫은 것(=hatred)

형 몹시 싫어하는(=hateful, loath, disinclined)

Many visitors to Manila are **averse** to taking public transportation due to safety concerns.

마닐라를 찾는 많은 방문객들은 안전에 대한 우려로 인해 대중 교통을 이용하는 것을 몹시 싫어한다.

📋 자주 쓰이는 숙어

be averse to + 명사/동명사: ~(하는 것)을 몹시 싫어하다

1199 ★

peculiar

피큘리어ㄹ

peculiarly ⊕ 기묘하게, 별나게

⊚ 특유한, 고유의(=native, indigenous, endemic)

Several well-known English expressions are **peculiar** to the people of Australia.
잘 알려진 몇 가지의 영어 표현들은 호주인 특유의 것이다.

> **자주 쓰이는 숙어**
>
> peculiar to: ~에 특별한

1200 ★

cozy

코지

coziness ⊚ 편안함, 안락함

⊚ 아늑한, 편안한(=comfortable, easy)

Trondheim Ski Village rents out **cozy** chalets that are situated close to the ski slopes.
트론하임 스키 빌리지는 스키 슬로프 가까이에 위치한 아늑한 오두막을 임대해 준다.

DAY 30　Daily Practice

○ 단어와 그에 알맞은 뜻을 연결해 보세요.

1. session　　　•　　　• (a) 건전한

2. optimize　　•　　　• (b) 낙관하다

3. plentiful　　•　　　• (c) 풍부한

4. sound　　　•　　　• (d) 회의

○ 빈칸에 알맞은 단어를 선택하세요.

security	single	intelligent

5. All Bank of China branches have adopted the new camera technology in the interest of boosting _____.

6. Interior designer Trevor Phan is known for his _____ use of space and color.

7. Every _____ main dish on the menu comes with a free beverage and complimentary bread.

○ 밑줄 친 단어의 동의어를 고르세요.

8. A lack of investment was cited as the <u>chief</u> reason for the cancelation of this summer's film festival.

(a) boss　　　　　(b) main

9. When renting a car, customers can <u>specify</u> which pick-up location they would prefer.

(a) detail　　　　(b) announce

10. The documentary delivered a new <u>perspective</u> on the lives of homeless people in Chicago.

(a) view　　　　　(b) surveillance

정답 1. (d) 2. (b) 3. (c) 4. (a) 5. security 6. intelligent 7. single 8. (b) 9. (a) 10. (a)

Daily
Practice

문제 해설

5.

(해석) 그는 노래와 작곡에 굉장한 재능 때문에 가장 <u>인정받는</u> 사람들 중 한 명이다.

(해설) 빈칸 뒤에 people이 있기 때문에, 의미상 people(사람들)을 수식할 수 있는 형용사가 들어가야 한다. 따라서 '인정받는'이라는 의미의 appreciated가 정답이다.

(어휘) deeply 깊이, 가장, 정말 talent 재능 compose 작곡하다

6.

(해석) 그의 첫 영화의 성공은 많은 거대 영화 제작사의 관심을 <u>끌었다</u>.

(해설) 주어가 The success of his first movie(그의 첫 영화의 성공)이고, 빈칸 뒤에는 the attention(관심)이 목적어로 나와 있으므로 이에 어울리는 동사로, '끌다'라는 의미인 attract의 과거형 attracted가 정답이다.

(어휘) success 성공 attention 관심, 주의 major 주된, 거대한

7.

(해석) 이전 회의와 <u>관련된</u> 질문이 있다면, 내선번호 5523으로 저에게 전화하세요.

(해설) 빈칸 앞의 questions(질문)를 수식하는 과거분사가 들어가야 하며, 빈칸 뒤의 전치사 to와 함께 쓰여야 하므로 '관련된'이라는 의미인 related가 가장 적절하다.

(어휘) previous 이전의 extension 내선 번호

8.

(해석) <u>전에는</u> 생산성이 높던 토지의 악화, 즉 사막화는 복잡한 과정이다.

(해설) '이전에'라는 뜻의 formerly와 동일한 의미를 가진 부사로 breviously가 적절하다. before는 '이전에'라는 의미의 전치사이자 접속사이므로 정답이 될 수 없다.

(어휘) degradation 악화 productive 생산성이 높은 desertification 사막화 complex 복잡한

9.

(해석) 그는 강철 제조 공정에서 엄청난 <u>상업적</u> 기회를 보았다.

(해설) '상업적인'이라는 의미로 쓰인 형용사 commercial과 동일한 의미의 단어는 '수익성이 있는', '이윤이 발생하는'이라는 의미의 profitable이다. industrial은 '산업의', '업계의'라는 의미이므로 이 문장에 어울리지 않는다.

(어휘) huge 거대한 opportunity 기회 steel 강철

10.

(해석) 최근 한 연구에서 자기장이 우리 신체에 영향을 받은 부위의 혈류를 극적으로 <u>향상시킨다</u>는 것을 밝혔다.

(해설) '향상시키다'라는 의미로 쓰인 동사 enhance와 동일한 의미의 단어는 improve이다. enlarge는 '확대하다'라는 의미이므로 문맥상 어울리지 않는다.

(어휘) magnetic field 자기장 dramatically 극적으로, 급격하게 blood flow 혈류 region 부위

5.

(해석) 건축 설계를 승인하는 것을 담당하는 공무원이 지난 3주 동안 병가 중이다.

(해설) 빈칸 앞에 be동사 is가 나와 있고 빈칸 뒤에는 전치사 for가 이어지고 있다. 문맥상 '~을 담당하다'라는 의미가 되는 것이 자연스럽다. 따라서 be responsible for가 되어야 하므로 빈칸에는 responsible이 들어가는 것이 옳다.

(어휘) official 공무원 validate 승인하다, 입증하다 architecture 건축 sick leave 병가

6.

(해석) 시의회는 시에 있는 유치원에 대한 재정 지원을 중단한다는 논란이 많은 계획을 기각하였다.

(해설) 빈칸 앞에는 정관사 the가 나와 있고 빈칸 뒤에는 명사 plan(계획)이 위치하고 있으므로 빈칸에는 형용사가 들어가는 것이 적절하다. 문맥상 '논란이 많은'이라는 의미의 형용사가 들어가는 것이 적절하다. 따라서 정답은 controversial이다.

(어휘) council 의회 object 기각하다 financial 재정의 aid 지원 kindergarten 유치원

7.

(해석) 도자기를 만들기 전에, 진흙을 적당한 양의 물과 섞어야 한다.

(해설) 빈칸 앞에는 부정관사 an이 나와 있고 빈칸 뒤에 amount of water(물의 양)라는 어구가 이어지므로 amount를 수식할 수 있는 형용사가 빈칸에 들어가야 한다. 따라서 '적당한'의 의미를 가진 appropriate가 정답이다.

(어휘) pottery 도자기 mix 섞다 clay 진흙 amount 양

8.

(해석) 그 건설 현장은 지역 건설 요구사항을 준수하고 있다.

(해설) '준수하다'라는 의미의 동사인 observe와 같은 의미를 가진 단어는 '지키다, 준수하다'의 의미를 가진 comply with이다. 주어가 3인칭 단수이므로 complies with가 정답이다. watch는 '보다'라는 의미를 가진 동사이므로 문맥상 어울리지 않는다.

(어휘) construction 건설 site 장소, 부지 observe 준수하다 local 지역의 requirement 요구사항

9.

(해석) 각 부서의 모든 매니저들은 이번 달 말까지 직원들의 업무 수행능력을 평가하도록 지시 받았다.

(해설) '평가하다'라는 의미의 동사인 evaluate와 같은 의미의 동사는 '재다, 평가하다'라는 의미의 assess이다. value는 '가치를 두다'라는 의미이므로 문맥상 옳지 않다.

(어휘) manager 매니저, 부장 department 부서 be directed to ~하도록 지시를 받다 evaluate 평가하다 staff 직원 performance 수행 능력 the end of the month 월말

10.

(해석) 정보에 대한 소책자는 오리엔테이션 참가자들 모두에게 배부되었다.

(해설) '배부하다'라는 의미의 동사인 distribute와 같은 의미를 지닌 것은 '나눠주다, 배부하다'라는 의미인 hand out이다. 문맥상 과거의 의미이므로 distributed와 같이 과거형인 handed out이 옳다.

(어휘) information 정보 pamphlet 소책자 distribute 배부하다 participant 참가자 print out 인쇄하다 hand out 나눠주다, 배부하다

5.

(해석) 그 식당의 매니저는 외부에서 구매된 다른 음식을 가져오지 말 것을 <u>요구한다</u>.

(해설) 빈칸 앞에 the restaurant's manager(그 식당의 매니저)라는 주어가 나와 있고, 빈칸 뒤에 that절이 이어지고 있으므로 빈칸에는 동사가 들어가야 한다. 문맥상 '요구하다'라는 의미의 동사가 적절하다. 주어가 3인칭 단수이므로 빈칸에는 '요구하다'라는 의미의 동사 demand의 3인칭 단수형인 demands가 들어가야 한다.

(어휘) customer 고객 purchase 구입하다, 구매하다

6.

(해석) 그녀는 그녀의 그림을 베토벤의 9번 교향곡에 <u>관련시키려고</u> 노력하였다.

(해설) 빈칸 앞에 tried to(~하기 위해 노력했다)가 나와 있고 빈칸 뒤에 목적어가 위치하고 있으므로 빈칸에는 동사가 와야 한다. to부정사가 되어야 하므로 빈칸에는 '관련시키다'라는 의미의 associate가 들어가는 것이 적절하다.

(어휘) ninth 9번째의 symphony 교향곡

7.

(해석) 그 연구는 규칙적으로 운동을 하는 사람들이 가끔씩 과식을 하는 <u>경향이 있다는</u> 것을 보여준다.

(해설) 빈칸 앞에는 부사 regularly(규칙적으로)가 나와 있고 빈칸 뒤에는 to부정사로 이어지고 있다. to와 함께 쓰여 '~하는 경향이 있다'라는 의미로 완성되는 것이 자연스러우므로, 빈칸에는 tend가 들어가는 것이 옳다.

(어휘) regularly 규칙적으로 overeat 과식하다

8.

(해석) 전문가들은 최근 많은 논란이 되고 있는 그 그림이 <u>진품인</u> 것을 확실히 했다.

(해설) '진품인'의 의미를 가진 형용사 authentic과 동일한 형용사는 '진짜의, 진품인'이라는 의미를 가진 genuine이다. traditional은 '전통적인'이라는 의미를 가진 형용사로 문맥상 어울리지 않는다.

(어휘) expert 전문가 in the middle of ~의 중간에 controversy 논란이 되는 authentic 진품인, 진짜의

9.

(해석) 고속으로 운행할 수 있는 배터리 충전식 자동차를 고안하는 것은 Haute Motors에게 있어 <u>엄청난</u> 도전이었다.

(해설) '엄청난, 만만치 않은'이라는 의미를 가진 형용사 formidable과 동일한 의미를 가진 단어는 '굉장한, 엄청난'이라는 의미의 tremendous이다. valuable은 '가치가 있는'을 의미하는 형용사로 문맥상 옳지 않다.

(어휘) design 고안하다 battery-powered 배터리 충전식의 vehicle 자동차, 탈것 travel 이동하다, 운행하다 at high speeds 빠른 속도로 formidable 엄청난, 굉장한

10.

(해석) 최근의 재정적인 <u>차질</u>에도 불구하고 경영진은 여전히 그 합병 거래를 체결하는 것에 대해 낙관하고 있다.

(해설) '차질'이라는 의미를 가진 명사 setback과 동일한 의미를 가진 단어는 '문제, 차질'이라는 의미의 명사인 problem이다. aid는 '지원, 도움'이라는 의미의 명사로 문맥상 어울리지 않는다.

(어휘) financial 재정의, 재정적인 setback 차질 management 경영진 optimistic 낙관적인 complete 완료하다, 완수하다 merger 합병

DAY 04

5.

해석 네덜란드 <u>정부</u>는 관광객들에게 암스테르담보다 다른 도시들을 방문하도록 장려하는 것을 시도하고 있다.

해설 빈칸 뒤에 동사 is가 나와 있으므로 빈칸이 포함된 부분은 주어에 해당한다. 따라서 '네덜란드 정부'라는 의미를 가진 주어가 되어야 하는데, 빈칸 앞에 Dutch(네덜란드의)라는 단어가 나와 있으므로, 빈칸에는 '정부'라는 뜻의 government가 들어가야 한다.

어휘 attempt 시도하다 encourage 장려하다

6.

해석 일할 때 화가 난다면, 스스로를 진정시키고 명료하게 생각한 후, 문제를 <u>처리하는</u> 것이 최선이다.

해설 문맥상 and로 연결된 문장의 빈칸에는 동사가 들어가야 한다. 동사들이 and로 연결되어 있는 병렬 구조로 to부정사가 생략된 형태이다. 따라서 빈칸에는 with와 함께 쓰여 '처리하다'라는 의미로 쓰이는 동사 deal이 들어가는 것이 가장 적절하다.

어휘 calm down 진정시키다 clearly 명료하게

7.

해석 그 밴드는 여름에 두 번째 앨범을 발매했다.

해설 주어는 the band(그 밴드)이고 their second album(그들의 두 번째 앨범)이 목적어이므로 빈칸에는 문장의 동사가 들어가야 한다. 따라서 문맥상 '발매하다'라는 뜻의 동사 release의 과거형 released가 빈칸에 들어가는 것이 알맞다.

어휘 second 두 번째의 following 다음의

8.

해석 10년이 넘는 기간 동안, <u>저명한</u> 자선가는 대중들의 시야에서 사라졌다.

해설 '저명한'이라는 의미로 쓰인 형용사 renowned과 동일한 의미의 단어는 '탁월한, 저명한'의 뜻을 가진 eminent이다. ambivalent는 '양면적인'의 의미를 가진 단어이므로 문맥상 어울리지 않는다.

어휘 decade 10년 renowned 저명한 philanthropist 자선가 public eye 대중들의 시야 ambivalent 양면적인 eminent 저명한, 탁월한

9.

해석 그 소설은 규제되지 않은 공장 업무의 위험성에 대한 대중의 <u>염려</u>를 그리고 있다.

해설 '염려'라는 의미로 쓰인 명사 attention과 동일한 의미를 가진 단어는 '우려, 걱정'이라는 뜻의 concern이 알맞다. immorality는 '부도덕'이라는 뜻의 단어이므로 문맥상 적절하지 않다.

어휘 novel 소설 draw 그리다 attention 관심, 염려 unregulated 규제되지 않은 concern 우려, 걱정 immorality 부도덕

10.

해석 Williams 상원위원은 논란이 많은 법안에 대한 그의 지지를 <u>확실히 했다</u>.

해설 '보장하다'라는 의미로 쓰인 동사 guarantee와 동일한 의미의 단어는 '확실히 하다'라는 뜻의 ensure가 적절하다. 과거형 guaranteed가 쓰였으므로 ensure의 과거형인 ensured로 써야 한다. withdrew는 '철회하다'라는 뜻의 동사 withdraw의 과거형이다.

어휘 senator 상원의원 guarantee 보장하다, 확실히 하다 controversial 논란이 많은 bill 법안 ensure 확실히 하다 withdraw 철회하다

5.

해석 화산섬에 살고 있는 동물들은 그들의 <u>특정한</u> 환경에 적응하도록 진화했다.

해설 빈칸 다음에 명사가 위치하고, 빈칸 앞에 소유격이 나와 있으므로 빈칸에는 형용사가 들어가야 한다. 문맥상 '특정한'이라는 의미를 가진 specific이 빈칸에 들어가는 것이 가장 적절하다.

어휘 volcanic island 화산섬 evolve 진화하다 adapt 적응하다 environment 환경

6.

해석 Alexander Fleming은 1928년 9월 28일에 세계 최초로 항생제를 우연히 <u>발견했다</u>.

해설 빈칸 앞에 사람의 이름이 주어로 나와 있고, 빈칸 다음에 목적어가 이어지므로 빈칸에는 동사가 들어가야 함을 알 수 있다. 문맥상 '~가 항생제를 우연히 발견했다'라는 의미가 되어야 한다. 따라서 '발견하다'라는 의미의 동사 discover의 과거형인 discovered가 정답이다.

어휘 accidentally 우연히 antibiotic 항생제

7.

해석 자신의 아들이 가진 <u>가능성</u>을 알게 되었기 때문에, Truman은 그를 위해 개인 골프 코치를 고용했다.

해설 빈칸 앞에 소유격이 나와 있기 때문에, 빈칸에는 명사가 들어가야 한다. 문맥상 아들이 가진 '가능성'이라는 의미가 되어야 하므로 potential (가능성)이 빈칸에 들어가는 것이 가장 알맞다.

어휘 recognize 인식하다, 알게 되다 hire 고용하다 personal 개인적인 coach 코치

8.

해석 다섯 번째 영화가 나왔을 당시에, 관중들은 더 이상 그 시리즈에 <u>열광하지</u> 않는다는 것이 명백했다.

해설 '열광적인'이라는 의미로 쓰인 형용사 enthusiastic과 동일한 의미를 가진 단어는 '열렬한, 열광하는'의 의미를 가진 eager이다. rude는 '무례한'이라는 의미의 형용사이므로 문맥상 적절하지 않다.

어휘 by the time ~당시에, ~즈음에 fifth 5번째의 come out 나오다 clear 명백한, 분명한 viewer 관중, 시청자 no longer 더 이상 ~하지 않다 enthusiastic 열광하는, 열정적인 series 시리즈 rude 무례한 eager 열렬한, 열광하는

9.

해석 남부의 방언과 속어는 그 작가의 독특한 문체에 <u>영향을 주었다</u>.

해설 '영향을 미치다'라는 의미의 동사 influence의 과거형인 influenced가 쓰였다. 따라서 그와 동일한 의미인 '영향을 주다'라는 의미의 동사 impact의 과거형인 impacted가 적절하다. intact는 '온전한'이라는 의미를 가진 형용사이므로 적절하지 않다.

어휘 southern 남부의 dialect 사투리, 방언 slang 속어 influence 영향을 주다 author 작가 unique 독특한 writing style 문체 intact 온전한 impact 영향을 주다

10.

해석 공연의 비평가들은 대부분의 장면에서 <u>충분한</u> 조명이 부족했다고 불평했다.

해설 '충분한'이라는 의미의 형용사 sufficient와 동일한 의미를 가진 단어는 '충분한, 넉넉한'의 의미를 지닌 ample이 적절하다. specific은 '특정한, 명확한'이라는 의미의 형용사이므로 문맥상 적절하지 않다.

어휘 critic 비평가 complain 불평하다 most 대부분의 scene 장면 lack 부족하다 sufficient 충분한 lighting 조명 ample 충분한 specific 특정한

5.
(해석) 당신이 그 계약의 조항을 <u>인정하지</u> 않는다면, 우리는 법적 조치를 따라야 한다.

(해설) 문장의 빈칸 앞에 do not이 나와 있으므로 빈칸에는 동사원형이 들어가야 한다. 문맥상 계약의 조항을 인정하지 않을 경우에 법적 조치를 취한다는 의미가 되어야 하므로, 빈칸에는 '인정하다'라는 의미의 honor가 들어가는 것이 가장 적절하다.

(어휘) pursue 추구하다 legal 법적인 action 조치 terms 조항 contract 계약

6.
(해석) 그는 국가대표 팀에 <u>중요한</u> 역할을 하기 위해 2002년 월드컵에 참가했다.

(해설) 빈칸 앞에 부정관사 a가 나와 있고 빈칸 다음에 명사 role이 위치하고 있으므로 빈칸에는 형용사가 들어가는 것이 알맞다. 문맥상 '팀에 중요한'이라는 의미이므로 '중요한'을 의미하는 critical이 정답이다.

(어휘) go on 참가하다 play a ~ role ~한 역할을 하다 national 국가의

7.
(해석) 그 다큐멘터리는 그 비극적인 사건에 대해 반응하고 대처하는 <u>평범한</u> 사람들에게 초점을 맞추고 있다.

(해설) 빈칸 앞에 전치사 on이 나오고 빈칸 뒤에 명사 people이 위치하고 있으므로 빈칸에는 형용사가 들어가는 것이 알맞다. 문맥상 '평범한'이라는 뜻의 ordinary가 빈칸에 들어가는 것이 가장 적절하다.

(어휘) documentary 다큐멘터리 focus on ~에 초점을 맞추다 react 반응하다 cope with 대처하다 tragic event 비극적 사건

8.
(해석) 금지령 이후에도, 많은 도시들은 주류의 구입과 소비에 대한 <u>엄격한</u> 법을 유지했다.

(해설) '엄격한'이라는 의미의 형용사 strict와 동일한 의미를 가진 단어는 '엄중한, 엄격한'이라는 뜻의 stringent가 알맞다. prejudiced는 '편견이 있는'이라는 의미의 단어이므로 문맥상 어울리지 않는다.

(어휘) prohibition 금지령 town 도시 maintain 유지하다 strict 엄격한 law 법률 purchase 구입 consumption 소비 alcohol 알콜 stringent 엄중한, 엄격한 prejudiced 편견이 있는

9.
(해석) 그의 첫 직장은 뉴욕에 있는 한 광고 대행사의 <u>신입직</u>이었다.

(해설) '(일)자리, 직위'라는 의미의 명사 position과 동일한 의미를 가진 단어는 '일자리'라는 뜻의 job이다. wage는 '월급, 보수'라는 의미의 단어이므로 문맥상 옳지 않다.

(어휘) entry-level 신입인 position (일)자리, 직위 advertising agency 광고 대행사 job 일자리, 일 wage 월급, 보수

10.
(해석) 디즈니를 떠난 후에, 그는 자신만의 애니메이션 스튜디오를 <u>시작하려고</u> 결심했다.

(해설) '시작하다, 착수하다'라는 의미의 동사 launch와 동일한 의미를 가진 단어는 '시작하다'라는 의미를 지닌 commence이다. command는 '명령하다, 지시하다'라는 의미의 단어이므로 문맥상 어울리지 않는다.

(어휘) leave 떠나다 decide 결심하다, 결정하다 launch 시작하다, 착수하다 own ~만의 animation studio 애니메이션 스튜디오 command 명령하다, 지시하다 commence 시작하다

5.

해석 카페인에 중독된 캐시는 항상 아메리카노를 <u>동일한</u> 양의 물과 에스프레소와 함께 마신다.

해설 빈칸 앞 부분에 전치사 with가 나와 있고 빈칸 뒤에 amounts라는 '양'을 의미하는 명사가 이어지고 있으므로 빈칸에는 '양'과 관련된 형용사가 들어가야 한다. 따라서 '동일한'이라는 의미의 even이 빈칸에 들어가는 것이 적절하다.

어휘 be addicted to ~에 중독되다 drink 마시다 amount 양

6.

해석 그 컨설턴트는 스틸워터 지역에 새 지점을 개장하려는 우리의 계획을 지연하도록 <u>권고한다</u>.

해설 빈칸 앞부분에 the consultant(그 컨설턴트)라는 주어가 나와 있고 빈칸 다음에 접속사 that절이 이어지고 있으므로 빈칸에는 동사가 들어가야 한다. 문맥상 '~를 개장하려는 계획을 지연하도록 권고한다'는 의미로 완성되는 것이 자연스럽다. 또한 주어가 3인칭 단수이므로 recommends가 옳다.

어휘 consultant 컨설턴트 delay 지연하다 plan 계획 open 열다, 개장하다 branch 지점

7.

해석 바비 피셔는 12살이었을 때 1급 체스 대회에서 <u>경쟁했다</u>.

해설 빈칸 앞부분에 사람 이름인 주어가 나오고 빈칸 다음에 전치사 in이 이어지고 있다. 따라서 in과 함께 쓰이는 동사가 들어가야 함을 알 수 있다. compete in은 '~에 출전하다, 경쟁하다'라는 의미이며, 문맥상 '12살 때 토너먼트에서 경쟁했다'는 의미가 되어야 하므로 compete의 과거형인 competed가 정답이다.

어휘 rate 평가하다, 등급 tournament 토너먼트 경기

8.

해석 가장 성공적인 보드 게임들은 실제 능력을 독특한 전략과 <u>통합한다</u>.

해설 '통합하다'라는 의미의 동사 integrate와 동일한 의미를 지닌 동사는 '포함하다, 통합하다'의 의미를 지닌 incorporate이다. intrigue는 '음모를 꾸미다'라는 의미이므로 문맥상 어울리지 않는다.

어휘 successful 성공적인 board game 보드게임 integrate 통합하다 real-life 실제의 skill 기술, 능력 unique 독특한 strategy 전략 incorporate 통합하다, 포함하다 intrigue 음모를 꾸미다

9.

해석 로빈은 참담했던 자신의 발표 후에 상사와 <u>마주치기가</u> 두려웠다.

해설 '마주치다'라는 의미의 동사 face와 동일한 의미를 가진 동사는 '맞닥뜨리다, 마주치다'라는 의미의 encounter이다. hide는 '~를 숨기다'라는 의미의 단어이므로 문맥상 옳지 않다.

어휘 face 마주치다 boss 상사 disastrous 참담한, 재앙스러운 presentation 발표 hide 숨기다 encounter 맞닥뜨리다, 마주치다

10.

해석 메이슨은 <u>결국</u> 메이저리그에서 야구할 수 있기를 바라고 있다.

해설 '결국'이라는 의미의 부사 eventually와 동일한 의미의 단어는 '궁극적으로, 결국'이라는 의미를 지닌 ultimately이다. regularly는 '규칙적으로'라는 의미를 가진 부사이므로 문맥상 어울리지 않는다.

어휘 hope 바라다, 희망하다 eventually 결국 baseball 야구 major league 메이저 리그 ultimately 결국 regularly 규칙적으로

5.

(해석) 모든 <u>후보자들이</u> 성별이나 인종, 또는 종교에 상관없이 고려될 것이다.

(해설) 빈칸 앞에 한정사 all이 나와 있고 빈칸 다음에 조동사 will이 나와 있으므로 빈칸에는 주어가 될 수 있는 단어가 들어가야 한다. 문맥상 종교, 인종, 성별에 관계없이 후보자들이 고려된다는 의미가 되어야 하므로 빈칸에는 '후보자들'이라는 의미의 candidates가 들어가는 것이 적절하다.

(어휘) consider 고려하다 regardless of ~와 관계없이 gender 성 race 인종

6.

(해석) 과학자들은 우주에서 장기간 지내는 것의 <u>신체적</u> 영향을 연구하기 위해 윗슨 씨를 대상으로 수많은 테스트를 실시했다.

(해설) 빈칸 앞에 정관사 the가 나와 있고 빈칸 다음에 명사 effects(영향)가 이어지고 있으므로 빈칸에는 명사를 수식할 수 있는 형용사가 들어가는 것이 옳다. 문맥상 '신체적 영향을 연구한다'라는 의미로 완성되는 것이 자연스럽다. 따라서 빈칸에는 '신체적인'이라는 뜻의 physical이 들어가는 것이 옳다.

(어휘) scientist 과학자 numerous 수많은, 다양한 effect 영향

7.

(해석) 2018년에, 1백 5십만 명이 넘는 관광객들이 마추픽추 <u>유적을</u> 방문했다.

(해설) 빈칸 앞에 정관사 the가 나와 있고 빈칸 다음에 전치사 of가 이어지고 있으므로 빈칸에는 명사가 들어가야 함을 알 수 있다. 문맥상 '마추픽추 유적을 방문했다'라는 의미로 완성되는 것이 자연스러우므로, 빈칸에 들어갈 말로는 '유적'이라는 의미의 ruins가 적절하다.

(어휘) over ~이상, ~이 넘는 million 백만의 tourist 여행자 visit 방문하다

8.

(해석) 팝 음악은 특히 음악을 듣는 가장 광범위한 대상자들의 마음을 <u>끌기</u> 위해 만들어진다.

(해설) '(마음 등을) 끌다'라는 의미의 동사 appeal과 동일한 의미를 지닌 동사는 '끌다, 끌어 모으다'라는 의미의 attract이다. contact는 '~와 연락하다, 접촉하다'라는 의미의 단어이므로 문맥상 어울리지 않는다.

(어휘) pop music 팝 음악 specifically 특별히, 특히 design 고안하다 appeal (마음 등을) 끌다 widest 광범위한 audience 관중, 시청자 listener 청자, 듣는 사람 attract 마음을 끌다 contact 연락하다, 접촉하다

9.

(해석) 분석가들은 그 회사의 주식 가치가 여름쯤에 반등할 것으로 <u>예측하고</u> 있다.

(해설) '예측하다'라는 의미의 동사 forecast와 동일한 의미를 지닌 동사는 '예상하다, 예측하다'라는 의미를 가진 동사인 predict이다. denounce는 '강하게 비난하다, 고발하다'라는 의미의 단어이므로 문맥상 어울리지 않는다.

(어휘) analyst 분석가 forecast 예측하다 company 회사 stock value 주식 가치 rebound 반등하다 denounce 강하게 비난하다, 고발하다 predict 예상하다, 예측하다

10.

(해석) 그 프로그램은 일상적인 사무실 생활에 대한 익살스러우면서도 <u>정확한</u> 묘사를 제공해 인기를 얻었다.

(해설) '정확한'이라는 의미의 형용사 accurate와 동일한 의미를 가진 형용사는 '정밀한, 정확한'이라는 의미인 precise이다. concrete는 '구체적인, 사실에 의거한'이라는 의미의 형용사이므로 문맥상 옳지 않다.

(어휘) comical 익살스러운 depiction 묘사 concrete 구체적인, 사실에 의거한

5.

해석 세인트 헬렌스 산은 1980년에 있었던 마지막 대규모 <u>분출</u> 이후로 계속 활동적인 상태를 유지해 왔다.

해설 빈칸 앞에 major라는 형용사가 나와 있고 빈칸 다음에 전치사 in이 이어지고 있다. 따라서 빈칸에는 형용사를 수식하는 명사가 나와야 함을 알 수 있다. 문맥상 '마지막 대규모 분출'이라는 의미가 알맞으므로 빈칸에는 '분화, 분출'을 의미하는 eruption이 들어가는 것이 옳다.

어휘 mount 산 active 활동적인, 활발한 last 마지막의 major 대규모의, 주요한

6.

해석 과학자들은 인류세의 <u>도래</u>가 지구 역사에서 6번째 대규모 멸종을 촉발했다고 시사하고 있다.

해설 빈칸 앞에는 정관사 the가 나와 있고 빈칸 다음에는 전치사 of가 이어지고 있다. 따라서 빈칸에는 명사가 나와야 한다. 문맥상 '인류세 시대의 도래'가 자연스러우므로 빈칸에는 '도래, 도입'을 의미하는 단어인 arrival이 들어가는 것이 옳다.

어휘 scientist 과학자 suggest 제안하다 Anthropocene 인류세 (시대) trigger 촉발하다 sixth 6번째의 mass 대규모의 extinction 멸종

7.

해석 그 단체의 궁극적인 목표는 인도에서 말라리아를 없애는 것이었다.

해설 빈칸 앞에는 정관사 the가 나와 있고 빈칸 다음에는 명사 goal이 이어지고 있다. 따라서 빈칸에는 명사 goal을 수식하는 형용사가 들어가야 한다. 문맥상 '궁극적인 목표'라는 의미가 되어야 하므로 빈칸에는 '결국의, 궁극적인'을 의미하는 형용사인 ultimate가 들어가는 것이 옳다.

어휘 goal 목표, 목적 organization 단체, 조직 eliminate 없애다, 제거하다

8.

해석 100시간을 초과하는 지역 사회 봉사가 동아리 회원에게 <u>의무적이었다</u>.

해설 '의무적인'이라는 의미의 형용사 mandatory와 동일한 의미의 단어는 '의무적인, 필수의'라는 뜻을 가진 형용사인 compulsory이다. compulsive는 '강박적인'이라는 뜻의 단어로 문맥상 어울리지 않는다.

어휘 over ~이 넘는 community service 지역 사회 봉사 mandatory 의무적인 compulsory 의무적인, 필수의 compulsive 강박적인

9.

해석 일부 정부들은 마약류 물질을 더 잘 <u>규제하기</u> 위한 시도로 그것을 합법화했다.

해설 '규제하다'라는 의미의 동사 regulate와 동일한 의미의 단어는 '조절하다, 통제하다, 규제하다'라는 뜻을 가진 동사인 control이다. support는 '지지하다'라는 의미의 동사로 문맥상 옳지 않다.

어휘 legalize 합법화하다 narcotic 마약류의 substance 물질 in an attempt to ~하려는 시도로 regulate 규제하다 control 통제하다, 규제하다 support 지지하다

10.

해석 저희 직원들이 귀하의 전자제품 구매와 관련해 <u>훌륭한</u> 조언을 제공해 드릴 수 있습니다.

해설 '훌륭한, 대단한'의 의미를 가진 형용사인 excellent와 동일한 의미의 형용사는 '뛰어난, 훌륭한'의 의미를 가진 outstanding이다. urgent는 '긴급한'이라는 의미의 형용사로 문맥상 옳지 않다.

어휘 excellent 훌륭한, 대단한 advice 조언 regarding ~와 관련한 electronics 전자제품 purchase 구입, 구매 urgent 긴급한 outstanding 뛰어난, 훌륭한

5.

해석 예를 들어, 데오도런트 광고들이 신문의 '스포츠' 섹션에 전략적으로 배치된다.

해설 빈칸 앞에 'be동사 + 부사'가 나와 있고 빈칸 다음에 전치사 in이 이어지고 있다. 또한 문맥상 '데오도런트 광고들은 전략적으로 배치된다'라는 수동태의 의미가 되어야 하므로 빈칸에는 동사의 p.p가 들어가는 것이 옳다.

어휘 deodorant 데오도런트 ad 광고 strategically 전략적으로

6.

해석 그녀는 고릴라들이 자연 서식지에서 서로 의사 소통했던 방법들을 조사했다.

해설 빈칸 앞에 she라는 주어가 나와 있고 빈칸 다음에 the ways라는 목적어가 이어지고 있다. 따라서 빈칸에는 동사가 들어가야 한다. 문맥상 '그녀는 ~했던 방법들을 조사했다'라는 의미가 자연스럽기 때문에 빈칸에는 '조사하다'라는 동사 examine의 과거형인 examined가 들어가는 것이 옳다.

어휘 communicate with ~와 의사소통하다 each other 서로서로 habitat 서식지

7.

해석 변형된 세포들이 그 후에 시스템으로 재도입되었는데, 그곳에서 전염병과 싸워 물리칠 수 있었다.

해설 빈칸의 앞부분에 동사와 정관사 the가 나온 것으로 보아, 빈칸에는 명사가 들어가는 것이 적절하다. 문맥상 '전염병과 싸워 이길 수 있었다'라는 의미로 완성되는 것이 자연스럽기 때문에 빈칸에 들어갈 말로는 '전염병'을 의미하는 명사인 infection이 옳다.

어휘 modify 변형하다, 수정하다 cell 세포 reintroduce 재도입하다

8.

해석 고고학적 증거에 따르면 사람들이 기원전 1만 년경에 메소포타미아에 처음 정착한 것으로 나타난다.

해설 '정착하다'라는 의미의 동사 settle과 동일한 의미인 동사는 '머물다'라는 뜻의 stay이다. 의미상 과거 표현이므로 stayed가 알맞다. leave는 '떠나다'라는 의미의 동사이므로 문맥상 어울리지 않는다.

어휘 archeological 고고학적인 evidence 증거 suggest 제시하다 settle 정착하다 leave 떠나다 address 주소, 연설하다

9.

해석 제이슨은 자신이 가장 좋아하는 바에서 상사를 우연히 마주쳐 깜짝 놀랐다.

해설 '마주치다, 맞닥뜨리다'라는 의미의 동사 encounter와 동일한 의미로 쓰일 수 있는 것은 '마주치다'라는 의미의 run into이다. pull over는 '(차를) ~에 대다'라는 의미로 문맥상 적절하지 않다.

어휘 shock 놀라다 encounter 마주치다 favorite 가장 좋아하는 pull over (차를) ~에 대다 run into 마주치다

10.

해석 소셜 미디어 사용자들은 또한 뉴스 소식이 신뢰할 만한 웹 사이트에서 나오는 것인지도 반드시 결정해야 한다.

해설 '신뢰할 만한'이라는 의미의 형용사 reliable과 동일한 의미인 형용사는 credible이다. available은 '이용할 만한'이라는 의미의 형용사로 문맥상 적절하지 않다.

어휘 whether ~인지 아닌지 reliable 신뢰할 만한, 믿을 수 있는 credible 신뢰할 수 있는

5.

(해석) 그 배우의 이름은 논란에 따른 결과로 엔딩 크레딧에서 제외되었다.

(해설) 빈칸의 앞부분에 be동사의 과거형인 was가 나와 있고 빈칸의 다음에 전치사 from이 나와 있는 것으로 보아 빈칸에는 동사의 p.p형이 와야 한다. 문맥상 '이름이 논란의 결과로 엔딩 크레딧에서 제외되었다'라는 내용으로 완성되는 것이 자연스럽기 때문에, 빈칸에는 exclude의 p.p형인 excluded가 들어가야 한다.

(어휘) ending credit 엔딩 크레딧 as a result of ~의 결과로 controversy 논란, 논쟁

6.

(해석) 그 태블릿은 큰 결함이 있는 채로 출시되었기 때문에, 그 회사가 비용이 많이 드는 리콜을 실시해야 했다.

(해설) 빈칸 앞에 'with a + 형용사 ~'의 형태가 나와 있고, 형용사로 '큰, 주요한'의 의미인 major가 이어지고 있다. 빈칸 다음에 문장이 이어지고 있다. 따라서 'with a' 다음에 명사가 나와야 함을 알 수 있다. 문맥상 '그 태블릿은 큰 결함이 있는 채로 출시되었다'라는 의미로 완성되는 것이 자연스러우므로, 빈칸에 들어갈 말로 적절한 것은 '결함'이라는 뜻의 명사 defect가 옳다.

(어휘) release 출시하다 major 큰, 주요한 expensive 비싼 recall 리콜

7.

(해석) 그 신문 편집자는 그 문제와 관련해 너무 소극적인 것에 대해 독자들을 비판했다.

(해설) 빈칸의 앞부분에 주어(The editor of the paper)가 나와 있고 빈칸의 뒤에 목적어(the readers)가 이어지고 있으므로 빈칸에는 동사가 들어가야 함을 알 수 있다. 문맥상 '그 신문 편집자는 ~에 대해 독자들을 비판한다'라는 문장이 자연스럽기 때문에, 빈칸에 들어갈 말로는 '비판하다'라는 의미의 동사인 criticize의 과거형인 criticized이 정답이다.

(어휘) editor 편집자 reader 독자 passive 소극적인 issue 문제, 이슈사항

8.

(해석) 30세가 넘은 남성과 여성은 각자의 일반의를 통해 일년에 한 번 정기 검진을 받아야 한다.

(해설) '정기적인'이라는 의미의 형용사인 routine과 동일한 의미로 쓰일 수 있는 것은 '규칙적인, 정기적인'의 의미로 사용되는 형용사인 regular이다. exceptional은 '예외적인'이라는 의미의 형용사로 문맥상 적절하지 않다.

(어휘) over ~가 넘는 routine 정기적인 check-up 검진 once a year 일 년에 한 번 general practitioner 일반의 exceptional 예외적인 regular 정기적인, 규칙적인

9.

(해석) 그 탐험의 주요 목표는 유럽과 인도 사이에 새로운 무역 경로를 발견하는 것이었다.

(해설) '주요한'이라는 의미의 형용사인 primary와 동일한 의미로 사용될 수 있는 단어는 '주요한, 주된'이라는 의미의 main이다. special은 '특별한'이라는 의미의 형용사이므로 문맥상 옳지 않다.

(어휘) primary 주요한 goal 목적, 목표 expedition 탐험 discover 발견하다 trade 무역 route 경로 between A and B A와 B 사이에 special 특별한 main 주요한, 주된

10.

(해석) 관객들은 4시간 동안 음정이 맞지 않는 노래와 끔찍한 연기를 견뎌야 했다.

(해설) '견디다'라는 의미의 동사인 endure와 동일한 의미인 동사는 '버티다, 견디다'라는 뜻을 가진 withstand이다. leave는 '떠나다'라는 의미의 동사이므로 문맥상 적절하지 않다.

(어휘) audience 관객, 청중 endure 견디다, 버티다 off-key 음정이 맞지 않는 leave 떠나다 withstand 버티다, 견디다

5.

(해석) 감독들은 기상 상태가 훨씬 더 좋아질 때까지 챔피언 결정전을 미루기로 합의했다.

(해설) 빈칸 앞에 were more가 나와 있으므로 빈칸에는 '더 ~한'의 비교급의 의미를 완성할 수 있는 형용사가 들어가야 한다. 문맥상 '기상 상태가 훨씬 더 유리해질 때까지'라는 의미가 되어야 하므로 빈칸에는 '호의적인, 유리한'의 의미의 형용사인 favorable이 들어가야 한다.

(어휘) coach 감독 delay 미루다, 연기하다 championship game 챔피언 결정전

6.

(해석) 드니 빌뇌브는 당대 최고의 영화 감독들 중 한 명으로 여겨지고 있다.

(해설) 빈칸 앞에 best가 나와 있고 빈칸 다음에 명사(film directors)가 이어지고 있으므로 빈칸에는 형용사가 들어가는 것이 적절하다. 문맥상 '당대 최고의 영화 감독'이라는 의미로 완성되는 것이 자연스럽다. 따라서 빈칸에는 '당대, 동시대의'라는 뜻을 갖는 contemporary가 들어가는 것이 적절하다.

(어휘) regard as ~로 여기다 film director 영화 감독

7.

(해석) 연합군은 노르망디 해변을 따라 강한 저항을 예상했다.

(해설) 빈칸의 앞부분에 주어인 The Allied forces가 나와 있고 빈칸 다음에는 목적어인 heavy resistance (강한 저항)가 이어지고 있으므로, 빈칸에는 동사가 들어가야 한다. 문맥상 '연합군은 ~저항을 예상했다'의 의미가 되어야 하므로 빈칸에는 anticipate(예상하다)의 과거형인 anticipated가 들어가야 한다.

(어휘) heavy 강한, 무거운 resistance 저항 along ~을 따라

8.

(해석) Crowley 씨는 자신의 원본 원고를 수정하기를 거절했으며, 새로운 출판사를 찾기 시작했다.

(해설) '수정하다, 변경하다'의 의미의 동사인 modify와 동일한 의미로 사용할 수 있는 단어는 '수정하다'의 의미의 revise이다. discard는 '버리다, 폐기하다'의 의미이므로 문맥상 어울리지 않는다.

(어휘) refuse 거절하다 modify 수정하다, 변경하다 original 원래의 manuscript 초고, 원본 원고 publisher 출판업체, 출판사 discard 버리다, 폐기하다 revise 수정하다

9.

(해석) 천문학에 빠져든 대부분의 학생들은 그것이 매력적이라고 생각하지만, 그 분야에서 성공을 거두기 위한 수학 실력이 부족하다.

(해설) '매력적인'이라는 의미의 형용사인 fascinating과 동일한 의미로 사용될 수 있는 단어는 '매력이 있는, 멋진'이라는 의미의 attractive이다. complicated는 '복잡한'이라는 의미의 형용사이므로 문맥상 옳지 않다.

(어휘) most 대부분의 astronomy 천문학 fascinating 매력이 있는 lack 부족하다 complicated 복잡한 attractive 매력적인

10.

(해석) 도쿄의 모든 새 건물들은 반드시 강한 지진에 버틸 수 있도록 지어져야 한다.

(해설) '버티다, 견디다'의 의미로 쓰이는 동사인 withstand와 동일한 의미의 단어는 '견디다, 참다'의 의미인 동사 endure이다. accommodate는 '수용하다'의 의미로 문맥상 어울리지 않는다.

(어휘) build 짓다 withstand 버티다, 견디다 earthquake 지진 accommodate 수용하다

5.

(해석) "민주주의"라는 말은 그리스어 "demos"와 "kratia"에서 <u>유래되었는데</u>, 이는 "사람"과 "통치"를 의미한다.

(해설) 빈칸의 앞부분에 be동사인 is가 나와 있고 빈칸 다음에는 전치사인 from이 이어지고 있으므로 빈칸에는 from과 함께 쓰일 수 있는 동사의 과거분사형이 들어가는 것이 알맞다. 문맥상 빈칸에 들어갈 말로는 '유래되다'라는 뜻의 동사인 derive의 과거분사형인 derived가 정답이다.

(어휘) democracy 민주주의 mean 의미하다 rule 통치

6.

(해석) 단골 고객으로서, 귀하께서는 귀하의 패키지에 발생된 일과 관련해 해명을 들으실 <u>자격이 있으십니다</u>.

(해설) 빈칸 앞에 주어 you가 나와 있고 빈칸 다음에 목적어 an explanation이 이어지고 있으므로 빈칸에는 동사가 들어가야 하는 자리이다. 문맥상 빈칸에는 '~할 자격이 있다'라는 의미를 가진 동사인 deserve가 들어가는 것이 옳다.

(어휘) loyal 충성의 customer 고객 explanation 설명, 해명 regarding ~에 관한

7.

(해석) 바르셀로나의 라 사그라다의 <u>공사</u>는 1882년에 시작되었음에도 불구하고 오늘날에도 여전히 진행 중이다.

(해설) 빈칸 다음에 전치사 of가 나오고, 뒤에 be동사 is가 이어지고 있으므로 빈칸에는 명사인 주어가 들어가야 한다. 문맥상 '공사가 진행 중이다'라는 의미가 되어야 하므로 빈칸에는 '공사'라는 뜻을 가진 명사 construction이 들어가야 한다.

(어휘) ongoing 진행 중인 even though ~에도 불구하고

8.

(해석) 미국은 1973년에 징병제를 끝냈지만, 여전히 젊은 남성들은 반드시 선발 징병제에 <u>등록해야</u> 한다.

(해설) '등록하다'라는 의미의 동사인 register와 동일한 의미로 사용할 수 있는 것은 '등록하다, 계약하다'라는 의미의 sign up이다. show up은 '나타나다'라는 의미로 문맥상 어울리지 않는다.

(어휘) the draft 선발제, 징병제 show up 나타나다 sign up 등록하다

9.

(해석) 드레이퍼 씨는 로스앤젤레스 지사의 진행 상황을 <u>감독하기</u> 위해 여러 차례 캘리포니아로 비행기를 타고 갔다.

(해설) '감독하다'라는 의미의 동사인 oversee와 동일한 의미로 사용할 수 있는 동사는 '감독하다, 감시하다'라는 의미의 동사인 supervise이다. neglect는 '무시하다, 방치하다'라는 의미의 단어이므로 문맥상 옳지 않다.

(어휘) multiple 다수의 oversee 감독하다 supervise 감독하다

10.

(해석) 낮은 에너지 수준과 잘 끊기고 건조한 머리카락은 그 사람의 식사에 영양이 <u>부족함</u>을 나타내는 일반적인 징후이다.

(해설) '부족, 부족함'이라는 의미의 명사인 lack과 동일한 의미로 사용할 수 있는 명사는 '결핍, 부족'이라는 의미의 명사인 deficiency이다. sufficiency는 '충분함'을 의미하는 명사로 문맥상 어울리지 않는다.

(어휘) brittle 잘 끊기는 nutrition 영양 diet 식단 deficiency 부족함 sufficiency 충분함

5.

해석 그 시는 현대적인 삶에 대해 사회에서 점점 더 커지는 불안감을 반영했다.

해설 빈칸 앞에 The poem(그 시)이라는 주어가 나와 있고 빈칸 다음에 목적어가 이어지고 있다. 따라서 빈칸에는 동사가 들어가는 것이 알맞다. 문맥상 '그 시는 ~ 불안감을 반영했다'라는 의미가 되어야 하므로 빈칸에는 reflect의 과거형인 reflected가 들어가야 한다.

어휘 poem 시 society 사회 anxiety 불안감 demand 수요 modern life 현대적인 삶

6.

해석 품행 문제가 있는 학생들은 다른 학급으로 옮겨질 수 있다.

해설 빈칸 앞에 명사와 전치사가 나와 있고 빈칸 다음에 명사와 동사가 이어지고 있다. 따라서 빈칸에는 issues와 연결되어 전치사의 목적어가 될 수 있는 표현이 들어가야 한다. 문맥상 '품행 문제가 있는 학생들'이라는 뜻으로 완성되는 것이 적절하므로 빈칸에는 '행동, 품행'이라는 의미의 단어인 behavior가 들어가는 것이 옳다.

어휘 issue 문제 transfer 옮기다, 전환하다 another 또다른 class 학급, 교실

7.

해석 1만 개가 넘는 음반 소장품을 보유하고 있는 료 씨는 일본 재즈 음악가들에 대한 전문가였다.

해설 빈칸 앞에 부정관사 an이 나와 있는 것으로 보아 빈칸에는 명사가 들어가야 함을 알 수 있다. '재즈 음악가들에 대한 전문가'라는 내용으로 문장이 완성되는 것이 자연스러우므로 빈칸에는 '전문가'를 의미하는 authority가 들어가는 것이 적절하다.

어휘 collection 소장품 more than ~가 넘는, ~이상의 record 음반 artist 음악가, 예술가

8.

해석 박쥐 구아노, 즉 똥은 강력한 비료로 사용되는 소중한 물체이다.

해설 '물체'라는 의미의 명사인 substance와 동일한 의미로 사용할 수 있는 것은 '물체, 물질'이라는 의미의 명사인 material이다. asset은 '자산'이라는 의미의 명사이므로 문맥상 적절하지 않다.

어휘 valuable 소중한 substance 물질, 물체 fertilizer 연료 material 물질 asset 자산

9.

해석 대부분의 미국 대학생들은 상당한 액수의 부채를 떠안고 졸업한다.

해설 '상당한'이라는 의미의 형용사인 considerable과 동일한 의미로 사용할 수 있는 형용사는 '상당한, 많은'이라는 의미의 substantial이다. subsidiary는 '부수적인'이라는 의미의 형용사로 문맥상 옳지 않다. '

어휘 graduate 졸업하다 considerable 많은, 상당한 amount 양 debt 빚, 부채 subsidiary 부수적인 substantial 상당한

10.

해석 공상 소설을 읽는 것은 아이의 상상력을 자극하고 비판적인 사고를 촉진한다.

해설 '촉진하다'라는 의미의 동사인 stimulate와 동일한 의미로 사용할 수 있는 동사는 '자극하다, 촉진하다'라는 의미를 가진 encourages이다. 여기서는 동명사 주어를 지닌 문장이므로 동사는 3인칭 단수여야 한다. 따라서 encourages가 적절하다.

어휘 novel 소설 stimulate 자극하다, 촉진하다 imagination 상상력 encourage 고무하다, 장려하다 critical thinking 비판적 사고

5.

(해석) 그 아르헨티나 와인의 <u>독특한</u> 맛으로 인해 그것은 대회에서 심사위원들이 가장 좋아하는 것이 되었다.

해설 빈칸 앞에 정관사 the가 나와 있고 빈칸 다음에 명사가 나와 있으므로 빈칸에는 형용사가 들어가는 것이 알맞다. 문맥상 '독특한 맛'이라는 의미가 되어야 하므로 빈칸에는 '독특한'이라는 의미를 가진 형용사인 distinctive가 들어가는 것이 가장 적절하다.

(어휘) favorite 가장 좋아하는 judge 심사위원, 심판, 판사 competition 대회, 경쟁

6.

(해석) 스톤헨지의 목적이 알려져 있지는 않지만, 그곳이 <u>종교</u> 의식을 위한 장소였을 가능성이 있다.

해설 빈칸 앞에 전치사 for가 나와 있고 빈칸 다음에 명사가 나와 있으므로 빈칸에는 명사 앞에서 명사를 수식할 수 있는 형용사가 들어가는 것이 옳다. 문맥상 '종교 의식을 위한'의 의미가 되어야 하므로 빈칸에는 '종교의'라는 의미의 형용사인 religious가 들어가야 한다.

(어휘) though ~이기는 하지만 purpose 목적, 의도 unknown 알려지지 않은 be likely that ~할 가능성이 있다 ceremony 의식

7.

(해석) 마케팅팀과 영업팀은 제품 포장과 관련해 <u>합의</u>에 이르지 못했다.

해설 빈칸 앞에 부정관사 an이 나와 있으므로 빈칸에는 명사가 들어가는 것이 옳다. 문맥상 reach an ~이 '합의에 이르다'라는 의미의 표현이 되어야 하므로 빈칸에는 '동의, 합의'라는 의미의 명사인 agreement가 들어가야 한다.

(어휘) reach ~에 이르다, 도달하다 concerning ~에 관한 product 제품 packaging 포장

8.

(해석) 그 공장은 직원 파업 문제에도 불구하고 <u>생산적인</u> 상태로 유지되었다

해설 '생산적인'이라는 의미의 형용사인 productive와 동일한 의미로 사용할 수 있는 형용사는 '생산적인, 유익한'의 의미의 fruitful이다. neutral은 '중립적인'이라는 의미의 형용사로 문맥상 적절하지 않다.

(어휘) remain ~로 남아 있다 productive 생산적인 despite ~에도 불구하고 worker strike 노동자 파업 fruitful 생산적인, 유익한 neutral 중립의

9.

(해석) 콘서트 참석자들이 공연을 녹화하거나 사진 촬영하도록 <u>허용되지</u> 않았지만, 그럼에도 불구하고 대부분이 그렇게 했다.

해설 '허용된'이라는 의미로 쓰인 permitted와 동일한 의미로 쓰일 수 있는 것은 '허가된, 허용된'이라는 의미를 가진 allowed이다. linked는 '연결된'이라는 의미로 문맥상 적절하지 않다.

(어휘) attendee 참석자 be permitted to ~하도록 허락되다 film 녹화하다 photograph 사진 촬영하다 performance 공연 link 연결하다 allow 허가하다

10.

(해석) 1965년에 듀퐁에 의해 개발된 케블러는 다양한 보호 장비에 사용되는 <u>내구성이 뛰어난</u> 합성 섬유이다.

해설 '내구성이 뛰어난'이라는 의미의 형용사인 durable과 동일한 의미로 쓰이는 것은 '오래가는'의 의미인 enduring이다. vulnerable은 '취약한'이라는 의미로 문맥상 적절하지 않다.

(어휘) develop 개발하다 durable 내구성이 있는, 오래가는 synthetic 합성한, 인조의 fiber 섬유 a variety of 다양한 protective gear 보호 장비 enduring 오래가는, 영구적인

DAY 16

5.

(해석) 그 재단은 당뇨병 연구를 위해 4백만 달러가 넘는 돈을 <u>모금할</u> 수 있었다.

(해설) 빈칸 앞에 be able to가 나와 있는 것으로 보아 빈칸에는 동사가 들어가야 함을 알 수 있다. 문맥상 '모금할 수 있었다'라는 의미가 되어야 하므로 빈칸에는 '모으다'라는 뜻의 raise가 들어가는 것이 옳다.

(어휘) foundation 재단 diabetes 당뇨병

6.

(해석) 레지나는 케이블 회사에서 받은 <u>청구서</u>를 보고 격분했다.

(해설) 빈칸 앞에 her라는 소유격이 나와 있으므로 빈칸에는 목적어가 들어가야 한다. '그녀의 청구서'라는 말이 문맥상 알맞으므로 빈칸에 들어갈 수 있는 것은 bill(청구서)이다.

(어휘) outrage 격분한 bill 청구서

7.

(해석) 야생 동물 보호 단체들의 노력으로 인해, 흰코뿔소는 더 이상 <u>멸종 위기에 처해</u> 있지 않다.

(해설) 빈칸 앞에 no longer라는 표현이 be동사에 이어지고 있으므로 보어가 들어가야 한다. 문맥상 '더 이상 멸종 위기에 처해 있지 않다'라는 의미가 되어야 하므로, endangered(멸종 위기에 처한)가 정답이다.

(어휘) wildlife conservation group 야생 동물 보호 단체

8.

(해석) 소셜 미디어 사이트를 통한 유명인 광고가 지난 분기에 매출을 36퍼센트 향상시켰다.

(해설) boost(향상시키다)와 동일한 의미로 쓰일 수 있는 것은 '상승시키다, 향상시키다'라는 의미의 동사인 improve이다. 문맥상 과거의 의미이므로 improved가 빈칸에 들어가는 것이 옳다.

(어휘) celebrity 유명인 endorsement 홍보 via ~를 통한 boost 신장시키다, 향상시키다

9.

(해석) 2015년 12월 18일에, 〈스타워즈: 깨어난 포스〉가 극장에서 개봉되어 <u>즉각적인</u> 성공을 거뒀다.

(해설) '즉각적인'이라는 의미로 쓰인 instant와 동일한 의미로 쓰일 수 있는 것은 '즉시의, 즉각적인'이라는 의미를 가진 immediate이다. instinct는 '본능'이라는 의미로 문맥상 적절하지 않다.

(어휘) theater 극장 instant 즉각적인 success 성공

10.

(해석) 개발자들은 그것이 모바일 게임이라는 점에 대해 팬들이 흥분할 것이라고 <u>생각했지만</u>, 잘못된 생각이었다.

(해설) '가정하다, ~라고 지레 생각하다'라는 의미의 assume과 동일한 의미로 쓰이는 것은 suppose이다. urge는 '주장하다'라는 의미로 문맥상 옳지 않다. 과거형 문장이므로 supposed가 옳다.

(어휘) developer 개발자 assume 가정하다 wrong 틀린, 잘못된

5.

(해석) 테레사는 바르셀로나의 거리와 광장들 사이로 <u>돌아다니는</u> 것을 아주 좋아했다.

(해설) 빈칸 앞부분에 동사 loved가 나와 있고 문맥상 '~하는 것을 아주 좋아했다'라는 의미가 되어야 하므로 빈칸에는 준동사가 들어가야 한다. 따라서 '돌아다니다'라는 뜻의 wander의 -ing형인 wandering이 정답이다.

(어휘) wonder 돌아다니다 street 거리 plaza 광장

6.

(해석) 수면보다 낮은 해안 도시들은 기후 변화의 영향에 가장 <u>취약하다.</u>

(해설) 빈칸 앞에 most가 나와 있고 빈칸 다음에 전치사 to가 이어지고 있다. 문맥상 '~에 취약한'의 의미가 되어야 한다. 따라서 전치사 to와 함께 '~에 취약한'의 뜻으로 쓰이는 vulnerable이 빈칸에 들어가는 것이 옳다.

(어휘) coastal city 해안 도시 sea level 해수면 vulnerable 취약한

7.

(해석) 우리는 전 직원이 새로운 복장 규정 정책을 <u>준수하기를</u> 바랍니다.

(해설) 빈칸 앞에 조동사 will이 나와 있으므로 빈칸에는 동사가 들어가야 한다. 문맥상 '정책을 준수하기 바란다'라는 의미가 알맞으므로, 빈칸에는 with와 함께 쓰여 '~를 준수하다, 따르다'라는 의미로 쓰이는 comply가 정답이다.

(어휘) employee 직원 comply with ~를 준수하다 code 규정

8.

(해석) 저희 장기 고객들 중 한 분이신 귀하께 특별 할인을 제공해 드리게 되어 <u>기쁩니다.</u>

(해설) '기쁜'이라는 뜻의 형용사인 pleased와 동일한 의미로 사용할 수 있는 형용사는 '즐거운, 기쁜'이라는 뜻의 delighted이다. disappointed는 '실망한'이라는 의미의 형용사이므로 문맥상 옳지 않다.

(어휘) pleased 기쁜 discount 할인 customer 고객

9.

(해석) 그 기자는 그 이야기에 대한 출처를 수사관들에게 <u>공개하기를</u> 거부했다.

(해설) '공개하다'라는 의미의 동사인 disclose와 동일한 뜻으로 쓸 수 있는 동사는 '드러내다, 공개하다'라는 의미의 reveal이다. cover는 '덮다, 가리다'라는 의미이므로 문맥상 적절하지 않다.

(어휘) disclose 공개하다 source 출처 investigator 수사관

10.

(해석) 업적을 <u>인정</u> 받아, 호지킨은 1964년에 노벨 화학상을 수상했다.

(해설) '인정'이라는 의미의 명사인 recognition과 동일한 의미로 쓸 수 있는 명사는 '인정, 승인'이라는 의미의 acknowledgement이다. notice는 '알림, 주목'이라는 의미이므로 문맥상 옳지 않다.

(어휘) recognition 인정 chemistry 화학

5.

해석 유효한 모든 서류를 보유한 참가자들만이 오디션을 보도록 허용될 것입니다.

해설 빈칸 다음에 documents(서류)라는 명사가 위치하고 있으므로 빈칸에는 이를 수식하는 형용사가 들어가야 한다. 문맥상 '유효한 모든 서류를'이라는 의미가 되어야 하므로 valid(유효한)이 정답이다.

어휘 participant 참가자 possess 소유하다 document 서류, 문서

6.

해석 정부에 의해 홍보되는 국가 이미지가 시민들이 직면한 현실과 극명한 대조를 이뤘다.

해설 빈칸 앞에 '극명한'이라는 의미의 형용사가 나와 있고, 빈칸 다음에 전치사 to가 나와 있으므로 to와 함께 쓰여 '~와 극명한 대조'라는 뜻을 나타내는 contrast가 빈칸에 들어가야 한다.

어휘 national 국가의 promote 홍보하다 stark 극명한 citizen 시민

7.

해석 시골 지역에서 자란 일부 사람들은 도시의 비좁은 거주 공간에 적응하지 못한다.

해설 빈칸 앞에 '비좁은'이라는 의미의 형용사가 나와 있고 rural areas와 대조되는 말이 되어야 하므로 '도시의'라는 뜻의 urban이 빈칸에 들어가는 것이 가장 적절하다.

어휘 rural 시골의 adjust 적응하다 cramped 비좁은

8.

해석 그 다큐멘터리는 아주 뛰어난 촬영술과 제작으로 인해 수많은 상을 받았다.

해설 '아주 뛰어난'이라는 의미의 형용사인 exceptional과 동일한 뜻으로 쓸 수 있는 형용사는 '대단한, 아주 뛰어난'이라는 의미의 outstanding이다. rational은 '합리적인, 이성적인'이라는 뜻으로 문맥상 옳지 않다.

어휘 numerous 수많은 exceptional 아주 뛰어난 cinematography 촬영술

9.

해석 기이한 음모론이 현재 널리 퍼져 있는 상태이며, 인터넷 동영상의 인기로 인한 것일 가능성이 크다.

해설 '널리 퍼진'이라는 의미의 형용사인 widespread와 동일한 의미로 쓸 수 있는 것은 '만연한, 널리 퍼진'이라는 의미의 prevalent이다. preliminary는 '예비의'라는 의미이므로 문맥상 적절하지 않다.

어휘 bizarre 기이한 conspiracy 음모 widespread 널리 퍼진

10.

해석 분명히, 갓 잡은 야생의 연어가 양식으로 자란 연어에 비해 우수한 맛을 지니고 있다.

해설 '~보다 더 우수한'이라는 의미의 형용사인 superior와 동일한 의미로 쓸 수 있는 형용사는 '더 나은'이라는 뜻의 better이다. superficial은 '피상적인'의 의미로 문맥상 옳지 않다.

어휘 obviously 분명히, 명백히 wild salmon 야생 연어 superior 우수한 flavor 맛, 풍미

5.

해석 고속 도로의 고가 도로는 토네이도 발생 중에 <u>적절한</u> 피신처를 제공한다.

해설 빈칸의 다음 부분에 '피신처'라는 명사가 나왔으므로 빈칸에는 명사를 수식할 수 있는 형용사가 들어가야 한다. 문맥상 '적절한 피신처'라는 의미가 되어야 하므로, adequate(적절한)가 들어가는 것이 가장 적절하다.

어휘 highway overpass 고가 도로 shelter 피신처, 안식처

6.

해석 립스콤 내셔널 사가 철강 업계에서 선두주자로 <u>떠올랐다</u>.

해설 빈칸 앞에 '주어+has'가 나왔으므로 빈칸에는 동사의 p.p형을 써서 현재완료 시제가 되는 것이 알맞다. 문맥상 '선두주자로 떠올랐다'라는 의미가 되는 것이 적절하므로 '떠오르다'를 의미하는 emerge의 과거분사형인 emerged가 정답이다.

어휘 leader 선두주자 steel industry 철강 업계

7.

해석 긴급 대응 팀들이 허리케인으로 인해 가장 크게 파괴된 여러 지역으로 <u>파견되었다</u>.

해설 빈칸 앞에 be동사의 과거형이 나와 있고 빈칸 다음에 전치사 to가 이어지고 있으므로 빈칸에는 문맥상 '파견된'이라는 수동의 의미를 나타내는 과거분사 dispatched가 들어가는 것이 옳다.

어휘 response 대응 devastated 파괴된

8.

해석 유능한 개발팀들이 가장 당면한 사안들에 <u>집중해</u> 그에 맞춰 우선적으로 처리할 것이다.

해설 '집중하다, 초점을 맞추다'라는 의미의 동사 focus와 동일한 의미로 쓸 수 있는 동사는 '집중하다'라는 의미의 concentrate이다. accentuate는 '강조하다, 두드러지게 하다'라는 뜻으로 문맥상 옳지 않다.

어휘 development 개발 focus on ~에 집중하다 immediate 당면한, 즉각적인 prioritize 우선순위를 매기다

9.

해석 판매 장려책은 활기 없는 직원들에게 <u>동기를 부여하는</u> 한 가지 방법이다.

해설 '동기를 부여하다'라는 의미의 동사 motivate와 동일한 의미로 사용할 수 있는 동사는 '동기를 부여하다, 영감을 주다'라는 의미의 inspire이다. move는 '움직이다, 이동하다'라는 뜻으로 문맥상 적절하지 않다.

어휘 incentive 장려책 motivate 동기를 부여하다 uninspired 활기가 없는, 영감을 받지 않은

10.

해석 최근의 실내 디자인 경향은 높은 천장과 <u>덮개가 없는</u> 전구 같이 창고에서 볼 수 있는 미적 특징을 따른다.

해설 '덮개가 없는'이라는 의미의 uncovered와 동일한 의미로 쓸 수 있는 형용사는 '드러난, 공개된'이라는 의미의 disclosed이다. suppressed는 '억압된, 진압된'이라는 뜻으로 문맥상 옳지 않다.

어휘 recent 최근의 warehouse 창고 aesthetic 미적인 celling 천장

DAY 20

5.

(해석) 일부 시골 농촌 지역 공동체들이 <u>의무</u> 교육 철폐를 청원하고 있다.

(해설) 빈칸 다음에 '교육'이라는 의미의 education이 나와 있고, 문맥상 '의무 교육 철폐'라는 의미가 되어야 한다. 따라서 '의무의'라는 의미의 compulsory가 빈칸에 들어가는 것이 옳다.

(어휘) rural 시골의 removal 철폐, 제거

6.

(해석) 성취감을 주는 <u>일자리</u>를 찾는 것이 최근 대학 졸업생들의 주요 관심사이다.

(해설) 빈칸 앞에 형용사가 나와 있고 빈칸 뒤에 동사가 나왔으므로 빈칸에는 명사가 들어가야 한다. '성취감을 주는 일자리'라는 의미가 적절하므로 employment(일자리, 직장, 고용)가 정답이다.

(어휘) main 주된 concern 관심사 graduate 졸업생

7.

(해석) 학생 기자들은 흔히 'effect(영향)'와 'affect(영향을 미치다)'라는 단어를 <u>혼동한다</u>.

(해설) 빈칸 다음에 목적어 역할을 하는 명사가 나왔으므로 빈칸에는 동사가 들어가야 한다. 문맥상 '~라는 용어를 혼동한다'라는 의미가 적절하므로 빈칸에는 '혼동하다'라는 뜻의 confuse가 들어가는 것이 옳다.

(어휘) frequently 자주 effect 영향

8.

(해석) 카메론은 직장 내의 장애인 권리 <u>향상</u>에 자신의 법조계 경력을 바쳤다.

(해설) '향상'이라는 의미의 명사 advancement와 동일한 의미로 쓸 수 있는 명사는 '향상, 진전'이라는 의미의 improvement이다. adjustment는 '조정'이라는 의미로 문맥상 적절하지 않다.

(어휘) dedicate ~를 바치다 legal career 법조계 경력 advancement 향상

9.

(해석) 로버트 씨는 해외로 이주할 것인지 아닌지를 결정하기에 앞서 모든 선택권을 <u>신중히 고려했다</u>.

(해설) '신중히 고려하다, 따져 보다'라는 의미의 동사 weigh와 동일한 의미로 사용할 수 있는 동사는 '고려하다'라는 뜻의 consider이다. specify는 '명시하다, 기재하다'라는 의미이므로 문맥상 옳지 않다.

(어휘) weigh 따져 보다, 고려하다 option 선택권 decide 결정하다

10.

(해석) 오직 <u>능력 있는</u> 등산객들만이 테니슨 산 정상에 도달하도록 시도해야 한다.

(해설) '능력 있는'이라는 뜻의 형용사 competent와 동일한 의미로 쓸 수 있는 단어는 '기술적인, 능력이 있는'이라는 의미의 skilled이다. confused는 '혼란스러운, 혼란스러워 하는'이라는 뜻이므로 문맥상 옳지 않다.

(어휘) competent 능력이 있는, 유능한 attempt 시도하다 summit 정상, 꼭대기

5.

(해석) 실크로드는 비단과 기타 직물의 <u>운송</u>을 용이하게 했던 경로 네트워크를 일컫는다.

(해설) 빈칸 앞에 정관사 the가 나와 있고 빈칸 다음에 전치사 of가 이어지고 있다. 따라서 빈칸에는 명사가 들어가야 한다. 문맥상 '비단과 기타 직물의 운송'이라는 내용이 알맞으므로 transportation(운송)이 정답이다.

(어휘) refer to ~를 가리키다, 언급하다 route 경로 facilitate 용이하게 하다

6.

(해석) 야자유 수확이 보르네오 오랑우탄의 <u>서식지</u>에 대단히 파괴적인 영향을 미치고 있다.

(해설) 빈칸 앞에 정관사 the, 빈칸 뒤에 전치사 of가 나왔으므로 빈칸에는 명사가 들어가는 것이 옳다. 문맥상 '오랑우탄의 서식지'라는 의미가 되는 것이 알맞으므로 habitat(서식지)이 정답이다.

(어휘) palm oil 야자유 effect 영향

7.

(해석) 그 물리학자의 <u>이론</u>은 과학계 내에서 아주 많은 흥미를 촉발시켰다.

(해설) 빈칸 앞에 소유격이 나와 있고 빈칸 다음에 동사가 이어지고 있다. 따라서 빈칸에는 주어에 해당하는 명사가 들어가야 한다. 문맥상 '물리학자의 이론은 ~를 촉발시켰다'의 내용이 알맞으므로, theory(이론)가 정답이다.

(어휘) frequently 자주 effect 영향

8.

(해석) 소비자 지출 경향은 일반적으로 서로 다른 연령대에 걸쳐 매우 <u>다양하다</u>.

(해설) '다양하다'라는 뜻의 vary와 동일한 의미로 쓸 수 있는 단어는 '다르다, 다양하다'라는 의미의 differ이다. share는 '나누다, 몫'이라는 의미로 문맥상 적절하지 않다.

(어휘) consumer 소비자 spending trend 지출 경향 typically 일반적으로, 보통

9.

(해석) 그 창고에서 실시되는 품질 검사 절차는 매우 <u>신중한</u> 과정이다.

(해설) '신중한'이라는 뜻의 deliberate와 동일한 의미로 쓸 수 있는 단어는 '신중한, 조심스러운'이라는 의미의 careful이다. immense는 '엄청난'의 의미로 문맥상 적절하지 않다.

(어휘) quality 질, 품질 inspection 조사, 검사 procedure 절차 carry out 수행하다, 실시하다

10.

(해석) 온라인 거래 플랫폼 사용자들이 각자의 투자에 관한 <u>정기</u> 업데이트를 받는다.

(해설) '정기적인'이라는 의미의 periodical과 동일한 의미로 쓸 수 있는 단어는 '규칙적인, 정기적인'이라는 뜻을 가진 regular이다. additional은 '부가적인, 추가의'라는 의미로 문맥상 옳지 않다.

(어휘) receive 받다 periodical 정기적인 investment 투자

DAY 22

5.

(해석) 대왕 오징어는 바다 깊은 곳에 서식하며, 사람 눈에 좀처럼 관찰되지 않는다.

(해설) 빈칸 앞에 주어가 나와 있고 빈칸 다음에 전치사 in으로 장소에 대한 표현이 언급되고 있으므로 빈칸에는 '살다'를 의미하는 동사 dwell이 들어가야 한다. 주어가 3인칭 단수이므로 dwells가 정답이다.

(어휘) giant squid 대왕 오징어 observe 관찰하다

6.

(해석) 석유 파이프라인 공사가 그 지역에서 시위자들을 내보낼 수 있을 때까지 일시 중지될 것이다.

(해설) 빈칸 앞에 미래의 의미를 나타내는 조동사 will과 be동사가 나와 있으므로 빈칸에는 과거분사가 들어가야 한다. 문맥상 '~까지 일시 중지될 것이다'라는 의미가 되어야 하므로 정답은 suspended(일시 중지된)가 옳다.

(어휘) construction 공사, 건설 clear 치우다 protester 시위자

7.

(해석) 벌목 및 도시화로 인한 서식지 손실 문제가 판다에게 가장 심각한 위협이다.

(해설) 빈칸 다음에 전치사 to가 나와 있고 문맥상 '판다에게 위협'이 된다는 의미가 되어야 하므로 빈칸에는 threat(위협)이 들어가는 것이 적절하다.

(어휘) habitat 서식지 loss 손실 logging 벌목 urbanization 도시화

8.

(해석) 기술자들이 웨스트리지 지역의 전기를 복구하기 위해 밤새 작업했다

(해설) '복구하다'라는 뜻의 restore와 동일한 의미로 쓸 수 있는 단어는 '복구하다, 회복하다'라는 의미의 recover이다. prevail은 '만연하다, 팽배하다'라는 의미이므로 문맥상 적절하지 않다.

(어휘) technician 기술자 throughout ~내내 restore 복구하다 power 전기 prevail 만연하다, 팽배하다 recover 회복하다

9.

(해석) 식사 손님들께서는 버거에 들어가는 소고기 패티를 칠면조 또는 콩과 같은 다른 단백질 재료로 대체하실 수 있습니다.

(해설) '대체하다'라는 뜻의 substitute와 동일한 의미로 쓸 수 있는 단어는 '대체하다, 대신하다'라는 의미의 replace이다. serve는 '제공하다, 음식 등을 내다'라는 의미로 문맥상 어울리지 않는다.

(어휘) substitute 대체하다 another 다른 protein 단백질 replace 대신하다, 대체하다 serve 제공하다

10.

(해석) 그 이자율의 인상은 많은 경제 분석가들에 의해 근시안적인 조치로 비난 받았다.

(해설) '근시안적인'이라는 의미의 shortsighted는 '경솔한, 현명하지 못한'이라는 뜻의 imprudent와 동일한 의미로 쓸 수 있다. increased는 '증가된'이라는 의미로 문맥상 옳지 않다.

(어휘) increase 증가 interest rate 이자율 criticize 비난하다 shortsighted 근시안적인 imprudent 경솔한 increased 증가된

5.

(해석) 엘크 밸리는 목재와 석탄, 그리고 석유와 같은 여러 소중한 천연 <u>자원</u>의 원산지이다.

(해설) 빈칸 앞에 형용사가 나와 있으므로 빈칸에는 명사가 들어가야 한다. 문맥상 '목재, 석탄, 석유와 같은 여러 소중한 천연 자원'이라는 의미가 되어야 하므로 빈칸에는 '자원'을 의미하는 resources가 들어가는 것이 옳다.

(어휘) valuable 소중한 natural 천연의 timber 목재 coal 석탄 oil 석유

6.

(해석) 칵테일 재료들을 흔든 후, 긴 유리잔에 담긴 부서진 얼음 위로 그 혼합물을 천천히 <u>따르십시오</u>.

(해설) 빈칸 앞에 부사가 나와 있고, 빈칸 다음에 목적어인 명사가 이어지고 있으므로 빈칸에는 동사가 들어가야 한다. 문맥상 '혼합물을 천천히 따르십시오'라는 의미가 적절하므로 '따르다'라는 뜻을 갖는 pour가 정답이다.

(어휘) shake 흔들다 ingredient 재료 mixture 혼합물 crushed 부서진

7.

(해석) 작은 샘플 크기가 시장 연구 조사의 불충분한 결과에 대한 주요 <u>원인</u>이었다.

(해설) 빈칸 앞에 형용사가 나와 있고 빈칸 다음에 전치사 for가 나와 있으므로 빈칸에는 for와 함께 '~에 대한 원인'을 뜻하는 명사가 들어가야 한다. for와 함께 쓰이며 '이유, 원인'이라는 뜻의 reason이 정답이다.

(어휘) main 주요한 inadequate 불충분한 result 결과 survey 조사

8.

(해석) 도시 내에 있는 모든 고층 건물들이 강한 바람을 견디도록 지어지는 것이 <u>필수</u>이다.

(해설) '긴요한, 필수의'라는 뜻의 imperative와 동일한 의미로 쓸 수 있는 단어는 '극히 중요한, 필수적인'이라는 의미의 essential이다. general은 '일반적인'이라는 의미로 문맥상 적절하지 않다.

(어휘) imperative 긴요한, 반드시 해야 하는 withstand 견디다 general 일반적인 essential 필수적인

9.

(해석) 연례 정상 회의는 세계에서 가장 영향력 있는 국가들 사이의 유대 관계를 <u>강화하기</u> 위해 고안된다.

(해설) '강화하다'라는 의미의 strengthen과 동일한 의미로 쓸 수 있는 단어는 '강화하다, 보강하다'라는 의미의 reinforce이다. strand는 '발을 묶다'라는 의미로 문맥상 어울리지 않는다.

(어휘) annual 연례의 summit 정상 회의 strengthen 강화시키다 reinforce 강화하다, 보강하다 strand 발을 묶다

10.

(해석) 공학 분야의 <u>직업</u>을 갖기로 결정하는 여성들의 숫자가 매년 지속적으로 증가하고 있다.

(해설) '직업'이라는 의미의 profession과 동일한 의미로 쓸 수 있는 단어는 '(일)자리, 직위'라는 의미의 position이다. observation은 '관찰'이라는 의미로 문맥상 옳지 않다.

(어휘) profession 직업 steadily 꾸준히 position (일)자리, 직위 observation 관찰

5.

해석 지금까지 기록된 가장 큰 흰긴수염고래는 한 상업용 제트 여객기의 길이와 같았다.

해설 빈칸 앞에 정관사 the가 나와 있고 빈칸 다음에 of가 이어지므로 빈칸에는 명사가 들어가야 한다. 문맥상 '~의 길이와 같다'라는 의미가 적절하므로 '길이'를 의미하는 length가 정답이다.

어휘 largest 가장 큰 commercial 상업용의, 상업적인

6.

해석 세계에서 가장 비싼 재료들 중의 하나인 샤프란은 동일한 양에 대해 금보다 더 많은 가치를 지닌다.

해설 빈칸 앞에 형용사가 나와 있으므로 빈칸에는 명사가 들어가야 한다. 문맥상 '가장 비싼 재료들'이라는 의미가 되어야 하므로 빈칸에는 '재료들'이라는 의미의 ingredients가 들어가는 것이 옳다.

어휘 saffron 샤프란 expensive 비싼

7.

해석 한때 치명적이었던 질병을 치료할 수 있는 다양한 약물과 바이러스성 치료제가 현재 존재한다.

해설 and로 빈칸의 단어와 명사가 연결되어 있는 구조이므로, 빈칸에는 명사가 들어가야 한다. 문맥상 '다양한 약물'이라는 의미가 되어야 하므로 빈칸에는 '약물'이라는 뜻의 medicine이 들어가는 것이 옳다.

어휘 a variety of 다양한 viral 바이러스의 treatment 치료 exist 존재하다 cure 치료하다

8.

해석 100회가 넘는 시도에도 불구하고, 그 과학자들은 그 실험의 결과물을 중복해서 만들어 낼 수 없었다.

해설 '중복해서 만들다, 복제하다'라는 의미의 duplicate와 동일한 의미로 쓸 수 있는 단어는 '재생산하다, 복제하다'라는 뜻의 reproduce이다. change는 '바꾸다'라는 의미로 문맥상 옳지 않다.

어휘 despite ~에도 불구하고 attempt 시도 duplicate 복제하다, 중복해서 만들다 reproduce 재생산하다, 복제하다

9.

해석 그 위원회는 의료 산업 위기에 대한 해결책을 제시하는 일을 맡았다.

해설 '해결, 해결책'이라는 의미의 resolution과 동일한 의미로 쓸 수 있는 단어는 '해법, 해결책'이라는 의미의 solution이다. consideration은 '숙고, 사려'라는 의미로 문맥상 어울리지 않는다.

어휘 committee 위원회 come up with 제시하다, 내놓다 resolution 해결책 solution 해법, 해결책 consideration 사려, 숙고

10.

해석 무적으로 여겨졌던, 스페인 함대가 영국 해군에 의해 워털루에서 패배했다.

해설 '천하무적의, 정복할 수 없는'이라는 의미로 쓰이는 invincible과 동일한 의미로 쓸 수 있는 단어는 '해칠 수 없는'이라는 의미의 invulnerable이다. inaccurate는 '부정확한'의 뜻으로 문맥상 옳지 않다.

어휘 invincible 천하무적의, 정복할 수 없는 invulnerable 해칠 수 없는, 안전한 inaccurate 부정확한, 오류가 있는

5.

해석 금연하려고 시도하는 사람들은 몇 주 동안 니코틴을 지속적으로 <u>갈망하게</u> 된다.

해설 빈칸 다음에 목적어인 명사가 나오고 빈칸 앞의 to와 연결되어 to부정사가 되어야 하므로 빈칸에는 동사원형이 들어가는 것이 옳다. 문맥상 '니코틴을 갈망하다'라는 의미가 되어야 하므로 빈칸에는 '갈망하다'라는 의미의 crave가 들어가야 한다.

어휘 attempt 시도하다 quit 그만두다 continue 계속하다

6.

해석 일반 대중이 그 도시의 공개 토론회가 끝날 때 지역 시의원의 앞을 <u>가로막으려</u> 시도했다.

해설 빈칸 앞에 to가 나와 있고 빈칸 다음에 목적어인 명사가 이어지고 있으므로 빈칸에는 to부정사를 완성시킬 동사원형이 들어가야 한다. 문맥상 '~의 말을 가로 막으려 시도했다'라는 의미가 되어야 하므로 빈칸에는 '가로막다'라는 뜻의 confront가 정답이다.

어휘 public 대중 local councilor 지역 시의원

7.

해석 파울러 박사는 이스탄불 바로 외곽에서 발견된 그 동굴 벽화를 <u>해석하기를</u> 요청 받았다.

해설 빈칸 다음에 목적어인 명사가 나와 있고 빈칸 앞에 to가 있으므로 빈칸에는 동사원형이 알맞다. 문맥상 '동굴 벽화를 해석하기를 요청받았다'라는 의미가 되어야 하므로 '해석하다'라는 뜻의 interpret이 정답이다.

어휘 cave 동굴 discover 발견하다 outside 외부의, 바깥의

8.

해석 그 자동차의 제한적인 뒤쪽 수납 공간은 디자인상에서 가장 큰 <u>결점</u>으로 꼽혔다.

해설 '결점'이라는 뜻의 flaw와 동일한 의미로 쓸 수 있는 단어는 '결함, 결점'이라는 의미의 defect이다. preference는 '선호'라는 의미로 문맥상 어울리지 않는다.

어휘 rear 뒤쪽의 storage 수납, 보관 flaw 결점 defect 결함, 결점 preference 선호, 선호도

9.

해석 레예스 씨는 <u>인가 받은</u> 기술 대학으로부터 소프트웨어 디자인 자격증을 받았다.

해설 '인가받은, 승인받은'이라는 의미의 accredited와 동일한 의미로 쓰일 수 있는 단어는 '자격이 있는'이라는 의미의 certificated이다. desirable은 '바람직한'이라는 의미로 문맥상 옳지 않다.

어휘 achieve 성취하다, 이루다 qualification 자격증 accredited 인가받은, 승인받은 desirable 바람직한 certificated 자격이 있는

10.

해석 최근의 여러 연구들은 에너지 음료가 사람의 건강에 미치는 <u>해로운</u> 영향을 개괄적으로 설명했다.

해설 '해로운'이라는 의미의 detrimental과 동일한 의미로 쓰일 수 있는 단어는 '해로운, 유해한'이라는 의미의 harmful이다. defective는 '결함이 있는'의 의미로 문맥상 어울리지 않는다.

어휘 outline 개괄적으로 설명하다 detrimental 해로운 harmful 유해한, 해로운 defective 결함이 있는

5.

해석 여러분의 파이트 스타 트레이너스 계정은 1년 넘게 <u>비활성화 상태</u>일 경우에 취소될 것입니다.

해설 빈칸 앞에 it is로 '주어+동사'가 나와 있고 빈칸 다음에 기간에 대한 표현이 있으므로 빈칸에는 보어 역할을 하는 형용사가 들어가야 한다. 문맥상 '만약 ~가 비활성화 상태일 경우에'라는 의미가 되어야 하므로 '비활성화된'을 의미하는 inactive가 정답이다.

어휘 account 계정 cancel 취소하다 more than ~이상

6.

해석 그 <u>악명 높은</u> 폭력배가 마침내 필라델피아 당국에 의해 체포되었다.

해설 빈칸 앞에 정관사 the가 나와 있고 빈칸 다음에 명사가 나왔으므로 빈칸에는 형용사가 들어가야 한다. 문맥상 '그 악명 높은 폭력배'라는 의미가 되어야 하므로 빈칸에는 '악명 높은'이라는 뜻의 notorious가 들어가는 것이 옳다.

어휘 gangster 폭력배 apprehend 체포하다 authority 당국

7.

해석 팬들을 가장 <u>좌절시켰던</u> 것은 그 프로그램의 마지막 시즌에 나타난 인물 변화의 부족이었다.

해설 빈칸 다음에 목적어인 명사가 나와 있으므로 빈칸에는 동사가 와야 한다. 문맥상 '팬들을 가장 좌절시켰던 것'이라는 의미가 되어야 하므로 빈칸에는 '좌절시키다'라는 의미의 frustrated가 들어가는 것이 옳다.

어휘 most 가장 lack 부족 character 인물 final 마지막의, 최종의

8.

해석 그 학생들의 <u>자선</u> 활동으로 인해, 1만 달러가 넘는 돈이 허리케인 피해자들을 위해 모금되었다.

해설 '자선의'라는 뜻의 charitable과 동일한 의미로 쓸 수 있는 단어는 '후한, 너그러운'이라는 의미의 generous이다. considerable은 '상당한, 많은'이라는 의미로 문맥상 어울리지 않는다.

어휘 charitable 자선의 raise 모으다, 들어올리다 victim 피해자, 희생자 generous 후한, 너그러운 considerable 상당한, 많은

9.

해석 평론가들은 그 연극 주인공의 <u>뛰어난</u> 연기를 칭찬했다.

해설 '뛰어난'이라는 의미의 outstanding과 동일한 의미로 쓰일 수 있는 단어는 '주목할 만한'이라는 의미의 notable이다. relentless는 '끈질긴'이라는 의미로 문맥상 옳지 않다.

어휘 critic 평론가 outstanding 뛰어난 notable 주목할 만한 relentless 끈질긴

10.

해석 니콜은 피가 나오는 장면을 보고 기절했으며, 영화 속의 어떠한 폭력적인 장면도 <u>견디지</u> 못한다.

해설 '용인하다, 참다'라는 의미의 tolerate와 동일한 의미로 쓰일 수 있는 단어는 '견디다, 참다, 인내하다'라는 의미의 endure이다. eradicate는 '근절하다, 뿌리뽑다'라는 의미로 문맥상 어울리지 않는다.

어휘 pass out 기절하다 tolerate 용인하다, 참다 violence 폭력 eradicate 근절하다 endure 참다, 견디다

5.

(해석) 고객들은 오직 원본 구매 증명서가 제공되는 경우에만 <u>환불</u> 받을 수 있다.

(해설) 빈칸 앞에 부정관사 a가 나와 있으므로 빈칸에는 명사가 들어가야 한다. 문맥상 '원본 구매 증명서가 있어야 환불 받을 수 있다'라는 의미가 되어야 하므로 빈칸에는 '환불'을 의미하는 refund가 들어가야 한다.

(어휘) obtain 얻다, 획득하다 original 원래의, 본래의 purchase 구입, 구매 provide 제공하다

6.

(해석) 리차즈 씨가 프랑스어를 <u>유창하게</u> 말할 수 있기 때문에 그 컨퍼런스에 참석하도록 선정되었다.

(해설) 빈칸 앞에 동사와 목적어가 나와 있으므로 빈칸에는 동사를 수식하는 부사가 들어가야 한다. 문맥상 '프랑스어를 유창하게 말하다'라는 의미가 되어야 하므로 '유창하게'라는 뜻의 fluently가 정답이다.

(어휘) be chosen 선정되다 attend 참석하다 conference 회의, 학회

7.

(해석) 상세 조립도를 보시려면 <u>동봉해</u> 드린 안내 설명서를 참고하시기 바랍니다.

(해설) 빈칸 앞에 정관사 the가 나와 있고 빈칸 다음에 명사가 나와 있으므로 빈칸에는 형용사가 들어가야 한다. 문맥상 '동봉한 안내 설명서'라는 의미가 되는 것이 적절하므로 '동봉된'의 뜻인 enclosed이 빈칸에 들어가는 것이 옳다.

(어휘) refer to 참고하다, 언급하다 instruction manual 설명 안내서 detailed 상세한

8.

(해석) 액손 휴대전화기 제품들이 기본적인 것처럼 보이기는 하지만, 성능 면에서는 심지어 가장 잘 판매되는 모델들에 <u>필적한다</u>.

(해설) '필적하다'라는 뜻의 rival과 동일한 의미로 쓸 수 있는 단어는 '맞먹다, 필적하다'라는 의미의 match이다. cooperate은 '협력하다, 협동하다'라는 의미로 문맥상 어울리지 않는다.

(어휘) rival 필적하다 in terms of ~의 면에서, ~에 관하여 cooperate 협동하다, 협력하다 match 맞먹다, 필적하다

9.

(해석) 대부분의 영화관은 곧 <u>개봉되는</u> 영화를 광고하기 위해 본편에 앞서 예고편을 상영한다.

(해설) '다가오는'이라는 의미의 forthcoming과 동일한 의미로 쓰일 수 있는 단어는 '곧 있을, 다가오는'이라는 의미의 upcoming이다. outstanding는 '뛰어난'이라는 의미로 문맥상 옳지 않다.

(어휘) advertise 광고하다 forthcoming 다가오는 outstanding 뛰어난 upcoming 다가오는, 곧 있을

10.

(해석) 점점 더 많은 사람들이 새 것보다 <u>중고</u> 자동차를 구매하기로 선택하고 있다.

(해설) '중고의'라는 의미의 secondhand와 동일한 의미로 쓰일 수 있는 단어는 '중고의, 사용된'이라는 의미의 used이다. multiple은 '다양한, 복합적인'이라는 의미로 문맥상 어울리지 않는다.

(어휘) opt 택하다 secondhand 중고의 vehicle 자동차 used 중고의 multiple 다양한, 복합적인

5.

해석 청소년 독자들을 대상으로 마케팅 되고 있는 청소년 문학이 더 많은 성인 관련 주제를 특징으로 하고 있다.

해설 빈칸 다음에 명사가 나와 있으므로 빈칸에는 형용사가 들어가야 한다. 문맥상 '청소년 독자들을 대상으로'라는 의미가 되어야 하므로 '청소년기의'이라는 의미의 adolescent가 정답이다.

어휘 literature 문학 reader 독자 mature 성인의, 다 자란 theme 주제, 테마

6.

해석 그 연구는 아이들이 왜 어른들보다 어려움에 더 잘 대처하는지를 연구했다.

해설 빈칸 다음에 전치사 with가 나와 있다. with와 쓰여 '대처하다'라는 의미가 되는 동사가 나와야 하며 at 다음에 나왔으므로 전치사의 목적어 역할을 하는 동명사 형태여야 한다. 따라서 coping이 정답이다.

어휘 investigate 조사하다, 살피다 hardship 어려움, 곤란 adult 성인, 어른

7.

해석 이 커피는 일부 사람들에게는 너무 쓰게 느껴질 수도 있는 더욱 세련된 맛을 지니고 있습니다.

해설 빈칸 다음에 명사가 나와 있으므로 빈칸에는 형용사가 들어가야 한다. 문맥상 '세련된 맛'이라는 의미가 되는 것이 적절하므로 '세련된, 정제된'이라는 의미의 refined가 빈칸에 들어가야 한다.

어휘 flavor 맛, 풍미 bitter (맛이) 쓴 drinker ~를 마시는 사람

8.

해석 의사들은 남성들이 35세가 된 이후에 연례 정기 검진을 받도록 권장하고 있다.

해설 '1년에 한 번씩 있는, 연간의'라는 뜻의 yearly와 동일한 의미로 쓸 수 있는 단어는 '매년의, 연례의'라는 의미의 annual이다. regular은 '규칙적인, 정기적인'라는 의미로 문맥상 어울리지 않는다.

어휘 recommend 추천하다, 권장하다 check-up (건강)검진 yearly 연간의 regular 정기적인 annual 매년의, 연례의

9.

해석 사이프러스 제약회사의 새로운 항바이러스 약품이 예비 실험에 대한 승인을 받았다.

해설 '예비의'라는 의미의 preliminary와 동일한 의미로 쓰일 수 있는 단어는 '준비를 위한'이라는 의미의 preparatory이다. predictable은 '예측 가능한'이라는 의미로 문맥상 옳지 않다.

어휘 pharmaceutical 약학의, 제약의 anti-viral 항바이러스의 preliminary 예비의 preparatory 준비를 위한 predictable 예측 가능한

10.

해석 그 사유지의 서쪽 가장자리는 강을 향해 경사져 있으며, 이로 인해 그 계곡의 아름다운 경치가 만들어진다.

해설 '경사지다, 기울어지다'라는 의미의 slope와 동일한 의미로 쓰일 수 있는 단어는 '기울다'라는 의미의 incline이다. 문맥상 현재의 의미이므로 inclines가 옳다. basin은 '분지, (큰 강의) 유역'이라는 의미로 문맥상 어울리지 않는다.

어휘 slope 경사지다, 기울어지다 grant 승인하다, 인정하다 incline 기울다 basin 분지, (큰 강의) 유역

5.

(해석) 조류 관찰자와 사냥꾼들은 종종 발견되는 것을 피하기 위해 스스로 키가 큰 풀이나 덤불로 위장한다.

(해설) 빈칸 앞에 주어와 부사, 빈칸 다음에 목적어가 나와 있으므로 빈칸에는 동사가 들어가야 한다. 문맥상 '풀이나 덤불로 위장하다'라는 의미가 되어야 하므로 빈칸에는 '위장하다'라는 의미의 disguise가 들어가야 한다.

(어휘) birdwatcher 조류 관찰자 bush 덤불 avoid 피하다, 막다 detect 발견하다, 감지하다

6.

(해석) 풀드 포크 샌드위치를 제외하고, 메뉴상의 모든 요리가 채식주의자에게 적합하다.

(해설) 빈칸 앞에 주어와 동사가 있는 완전한 절이 위치하고 있으며 빈칸 다음에 from과 명사가 나와 있다. 문맥상 from과 함께 쓰여 '~외에는, ~를 제외하고'라는 의미가 되는 것이 적절하다. 따라서 apart가 정답이다.

(어휘) dish 요리, 접시 suitable for ~에게 적합한 vegetarian 채식주의자

7.

(해석) 안전 점검 담당자는 창고 폭발 사건의 원인을 설명해 줄 수 있을지도 모르는 단서를 찾았다.

(해설) 빈칸 앞에 전치사 for가 나와 있으므로 빈칸에는 명사가 나와야 한다. 문맥상 '원인을 설명할 수 있는 단서'라는 의미가 되어야 하므로 빈칸에는 '단서'라는 뜻의 clues가 들어가는 것이 적절하다.

(어휘) safety inspector 안전 점검자 cause 원인, 이유 warehouse 창고 explosion 폭발

8.

(해석) 그 개발팀은 새로운 의약품을 만들어 내기 위해 기존의 여러 약물을 혼합할 것이다.

(해설) '혼합하다, 섞다'라는 뜻의 compound와 동일한 의미로 쓸 수 있는 단어는 '섞다, 섞이다, 혼합하다'라는 의미의 blend이다. compose는 '구성하다, 작곡하다'라는 의미로 문맥상 어울리지 않는다.

(어휘) development 개발 compound 혼합하다, 섞다 existing 기존의 blend 섞다, 섞이다, 혼합하다 compose 구성하다, 작곡하다

9.

(해석) 새로운 공항 규정은 운전자들이 터미널 건물 바로 앞에 정차하는 것을 금지한다.

(해설) '금지하다'라는 의미의 prohibit과 동일한 의미로 쓰일 수 있는 단어는 '금하다, 금지하다'라는 의미의 forbid이다. suspend는 '매달다, 걸다, 유예하다'라는 의미로 문맥상 옳지 않다.

(어휘) regulation 규정 prohibit 금지하다 suspend 매달다, 걸다, 유예하다 forbid 금하다, 금지하다

10.

(해석) 열정은 많은 고용주들이 구직 지원자에게서 찾는 한 가지 특징이다.

(해설) '특징, 특질'이라는 의미의 characteristic과 동일한 의미로 쓰일 수 있는 단어는 '특성'이라는 의미의 trait이다. figure는 '수치, 숫자, 모습'이라는 의미로 문맥상 어울리지 않는다.

(어휘) enthusiasm 열정, 열광 characteristic 특징, 특질 job candidate 입사[구직] 지원자 trait 특성 figure 숫자, 수치, 모습, 인물

5.

해석 모든 뱅크 오브 차이나 지점들은 <u>보안</u> 수준을 높이기 위해 새로운 카메라 기술을 택했다.

해설 빈칸 앞에 동명사가 나와 있으므로 동명사의 목적어가 빈칸에 들어가야 한다. 문맥상 '보안 수준을 높이다'라는 의미가 되어야 하므로 빈칸에는 '보안'을 의미하는 security가 들어가야 한다.

어휘 adopt 입양하다, 쓰다, 택하다 technology 기술 boost 높이다, 향상시키다

6.

해석 인테리어 디자이너 트레버 판 씨는 공간과 색상의 <u>지능적인</u> 활용으로 잘 알려져 있다.

해설 빈칸 앞에 소유격이, 빈칸 뒤에 명사가 나와 있으므로 빈칸에는 형용사가 들어가야 한다. 문맥상 '공간과 색상의 지능적인 활용'이라는 의미가 되어야 하므로 '지능적인'을 뜻하는 intelligent가 정답이다.

어휘 be known for ~로 잘 알려져 있다 use 사용, 활용 space 공간 color 색, 색상

7.

해석 그 메뉴의 <u>각각의</u> 모든 주 요리에는 하나도 빠짐없이 무료 음료와 무료 빵이 포함되어 있다.

해설 빈칸 앞에 한정사 every가 나와 있고 빈칸 다음에 형용사가 나와 있다. every와 함께 쓰여 '하나하나 모두, 빠짐없이 모두'를 의미해야 하므로 빈칸에는 '하나의'를 의미하는 single이 들어가야 한다.

어휘 main dish 주 요리 beverage 음료 complimentary 무료의, 칭찬하는

8.

해석 투자의 부족이 올 여름의 영화제 취소에 대한 <u>주요</u> 이유로 꼽혔다.

해설 '주된, 주요한'이라는 뜻의 chief와 동일한 의미로 쓸 수 있는 단어는 '가장 중요한, 주된'이라는 의미의 main이다. boss는 '상사, 상관'이라는 의미로 문맥상 어울리지 않는다.

어휘 lack 부족, 결핍 investment 투자 cite chief 주된, 주요한 cancelation 취소 main 가장 중요한, 주된

9.

해석 자동차를 대여하실 때, 고객들께서는 어느 인수 지점을 선호하시는지를 <u>구체적으로 말씀하실</u> 수 있습니다.

해설 '구체적으로 명시하다'라는 의미의 specify와 동일한 의미로 쓰일 수 있는 단어는 '상세히 알리다, 열거하다'라는 의미의 detail이다. announce는 '발표하다'라는 의미로 문맥상 옳지 않다.

어휘 rent 빌리다, 집세 customer 고객 specify 구체적으로 명시하다 location 장소, 지점 detail 상세히 알리다, 열거하다

10.

해석 그 다큐멘터리는 시카고 노숙자들의 삶에 관해 새로운 <u>관점</u>을 전해 주었다.

해설 '관점, 시각'이라는 의미의 perspective와 동일한 의미로 쓰일 수 있는 단어는 '견해, 의견'이라는 의미의 view이다. surveillance는 '감시'라는 의미로 문맥상 어울리지 않는다.

어휘 documentary 다큐멘터리, 기록물 perspective 관점, 시각 view 견해, 의견 surveillance 감시